KB071821

댄 애리얼리
부의 감각

DOLLARS AND SENSE

How We Misthink Money and How to Spend Smarter
by Dan Ariely and Jeff Kreisler

money

How
We
Misthink
Money
and
How
to
Spend
Smarter

Sense

Dollars
and
Sense

댄 애리얼리
부의 감각

댄 애리얼리, 제프 크라이슬러 지음   이경식 옮김

청림출판

돈,

네가 우리에게 베푸는 멋진 것들을 위해서,
또한 네가 우리에게 저지르는 온갖 끔찍한 것들을 위해서
그리고 이 둘 사이의 애매모호한 모든 것들을 위해서

저자 일러두기

이 책은 돈에 대한 관념 및 돈의 작용 방식을 전반적으로 살펴볼 수 있도록 구성되었다. 즉 재무 분야 등의 전문가들이 독자들에게 완벽한 투자 지침이나 조언을 제공할 목적으로 구성한 책이 아니라는 말이다. 어떤 종류의 투자든 투자에는 언제나 위험이 따르게 마련이다. 이를 고려할 때 이 책에서 제시하는 이런저런 투자 방법론이 반드시 수익을 보장하리라고 장담할 수는 없다. 그러므로 이 책에서 제시하는 방법론을 적용해서 발생할 수 있는 어떤 유형의 손실에 대해서도 출판사나 저자는 책임을 지지 않는다.

돈을 돈 이상의 가치로 활용할 수 있을까

이 책은 사람들이 돈을 쓰는 방식을 다룬다. 이성적으로 돈을 쓰는 사람들도 있지만 대부분은 비이성적인 방식으로 돈을 쓴다. 그래서 실수를 하기도 하고 또 쓸데없이 돈을 낭비하기도 한다. 이제 당신은 곧 이 책을 읽을 테니까 굳이 다른 이야기는 말고, 이 책에서 다루지 않는 이야기 하나만 하겠다. '선물'과 관련된 이야기다.

선물이라는 주제는 정말로 흥미롭다. 선물은 돈과 정성이 모두 관련된 것이기 때문이다. 그래서 사람들이 누군가에게 선물을 할 때 돈과 정성이라는 측면에서 많은 실수를 한다. 그렇지 않은가? 당신이 지금까지 다른 사람에게 준 선물 가운데 가장 좋은 선물이 무엇이었는지, 또 지금까지 받은 선물 가운데 가장 좋은 선물이 무엇이었는지 잠시 생각해보라. 정말 좋은 선물과 그렇지 않은 선물을 가르는 기준은 무엇일까? 무엇이 좋은 선물과 그렇지 않은 선물을 가를까? 내가 했던 선물로는 두 가지가 가장 먼저 떠오른다. 하나는 아주 작은 선물이고 다른 하나는 제법 큰 선물이다.

내가 했던 선물 가운데 가장 작으면서도 가장 큰 효과가 있었던 것은 비타민-12 알약이 든 작은 병 하나다. 언젠가 내가 소중하게 여기는 지인 한 사람이 의사와 대화를 나눌 때 우연하게도 그 대화를 옆에서 들었다. 의사는 그에게 비타민-12가 부족하니까 약을 사서 복용하라고 했고, 그는 그러겠다고 대답했다. 그런데 내가 생각하기에 그는 여러 이유로 가까운 미래에는 제 발로 약국을 찾아가서 비타민-12를 살 것 같지 않았다. 그래서 나는 곧장 약국으로 달려가 비타민-12를 사서 그에게 선물했다. 이 선물은 비용으로만 따지면 매우 쌌지만, 선물이 그에게 전달되었을 때 그는 자기를 향한 나의 따뜻한 마음을 온전하게 느꼈다. 약국에 가기 위해 일부러 시간을 내는 일은 본인에게도 번거로운데 그 일을 내가 대신해주었기 때문이다.

그리고 제법 큰 선물은 여러 해 전에 듀크대학교 고급통찰센터The Center for Advanced Hindsight에서 했던 선물이다. 그때 나는 연구원을 포함한 직원들에게 각자 무엇을 배우고 싶은지, 전문적인 기량을 연마하기 위한 목적이 아니라 그냥 평범한 인간으로서 꼭 배워보고 싶은 것이 무엇인지 물었다. 비싼 곳은 아니더라도 숙소를 마련하여 2주 동안 각자가 원하는 것을 배울 수 있도록 해줄 테니 종이 반 장 분량으로 자기가 배우고 싶은 것을 써서 보여달라고 한 것이다. 이렇게 해서 사람들은 요가, 명상, 그림 그리기, 글쓰기, 드럼 연주, 만화 그리기 등을 배우러 떠났다. 이것이 내가 그들에게 준 선물이었다.

나는 왜 이 경험 선물이 좋은 선물이었다고 생각할까? 그 선물을 두고 마음을 정할 때 나는 중요한 인간적인 요소 몇 가지를 생각했다. 내가 생각하기에 선물은 단지 과거와 관련된 것만이 아니라 미래와 관련된 것이기도 하다. 누군가에게 선물을 준다는 것은 그 사람에게 "당신이 나에게 해준 일을 정말 고맙게 생각합니다. 그래서 당신이 나에게 해준 만큼 이렇게 돈으로 지급하겠습니다. 그럼 이제 우리는 줄 만큼 줬고 받을 만큼 받았으니까, 아무도 손해 본 거 아니죠? 그럼 이제 됐죠?"라고 말하는 게 아니다. 선물이라는 것은 앞으로, 즉 과거가 아닌 미래에 더 나은 관계를 만들자는 것이다. 선물은 기본적으로 자기의 관심과 정성을 상대에게 보여주는 것이다. 이에 대해서는 본문에서 살펴볼 텐데, 사회적·시장적 규범을 설명하는 부분을 읽고 나면 이런 사실이 한층 선명해질 것이다.

또 내가 생각하기에 좋은 선물을 주고받는다는 것은 단지 돈을 주고받는 문제가 아니다. 그것은 상대방이 당신에게 선물을 받기 전에는 스스로 자기를 위해서 하지 않을 것 같은 어떤 것을 대신해주는 것이다. 고급통찰센터의 직원들은 내가 했던 경험 선물을 매우 소중하고 신날 것이라고 기대했고 또 실제로도 그랬다. 그러나 누가 자기에게 베풀어주지 않는 한 그들이 먼저 선택해서 할 것 같지는 않다는 게 내 생각이었다.

더불어 난 그들이 내가 직장 상사로서만 자기들을 바라보는 게 아니라, 즉 일이라는 차원으로만 바라보는 게 아니라 온전한 인간 대 인간으로 그들을 바라본다는 사실을 그 선물을 통해서 알려주고 싶었다. 이런 것들이 선물에 담을 수 있는 정성이고 따뜻한 마음 씀씀이다. 과거 지향적이 아니라 미래 지향적인 관심을 갖고서, 상대를 일이라는 차원에서만 아니라 한 사람의 인간으로 생각하는 것, 그리고 그 사람이 할 수 없는 것이 아니라 하려는 생각을 못한 것을 주는 것, 이것이 내가 생각하는 바람직한 선물이다.

내가 했던 선물에 대해 내가 미처 생각하지 못했지만 알고 보니 매우 중요했던 또 하나의 요소가 있었다. 직원들은 1년 동안 돌아가며 그 선물을 누렸는데, 여행을 떠나기 전에는 기대감을 서로 나누었고 또 여행을 다녀와서는 추억과 경험을 나누었다. 그 덕분에 우리 연구소는 1년 내내 신이 났다.

물론 사람들이 선물에 지출하는 비용은 전체 지출에 비하면 얼마 되지 않는다. 그러나 선물은 우리가 다루어야 할 중요한 주제이자 또 한 가지의 중요한 사례다. 선물이 중요한 주제가 될 수 있는 것은 일반적으로 사람들이 선물을 최대한으로 활용하지 않기 때문이다. 와인 한 병이나 비타민-12 한 병, 휴가 여행, 꽃과 같은 것처럼 선물은 자기가 가진 돈을 다른 형태로 전환하는 것이다. 그리고 그것은 현금으로는 결코 얻을 수 없는 효과를 얻어낸다. 이런 선물을 통해 우리는 자기가 상대방을 얼마나 아끼는지 깨닫게 해주고, 상대방이 스스로는 선택하지 못했을 좋은 경험을 하게 해주고, 인간관계를 따뜻하게 만들고, 신뢰를 쌓고, 추억을 만든다.

그러나 선물에 대해 조금만 생각해보면 사람들이 대체로 돈을 얼마나 아무렇게나 쓰는지 알 수 있다. 사람들은 흔히 손쉽고 표준적인 선택을 한다. 그러면서 자기가 하는 선물이 가져다줄 수 있는 진정한 영향을 깊이 생각하지 않는다.

당신도 이 책을 읽다 보면 깨닫겠지만 사람들이 돈과 관련해서 저지르는 온갖 실수의 유형은 넓고 또 깊다. 아닌 게 아니라 이런 실수는 우리가 살아가는 삶의 거의 모든 면에서 나타난다. 그러나 선물을 잘 선택할 수 있듯이 이런 실수는 줄일 수 있다.

만약 당신이 선물의 기능을 진지하게 생각하기 시작한다면, 자기에게 주는 선물이든 사랑하는 사람에게 주는 선물이든 혹은 직장에서 만나는 사람에게 주는 선물이든 간에, 선물에 관한 한 한층 더 나은 판단을 하게 될 것이라고 나는 확신한다. 돈에 대해서도 마찬가지다. 선물에서 돈으로 범위를 넓혀서 자기가 지금 당장 지출하는 돈으로 얻을 것이 무엇인지 또는 그 돈으로 원하는 것이 무엇인지 생각하기 시작한다면, 좀 더 옳은 판단이 이루어질 것이고 따라서 상황은 지금보다 더 나아질 수 있다.

당신은 지금 돈을 쓰는 방식을 탐구하는 여행을 시작했다. 부디 이 여행이 성공하기를 빈다. 조금 더 신중하게 생각하기를, 조금 더 나은 지출 습관을 가지기를, 지출과 저축의 새로운 방식을 마련하기를, 그리고 이런 새로운 변화들이 오랫동안 당신 곁을 지키기를 빈다.

인생에서 가장 중요한 것

밥 유뱅크스Bob Eubanks(미국의 배우이자 프로듀서 – 옮긴이)는 1975년에 〈다이아몬드 헤드 게임The Diamond Head Game〉이라는 단명한 텔레비전 게임 프로그램을 맡아서 진행했다. 하와이에서 촬영된 이 프로그램에는 '돈의 화산The Money Volcano'이라는 독특한 보너스 라운드가 포함돼 있었는데, 게임 참가자들이 한 명씩 유리 상자 안으로 들어가는 순간 그 안에서는 무서운 바람이 몰아치고 돈이 마구 휘날렸다. 지폐가 온 사방에서 펄럭이고 빙글빙글 도는 상태에서 참가자는 제한시간 안에 최대한 많은 돈을 잡아야 했다. 지폐가 회오리치는 '돈의 화산' 안에서 그걸 한 장이라도 더 잡으려고 이리저리 두 팔을 허공으로 마구 내젓는 참가자들은 그야말로 제정신이 아니었다. 이건 엄청나게 재미있는 설정이었다. 15초밖에 안 되는 짧은 시간이었지만 '돈의 화산'은 세상에 돈보다 더 중요한 게 없음을 시청자들에게 분명하게 보여줬다.

어떤 점에서 보면 우리는 모두 '돈의 화산'이라는 유리상자 안에 있다. 그 게임 프로그램보다 조금은 덜 격렬하고 덜 적나라한 모습이긴 해도 우리는 지금 분명 그 게임을 하고 있다. 우리는 오랜 세월 동안 셀 수 없이 많은 방식으로 그 게임에 휘둘리며 살아왔다. 대부분의 사람은 돈을 생각하는 데 많은 시간을 들인다. 지금 돈을 얼마나 많이 갖고 있는지, 지금 돈이 얼마나 많이 필요한지, 어떻게 하면 돈을 더 많이 벌 수 있을지, 어떻게 하면 지금 갖고 있는 돈을 잘 보존할지 그리고 또 이웃들이나 친구들이나 동료들은 얼마나 많은 돈을 벌고 쓰고 저축하는지……. 사치, 지폐, 기회, 자유, 스트레스. 돈은 가계에서 국가 정치에 이르기까지, 쇼핑 목록에서부터 은행계좌에 이르기까지 현대생활의 거의 모든 부분과 연결돼 있다.

뿐만 아니라 날마다 생각해야 할 돈이 점점 늘어난다. 금융계가 점점 더 발전하기 때문에 그렇고, 점점 더 복잡해지는 담보대출이나 보험에 가입해야 하기 때문에 그렇고, 또한 은퇴 후의 여생이 예전보다 길어졌으며 새로운 금융기술과 한층 더 복잡한 금융 관련 옵션 그리고 한층 더 어려운 재정적인 과제들에 맞닥뜨리기 때문에 그렇다.

돈에 대해 더 많이 생각해서 보다 나은 의사결정을 내릴 수만 있다면야 그렇게 하는 게 당연히 좋을 것이다. 하지만 실제로는 그렇지 않다. 돈과 관련해서 나쁜 결정을 내리는 것이 바로 인간의 특성이기 때문이다. 우리는 금융(재정)과 관련된 자기 생활을 엉망진창으로 만드는 데는 환상적이리만치 탁월하다. 축하한다, 인간들이여! 우리가 최고다!

다음 몇 개의 질문을 놓고 한번 생각해보자.

____ 상품 구입 후 대금을 신용카드로 지불하는 것과 현금으로 지불하는 것은 결과적으로 어떤 차이가 있을까? 그게 문제가 될까? 어차피 지불하는 금액은 같은데 설마……? 그런데 실제로는 신용카드를 사용할 때 지출을 더 많이 하는 경향이 있음을 여러 연구 결과가 보여준다. 신용카드를 사용하면 구매금액이 커지고 팁도 더 많이 주게 된다. 또한 대부분의 사람이 지불수단으로 사용하는 신용카드를 쓸 때, 자신이 지출하는 돈의 액수를 상대적으로 낮게 평가할뿐더러 지출한 금액이 얼마인지 더 잘 잊어버린다.

____ 잠긴 문을 열어주는 서비스를 제공하는 사람들이 있다. 열쇠 수리공이다. 그런데 한 사람은 단 2분 만에 쉽게 문을 열어주고 100달러를 비용으로 청구하는데, 다른 사람은 한 시간 동안이나 땀을 뻘뻘 흘린 뒤에 문을 열어주고 똑같이 100달러를 청구한다. 이 둘 중 어느 쪽을 선택하는 것이 더 나은 거래일까? 대부분은 시간이 오래 걸리는 쪽을 선택한다. 열쇠 수리공이 들인 노력에 비해 비용이 적다는 게 이유다. 그렇다면, 시간이 더 오래 걸린 사람이 공구 몇 개를 부러뜨리고 여러 차례 시도한 끝에야 성공한다면 어떨까? 그러고서 120달러를 청구한다면? 놀랍게도 대부분의 사람은 여전히, 잠긴 문을 빨리 열어주는 사람보다 이 사람을 선택하는 게 더 나은 거래라고 생각한다. 순전히 이 사람의 무능함 때문에 시간을 한 시간이나 낭비한 것과 다름없는데도 말이다.

____ 우리는 노후자금을 충분히 저축하고 있을까? 언제 일을 그만둬야

할지, 그때까지 얼마나 많은 돈을 벌어놓아야 할지, 투자해놓은 돈이 얼마나 많이 불어나 있을지 그리고 일을 그만둔 뒤 죽을 때까지 몇 년이나 더 살 것이며 또 그동안 얼마나 많은 돈을 지출할지 등을 막연하게나마 알고 있을까? 아니라고? 사회적으로 보자면, 필요한 것의 10퍼센트도 안 되는 돈을 저축하며, 충분히 저축하고 있다고 확신하지 못하고, (기대수명이 78세임에도) 80세까지 일을 해야 할 것이라고 믿는다. 우리는 은퇴 후의 노후계획에 겁을 너무나도 많이 집어먹고 있다. 그러고는 은퇴 후 비용을 획기적으로 줄이는 방법을 하나 생각해내고 스스로가 대견해서 무릎을 탁 친다. 바로 은퇴를 하지 않는 것이다.

―――― 우리는 지금 주어진 시간을 현명하게 사용하고 있을까? 이 질문을 구체적으로 바꿔보면 이렇다. 더욱 싼 금리의 담보대출 금융상품을 찾으려고 노력하기보다 겨우 몇 센트의 기름 값을 아껴줄 주유소를 찾으려고 쓸데없이 자동차를 몰고 돌아다니면서 더 많은 시간을 낭비하지는 않는가?

돈 생각은 돈과 관련된 의사결정을 개선하지 못할 뿐만 아니라 때로는 그런 생각 자체가 실제로 우리를 한층 더 힘들고 성가신 쪽으로 바꿔놓는다.[1] 미국에서는 돈이 이혼의 가장 큰 이유이며[2] 또 가장 큰 스트레스 요인이다.[3] 해결해야 할 돈 문제가 머릿속에 빙빙 돌고 있을 때 사람들은 어떤 유형의 문제이든 간에 제시된 문제를 상대적으로 더 못 푼다.[4] 어떤 일련의 실험은 부자가 (특히 자기가 부자임을 상기할 때 더욱더) 평균적인 사람에 비해서 비윤리적으로 행동한다는 사실을 입증했다.[5] 한편 또 다른 연구는 돈을 묘사한 그림이나 사진을 보는 것만으로도 공금을 횡령하거나 돈을 받고 불법적인 채용을 하거나 보다 더 많은 돈을 받아내려고 거짓말을 하는 경향이 커진다는 사실을 확인했다.[6] 돈을 생각하는 행위가 사람의 머리를 마구 뒤헝클어놓는다는 말이다.

돈은 중요하다. 개인적인 생활을 생각해도 그렇고 경제나 사회를 생각해도 그렇다. 또 돈과 관련된 생각을 이성적인 방식으로 수행하기는 쉽지 않다. 이런 점을 고려했을 때 돈 관련 생각을 하는 방법을 예리하게 가다듬으려면 무엇을 해야 할까? 이 질문에 대한 표준적인 대답은 '금융교육financial education'이다. 혹은 좀 더 세련되게 표현하자면 '금융구사능력financial literacy'이다. 그러나 불행하게도 자동차 사는 법이나 담보대출 이용법 같은 금융구사능력 관련 교훈은 그 효력이 빠르게 소멸하는 경향이 있다. 그래서 실제로 사람들이 정작 금융과 관련된 행동을 할 때는 교육을 통한 교훈이 거의 아무런 영향도 주지 않는다.

그렇기 때문에 이 책에서 '금융구사능력'을 독자에게 가르치거나 지갑을 열 때마다 자기 돈으로 무엇을 해야 할지 일일이 말해줄 생각은 없다. 대신 우리 저자들은 돈과 관련해서 사람들이 공통적으로 가장 많이 저지르는 실수 중 몇 가지를 파고들고, (사실 이것이 더 중요한데) 왜 그런 실수를 저지르는지 설명하고자 한다. 그러면 다음번에 돈과 관련된 의사결정을 내려야 할 때 그 상황에서 작동하고 있는 여러 힘을 더 잘 이해할 수 있을 테고 더 나은 선택을 (혹은 적어도 더 많은 정보를 바탕으로 한 선택을) 할 수 있을 것이기 때문이다.

이 책은 돈과 관련된 많은 사람의 사연을 소개한다. 또한 그들이 돈과 관련된 특정한 상황에서 어떻게 행동하는지 보여준다. 그런 다음 그들이 경험한 사실을 과학적으로 정리한 내용을 제시한다. 사연 가운데 어떤 것은 실제로 있었던 일이고, 또 어떤 것은 예컨대 영화나 소설처럼 '실제 사실에 기초한' 일이다. 그들 중 일부는 이성적이고, 또 일부는 어리석다. 아무튼 그들은 정형화된 모습으로 비칠 수 있다. 이는 우리 저자들이 사람들의 특정한 공통적 행동을 강조하기 위해 그들의 특성 가운데 어떤 것을 매우 강조하거나 심지어 과장까지 할 예정이기 때문이다. 모든 독자가 그들 각각의 사연에 담긴 인간의 특성과 실수와 희망적 약속이 일상 속에서 어떻게 메아리치는지 깨달으면 좋겠다는 게 우리 저자들의 바람이다.

이 책은 사람들이 돈에 대해 어떻게 생각하며 또 그런 생각을 할 때 어떤 실수를 저지르는지 낱낱이 밝힌다. 이 책은 돈이 작동하는 방식에 대해서 우리가 의식적으로 알고 있는 것과 우리가 실제로 돈을 사용하는 방식 그리고 돈에 대한 이성적 생각과 이성적으로 돈을 쓰는 것 사이의 괴리에 관한 내용을 담고 있다. 돈 생각을 할 때 누구에게나 찾아오는 과제이자 시련 그리고 돈을 쓰면서 모두가 공통적으로 저지르는 실수를 다룬다.

이 책을 읽고 나면 돈을 보다 현명하게 사용할 수 있을까? 이 질문에 대한 대답은 유동적이다. ① 확실히 그렇다. ② 아마도 그럴 것이다. ③ 조금은 그럴 것이다. ④ 어쩌면 그렇게 될지도 모른다.

하지만 적어도, 당신의 시간을 잡아먹고 생활을 통제하는 돈과 관련된 선택 뒤에서 복잡한 여러 힘이 어떻게 작동하는지 알게 된다면 돈 문제와 관련된 당신의 선택이 혹은 감각이 조금은 더 나아지리라고 우리 저자들은 믿는다. 아울러, 돈이 생각에 미치는 강력한 영향력을 제대로 이해함으로써 돈과 상관없는 분야의 의사결정도 더 잘할 수 있게 되리라고 믿는다. 왜 그럴까? 돈과 관련된 결정은 단지 돈이 아니라 그 이상의 어떤 것에 대한 결정이기 때문이다. 돈이라는 영역에서 우리의 실체를 형성하는 힘은 우리 삶의 중요한 부분을 평가하는 방식에도 영향을 미친다. 이를테면 다음과 같은 문제 말이다. 시간을 어떻게 쓸 것인가, 경력관리를 어떻게 할 것인가, 다른 사람을 어떻게 포용할 것인가, 인간관계를 어떻게 더 나은 방향으로 발전시킬 것인가, 자기 자신을 어떻게 행복하게 만들 것인가, 궁극적으로 내 주변의 세상을 어떻게 이해할 것인가 등등.

좀 더 단순하게 말하면, 이 책은 당신에게 주어진 모든 것을 지금 상태보다 더 낫게 만들고자 한다. 이 정도면 이 책에 매겨진 책값에 가치가 있지 않을까?

2부

돈에 대해 꼭 알아야 할 10가지

_가치 없이 가치를 평가하지 않으려면

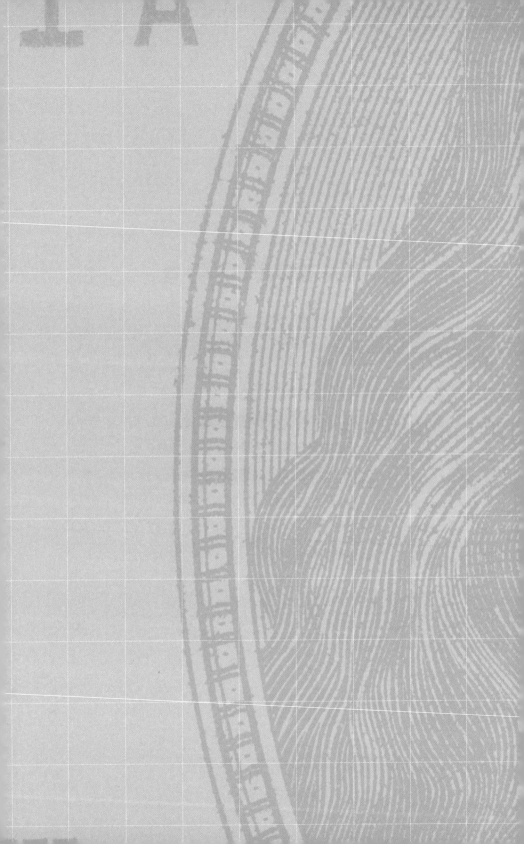

1부

왜
돈을 쓰고
후회할까

_돈에 대한 의사결정이 어려운 이유

01

우리는 돈을 모른다

조지 존스$는 열을 좀 식힐 필요가 있다. 직장 업무로 스트레스는 계속 쌓이고 아이들은 자기들끼리 맨날 아웅다웅 싸우는 데다 돈은 늘 빠듯했다. 그래서 회사 사람들과 함께 라스베이거스로 여행을 갔을 때, 그는 아무런 거리낌 없이 카지노로 향했다. 카지노 건물로 이어지는 도로는 놀라울 정도로 관리가 잘돼 있는 공공도로이다. 그는 이 도로 끝에 있는 주차장에 무료로 주차를 한다. 그러고는 어슬렁거리며 카지노라는 별천지 딴 세상으로 들어간다.

카지노의 소음에 그는 정신이 번쩍 든다. 80곡의 음악과 금전등록

$ 가수가 아니라 가공의 인물이다. 우리가 말하려는 내용에 맞게 이 사람이 노래를 전혀 못 부른다고, 심지어 노래방 기계에 맞춰서도 못 부른다고 설정하자.

기 소리, 거기에 짤랑거리는 동전 소리와 1,000개나 되는 슬롯머신의 땡땡거리는 소리 등이 한데 뒤섞여 소란스럽다. 그는 이 카지노 공간에 들어온 지 얼마나 됐는지 생각해본다. 그러나 카지노에는 시계가 하나도 보이지 않는다. 슬롯머신에 고꾸라질 듯 앉아 있는 노인들의 모습만 보고 판단하자면 자기도 어쩌면 평생을 거기서 보낸 것 같은 기분도 든다. 그러나 대략 5분쯤 지났을 뿐이다. 그가 서 있는 자리는 출입구에서 그리 멀지 않은데도 어찌된 영문인지 도무지 출입구가 보이지 않는다. 비상구도 없다. 문도 창문도 통로도 없다. 그러니까 그 공간에서 빠져나갈 길이 아무 데도 없다. 그저 번쩍거리는 수많은 불빛과 신체의 많은 부분을 노출한 채 칵테일을 서빙하는 사람들과 달러 기호와, 황홀경에 취하거나 아니면 비참한 절망에 젖은 사람들뿐이었다(카지노 안에 있는 사람들의 상태에 대해서 한마디를 더 보태자면, 황홀경과 절망 사이의 담담한 상태라고 볼 수 있는 사람은 아무도 없다).

"슬롯머신을 해볼까? ……좋지, 안 될 거 뭐 있어."

첫 번째 시도에서 그는 큰 점수를 딸 수도 있었지만 아슬아슬하게 놓치고 만다. 그 뒤 15분 동안 그는 엄청난 돈을 그 기계에 쏟아붓는다. 하지만 한 번도 크게 먹지는 못한다. 다만 아슬아슬하게 놓친 적은 첫 번째 시도 말고도 몇 번 더 있었다.

지갑에 있던 소액권 지폐가 다 떨어지자 조지는 현금인출기에서 200달러를 뽑는다. 수수료가 3달러 50센트였지만 전혀 신경을 쓰지 않는다. 한 번만 제대로 터져주면 그런 푼돈은 아무것도 아니니까…….

이번에는 블랙잭 테이블에 앉는다. 빳빳한 20달러짜리 지폐를 열 장 내놓자 딜러는 그에게 빨간색 플라스틱 칩 더미를 내준다. 이 칩에는 카지노의 모습이 담겨 있다. 깃털 몇 개와 화살 하나와 원뿔형 천막 하나도 함께……. 이 칩 하나가 5달러라는데, 어쩐지 돈처럼 느껴지지 않는다. 마치 장난감 같다. 조지는 칩들을 손가락 사이로 빙글빙글 돌리기도 하고, 테이블에 톡톡 튀기기도 하고, 다른 사람들이 쌓아놓은 칩 무더기가 늘어났다가 줄어들기를 반복하는 것을 바라보기도 한다. 딜러가 앞에 수북하게 쌓아놓은 칩 무더기가 부럽기는 하다. 조지는 딜러에게(딜러는 여자이다) 자기에게 친절하게 대해주면 좋겠다고 말하면서 이렇게 덧붙인다.

　"자기, 여기 있는 거 말이야, 자기가 마음만 먹으면 다 가질 수 있어. 자, 이거 가져. 이건 내 게 아니거든."

　이때 귀엽고 붙임성이 넘치는 서빙 직원이 조지에게 공짜 음료를 건넨다. 공짜! 이 얼마나 멋진가! 공짜 음료를 마셨으니 그는 이미 돈을 따고 있는 셈이다. 그는 서빙 직원에게 팁으로 작은 플라스틱 장난감 하나를 준다.

　조지는 게임을 시작하고 재미있는 시간을 보내며 즐긴다. 중간중간 재미와는 반대되는 시간을 보내며 화를 내기도 한다. 그는 조금 따고 많이 잃는다. 때로 승률이 높아 보일 때는 더블다운(본인이 베팅한 금액의 두 배를 거는 것 옮긴이)을 하거나 스플릿(두 장의 카드를 나누어 따로따로 플레이하는 것 옮긴이)을 함으로써 판을 두 배로 키워서 칩 두 개가 아니라 네 개, 세 개가 아니라 여섯 개를 건다. 하지만 결국 그는 200달러를 모두 잃는다. 그래도 조지는 옆자리에 앉은 사람들과 똑같은 짓은 하지 않았으니 그나마 다행이다. 그들은 단 1분 만에 어마어마한 양의 칩 무더기를 쌓았다가, 조금 뒤에는 그 많은 칩을 다 잃고서 다시 또 더 많은 칩을 사려고 지폐 뭉치를 주머니 여기저기서 주섬주섬 꺼냈으니 말이다. 다른 사람이 '자기에게 꼭 필요한 카드를 가져갈 때' 어떤 사람들은 허허 웃고 말지만 어떤 사람들은 벌컥 화를 낸다. 그러나 그들 가운데 누구도 한 시간 만에 500달러에서 1,000달러를 잃어도 아무 상관이 없을 정도로 여유가 있어 보이지는 않는다. 그럼에도 이런 일은 언제나 반복해서 일어난다.

그날 아침에 조지는 동네 카페 코앞까지 갔다가 발걸음을 돌렸다. 호텔 객실에서 커피를 직접 내려 먹으면 커피 값 4달러를 아낄 수 있기 때문이었다. 그런데 저녁에는 5달러짜리 칩 마흔 개를 눈 하나 깜짝하지 않고 날려버렸다. 헐! 게다가 서빙 직원이 귀여워 보인다는 이유 하나만으로 그 여자에게 칩 하나를 그냥 주기까지 했으니…….

도대체 무슨 일이 일어나고 있는 걸까?

———

카지노는 우리를 돈에서 분리시키는 기술을 철저히 연마해왔다. 그러므로 이 이야기로 서두를 여는 건 어쩌면 조금 불공정할 수도 있다. 그럼에도 조지가 했던 경험을 통해서 우리는 사람들이 저지르는 (심지어 악의적이지 않은 환경에서 저지르는) 심리적 차원의 실수가 어떤 것인지 슬쩍 엿볼 수 있다.

카지노 객장의 번쩍거리는 불빛 아래에서 작동하는 몇 가지 요소를 정리하면 다음과 같다. 뒤에 이어질 여러 장에서 이 요소들 각각을 보다 상세하게 살펴볼 것이다.

심리적 회계mental accounting　　조지는 자신의 재정상태를 걱정하고 있다. 이런 사실은 아침에 커피 마실 돈을 아낀 것만 봐도 알 수 있다. 그런데도 카지노에서는 200달러나 되는 돈을 아무렇지도 않게 써버린다. 이런 모순이 발생하는 이유에는 여러 가지가 있겠지만, 그 가운데 하나는 조지가 카지노에서의 지출을 커피 지출계정과는 전혀 다른 '심리적 회계' 계정으로 분류하기 때문이다. 즉 조지는 인출한 돈을 플라스틱 칩으로 바꿈으로써 '유흥'이라는 계정을 새로 열었다. 다른 지출은 여전히 '일상적인 지출'이라는 계정으로 묶어두면서 말이다. 이런 속임수를 씀으로써 그는 그 두 가지 지출을 전혀 다르게 느낀다. 하지만 둘 다 '조지의 돈'이라는 하나의 계정 가운데 일부일 뿐이다.

공짜 가격price of free　　조지는 공짜로 주차를 하고 공짜로 음료수를 마신 덕분에 흥분한다. 그런 서비스에 그가 직접 비용을 지불하지 않은 것은 맞지만, 그 '공짜들'은 조지로 하여금 좋은 기분으로 카지노에 발을 들여놓게 만들면서 그의 판단력을 훼손한다. 사실 이 '공짜들'이 높은 비용을 지불하도록 유인한다. 세상에서 제일 좋은 게 공짜라는 말이 있다. 어쩌면 그럴지도 모른다. 그러나 공짜는 전혀 예상하지 않았던 방식으로 자주 비용을 초래한다.

지불의 고통pain of paying   조지는 원색의 칩으로 도박을 하거나 팁을 줄 때 자기가 돈을 쓰고 있다고 느끼지 못한다. 그저 장난을 치고 있다고만 느낄 뿐이다. 칩 하나가 자기 손을 떠나갈 때마다 자기 돈이 줄어든다는 느낌이 들지 않으므로, 즉 자기가 지금 돈을 쓰고 있다고 온전하게 자각하지 못하기 때문에 조지는 자신의 선택을 덜 의식하게 되고 또 자신이 내리는 결정의 의미에 대해 깊이 생각하지 않게 된다. 플라스틱 칩을 지출하는 것은 자기 지갑에서 지폐가 나갈 때처럼 현실적으로 느껴지지 않기 때문에 그는 별 부담 없이 칩들을 툭툭 던져 베팅을 한다.

상대성relativity   조지가 무료 음료수를 가져다준 서빙 직원에게 5달러를 팁으로 주고 또 현금인출기 수수료 3달러 50센트를 아무렇지도 않게 여기는 것은, 그런 적은 돈은 블랙잭 테이블에 수북하게 쌓여 있는 칩 무더기와 비교하면 혹은 방금 현금인출기에서 뽑은 200달러와 비교하면 아무것도 아닌 푼돈처럼 보이기 때문이다. 5달러나 3달러 50센트는 상대적으로 소액이며, 또 상대적인 차원에서 생각함으로써 그 돈을 어렵지 않게 마구 써버린다. 한편 그날 아침에 바깥에서 커피를 살 때 들여야 하는 돈 4달러는 호텔 객실에서 무료로 마실 수 있는 것과 비교하면 지출하기에 너무 큰돈이었다.

기대치expectations   조지는 돈의 시각적인 요소와 청각적 요소(예를 들면 금전등록기, 훤하게 불을 밝히는 화려한 조명, 달러 기호 등)에 둘러싸여서 자신이 카지노의 희박한 승률을 넘어서서 악당들을 물리치는 매력적인 승자라도 된 듯한 상상을 한다. 마치 007 영화의 제임스 본드라도 된 것처럼…….

자제력self-control   물론 도박은 많은 사람에게 심각한 문제다. 중독성이 있기 때문이다. 그러나 여기에서는 우리의 목적에 맞게 거두절미하고 이렇게만 말해두자. 자신을 둘러싼 스트레스 넘치는 환경과 상냥하고 친절한 카지노 직원들 그리고 '쉬운' 기회들에 영향을 받은 나머지 조지는 은퇴했을 때 200달러를 더 가짐으로써 누릴 수 있는 먼 미래의 편익은 뒤로 제쳐둔다. 그가 도박의 즉각적인 유혹에 저항하기란 쉽지 않은 일이다.

이 모든 실수가 카지노라는 특수한 공간에서만 일어나는 것처럼 보이지만 사실은 그렇지 않다. 인정하고 싶지 않겠지만 우리가 사는 세상은 카지노나 다를 게 하나 없다. 아닌 게 아니라 2016년에 미국은 심지어 카지노 소유주를 대통령으로 선출하지 않았는가. 비록 모든 사람이 도박으로 스트레스를 해소하지는 않지만 모두가 심리적 회계, 공짜 가격, 지불의 고통, 상대성, 자제력 및 그 밖의 여러 요소와 관련된 비슷한 시련에 맞닥뜨린다. 그럼으로써 의사결정 과정에서 실수를 한다. 조지가 카지노에서 저지른 실수는 일상생활 곳곳에서 나타난다. 이런 실수는 우리가 돈의 속성에 근원적으로 무지하다는 데 그 뿌리를 두고 있다.

대부분의 사람은 자기가 돈에 대해 많은 것을 안다고 믿지만, 놀랍게도 돈이 무엇이고 돈이 자신을 위해 무엇을 해주는지, 또 더욱 놀랍게는 돈이 자신에게 무슨 짓을 저지르는지 알지 못한다.

02

돈이란 무엇인가

자, 그렇다면 돈은 정확하게 무엇일까? 돈은 우리를 위해 무엇을 해주며 또 우리에게 무슨 짓을 할까?

카지노에 있던 조지의 머릿속에는 이런 의문이 분명 떠오르지 않았다. 조지뿐만 아니라 우리도 마찬가지다. 그러나 이런 질문은 매우 중요할뿐더러 우리의 논의를 시작하기에도 아주 적절하다.

돈은 **가치**value를 표시한다. 돈은 그 자체로는 아무런 가치가 없다. 돈은 그것으로 살 수 있는 다른 어떤 것의 가치를 표시할 뿐이다. 그러니까 돈은 가치의 전달자messenger이다.

정말 대단하다! 돈이 있기에 제품과 서비스의 가치를 한결 쉽게 평가하고 또 교환할 수 있다. 고대의 선조들과 달리 우리는 기본적인 생필품을 손에 넣기 위해 물물교환이나 노략질이나 도둑질을 하는 데 많은 시간을 들이지 않아도 된다. 이는 무척이나 좋은 일이다. 우리 가운데서 활이나 새총을 능숙하게 다루는 사람은 거의 없으니까.

그런데 그 밖에도 돈에는 그 유용성을 높이는 몇 가지 특성이 있다.

____ 돈은 **일반적이다**: 우리는 돈을 거의 모든 것과 교환할 수 있다.

____ 돈은 **나눌 수 있다**: 돈은 아무리 크든 작든 크기와 상관없이 거의 모든 항목에 적용할 수 있다.

____ 돈은 다른 돈으로 **대체할 수 있다**: 돈 이외의 다른 특별한 통화는 필요 없다. 왜냐하면 돈은 동일한 액수를 나타내기만 한다면 다른 돈으로 얼마든지 대체될 수 있기 때문이다. 어떤 10달러 지폐든지 간에 다른 10달러 지폐로 (이 지폐를 어디에서 어떻게 손에 넣었는지 따지지 않고) 대체할 수 있다.

____ 돈은 **저장할 수 있다**: 돈은 언제든 쓸 수 있다. 지금 당장 쓸 수도 있고 나중에 쓸 수도 있다. 돈은 자동차, 가구, 유기농산물 혹은 대학교 티셔츠 등과는 달리 나이를 먹지도 않고 썩지도 않는다.

요컨대, 금액이 얼마든 언제든 (거의) 모든 것을 사는 데 돈을 사용할 수 있다. 이런 본질적인 사실 덕분에 우리 **비이성적인 인간**Homo irrationalis은 서로 직접 만나서 물물교환을 하는 대신에 어떤 상징(즉, 돈)을 사용해서 제품과 서비스를 예전보다 한층 더 효율적으로 교환할 수 있게 됐다. 바로 여기서 돈의 최종적이며 가장 중요한 특성이 생성된다. 바로 **공동선**common good이라는 특성인데, 이는 돈이 누구나 사용할 수 있으며 또한 그 어떤 것의 가치를 지불하는 수단으로 다 사용할 수 있다는 뜻이다.

돈이 지니고 있는 이 모든 특성을 고려해보면, 돈이 없었다면 오늘날 우리가 알고 있는 현대사회의 생활 역시 존재할 수 없음을 쉽게 알 수 있다. 돈은 사람들이 저축할 수 있게 하고, 새로운 것을 시도할 수 있게 하고, 뭔가를 공유할 수 있게 하고 또 교사, 예술가, 변호사, 농부 등과 같이 전문가가 될 수 있게 해준다. 돈은 사람을 자유롭게 한다. 돈이 존재하는 덕분에 사람들은 자신에게 주어진 시간과 노력을 사용해서 모든 종류의 인간 활동을 추구하고, 자신의 재능과 열정을 탐구하며, 새로운 것을 배우고, 또 미술과 와인과 음악을 즐긴다. 미술과 와인과 음악은 돈이 없다면 더 이상 존재하지도 않을 것이다.

돈은 (예를 들어 인쇄술이나 수레바퀴나 전기나 심지어 텔레비전의 리얼리티 프로그램 등) 다른 어떤 것 못지않게 인간이 처한 조건을 바꿔왔다.

그런데 돈이 얼마나 중요하고 유용한지 깨닫는 것도 중요하지만, 그 반대편에 있는 사실도 알아야만 한다. 불행하게도 돈이 가져다주는 편익 가운데 몇몇은 돈이 우리 인간에게 퍼붓는 저주의 원천이기도 하기 때문이다. 이런 편익들은 돈을 따라다니는 이런저런 어려움을 만들어낸다. 위대한 철학자 래퍼, 노토리어스 비아이지The Notorious B.I.G.(미국인 가수 – 옮긴이)도 "돈이 많으면 문제도 많아지지Mo' Money Mo' Problems"라고 하지 않았는가.

돈은 축복과 저주를 동시에 내린다. 돈의 이런 양면성을 살펴보기 위해서(여기서 말장난 하나, '동전에는 양면이 있다') 우선 돈의 일반적인 특성을 놓고 생각해보자. 이 세상에 존재하는 거의 모든 것과 교환할 수 있다는 점은 돈의 가장 결정적이고 멋진 특성이다. 여기에는 의심의 여지가 없다. 그러나 이는 돈과 관련된 의사결정 과정이 믿을 수 없을 정도로 복잡하다는 뜻이기도 하다.

너무 흔한 예이긴 하지만 사과와 오렌지를 들어 살펴보자. 이 둘을 비교하기란 매우 쉽다. 만일 우리 앞에 사과와 오렌지가 함께 담긴 접시가 있다면, 어떤 특정한 순간에 둘 중 어느 쪽을 자신이 원하는지 우리는 정확하게 안다. 그러나 만일 여기에 돈이 결부되고, 사과를 먹으려면 1달러 혹은 50센트의 돈을 지불해야 한다면 이 선택은 한층 더 어려운 의사결정 문제가 되고 만다. 게다가 사과 가격이 1달러고 오렌지 가격이 75센트라면 의사결정은 앞의 경우보다 훨씬 더 어려워진다. 어떤 의사결정이든 돈이 결부될 때마다 그만큼 더 어려워진다.

잃어버린 기회에 대한 생각이 만드는 잘못된 의사결정

돈과 관련된 의사결정은 왜 더 복잡할까? 바로 **기회비용** 때문이다.

돈의 특수한 성격(즉 돈은 일반적이고 나눌 수 있고 저장할 수 있고 다른 것으로 대체할 수 있으며, 특히나 공동선이다)을 고려할 때, 돈으로써 뭐든 다 할 수 있음은 명백하다. 그러나 돈으로 **거의 모든 것**을 할 수 있다고 해서 **모든 것**을 다 할 수 있다는 뜻은 아니다. 반드시 선택을 해야 하며, 그렇기 때문에 뭔가를 희생할 수밖에 없다. 즉 어떤 것을 하지 않을지 선택해야 한다는 말이다. 이는 의식하든 의식하지 않든 간에 돈을 사용할 때마다 우리가 분명히 기회비용을 생각한다는 뜻이다.

기회비용은 대안이다. 뭔가를 하기 위해 지금이나 나중에 반드시 포기해야 하는 어떤 것이다. 뭔가 선택할 때마다 우리가 의도적으로 희생하는 기회이다. 기회비용을 돈의 경우로 좁혀서 생각해보면, 어떤 것에 돈을 지출한다면 다른 것에는 지금 당장이든 혹은 나중에든 그 돈을 지출할 수 없다는 뜻이다.

다시 한 번 과일 접시를 생각해보자. 사과와 오렌지를 담고 있는 과일 접시 말이다. 사과 하나와 오렌지 하나라는 두 개의 물건만 있는 세상에 살고 있다면, 사과를 사는 것의 기회비용은 오렌지를 포기하는 것이고, 오렌지를 사는 것의 기회비용은 사과를 포기하는 것이다.

이와 비슷하게 카지노에서 200달러 넘는 돈을 잃은 우리의 친구 조지가 동네 카페에서 만약 4달러를 썼다면 어땠을까? 그 돈을 쓰지 않았다면 버스비를 낼 수도 있고 조금 더 보태서 점심을 사먹을 수도 있고, 혹은 몇 년 뒤에 참석하게 될 '도박 끊기 모임' 자리에서 과자를 사먹을 수도 있다. 이때 그는 4달러를 포기한 게 아니다. 그 돈이 지금 혹은 미래에 제공할 수 있는 어떤 기회를 포기한 것이다.

기회비용의 중요성과 사람들이 이를 충분히 고려하지 않는 이유를 더 잘 이해하기 위해 이런 설정을 한번 해보자. 당신은 매주 월요일에 500달러를 용돈으로 받는데, 한 주 동안 이 돈으로만 생활해야 한다. 한 주가 시작될 때 당신은 스스로 내리는 의사결정 결과에 그다지 신경을 쓰지 않을 수 있다. 돈이 많기 때문이다. 와인을 곁들여 저녁을 먹는다거나 전부터 점찍어뒀던 예쁜 옷을 살 때 당신은 이 지출로 무엇을 포기하는지 깨닫지 못한다. 그러나 하루하루 지날수록 돈은 점점 줄어들고, 마침내 금요일에는 43달러밖에 남지 않는다. 그때부터는 기회비용의 존재가 한층 뚜렷해진다. 월요일부터 그 시점까지의 지출 내역이 그 시점부터 다음 번 용돈을 받을 때까지 당신이 돈을 쓸 항목에 영향을 준다. 예컨대 와인을 곁들인 저녁을 사먹고 셔츠를 사기로 했던 월요일의 의사결정이 일요일의 의사결정을 매우 힘들게 만든다. 신문을 사서 보거나 크림치즈를 바른 베이글을 사먹을 수는 있지만 돈이 넉넉하지 않아서 이 둘을 동시에 할 수는 없고 하나만 선택해야 한다. 물론 월요일에도 고려해야 할 기회비용이 있었지만 그때는 이 개념이 당신에게 선명하게 떠오르지 않았다. 그러나 일요일이 되면 기회비용이 선명하게 부각되는데, 이때는 이미 늦었다(물론 낙관적으로 생각한다면, 비록 배에서 꼬르륵 소리가 난다 해도 당신은 신문의 스포츠 면을 보고 있긴 하겠지만 말이다).

그러므로 지출 관련 의사결정을 할 때는 반드시 기회비용을 생각해야만 한다. 지금 어떤 것에 돈을 쓰기로 선택함으로써 포기하게 되는 대안들을 곰곰이 생각해야 한다. 그러나 보통은 기회비용에 대해 충분히 생각하지 않는다. 심지어 전혀 생각하지 않을 때도 있다. 이것이 바로 우리가 돈과 관련해서 저지르는 가장 큰 실수이며, 또한 다른 많은 실수를 저지르는 이유이기도 하다. 그 실수는 우리 집이 서 있는 재정이라는 이름의 불안한 토대이기도 하다.

여러 해 전에 댄Dan Ariely과 연구조교 한 명이 도요타 자동차 매장에 가서 신차를 구매하려는 사람들에게 신차를 사면서 무엇을 포기할 것인지 물었다. 그런데 이 질문에 구체적인 답변을 하는 사람은 거의 없었다. 즉 신차를 사면서 자기가 지불할 수천 달러를 다른 용도로는 어떻게 사용할 수 있을지 조금도 진지하게 생각해보지 않았던 것이다. 그래서 댄은 또 다른 질문으로 신차 구매자들을 조금 더 압박했다. 그

보다 큰 그림

기회비용은 개인 차원의 재정 문제에만 국한되지 않는다. 드와이트 아이젠하워Dwight Eisenhower 대통령이 1953년에 무기경쟁에 반대하면서 했던 연설에서 강조했던 것처럼 국제적인 차원의 파문을 일으킬 수도 있다.

제작된 모든 총과 진수된 모든 전함과 발사된 모든 로켓은 궁극적으로 보자면 하나하나가 모두 굶주리고 헐벗은 사람들을 대상으로 도둑질이 이뤄졌음을 의미합니다. 군사적으로 무장을 하는 이 세상은 단지 돈만 낭비하는 게 아닙니다. 노동자의 땀과 과학자의 천재성과 어린이의 희망까지도 낭비합니다. 현대적인 중폭격기 한 대를 만드는 데 들어가는 비용으로 서른 곳이 넘는 도시에 현대적인 벽돌 건물을 지을 수 있고, 6,000명이 사는 마을에 전력을 공급할 발전소를 두 동이나 지을 수 있으며, 좋은 시설과 설비를 갖춘 병원을 두 동 지을 수 있고, 대략 80킬로미터의 도로를 콘크리트로 포장할 수 있습니다. 우리는 전투기 한 대를 사는 데 밀 50만 부셸(미국에서 1부셸은 약 27킬로그램 – 옮긴이)을 지불합니다. 우리는 구축함 한 대를 사는 데 8,000명이나 되는 사람을 수용할 수 있는 신축주택을 지불합니다.

다행히, 개인의 기회비용은 전쟁 비용보다는 사과 하나 가격에 더 가깝다.

는 도요타 자동차를 살 경우 구체적으로 어떤 제품이나 서비스를 누릴 수 없게 될지를 물었다. 그러자 대부분의 사람은 만일 자기가 도요타 자동차를 산다면 혼다 자동차 혹은 그 밖의 다른 자동차(즉 도요타 자동차의 대체재)를 사지 못할 것이라고 대답했다. 그해 여름휴가 때 스페인에 그리고 그다음 해에 하와이에 못 가게 될 것이라거나, 앞으로 몇 년 동안은 한 달에 두 번씩 멋진 음식점에 못 가게 될 것이라거나, 혹은 학자금 대출을 모두 갚기까지 5년이 더 걸릴 것이라는 식으로 대답한 사람은 거의 없었다. 이들에게는 자기가 지출하고자 하는 그 돈을, 미래에 얻을 일련의 경험이나 재화를 살 수 있는 잠재적 역량으로 바라볼 능력이나 의지가 없는 것 같았다. 이는 돈이 너무 추상적이고 일반적이라서 기회비용을 떠올리고 고려하기가 어렵기 때문이다. 기본적으로 뭔가를 사려고 돈을 지출할 때는 사고자 하는 그 대상 말고 다른 것은 아무것도 머리에 들어오지 않는다.

기회비용을 고려하려 들지 않음은 말할 것도 없고 기회비용 자체를 떠올리지 못하는 이런 모습은 자동차 구매행위에 한정되지 않는다. 우리는 거의 언제나 대안을 충분히 생각하고 평가하지 않는다. 그리고 불행하게도, 기회비용을 고려하지 않음으로써 우리가 내리는 의사결정이 스스로에게 유리한 결과를 이끌어낼 가능성은 줄어든다.

스테레오 시스템을 구매하는 경우를 살펴보자. 셰인 프레더릭Shane Frederick, 나단 노벰스키Nathan Novemsky, 징 왕Jing Wang, 라비 다르Ravi Dhar 그리고 스티븐 놀리스Stephen Nowlis는 공동으로 연구를 진행하여, 그 결과로 〈기회비용 무시?Opportunity Cost Neglect?〉라는 논문을 내놓았다. 연구자들은 한 무리의 피실험자들에게 1,000달러짜리 파이어니어Pioneer 제품과 700달러짜리 소니 제품 중 하나를 선택하라고 하고, 두 번째 무리의 피실험자들에게는 1,000달러짜리 파이어니어 제품과 700달러짜리 소니 제품 및 300달러짜리 CD 구입권 패키지 중에서 하나를 선택하라고 했다.

연구자들이 실제로 두 집단에 요구한 것은 1,000달러를 지출하는 서로 다른 두 방법 중 하나를 선택하는 것이었다. 첫 번째 집단에게는 ①이 돈을 모두 파이어니어 제품에 쓰거나 ②700달러를 소니 제품에 쓰고 나머지 300달러는 다른 데 쓰는 것 가운데 하나를 선택하게 했고, 두 번째 집단에게는 ①이 돈을 모두 파이어니어 제품에 쓰거나 ②700달러를 소니 제품에 쓰고 나머지 300달러를 음악에 쓰는 것 가운데 하나를 선택하게 했으니 말이다. 그런데 결과를 살펴보니 소니 제품은 300달러어치의 CD를 함께 포함해서 팔 때가 그렇지 않을 때에 비해 훨씬 더 인기가 높았다. 왜 그랬을까? 엄격하게 말하자면, 사용처가 정해져 있지 않은 300달러는 반드시 CD를 사는 데 써야만 한다는 식으로 사용처가 정해진 300달러보다 가치가 더 높다. 왜냐하면 그 돈으로는 CD를 포함해서 다른 무엇이든 살 수 있기 때문이다. 그러나 그 300달러가 반드시 CD 구매에 지출돼야 한다는 조건이 붙을 때 피실험자들은 이를 더 매력적으로 봤다. 300달러어치의 CD는 '무엇이든 살 수 있는' 300달러보다 훨씬 더 구체적으로 정의되었기 때문이다. 300달러어치의 CD라면 우리는 우리가 얻는 게 무엇인지 안다. 쉽게 인지할 수 있을뿐더러 가치를 매기기도 쉽다. 300달러가 추상적이고 일반적일 때는 보통 그것을 어떻게 지출할지 구체적인 이미지를 떠올리지 않으며, 우리에게 작용하는 정서적 힘과 동기부여의 힘이 덜 강력하다. 스테레오 시스템 구매 과정에서 드러나는 이런 모습은, 돈을 일반적인 것으로 표현하면 구체적으로 표현할 때보다 그 가치를 낮게 평가하는 경향이 있음을 보여주는 하나의 사례일 뿐이다.[1]

그렇다. CD는 여기서 하나의 예다. 오늘날에는 찾아보기도 쉽지 않은 CD를 놓고 생각하자는 게 스테고사우루스^{Stegosaurus}의 소화기관 효율에 대해 생각하자는 것과 비슷하긴 하지만, 그래도 중요한 핵심은 사라지지 않는다. 여름휴가를 가는 것이든, CD 모음을 사는 것이든 간에 돈을 지출하는 데에 대안적 방식이 있음을 상기시켜주면 사람들은 깜짝 놀란다. 이렇게 놀란다는 것은 그들이 평소 대안적인 소비를 생각하지 않는다는 뜻이다. 그리고 대안을 생각하지 않는다는 것은 기회비용을 고려하지 않는다는 뜻이다.

기회비용을 무시하는 이런 경향은 우리 인간의 사고에 기본적인 흠결이 존재한다는 뜻이기도 하다. 이로써 돈의 멋진 특성, 즉 돈으로 지금이든 혹은 미래에든 여러 가지를 선택해서 교환할 수 있다는 사실은 돈과 관련된 우리 행동이 그토록 많은 문제를 안고 있을 수밖에 없는 이유이기도 하다는 것이 밝혀졌다. 돈을 지출할 때는 마땅히 기회비용 차원에서 생각해야 하지만, 즉 지금 어떤 것을 사는 데 돈을 지출하면 다른 것은 포기해야 한다는 생각을 해야 하지만, 이런 식의 생각은 너무나도 추상적이고 어렵다. 그래서 우리는 그런 생각을 하지 않는다.

게다가 현대의 삶은 신용카드, 담보대출, 자동차 할부금 변제, 학자금 대출 등의 수많은 금융상품을 안겨줬고, 이 금융상품은 (흔히 의도적으로) 사람들이 돈을 지출할 때 그것이 미래에 미치는 영향을 제대로 이해하지 못하게 가로막는다.

돈과 관련된 의사결정을 하면서 마땅히 해야 하는 생각을 하지 못할 때, 혹은 그런 생각을 하려 들지 않을 때 사람들은 모든 종류의 '심리적 지름길mental shortcut'에 의지하게 된다. 이런 전략 중 다수는 돈과 관련된 복잡성을 처리하는 데 도움을 주긴 하지만, 그렇다고 해서 이런 도움이 반드시 가장 바람직하거나 논리적이지는 않다. 그리고 이 심리적 지름길들은 흔히 사물에 내재된 가치를 정확하게 평가하지 못하도록 사람들을 엉뚱한 곳으로 유도한다.

03

가치를 알아야 제대로 쓸 수 있다

제프Jeff Kreisler가 어린 아들과 함께 비행기를 타고 여행하는 중이었는데 아들이 이야기를 하나 해달라고 졸랐다. 그런데 아이들이 읽는 동화책은 수화물 칸의 가방에 들어 있었다. 아내가 휴대용 가방에 넣어서 필요할 때마다 꺼내볼 수 있게 하라고 그렇게 신신당부를 했음에도 말이다! 그래서 제프는 닥터 수스Dr. Seuss의 동화책《내 포켓 속에는 워켓이 있다There's a Wocket in My Pocket!》의 또 다른 버전을 지어내 말해줬다.

"너라면 드리블dribble을 얼마나 주고 살 거니? 재블zabble은? 그내블gnabble은? 퀴블quibble은? 그리고 또 조크zork는? 노크nork는? 알바니아산 세 발 블로크blork는?"(이 단어들은 각각 '테이블table'이나 '포크fork'의 라임을 살린 의미 없는 조어다 - 옮긴이)

제프의 이 말이 어린 아들은 말할 것도 없고 주변의 다른 승객들을 괴롭힌 것 같기는 하지만, 이 질문이 우리가 일상생활에서 마주치는 질문과 얼마나 다를까?

'코카콜라' 한 병이나 '넷플릭스Netflix' 한 달 시청료 혹은 '아이폰' 하나에 얼마나 되는 돈을 지불해야 할지 어떻게 알 수 있을까? 이 각각의 단어는 무엇일까? 이게 다 뭐란 말인가? 다른 별에서 온 방문자가 있다고 치자. 이 방문자에게 '램프' 뒤에 있는 '잼프'나 '보틀(병)' 안에 있는 '요틀'만큼이나 말이 안 되는 것처럼 보이는 물건들의 가치를 어떻게 설명할 것인가? 그는 물건들의 가격을 어떻게 매겨야 할까? 만일 우리가 어떤 물건의 정체가 무엇인지, 이 물건의 가격이 얼마인지 혹은 다른 사람들이 이 물건을 살 때 실제로 돈을 지불하는지 어떤지 전혀 모른다면, 이것들을 살 때 돈을 얼마나 지불해야 할지 어떻게 알 수 있을까?

미술 작품은 또 어떨까? 잭슨 폴록Jackson Pollock의 작품이 '알바니 아산 세 발 블로크'와 뭐가 다를까? 그저 독특하고 특이하기만 할 뿐인데……. 게다가 실용성으로 따져봐도 특별히 차이가 있을 것 같지도 않고. 그러나 미술품에는 가격이 매겨져 있다. 2015년에 어떤 미술품 수집상은 〈뉴요커New Yorker〉가 '평범하던 피카소 후기의 그저 그런 작품'이라고 평가했던 미술품을 1억 7,900만 달러에 구입했다.[1] 또 다른 어떤 사람은 사용자들이 인스타그램에 올린 (공짜로 볼 수 있는) 그림들을 9만 달러에 팔아먹는 사기를 쳤다.[2] 심지어 감자를 찍은 어떤 사진은 100만 유로에 팔리기도 했다. 도대체 누가 이런 가격을 정할까? 도대체 가치는 어떻게 결정될까? 우리가 지금 당장 감자를 여러 개 담아놓은 접시를 휴대전화로 찍는다면 이 사진을 사겠다는 사람이 있을까?

우리 모두는 '가치'라는 말을 그리고 이 말에 관한 수많은 이야기를 수없이 들어왔다. 가치는 우리가 기꺼이 돈을 치르는 제품이나 서비스의 쓸모를 반영한다. 본질적으로 가치는 기회비용을 반드시 반영한다. 가치는 어떤 물건을 사거나 어떤 경험을 하기 위해 우리가 기꺼이 포기할 수 있는 것을 정확하게 반영해야 한다. 그리고 우리는 다양한 선택이 갖는 실질적인 가치에 따라 돈을 지출해야 한다.

이상적인 세상에서라면 모든 것의 가치를 정확하게 산정할 수 있다.

"나에게 이것의 가치는 무엇일까? 이것을 얻기 위해서 나는 무엇을 기꺼이 포기할 수 있을까? 이때 발생하는 기회비용은 무엇일까? 바로 이것이 내가 여기에 기꺼이 지불하는 돈이다."

그러나 피트니스 잡지만 살짝 들춰봐도 금방 알겠지만 우리는 이상적인 세상에 살고 있지 않다. 우리에게는 식스팩이 없으며, 우리는 모든 것의 가치를 정확하게 산정하지 않는다.

사람들이 역사적으로 사물의 가치를 부정확하게 평가해왔던 방식 몇 가지를 소개하면 다음과 같다.

───── 아메리카 원주민은 맨해튼의 소유권을 구슬 몇 개와 장신구 따위를 받고 네덜란드 동인도회사에 넘겼다. 들어본 적도 없고 또 도무지 무

슨 뜻인지 알 수도 없는 소유권이라는 것, 즉 '맨해튼 소유권'에 가치를 매기는 방법을 그들이 어떻게 알았겠는가?

_____ 몇몇 대도시에서는 아파트 월세가 4,000달러 이상일 수도 있지만 우리는 눈도 깜박하지 않는다. 그러나 휘발유 가격은 15센트만 올라도 선거 판세가 요동친다.

_____ 카페에서는 커피 한 잔을 사면서 4달러를 내지만, 바로 옆 건물의 편의점에서는 그것과 같은 원료를 쓰는 커피를 1달러에 살 수 있다.

_____ 매출이 전혀 없는 신생 기술기업에 대한 평가액이 수억 달러, 심지어 수십억 달러나 하는데 이런 기업들이 나중에 기대에 미치지 못하고 사라질 때 우리는 깜짝 놀란다.

_____ 어떤 사람들은 1만 달러나 들여 휴가여행을 가면서도 무료 주차장을 찾느라 날마다 20분씩 허비한다.

_____ 우리는 스마트폰 하나를 사려고 여러 가게를 돌아다니며 제품의 가격과 품질을 비교한다. 우리는 자기가 무엇을 하고 있는지 알고 있다고 생각하며, 나중에는 자신이 올바른 선택을 했다고 느낀다.

_____ 리처드 3세King Richard III는 말 한 마리를 사려고 자기 왕국을 통째로 팔아넘기려고 했다. 왕국의 가치가 겨우 말 한 필밖에 되지 않다니!(셰익스피어의 희곡《리처드 3세King Richard the Third》에 나오는 리처드 3세의 대사 가운데 "누가 나에게 말 한 마리만 주면 내 왕국도 내주련만"이라는 구절이 있다 – 옮긴이)

우리는 해당 가치와는 전혀 상관이 없는 여러 가지 방식으로 그 가치를 평가한다. 여태껏 늘 그랬고 지금도 그렇다.

만일 인간이 완벽하게 이성적인 동물이라면, 돈을 주제로 하는 책은 제품이나 서비스에 우리가 매기는 가치를 다뤄야 할 것이다. 왜냐하면 이성적으로 볼 때 돈은 기회비용이고 기회비용이 곧 가치이기 때문이다. 그러나 우리는 이성적이지 않다. 이런 사실은《상식 밖의 경제학Predictably irrational》,《댄 애리얼리 경제 심리학The upside of irrationality》,《이보게들, 우리는 전혀 이성적이지 않다고!Hey Guys! We Are Sooooo Not Rational!》$ 등 댄의 다른 저서들에서도 분명하게 드러난다. 이성적이기는커녕 자기가 사물을 얼마나 높게 평가하는지, 즉 얼마나 많은 돈을 기꺼이 지불할 의사가 있는지 알아내기 위해 온갖 기묘한 정신적 속임수를 동원한다. 그러므로 이 책은 지출과 관련된 의사결정을 내릴 때 우리가 접근하는 기묘하고 터무니없는 데다 완벽하게 비이성적인 여러 가지 방식과 어떤 것은 과대평가하고 또 어떤 것은 과소평가하도록 우리를 유도하는 힘에 관해 이야기한다.

우리 저자들은 이 힘과 속임수 및 '지름길'을 '가치단서value cue'라고 생각한다. 우리는 어떤 제품이나 서비스의 진정한 가치와 이 단서가 연관돼 있다고 믿지만 흔히 실제로는 그렇지가 않다. 분명 어떤 가치단서는 상당히 정확하기도 하다. 그러나 많은 단서가 터무니없으며 또 다른 단서는 의도적으로 우리를 조작한다. 그런데 이상하게도 우리는 이런 단서가 가치를 지각하는 우리 인식을 왜곡하도록 허용한다.

$ 이건 아직 정식 제목이 아니다.

48

왜 그럴까? 우리가 실수하는 걸 좋아하기 때문도 아니고 자해적 성향이 있어서도 아니다(물론 일부러 이렇게 하려고 돈을 내고 입장하는 장소도 있긴 하다). 우리 저자들이 이 가치단서들을 추적하는 이유는 기회비용을 고려하고 실제 가치를 평가하기가 너무 어렵기 때문이다. 게다가 돈 문제 및 금융계가 우리를 혼란스럽게 만들려고 온갖 노력을 다하는 마당에 어떤 것의 대가로 과연 얼마를 지불하는 것이 합당한지 알아내기가 예전보다 점점 더 어려워지고 있다.

이런 역동성이 관건이다. 물론 우리는 돈의 복잡한 특성과 기회비용을 고려하지 않는 태도를 상대로 끊임없이 싸운다. 더구나 돈을 더 많이, 더 자주 그리고 더 자유롭게 지출하라고 강요하는 외부의 힘을 상대로도 끊임없이 싸운다. 우리가 진정한 가치를 잘못 평가하기를 바라는 수많은 힘이 있다. 그들 입장에서는 우리가 비이성적으로 돈을 써야 자기들에게 이득이 되기 때문이다. 우리가 직면한 이런 어려운 상황을 염두에 둔다면, 모든 사람이 수십억 달러짜리 초호화 아파트에서 수천 달러나 하는 '보틀(병) 속에 들어 있는 요틀'을 마시면서 어슬렁거리지 않는 것이 오히려 놀라운 일이다.

2부

돈에 대해 꼭 알아야 할 10가지

_가치 없이 가치를 평가하지 않으려면

04

모든 것은 상대적이다

수전 톰킨스는 누군가에게 수전 이모다. 사실 모든 사람에게는 수전 이모와 닮은 구석이 있다. 수진 이모는 진짜 행복하고 사랑스러운 여자인데, 자신이나 자기 아이들을 위해서 뭔가를 살 때마다 조카들에게 줄 선물도 함께 산다. 수전 이모는 JC페니JC Penney 백화점에서 쇼핑하는 것을 무척 좋아한다. 그녀는 어린 시절부터 거기서 쇼핑을 했는데, 부모 및 조부모와 함께 가서 그분들이 흥정하는 걸 옆에서 돕곤 했다. 여기저기서 흥미진진한 거래가 펼쳐졌다. 온 매장을 돌아다니면서 퍼센트 기호 옆에 쓰인 가장 큰 숫자를 찾는 것은 재미있는 게임이었다. 그 숫자는 숨은 보물처럼 자랑스럽게 자리를 잡고 있었다.

최근에 수전 이모는 어린 남자 조카들을 데리고 다니면서 '값이 너무도 싸기 때문에 도저히 그냥 지나칠 수 없는' 하자품 스웨터나 어울리지 않는 조합의 옷들을 보여주곤 했다. 아이들은 그걸 좋아하지 않았지만 그녀는 매우 좋아했다. JC페니에서 엄청나게 싼 가격에 상품을 산다는 것은 수전 이모에게 여전히 위대할 정도로 짜릿한 성취였다.

그런데 어느 날인가 JC페니의 신임 CEO인 론 존슨Ron Johnson이 그 모든 할인제도를 없애버렸다. '공정하고 정직한' 가격정책을 들고 나온 것이다. 세일도 없어졌고 흥정도 쿠폰도 할인도 없어졌다.

갑작스러운 조치에 수전 이모는 슬퍼했다. 그다음에는 화를 내더니 급기야 JC페니에 발길을 뚝 끊어버렸다. 심지어 친구들과 '나는 론 존슨을 미워한다'는 이름의 온라인 모임을 만들기까지 했다. 알고 보니 그녀와 같은 심정인 사람이 많았다. 많은 고객이 JC페니를 떠났다. JC페니로서는 힘든 시절이었다. 수전에게도 힘든 시절이었다. 론 존슨에게도 마찬가지였다. 팔려나갈 기회를 잡을 수 없었던 하자품 스웨터에게도 그랬다. 이때 유일하게 쾌재를 부른 이들이 있으니, 바로 수전 이모의 조카들이었다.

1년 뒤, JC페니는 다시 할인제도를 시행했고 수전 이모의 귀에도 그 소식이 들어갔다. 그녀는 조심스럽게, 경계를 늦추지 않은 채로 JC페니로 돌아왔다. 그녀는 수북하게 쌓인 바지 정장 더미를 헤집었고, 스카프 몇 개를 나란히 두고 요리조리 살폈으며, 문진을 파는 진열대를 꼼꼼하게 훑어봤다. 그리고 가격표를 바라봤다. "20퍼센트 할인!" "가격 인하!" "세일!" 그녀는 첫날에 두 개의 물품을 샀다. 그 후로 그녀는 다시 예전의 JC페니 자아를 회복했고, 다시 행복해졌다. 그녀는 앞으로 보다 많은 쇼핑을 할 것이며, 보다 많은 하자품 스웨터를 살 것이며, 또한 그녀가 사랑하는 사람들이 별로 고맙지도 않으면서 억지로 건네는 "고마워요!"라는 인사도 더 많이 받을 것이다. 만세!

고객의 생각을 존중하는 JC페니 백화점

2012년, JC페니의 신임 CEO 론 존슨이 이 백화점의 오랜 전통을 부숴버렸다. 그 전통이란 바로 제품의 가격을 높게 책정한 다음 그걸 다시 깎아서 가격표를 매기는, 그러니까 살짝 사기성이 있는 가격정책이었다. 존슨이 CEO가 되기 전 20년 동안 JC페니는 수전 이모 같은 고객들에게 늘 쿠폰을 줬고 재고할인과 흥정할인을 해줬다. 이런 것들이 인위적으로 부풀려진 JC페니의 '정상가격'을 끌어내려서 JC페니가 마치 가격을 깎아주는 것처럼 보이게 만들었다. 그러나 실제로는 할인가격이 다른 곳의 정상가격과 다르지 않았다. 어떤 물품의 최종 소비자가격을 책정하는 과정에서 일단 가격을 높게 책정한 다음 온갖 창의적인 방식으로, 온갖 다양한 기호와 퍼센트 그리고 세일 및 할인을 통해서 이 가격을 다시 내리는 '눈 가리고 아웅 하는' 식의 연극이 이뤄졌다. 매장과 소비자들은 이런 공연을 하고 또 그 공연을 기꺼이 구경해왔다. 늘 이런 식이었다.

그런데 론 존슨이 JC페니 백화점의 가격을 '공정하고 정직하게' 만들어버렸다. 쿠폰도 없어지고, 싸구려 특매품을 찾아다니는 사람도 없어지고, 얄팍한 상술도 없어졌다. 이렇게 해서 이곳의 가격은 경쟁 유통업체들이 매긴 가격과 거의 비슷해졌고, 예전의 (미리 높게 책정한 다음 이것을 다시 내려서 책정한) '최종 할인가격'과 거의 비슷한 진짜 가격만 매겨졌다. 존슨은 소비자를 우롱하지 않는 이 정책이 보다 투명하게 비칠 것이며 또 소비자로부터 찬사와 존경을 받으리라고 믿었다. 그의 이런 믿음은 물론 잘못된 게 아니었다.

그러나 수전 이모 같은 충성스러운 고객은 이 제도를 증오했다. 그들은 '공정하고 정직한' 가격을 끔찍하게 싫어했다. 그랬기에 충성을 다하던 그 백화점으로의 발길을 뚝 끊었고, 사기를 당한 느낌에 사로잡혀 불평했으며, 실제 가격에 배신감을 느끼면서 공정하고 정직하며 정당한 그 가격을 좋아하지 않았다. 그 결과 1년 만에 JC페니는 무려 9억 8,500만 달러나 손해를 봤고, 론 존슨은 해고됐다.

존슨이 해고된 직후에 JC페니에서 파는 물품의 가격은 대부분 60퍼센트 이상 인상됐다. 예컨대 150달러에 팔리던 어떤 협탁에는 '정상가' 245달러라는 가격표가 붙었다.[1] 그런데 정상가격이 높아지긴 했지만, 할인의 가짓수와 선택폭도 그만큼 더 늘어났다. 매장에서는 딱 1달러만 깎아주는 게 아니라 '할인가격'과 '원래가격'과 '감정가격' 등을 함께 제시했다. 물론 이런저런 명목을 붙여서 가격을 할인해주는 것을 고려하면 가격은 존슨이 해고되기 전이나 해고된 후나 거의 비슷했다. 하지만 사람들 눈에는 그렇게 보이지 않았다. JC페니가 예전처럼 다시 엄청난 할인행사를 제공하는 것처럼 보였다.

론 존슨의 JC페니는 보다 정직한 가격으로 제품을 제공했지만 알

팍한 상술을 지지하는 사람들에게 배척당했다. 수전 이모는 지금도 존슨을 미워한다. JC페니의 고객들은 자신의 지갑을 갖고 투표를 했으며, 이 투표를 통해 스스로 속임수를 당하는 쪽을 선택했다. 그들은 설령 정상가격을 부풀린 다음 원래의 가격으로 되돌려놓는 것이라 해도 (이것이 바로 JC페니의 가격정책이었다) 차라리 흥정과 할인과 세일을 원했다.

JC페니와 론 존슨은 가격책정의 심리학을 온전하게 이해하는 과정에서 비싼 대가를 치렀다.$ 그러나 궁극적으로 보자면, JC페니는 사람들에게 가치를 이성적으로 평가할 능력이 없다는 사실을 전제로 어떤 사업을 진행하면 성공하리라는 진리를 학습한 셈이다. 헨리 루이스 멩켄H. L. Mencken(미국의 문예 비평가 – 옮긴이)도 "미국인의 지능을 낮게 평가한 사람들 가운데 망한 사람은 지금까지 아무도 없다"고 말하지 않았던가.

도대체 무슨 일이 일어나고 있는 걸까?

━━━

수전 이모와 JC페니의 이야기는 우리가 실제 가치와 거의 아무런 상관이 없는 방식으로 가치를 평가하게 만드는 강력한 힘 중 하나

$ 만일 당신이 대형 백화점 체인을 운영하고 있는데 가격정책을 근본적으로 바꿀 생각을 하고 있다면, 그 근본적인 변화를 한꺼번에 실시하기 전에 한두 매장을 대상으로 시험적으로 테스트해보기를 조심스럽게 권한다. 해고돼서 두둑한 퇴직금을 청구하게 되기를 기대하지 않는다면 말이다.

인 **상대성**이 발휘하는 여러 가지 효과 가운데 몇몇을 생생하게 보여준다. JC페니에서 수전 이모는 상대적인 가치를 바탕으로 물품의 가치를 평가했다. 그런데 무엇에 대해 상대적이라는 말일까? 바로 맨 처음 책정된 가격에 대해 상대적이라는 말이다. JC페니는 할인되는 금액을 퍼센트로 제시하고 또 '세일'이니 '특별'이니 하는 말을 붙여서 그녀의 관심이 그 놀라운 상대적 가격에 집중되도록 했다. 그럼으로써 애초의 가격과 할인된 가격을 그녀가 손쉽게 비교할 수 있도록 도왔다.

당신이라면 다음 두 개의 드레스셔츠 가운데 어느 것을 선택하겠는가? 하나에는 60달러라는 가격표가 붙어 있고, 다른 하나에는 100달러라는 가격과 함께 '40퍼센트 세일! 단돈 60달러!'라는 문구가 추가된 가격표가 붙어 있다.

사실 어느 것이든 상관이 없다. 가격표에 무슨 말이 쓰여 있든 60달러짜리는 60달러짜리일 뿐이다. 그러나 의식 깊은 곳에서 상대성이라는 개념이 작동하기 때문에 사람들은 위 두 가격을 동일한 것으로 바라보지 않는다. 그래서 수전 이모 같은 단골고객이라면 늘 세일 중인 셔츠를 선택한다(뿐만 아니라 아무런 수식 문구도 없이 60달러라는 가격만 붙어 있는 가격표에 분개할 것이다).

그런데 이런 행동이 논리적일까? 그렇지 않다. 상대성 개념을 이해하면 충분히 납득할 수 있는 일일까? 그렇다. 이런 일이 자주 일어날까? 그렇다. 이 일이 CEO가 쫓겨날 정도로 중요할까? 절대적으로 중요하다.

우리는 흔히 재화와 서비스의 가치를 있는 그대로 객관적으로 평가하지 못한다. 만일 우리가 외부와 단절되어 다른 것들의 가격을 전혀 알 수 없는 진공상태에 놓인다면, 집이나 샌드위치의 가격 혹은 보험료 또 혹은 '알바니아산 세 발 블로크'의 가격을 어떻게 파악할 수 있겠는가? 가치를 정확하게 평가하는 방법을 찾아내기 어렵기 때문에 우리는 가치를 측정할 수 있는 대안적인 방법을 모색하는데, 바로 이 지점에서 상대성이라는 관념이 머리를 들이밀고 나타난다.

어떤 것의 가치를 직접적으로 측정하기 어려울 때 우리는 그것을 다른 것(이를테면 그 제품의 경쟁제품이나 동일한 것의 다른 버전 등)과 비교한다. 이처럼 비교를 할 때 우리는 상대적인 가치를 만들어낸다. 그런데 이게 뭐가 문제란 말인가?

문제는 상대성이라는 개념 자체가 아니라 이를 적용하는 방식에 있다. 만일 우리가 모든 것을 다른 모든 것과 비교한다면 기회비용을 고려하게 될 테고 따라서 아무런 문제가 없을 것이다. 그러나 우리는 그렇게 하지 않는다. 평가하고자 하는 어떤 대상을 다른 하나와만 (때로는 두 개와만) 비교한다. 바로 이럴 때 상대성이 우리를 바보로 만들 수 있다.

60달러는 100달러에 비해 상대적으로 싸다. 그렇지만 기회비용을 생각해야 한다. 60달러를 0달러와 비교해야 하고, 또 60달러로 살 수 있는 다른 모든 것들과도 비교해야 한다. 그러나 우리는 그렇게 하지 않는다. 어떤 물건의 가치를 결정하기 위해 그 물건의 현재 가격과 매매 이전에 그 물건에 들어간 (혹은 들어갔다고 말하는) 비용을 비교해야 할 때도 그렇게 하지 않는다. 수전 이모처럼 말이다. 이런 식으로 상대성은 우리를 혼란스럽게 만든다.

JC페니의 할인가격은 소비자에게 중요한 가치단서를 제공했다. 이것은 중요할 뿐만 아니라 보통은 유일한 단서다. 할인가격 그리고 JC페니가 자랑스럽게 내세우는 절약할 수 있는 금액은 고객들에게 그 거래 하나하나가 모두 매우 매력적이라고 인식하게 만들었다.

이런 맥락이든 아니든 간에 JC페니의 세일 문구나 표지판은 고객들에게 셔츠 한 장의 가치를 판정할 수 있는 방법을 제시했다. 그 셔츠에 60달러의 가치가 있는지 없는지 우리가 어떻게 알 수 있겠는가? 그러나 100달러짜리 셔츠와 비교하면 60달러짜리 셔츠는 훌륭한 선택처럼 보인다. 왜냐하면 60달러짜리와 100달러짜리가 동일한 셔츠이므로 60달러짜리 셔츠를 사면 40달러를 공짜로 얻은 거나 마찬가지이기 때문이다. 그렇다면 우리도 다들 이 셔츠를 하나씩 사자. 각자의 조카가 학교에서 친구들에게 놀림을 받도록 말이다.

할인과 구매 포인트와 쿠폰을 제거함으로써 고객들에게서 자신의 구매 의사결정이 올바르다고 느끼게 해주는 요소를 JC페니가 박탈해버린 셈이다. 정상가격 옆에 붙어 있는 할인가격을 바라보는 것만으로도 고객은 스스로가 상당히 똑똑한 판단을 내리고 있다는 암시를 받는다.

착각을 만드는 상대성

———

그럼 여기서 돈과 지갑 이야기는 잠깐 접어두고 상대성이라는 원리를 더욱 일반적인 차원에서 살펴보자.

우리는 흑색 원과 회색 원의 착시 이미지를 즐겨 사용한다.

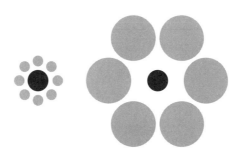

오른쪽 그림의 가운데 있는 흑색 원이 왼쪽 그림의 가운데 있는 흑색 원보다 분명히 작아 보인다. 그러나 실제로는 그렇지 않다. 도저히 믿을 수 없겠지만 이 두 원의 크기는 정확하게 같다. 그래도 못 믿겠으면 회색 원들을 가린 채로 흑색 원 두 개만 놓고 비교해보기 바란다.

이런 착시가 우리를 속이는 이유는 우리가 이 두 개의 흑색 원만 놓고 직접 비교하지 않고 가까이 놓인 회색 원들과 비교하기 때문이다. 왼쪽의 흑색 원은 주변의 회색 원들에 비해 상대적으로 크고, 오른쪽의 흑색 원은 주변의 회색 원들에 비해 상대적으로 작다. 이런 식으로 흑색 원의 크기가 결정되고 나면, 두 개의 흑색 원을 직접적인 방식이 아닌 상대적으로 비교하게 돼버린다. 이것이 시각적 상대성이다.

시각적 상대성

사람들이 착시를 너무도 좋아하기 때문에 예를 하나 더 들어보겠다. 에드워드 아델슨Edward Adelson 교수가 개발한 이른바 '체커그림자Checker Shadow'이다. 체스 판에 원기둥이 있고, 이 원기둥의 그림자가 체스 판에 드리워져 있다. 체스 판 속 두 개의 정사각형에 각각 A와 B라는 이름이 붙어 있는데, A는 그림자 바깥에 있고 B는 그림자 안에 있다. 이 둘을 비교하면 A가 확연히 어두워 보인다. 그렇지 않은가? 그러나 실제로는 그렇지 않다. 도저히 믿을 수 없겠지만 이 두 정사각형의 밝기는 정확히 같다. 그래도 못 믿겠다면 다른 정사각형들을 모두 가린 채 A와 B 두 개만 놓고 비교해보기 바란다.

©Gustarb, based on the original

상대성은 삶의 다양한 영역에서 다양한 방식으로 마음의 통상적인 메커니즘으로 작동한다. 예를 들어서《나는 왜 과식하는가Mindless Eating》의 저자인 브라이언 완싱크Brian Wansink는 상대성이 우리의 허리둘레에도 영향을 미칠 수 있음을 입증했다.[2] 사람들은 식사량을 자기 몸이 실제로 소화하는 양을 기준으로 결정하지 않고 주어진 여러 선택권을 비교한 결과로 결정한다. 점심식사로 햄버거를 먹는데, 세 개 중 하나를 선택할 수 있다고 치자. 각각 8온스, 10온스, 12온스짜리이다. 이때 사람들은 대개 10온스짜리 햄버거를 선택해서 먹고는 매우 만족한다. 그런데 주어진 햄버거가 10온스, 12온스, 14온스라면 또 가운데 있는 12온스짜리를 먹고는, 앞서보다 확실히 더 많이 먹었으며, 자신에게 필요한 영양과 열량 그리고 포만감을 넘어섰음에도 역시 만족스럽게 여긴다.

또한 음식을 자기가 놓인 환경 속 다른 사물들과 비교하기도 한다. 이를테면 음식의 양을 그 음식이 담긴 그릇의 크기와 연관시킨다. 브라이언이 했던 재미있는 실험 하나를 소개하면 다음과 같다. 그는 수프를 계속 주입할 수 있는 호스가 바닥에 연결돼 있는 그릇을 마련했다. 물론 피실험자들은 이 장치를 알아챌 수 없는데, 연구자는 이 그릇에 담긴 수프를 피실험자들에게 양껏 먹으라고 했다. 그러자 일부는 일정한 양을 먹은 뒤 숟가락을 놓았지만 일부는 자기가 얼마나 먹은지 알지 못한 채 계속해서 먹었다. 사람들이 수프를 먹을 때 연구자는 그들이 눈치 채지 못하게 호스로 그릇에 수프를 계속 조금씩 주입했다. 결국, 수프가 계속 주입되는 그릇으로 먹은 피실험자들은 평범한 그릇으로 먹은 피실험자들에 비해 훨씬 많은 양을 먹었다. 수프의 양이 줄어들지 않는 그릇으로 먹은 피실험자들에게 연구자가 이제 그만 먹으라고 했을 때(연구자는 피실험자들의 과식 상태를 우려해서 더는 수프를 먹지 못하게 해야만 했다) 그들은 심지어 자기는 여전히 배가 고프다고까지 말했다. 이른바 '바닥이 없는 그릇'을 사용한 피실험자들은 자기가 먹은 실제 식사량이나 자기가 느끼는 '배부름-배고픔' 정도에서 만족감의 단서를 얻지 않았다. 그들은 자기 그릇에 담긴 수프가 줄어든 정도를 기준으로 만족감을 판단했다.

이런 유형의 비교는 수프나 햄버거처럼 음식 범주에만 국한되지 않는다. 이탈리아의 다이아몬드 상인인 살바도르 아셀Salvador Assael이 유망 상품이던 타이티 흑진주Tahitian Black Cultured Pearl를 시장에 내놨을 때 처음에는 사겠다는 사람이 한 사람도 나서지 않았다. 그러나 그는 포기하지 않았고 이 흑진주들을 백진주와 같은 급으로 내던져버리지도 않았다. 흑진주가 훨씬 더 큰 가치로 평가받을 것이라고 기대했기 때문이다. 그래서 그는 친구이자 세계적 보석상인 해리 윈스턴Harry Winston을 설득해서 뉴욕의 5번가에 있던 그의 보석가게 진열장에 전시를 하되 흑진주를 가운데 놓고 그 주변을 다이아몬드를 비롯한 귀한 보석으로 장식해달라고 부탁했다. 그러자 얼마 지나지 않아 호사가들 사이에 이 흑진주에 대한 입소문이 나기 시작하면서 가격이 천정부지로 치솟았다. 한 해 전만 해도 조개껍데기 안에 들어 있던 굴 정도의 값어치밖에 안 됐던 흑진주의 가치가 갑자기 달라진 것이다. 세상 사람들은 만일 흑진주가 우아한 사파이어 목걸이와 나란히 진열될 정도로 고급스러운 취급을 받는다면 그 가치가 엄청나게 높을 것이라고 믿었다.

이 흑진주 사례를 통해서 우리는 상대성이 인간 정신이 수행하는 기본적인 계산법임을 확인할 수 있다. 만일 상대성이 음식이나 보석 같은 구체적인 물건의 가치를 알아보는 데 영향을 미친다면, 자신이 가진 돈으로 할 수 있는 것에 대해 사람들이 생각하는 방법을 매우 강력한 방식으로 알려줄 수도 있지 않을까?

일상적인 돈의 상대성

　　수전 이모가 집착하는 흥정이나 할인 외에, 상대적인 가치가 실제 가치를 흐리도록 내버려두는 여러 가지 방식에 대해서 생각해보자.

　　—— 자동차 매장에서 신차를 살 때 우리는 흔히 가죽시트와 선루프, 타이어 보험, 은도금 재떨이, 차체 하부 코팅 등의 추가 옵션을 제안받는다. 어쩌면 매트리스 판매원을 제외한 아마추어 심리학자들 중에서도 가장 엉큼할 수 있는 자동차 판매원은 2만 5,000달러나 되는 돈을 쓰며 자동차를 사려는 사람에게 200달러짜리 CD 체인저 같은 추가 옵션은 전체 지출 비용에 비해 하찮을 정도로 싸게 보인다는 사실을 잘 알고 있다. 그런데 CD 체인저 하나만 따로 떼어놓고 생각하자면, 과연 우리는 이 200달러짜리 CD 체인저를 살까? 그렇지 않다. 지금 CD로 음악을 듣는 사람이 있기나 할까? 없다. 그러나 이 돈이 자동차 전체 가격의 0.8퍼센트밖에 되지 않기에 우리는 그 제안을 떨쳐내기 어렵다. 어깨 한번 으쓱하면서 떨쳐내면 되지만 그렇게 하기 어려운 것들이 비싼 자동차를 사는 과정에서는 빠르게 추가될 수 있다.

　　—— 화려한 리조트에서 휴가를 보내는 사람은 조금만 걸어서 다른 곳에 가면 1달러에 살 수 있는 음료수에 4달러나 내라고 해도 보통 화를

내지 않는다. 귀찮기도 하고 부유한 왕족처럼 느긋하게 빈둥거리고 싶은 마음 때문이기도 하지만, 그 비싼 전체 휴가비와 비교하면 4달러는 상대적으로 아주 적은 푼돈이기 때문이다.

—— 슈퍼마켓 계산대 바로 옆에 놓인 진열대 역시 바로 이런 접근법을 사용해서 자기 차례를 기다리는 고객들에게 별다른 저항감 없이 사탕과 싸구려 잡지를 구매하도록 유도한다. 아닌 게 아니라 한 주 동안 소비할 식재료에 지불해야 할 금액이 200달러나 되는데, 그에 비하면 틱택Tic Tacs 한 상자에 지불하는 2달러나 카다시안스Kardashians라는 늘씬한 미녀 모델이 표지를 장식한 주간지에 지불하는 6달러는 아무것도 아니다.

—— 아, 와인을 꼭 기억해야 한다! 음식점에서 파는 좋은 와인은 와인 매장에서 파는 와인보다 훨씬 더 비싸다. 식사 때 와인을 곁들이는 편리함을 누리는 데 더 많은 돈을 지불하는 것은 논리적으로 틀리지 않다. 빵을 한 입 베어 먹다 말고 와인 한 모금을 마시려고 차를 타고 보졸레Beaujolais를 싸게 파는 가게로 달려갈 수는 없으니 말이다. 사람들은 보통 편의점에서 나초와 가공치즈 한 통을 사면서는 80달러짜리의 중간급 와인을 사지 않겠지만, 그 유명한 프랑스 식당 프렌치 런더리French Laundry에서 음식 값으로 수백 달러를 내며 저녁을 먹는다면 와인 한 잔에 80달러는 그다지 비싸 보이지 않는다. 만일 캘리포니아에 있는 그 식당에 식사 예약을 하는 사람이라면 이 가설을 확인하기 위해서라도 이 책의 저자들을 그 자리에 초대하면 좋을 것이다.

슈퍼마켓에 대해서 이야기하자면, 제프는 최근에 쇼핑을 하면서 홍미로운 경험을 했다. 그는 여러 해 동안 '옵티멈 슬림Optimum Slim(최적의 날씬함)'이라는 시리얼을 즐겨 먹었다. 나이 들어가면서 물렁한 뱃살이 붙었지만 운동을 그다지 많이 할 생각이 없는 사람에게 이 시리얼은 날씬함의 '올바른 양', 즉 최적의 양을 약속했다.

이 시리얼은 제프네 동네 가게에서 늘 3.99달러였다. 그런데 어느 날 이 시리얼이 늘 놓여 있던 자리로 갔는데 제품이 보이지 않았다. 아무리 찾아도 없었다. 그 순간 제프는 일종의 작은 공황을 느꼈다. 그에게는 자주 있는 일이었다. 예컨대 아침식사로 먹으려 했던 음식이 없다든가 텔레비전 리모컨을 어디에 뒀는지 기억나지 않는다든가 할 때 그랬다. 도무지 찾을 수 없는 문제의 그 시리얼 때문에 공황의 공포가 엄습하던 바로 그때, 다행히 점원이 예전 그 자리에 놓여 있는 새로운 상자를 손가락으로 가리켰다. 점원이 가리킨 것은 '네이처스 패스 오가닉 로팻 비닐리Nature's Path Organic-Low Fat Vanilla(자연의 길, 유기농 식품-저지방 바닐라)'라는 시리얼이었고, 그 시리얼 박스 왼쪽 상단에는 예전의 옵티멈 슬림 박스를 찍은 사진과 함께 '새로운 포장-동일한 최고의 맛'이라는 문구가 적혀 있었다.

휴우……, 제프는 막 주머니에서 꺼냈던 신경안정제 약병을 다시 집어넣고 그 시리얼 박스를 집어 들었다. 그런데 선반에 적힌 글자가 그의 눈을 붙들었다.

"네이처스 패스 오가닉 옵티멈 슬림-정상가격 6.69달러, 할인가격 3.99달러."

늘 먹던 시리얼이 3.99달러였는데, 똑같은 시리얼을 새로 포장해서 출시한 제품의 '정상가격'이 6.69달러다? 그런데 깎아서 3.99달러에 판다? 제조사가 가격을 올리기 위한 방편으로 새로운 포장을 도입했을 수도 있고, 가게가 매출을 올릴 목적으로 정상가격을 할인가격인 것처럼 표시했을 수도 있다. 그러나 이 둘을 동시에 수행하려면 상대성의 특정한 양, 즉 최적의 양을 사용해야 한다.

그 가게나 시리얼 제조사는 그 가격표로 제프를 유혹하려 한 게 아니었다. 제프는 이미 그 시리얼을 좋아하고 있었으므로 굳이 그럴 필요가 없다. 그들은 이 '새로운' 시리얼의 가치를 전혀 알지 못하는 고객을 노렸다. 그 시리얼의 맛이나 건강상의 유익함이나 가치 등을 전혀 제시하지 않은 상태에서도 고객은 새로운 이름에 강한 인상을 받을 것이고 6.69달러와 3.99달러를 쉽게 비교한 끝에 '우와! 지금 이 시점에 이 시리얼은 굉장히 큰 가치가 있구나!'라고 판단할 것이다. 이것이 바로 제조사와 가게가 노린 바이다.

늘 바라왔던 어떤 것과 우연히 맞닥뜨린다고 치자. 이것을 위젯wid-get이라고 부르자(사실 위젯이라는 용어는 의심스럽기 짝이 없는 가치를 갖고 있다는 사실을 모호하게 가리는 동시에 전통적인 경제학 교과서를 읽는 독자들을 고문하기 위해 고안된, 상표 없는 상품을 가리키는 말로서 전통적인 경제학 교과서에 흔히 나오는 표현이다). '우리의 위젯이 세일 중이다! 50퍼센트 할인이다!' 이런 말에 구미가 당기지 않는가? 그러나 잠깐 멈추고 생각해보자. 우리는 왜 세일에 신경을 쓸까? 왜 어떤 물건에 붙어 있던 예전 가격에 신경을 쓸까? 과거의 가격이 얼마인지는 문제가 되지 않아야 마땅하다. 왜냐하면 그것은 현재의 가격이 아니기 때문이다. 그러나 우리는 이 소중한 위젯의 가치가 얼마나 되는지 전혀 알지 못하기 때문에 현재의 가격을 세일 이전의 가격과 비교하는 동시에 과거의 가격이 현재의 놀랍도록 높은 가치를 드러낸다고 받아들인다.

흥정 또한 사람들로 하여금 자기가 특별하고 똑똑하다고 느끼게 해준다. 흥정해서 물건 값을 깎을 때 사람들은 다른 사람들이 발견하지 못한 가치를 자기는 발견하고 그 가치를 자기 것으로 만든다고 믿는다. 100달러짜리 셔츠를 사면서 40달러를 절약하는 것은 수전 이모에게 다른 용도로 지출할 수 있는 40달러를 공짜로 얻는 것처럼 보였다. 더 이성적인 차원에서 보자면 지출하지 않는 것(즉, 40달러)의 가치는 측정하지 말아야 하고 지출하는 60달러의 가치만 측정해야 한다. 그러나 실제로 우리에게 작동하는 원리나 우리가 하는 행동은 이성적이지가 않다.

이런 종류의 비교가 작동하는 또 다른 영역이 바로 대량구매 할인이다. 만일 샴푸가 한 통에 16달러인데 용량이 두 배인 동일한 제품이 25달러라면 갑자기 더 크고 비싼 후자를 사는 편이 훨씬 더 나은 거래로 보인다. 그래서 자신에게 정말로 그 많은 양의 샴푸가 필요할까, 혹은 그 브랜드의 샴푸가 애초에 필요할까 하는 의심을 쉽게 잊어버리고 만다. 게다가 대량구매 할인은 샴푸에 든 화학성분의 비율을 평가할 수 있는 단서를 그 제품에 전혀 표시하지 않았다는 사실을 숨기는 기능까지도 한다.

만약 알베르트 아인슈타인Albert Einstein이 물리학자가 아니라 경제학자였다면 아마도 그는 그 유명한 상대성이론을 'E=MC^2'이 아니라

'100달러 > 200달러 반값 할인'으로 바꿨을 것이다.

달러와 백분율, 무슨 차이일까?

———

　　방금 살펴본 이런 사례들을 놓고 아마도 사람들은 '알았어, 상대성을 잣대로 쓰는 게 잘못이라는 건 이제 충분히 알았다고'라고 생각할 것이다. 훌륭하다. 그러나 사람들은 또 이렇게 말할 것이다.

　　"그–러–나! 그런 선택에 일리는 있어. 왜냐하면 내가 지출하는 전체 금액의 백분율을 놓고 본다면 추가지출은 아주 미미하니까 말이야."

　　맞는 말이다. 그러나 1달러는 1달러일 뿐이다, 그 돈을 어디에다 쓰든 말이다. 2만 5,000달러짜리 자동차를 사는 김에 어쩌다 200달러짜리 CD 체인저를 사는 것은, 체크남방을 입고 있는 김에 어쩌다 200달러짜리 CD 체인저를 사는 것과 마찬가지다. 둘 다 타당한 행동이 아니다. 다만 타당하지 않다고 느껴지지 않을 뿐이다.

　　이런 설정을 한번 해보자. 토요일 아침에 두 가지 할 일을 해치우려고 집을 나선다. 먼저 한동안 봐왔던 운동화를 사야 한다. 그래서 가게에 가서 60달러짜리 그 운동화를 집어 든다. 그런데 가게 아르바이트 직원이 솔직하게 털어놓기를 자동차를 타고 조금만 더 가면 다른 신발 가게가 있는데 거기서는 똑같은 운동화를 40달러에 판다고 한다. 그렇다면 20달러를 절약하는 게 5분 동안 자동차를 몰고 이동할 정도로 가치 있을까? 이 질문에 대부분의 사람은 '그렇다'고 대답한다.

신발을 산 뒤에 우리는 두 번째 일을 하러 나선다. 테라스에 둘 테이블과 의자를 사야 한다. 봄이 돼서 테라스에서 시간을 보낼 일이 더 많아질 것이기 때문이다. 한 가든스토어에서 안성맞춤인 물건을 찾았다. 테이블에 파라솔까지 달렸고 가격은 1,060달러이다. 그런데 그곳 직원이 5분만 자동차를 타고 가면 다른 가게가 있는데 거기서는 세일을 한다고 일러준다. 그 가게에 가면 20달러를 깎아준다는 것이다. 그렇다면 이번에도 20달러를 절약하는 게 5분 동안 자동차를 몰고 이동할 정도로 가치 있을까? 그런데 이 질문에는 대부분의 사람이 '아니다'라고 답한다.

두 경우에서 우리는 제시된 절대적인 가치, 즉 5분 동안 자동차를 타고 이동해서 절약하는 20달러라는 금액의 절대적인 가치를 바라보지 못한다. 60달러에 대한 20달러와 1,060달러에 대한 20달러로만 바라본다는 말이다. 40달러짜리 운동화가 60달러짜리에 대해 갖는 상대적인 이득을 생각한 끝에 우리는 5분이라는 이동 시간을 들일 가치가 있다고 판단한다. 그런데 1,040달러짜리 야외용 테이블 세트가 1,060달러짜리에 대해 갖는 상대적 이득을 생각한 끝에는 5분이라는 이동 시간을 들일 가치가 없다고 판단한다. 전자는 33퍼센트나 절약되고 후자는 1.9퍼센트밖에 절약되지 않기 때문이다. 그러나 절약되는 20달러라는 돈은 두 경우에 동일하다.

이는 또한 2만 5,000달러짜리 자동차를 사면서 200달러짜리 CD 체인저를 아무렇지도 않게 옵션으로 사는 사람이 과자 한 봉지를 사면서는 25센트를 아끼려고 알뜰하게 쿠폰을 모으고 식당에서 팁으로 1달러를 줄지 2달러를 줄지를 놓고 한바탕 토론까지 하는 이유이기도 하다. 상대성이 작동하면 보통 대규모 구매일 때는 결정을 빠르게 내리고 소규모 구매일 때는 결정을 느리게 내리는 경향이 있다. 이 모든 것은 어떤 금액을 지출할 때 실질적인 지출금액 자체가 아니라 전체 지출 가운데 차지하는 백분율을 생각하기 때문이다.

이런 선택이 과연 논리적일까? **아니다.** 그렇다면 이런 선택이 옳을까? **흔히 그렇지 않다.** 이런 선택이 쉬울까? **매우 쉽다.** 대부분의 사람들은 거의 대부분의 경우에 쉬운 결정을 한다. 바로 이 점이 사람들이 갖고 있는 커다란 문제 중 하나다.

서두르면 손해인 이유

두 개의 질문이 있다. "저녁에 뭐 먹고 싶니?"와 "치킨, 피자 중에 저녁으로 어느 것 먹을래?" 우리는 이 두 질문 가운데 어떤 질문에 더 빠르고 단호하게 대답할까?

첫 번째 질문에는 선택권이 무한히 많다. 그러나 두 번째 질문에는 두 가지뿐이다. 둘만 비교해서 지금 당장 무엇이 더 당기는지 결정하면 된다. 그러므로 두 번째 질문에 대답이 더 빠르게 나온다. 비교가 한결 쉽고 따라서 대답하기 매우 쉽기 때문이다. 선천적으로 특정 음식을 먹으면 속이 부글거리는 유당불내증이 있는 사람이 아니라면,

미치지 않고서야 누가 피자를 마다하고 치킨을 선택하겠는가?(저자들이 속한 문화권의 취향이 우리와 다르다는 것을 이해하자 – 옮긴이)

이른바 '의사결정 지름길' 세트가 있는데, 상대성은 두 개의 세트를 토대로 형성된다. 첫째, 절대적인 가치(절대적인 평가)에 접근할 수 없을 때 사람들은 비교라는 도구를 사용한다. 둘째, 사람들은 손쉬운 비교를 선택하는 경향이 있다. 에일린 에이딘리Aylin Aydinli, 마르코 베르티니Marco Bertini, 아냐 람브레히트Anja Lambrecht는 그루폰Groupon(미국 시카고에서 시작된 세계 최초의 소셜커머스 기업 – 옮긴이)이 '가격할인 프로모션'이라면서 제시하는 이메일을 살펴보는 방식으로 상대성을 연구했다. 그러고 이 이메일이 '정서적으로 강한 영향'을 준다는 사실을 발견했다. 특히 사람들은 가격할인 프로모션을 접할 때는 그 외의 다른 선택권을 고려하는 데 상대적으로 시간을 덜 썼다. 또한 제안받은 내용을 상세하게 기억해보라고 나중에 요구하면 해당 상품에 대한 정보는 덜 기억했다.[3]

가격할인은 멍청함을 부르는 독약이다. 가격할인은 의사결정 과정을 지나칠 정도로 단순화시켜버린다. 어떤 상품이 '세일 중'일 때 사람들은 해당 상품에 똑같은 가격표가 붙어 있어도 정상가격임을 알릴 때보다 빠르게 행동하고 생각도 적게 한다.

기본적으로 거의 모든 것의 가치를 평가하는 일이 너무도 어렵기 때문에 우리는 어떤 상품이 세일 중이라고 하면(즉, 상대적인 가치평가 결과를 받아들 때) 손쉬운 길을 선택해서 그 세일 가격을 바탕으로 의사결정을 내린다. 여러 가지 선택지가 있다면 우리는 상대적으로 저항이 가장 적은 경로를 선택한다. JC페니 고객들이 어떤 상품에 내재된 절대적인 가치를 힘들게 노력해서 알아내기보다는 손쉬운 경로를 선택하는 것과 마찬가지다.

주의분산과 미끼에 현혹되기 쉬운 사람들

———

상대성 그리고 손쉬운 선택을 선호하는 일반적인 경향 때문에 우리는 가격을 설정하는 사람들의 이런저런 개입 및 조작에 쉽게 휘둘린다. 미끼도 그런 개입과 조작 가운데 하나다. 댄 애리얼리는《상식 밖의 경제학》에서 상대성 문제를 쉽게 설명하기 위해〈이코노미스트Economist〉구독료를 예로 들었다. 구독자는 59달러 가격의 온라인 정기구독과 125달러 가격의 오프라인 정기구독 그리고 역시 125달러의 온라인 및 오프라인 정기구독, 이 세 가지 중 하나를 선택할 수 있다.

만일 우리가 댄이 피실험자로 삼았던 매사추세츠공과대학MIT의 학생들처럼 똑똑하다면, 우리 중 84퍼센트는 125달러의 온라인 및 오프라인 정기구독을 택할 것이고, 125달러 가격의 오프라인 정기구독을 선택하는 사람은 아무도 없을 것이며, 온라인 정기구독을 하는 사람은 16퍼센트밖에 되지 않을 것이다. 자, 이 정도면 우리도 상당히 똑똑해 보이지 않는가?

그러나 59달러 가격의 온라인 정기구독과 125달러 가격의 온라인 및 오프라인 정기구독, 이 둘 가운데서 하나를 선택하라고 하면 우리는 어떤 선택을 할까? 이 경우에 양상은 (만일 우리가 수천 달러의 등록금을 내면서 공부하는 MIT 학생들과 다르지 않다면) 앞의 경우와 완전히 달라진다. 즉, 68퍼센트가 온라인 구독을 선택하고 나머지 32퍼센트만 125달러 가격의 온라인 및 오프라인 구독을 선택한다. 후자의 구독률은 이전 경우의 84퍼센트에서 무려 52퍼센트포인트나 내려간다.

누가 봐도 불리하고, 그래서 아무도 선택하지 않는 오프라인 정기구독이라는 선택지 하나를 포함시킴으로써 〈이코노미스트〉는 125달러 가격의 온라인 및 오프라인 정기구독 매출을 세 배 가까이 끌어올렸다. 왜 이런 일이 일어날까? 왜냐하면 온라인을 제외한 오프라인 정기구독이라는 선택지는 상대성을 이용해서 사람들을 온라인 및 오프라인 정기구독으로 유혹하는 미끼였기 때문이다.

125달러에 온라인 및 오프라인 정기구독을 하는 것은 같은 가격에 오프라인 정기구독만 하는 것보다는 확실히 더 나은 선택이다. 이 두 가지 선택지는 비슷하며 또 비교하기 쉽다. 이들은 상대적인 가치를 생성한다. 사람들은 그 비교를 토대로 의사결정을 하고 또 자신이 똑똑한 선택을 했다고 느낀다. 심지어 배송된 이 주간지를 몇 주에 걸쳐서 읽고 나면 자기가 예전보다 훨씬 더 똑똑해진 듯한 기분도 든다(물론 〈이코노미스트〉를 들고 다니거나 집 어딘가에 이 주간지가 놓여 있다면 친구들 눈에 우리는 확실히 똑똑해 보일 것이다). 그러나 알고 보면 사실 우리는 자신이 그다지 똑똑하지 않음을 입증하는 실험에 나도 모르게 참여하게 된 피실험자일 뿐이다.

댄의 실험은 상대성이 어떻게 그리고 얼마나 자주 우리 자신에게 불리한 쪽으로 작동하는지 보여준다. 사람들은 오프라인 정기구독을 오로지 오프라인 및 온라인 정기구독하고만 비교한다. 가장 단순하고 가장 명쾌하며 또 가장 판단하기 쉽기 때문이다. 그 두 가지 선택지는 특성이나 가격 면에서 가장 비슷해서 간단히 비교할 수 있다. 바로 이런 점 때문에 사람들은 또 하나의 선택지, 즉 더 복잡한 비교를 필요로 하는 선택지를 쉽게 잊어버리거나 무시하거나 회피한다. 결론 내리기 쉬운 비교를 접할 때 사람들은 보다 큰 맥락의 대안적인 선택지들(위

구독료

환영합니다!
〈이코노미스트〉 정기구독 센터입니다.

당신이 신규로 혹은 변경 신청하고 싶은 구독 유형을 선택해주십시오.

☐ **이코노미스트닷컴 정기구독 (US$ 59.00)**
이코노미스트닷컴 1년 정기구독
1997년 이후 〈이코노미스트〉의 모든 기사에 대한 인터넷 접근

☐ **인쇄물 정기구독 (US$ 125.00)**
〈이코노미스트〉 인쇄 버전 1년 정기구독

☐ **인쇄물 및 온라인 정기구독 (US$ 125.00)**
〈이코노미스트〉 인쇄 버전 1년 정기구독 및 1997년 이후 〈이코노미스트〉의 모든 기사에 대한 인터넷 접근

의 실험에서는 59달러 가격의 온라인 정기구독이라는 선택지와 아예 구독을 하지 않는 선택지)을 잊어버린다. 사람들은 상대성이라는 경로를 따라 걸어간다. 사람들은 스스로에게 자신이 어떤 일을 왜 하고 있는지 설명하기를 좋아한다. 상대성을 맞닥뜨릴 때는 바로 그런 이야기를 들려주기가 쉽다. 사람들은 이런 식으로 자기 행동을 쉽게 합리화한다. 심지어 그 합리화가 전혀 이치에 맞지 않을 때조차 말이다.

손쉬운 비교라는 함정에 쉽게 빠지는(즉, 가치를 평가할 수 있는 다른 간단한 방법이 없을 때 상대성을 이용해서 가치를 평가하는) 또 다른 상황이 있다. 바로 선택지는 많은데 그중 어떤 것도 쉽게 평가할 수 없는 상황이 그렇다. 댄은 텔레비전이라는 사례를 사용했다. 주어진 선택지는 세 가지다. 690달러짜리 36인치 파나소닉Panasonic 제품과 850달러짜리 42인치 도시바Toshiba 제품 그리고 1,480달러짜리 50인치 필립스 Philips 제품이 있다고 해보자. 이 선택지를 두고 대부분은 가운데 선택지인 850달러의 도시바 제품을 선택한다. 가장 비싼 것과 가장 싼 것은 우리를 중간치 선택지로 유도하는 표지판이다. 이때 상대성은 특정한 제품을 다른 제품과 비교하도록 우리를 강제하지 않고, 특정한 제품 속성(예로 가격이나 크기)에 집중하도록 유도해서 그 속성의 범위를 상대적인 차원에서 바라보게 만든다. 그래서 우리는 '가격 범위는 690달러에서 1,480달러군'이라거나 '크기가 36인치에서 50인치까지군'이라고 스스로에게 말한다. 그런 다음에 그 안에서 상대적인 것을 선택하는데 흔히 그 범위의 중간쯤에 있는 것을 고른다.

우리는 어떤 것의 적정 가격을 전혀 모를 때 보통은 지나치게 비싼 고급품이나 너무 싸구려를 선택하지 않는 것을 최상의 선택이라고 믿는다. 그래서 중간 지대에 놓인 것을 선택하는데, 이 중간 지대에 놓인 제품이야말로 여러 가지 선택지를 설정하는 마케팅 담당자들이 애초부터 팔고자 한 제품인 경우가 흔하다. 설령 그것이 우리가 진짜로 원하는 것인지 그만한 가치가 있는지 전혀 모른다 해도 전체 범위의 가운데에 놓인 제품을 선택하는 것이 가장 이성적인 것처럼 느껴진다. 이것이 반드시 잘못된 선택은 아니다. 하지만 해당 제품의 진정한 가치와는 거의 아무런 관련도 없는 근거를 바탕으로 내려진 선택임은 분명하다. 셔츠 가격이 원래 100달러였지만 60달러로 내렸다는 이유만으로 그것을 사는 것과 마찬가지다. 또한 8온스와 10온스 그리고 12온스 햄버거가 있을 때 10온스짜리 햄버거를 선택하는 것과 마찬가지이며, 극장에서 9달러짜리 팝콘 상자가 너무 커 보여서 8달러짜리 팝콘 상자를 선택하는 것과 마찬가지다. 두 개의 선택지가 있을 때 상대성은 완벽하게 훌륭한 도구다. 이때 의사결정은 절대적인 가치가 아니라 상대적인 대안을 바탕으로 내려진다.

이처럼 우리는 자주 손쉬운 비교에 의존한다. 마케팅 담당자, 메뉴판 설계자 그리고 정치인은 이를 잘 알고 있으며, 전략을 세울 때 이런 속임수를 사용한다. 이제 우리는 우리를 노리는 이런 속임수에 대해 배웠고, 따라서 이 지식으로 세상을 좀 더 객관적으로 바라볼 수 있다. 이제 당신도 잘 알겠지만, 어쩌면 상업적인 거래가 이뤄지는 운동장은 조금 기울어져 있는지도 모른다.

묶음판매의 노림수

여러 개의 제품이 묶음 단위로 판매될 때, 즉 판매되는 제품이 여러 개의 특성과 선택지를 동시에 갖고 있을 때도 상대성은 가치평가에 영향을 미친다. 이런 상황에서는 상대성이 복잡한 것에서 빠져나올 수 있는 탈출구를 제시하는 것처럼 느껴진다. 그러나 실제로는 이로 인해 또 다른 유형의 문제가 발생하거나 보다 큰 혼란이 유발될 가능성이 커진다.

패스트푸드점의 '세트 메뉴'를 놓고 생각해보자. 우리는 두 개의 제품을 따로 주문할 수도 있다. 그렇지만 돈을 조금만 더 주면 이 두 개외에 다른 것도 하나 더 먹을 수 있는데 굳이 마다할 이유가 있을까? 햄버거 하나에 음료수 한 잔을 먹고 싶은가? 그렇다면 여기에 감자튀김을 굳이 추가하지 않을 이유가 있을까? 특대 사이즈를 먹고 싶지 않은가? 이런 묶음판매는 우리를 함정에 빠뜨린다. 왜냐하면 가치를 정확하게 어디에 설정해야 할지 모르기 때문이다. 이런 유형의 묶음판매 앞에서 우리는 그 묶음에 포함된 개별 상품의 가치를 쉽게 평가하지 못한다. 만약 그것들 중 하나를 빼면 전체의 가격구조가 바뀌기 때문이다. 세 개의 상품이 모두 각각 5달러인데 이 세 개를 묶어서 파는 가격이 12달러일 때, 셋 중 어떤 것이 5달러로 가치가 과대평가됐을까? 어떤 것에 할인을 해주는 걸까? 음료수의 가치는 얼마나 될까, 어떤 크기에? 그리고 이 참신한 컵 자체에 내재된 가치는 또 얼마나 될까? 아아, 머리 아프다, 나는 그냥 나의 1번을 선택하겠다. 나의 1번이란 심장병 전문의에게 전화를 하는 것이다.

이런 식으로 하나하나 따지다 보면 우리 생활이 이런 묶음으로 온통 가득 차 있으며, 그중 많은 것이 우리를 일부러 혼란스럽게 만들기 위해 고안됐다는 것을 금방 알아차릴 수 있다. 어떤 주택을 사는 데 25만 달러가 들었다고 말할 때 이 25만 달러라는 금액은 우리가 실질적으로 지불하는 총금액이 아니다. 그렇지만 우리는 25만 달러라는 이 수치에 의지한다. 실제 현실에서는 계약금을 내고, 15년이나 30년 동안 다달이 대출금을 상환한다. 그런데 여기에는 대출원금 상환분과 대출금에서 발생한 이자까지 포함돼 있으며, 이자율은 시시때때로 바뀔 수도 있고 바뀌지 않을 수도 있다. 그리고 또 보험료도 내야 하고 주택 구매 및 보유에 따른 세금도 내야 하는데, 여기 들어가는 돈은 시간의 흐름에 따라 변하기도 한다. 평가 비용, 검사 비용, 검색 비용, 중개수수료, 변호사 비용, 조사 비용, 구매안전 보장(에스크로) 비용, 인수수수료 그리고 또 수없이 이어지는 비용, 수수료, 비용, 수수료……. 이 모든 것을 따로 구분해서 각각에 최상의 선택을 하기는 어렵다. 그래서 이 모두를 하나로 묶어서 어떤 집을 25만 달러에 샀다고 말하는 것이다.

물론 모든 서비스 제공자는 이 큰 전체 합계금액 안에 자신의 수수료를 숨기거나, 이런 비용들이 노출되지 않도록 하거나, 혹은 노출됐다면 우리가 가지고 있는 상대성 의존 경향을 자신에게 유리하게 이용하려 든다. 또한 자신에게 유리하기 때문에 이런 묶음판매를 선호한다.

휴대전화 구매 상황도 살펴보자. 어떤 제조업자의 휴대전화 및 여기 딸린 독특한 서비스를 경쟁업체들의 다른 휴대전화 및 서비스와 비교하기란 사실상 불가능하다. 각 항목은 독자적인 가치를 따지기 어렵게 의도적으로 설계됐다. 문자메시지 기능을 기가바이트 단위의 데이터 용량과 비교해서 어떻게 그 가치를 산정할 수 있을까? 4G 네트워크, 데이터 초과 사용 비용, 음성통화량, 로밍, 통신 유효 범위, 게임 실행 만족도, 자료 저장, 외국에서의 등록 등은 또 어떻게 가치를 비교해서 평가할 수 있을까? 이것들의 가치는 각각 얼마일까? 또한 통신사업자의 서비스와 요금과 평판은 어떠한가? 버라이즌Verizon이라는 통신사를 사용할 때의 아이폰과 티모바일T-Mobile이라는 통신사를 사용할 때의 안드로이드폰을 어떻게 비교할 수 있을까? 각각의 상대적 가치를 평가하기에는 하나로 통합돼 있는 작은 요소가 너무도 많다. 그래서 우리는 휴대전화와 월별 서비스의 총비용을 하나로 뭉뚱그려서 비교한다. 심지어 그 각각의 가치나 비용을 알아낼 수 있다고 하더라도 말이다.

일상 속 상대성의 영향

상대성에 영향을 받는 것들의 목록은 휴대전화나 하자품 스웨터 같은 제조품의 범주를 넘어서 다른 영역으로도 확장된다. 상대성은 사람들의 자존감에도 영향을 준다. 손꼽히는 일류대학교를 졸업한 사람들을 생각해보자. 이들 가운데 일부는 어떤 잣대를 들이대도 자신에게 주어진 일을 정말 잘 처리한다. 그러나 이들 가운데 어떤 사람들은 자기보다 더 '성공한' 최고 수준의 동료들과 스스로를 비교하며 자신의 업무능력이 뒤처진다고 느낀다. 이런 경우는 흔하다. 제프는 매우 우아하게 준비된 한 친구의 생일 파티에서 있었던 일을 매우 생생하게 그리고 또 매우 슬프게 기억하고 있다. 그 친구는 침실이 다섯 개인 아파트에 사는데, 그가 사는 아파트 건물은 부동산 가격이 비싸기로 소문난 뉴욕의 파크애비뉴Park Avenue에 있으며 제복을 입은 수위가 아파트 출입구를 지키고 있다. 그런데 그 친구는 자신을 지지해주는 친구들 및 아름답고 건강하고 행복한 가족에게 둘러싸인 생일 파티 자리에서 땅이 꺼져라 한숨을 쉬면서 이렇게 말했다.

"지금쯤이면 좀 더 큰 아파트에 살 줄 알았는데, 겨우 여기네요."

객관적으로 보자면 그는 자신이 거둔 성공을 자축해야 마땅하다. 그러나 자기 주변의 소수 동료들과 비교하면 자신의 처지가 실망스러운 수준밖에 안 된다고 여기는 것이다. 다행스럽게도 코미디언이자 저술가인 제프는 자기 자신을 은행계의 잘나가는 친구들과 비교하지 않는다. 파크애비뉴의 아파트에서 경험한 일로 인해 그는 소중한 관점을 얻었고, 덕분에 자기 삶이 상대적으로 행복하다고 받아들인다. 그리고 또 한층 더 다행스럽게도, 제프의 아내 역시 제프를 은행가와 비교하지 않는다. 비록 좀 더 재미있는 코미디언들과 사귀고 싶다는 말은 하지만 말이다.

요컨대, 상대성은 우리 삶의 구석구석까지 침투해 있다. 그것도 매우 강력하게. 스테레오 시스템에 지나치게 많은 돈을 지출하는 것과 자기가 생활 속에서 했던 이런저런 선택을 놓고 탄식하는 것은 별개다. 어떤 사람이 느끼는 행복 역시 흔히 그가 실질적으로 느껴 마땅한 행복이 그대로 반영된 결과가 아니라, 스스로를 다른 사람과 비교한 결과다. 대부분의 경우 이 비교는 건강하지도 않고 유익하지도 않다. 사실 자기를 다른 사람들과 비교하려는 경향은 너무도 두드러져서 '네 이웃의 것을 탐하지 말라'는 예수의 십계명을 늘 명심하고 되뇌어야 할 정도다.

한편 후회라는 개념도 비교의 또 다른 버전이다. 후회함으로써 우리는 자신이 선택할 수 있었던 여러 대안들의 가상적인 결과와 현재의 자신(자기 생활, 자기 경력, 자기 재산, 자기 지위)을 비교한다. 우리는 지금의 나를 다른 선택을 했더라면 될 수도 있었던 이런저런 자아들과 비교한다. 이것 역시 건강하지 않고 유익하지 않기는 마찬가지다.

그러나 너무 깊이 철학적으로 들어가지는 말자. 행복과 인생의 의미를 놓고 머리를 싸매고 고민하거나 걱정하지 말자. 후회나 걱정 같은 감정을 잘 갈무리해서 작은 상자에 넣어둬라. 그런 감정을 완전히 격리해둬라. 우리 두 저자는 그렇게 하고 있다.

05

돈은 대체 가능하다

제인 마틴은 자기 직업을 증오하지 않는다. 때때로 직업상 반드시 해야 하는 일을 증오할 뿐이다. 그녀는 어느 작은 주립대학교에서 이벤트 코디네이터로 일하는데, 이따금씩 자기가 조정하는 건 모두 규칙이고 규정일 뿐이고 그녀와 동료들이 서로에게 '노No'라고 말하는 것 같은 느낌이 든다. 활동기금이나 일반기금 혹은 동문기금에서 예산을 받아서 지출하려면 그녀는 승인을 받아야 한다. 간단한 오락 행사 준비에서 테이블보 구매나 교통비 지출에 이르기까지 아무리 사소한 항목이라 해도 번거롭기 짝이 없는 서류상의 여러 절차를 거쳐야 한다. 그런데 문제는 학교 당국뿐 아니라 동문단체들과 학생들까지도 그녀를 매서운 눈으로 지켜보면서 조그마한 실수 하나라도 보이면 언제든 사정없이 몰아칠 준비를 하고 있다는 것이다. 주 정부 및 연방정부의 법률도 마찬가지다. 예산 내역과 절차를 놓고 끊임없이 다퉈야 한다. 모든 사람이 그녀의 확인과 서명을 필요로 한다. 그녀는 이벤트를 기획하고 집행하는 건 좋아하지만 서류 작업 때문에 걱정하는 건 끔찍하게 싫다.

그러나 집에서는 완전히 달라진다. 제인은 꼼꼼함의 달인이다. 예산을 철저하게 관리하는 그녀는 선원들을 다잡으면서 능숙하게 항해하는 선장과 꼭 닮았다. 또한 그녀는 이 일을 무척이나 좋아한다! 그녀는 매달 자기 가족이 특정한 항목에 얼마나 지출할 수 있는지 알고 있다. 예를 들어서 200달러는 문화와 오락 항목에 또 600달러는 식료품 항목에 배정하는 식이다. 그녀는 또 매달 일정한 금액을 주택 수리비와 세금 그리고 의료비 항목으로 따로 떼어둔다. 실제로 그런 지출이 그 달에 일어나지 않더라도 꼼꼼하게 챙겨서 적립한다. 아닌 게 아니라 그녀는 각각의 항목에 배정한 금액을 항목별 이름을 써놓은 봉투에다 현금으로 넣어둔다. 그래서 만약 그녀나 그녀의 남편이 외식을 하고 싶을 때는 '외식'이라고 써놓은 봉투를 열어 외식할 여유가 있는지 먼저 확인한다. 그녀는 가족 휴가여행 계획을 너무 일찍 잡지도 않는다. 연말에 주택 수리비나 세금 혹은 건강·의료비 항목에 돈이 남아 있으면 이 돈을 합친 금액을 기준 삼아서 다음 해 여름의 휴가여행 계획을 잡는다. 이렇게 한 덕분에 그녀는 해마다 멋진 여행을 할 수 있을 만큼 돈을 모았다. 10년 동안 딱 한 번 가족여행을 가지 못한 적이 있는데, 2011년이었다. 딸이 축구를 하다가 다쳐서 무릎 수술을 받는 바람에 건강·의료비 항목의 돈을 포함해서 휴가 때 쓸 수 있는 다른 항목의 여윳돈까지 모두 써버렸기 때문이다.

제인은 10월을 제일 싫어한다. 10월에는 가족과 친구의 생일이 일곱 차례나 있어서 '선물'이라고 써놓은 봉투의 현금이 그 달이 다 가기도 전에 일찌감치 말라버리기 때문이다. 올해도 그랬다. 사촌 남동생 루에게 선물을 사주지 않을 수도 없고, 그렇다고 다른 항목의 봉투에서 돈을 꿔다가 쓸 수도 없고 해서, 그녀는 꼬박 네 시간이나 들여 케이크를 직접 만들어서 선물했다. 루는 그 선물을 받고 무척 좋아했지만 제인은 녹초가 됐다.

도대체 무슨 일이 일어나고 있는 걸까?

━━━

제인의 행동은 **심리적 회계**의 극단적인 사례다. 심리적 회계란 실제적인 가치와 전혀 상관없이 돈에 대해 생각하는 또 하나의 방식이다. 때로는 유용한 도구일 수도 있지만 이는 대개 형편없는 의사결정으로 이어지고 만다. 특히 자신이 이것을 사용하고 있다는 사실을 전혀 의식하지 못할 때 더더욱 그렇다.

돈의 특성으로 언급했던 '대체할 수 있음'이라는 개념을 기억하는가? 돈은 다른 돈으로 대체될 수 있다. 1달러 지폐는 다른 1달러 지폐와 동일한 가치를 지닌다. 이론적으로 보자면 맞는 말이다. 그러나 실제로는 그렇지가 않다. 대개 사람들은 자신이 가진 모든 1달러에 동일한 가치를 부여하지 않는다. 우리가 각각의 1달러를 바라보는 방식은 자신이 그 1달러와 처음 연관시켰던 항목에 따라 (다른 말로 표현하면, 장부상 계정항목에 따라) 결정된다. 동일한 금액임에도 불구하고 지출 범주에 따라(제인의 경우 이 '지출 범주'는 '각각의 지출항목을 써놓은 봉투'이다) 제각기 다른 가치를 부여하는 이런 경향 및 접근방식은 돈을 다루는 데는 확실히 전혀 이성적이지 않다. 그러나 기회비용과 실제 가치를 파악하기가 매우 어렵다는 사실을 염두에 두자면 이 전략은 예산운용을 엄격하게 유지하는 데 도움이 된다. 그럼으로써 지출 방식과 관련된 문제에서 보다 빠르게 의사결정을 내릴 수 있다. 이는 좋은 일이다. 그러나 심리적 회계를 함으로써 우리는 '대체할 수 있다'는 돈의 기본적인 원리를 깨뜨리고 만다. 돈의 이러한 특성이 부여하는 편익을 자기 스스로 부정하게 된다는 말이다. 즉, 일을 보다 단순하게 만드는 과정에서 돈과 관련된 완전히 새로운 차원의 실수를 하게 된다.

심리적 회계라는 개념은 리처드 탈러Richard Thaler(미국의 심리학자로 《넛지》 등의 베스트셀러 저자이며 2017년 노벨경제학상 수상자 – 옮긴이)가 맨 처음 소개했는데, 사람들이 돈과 관련된 행동을 (개인적인 차원에서가 아니라) 회사나 기관처럼 한다는 것이 기본적인 발상이다. 만일 어떤 사람이 큰 규모의 조직(예컨대 제인이 일하는 주립대학교)에서 구성원으로 일한다면, 이 사람은 해마다 모든 부서가 적정한 예산을 배분받아서 필요한 사업에 잘 써야 한다는 사실을 알고 있다. 만일 어떤 부서가 회계연도가 아직 끝나지도 않은 시점에 그 부서에 배정된 예산을 다 써버렸다면 큰일 날 일이다. 다음 회계연도 예산을 새로 배정받기 전까지는 아무 일도 할 수 없기 때문이다. 또 회계연도가 다 끝나갈 무렵에도 부서 예산에 여유가 있으면 이 부서 사람들은 새 노트북을 하나씩 지급받거나 평소에는 베이글이나 도넛으로 하던 회식을 비싼 회로 즐기게 될 것이다.

예산에 대한 이런 접근법이 개인의 재정 생활에는 어떻게 적용될까? 개인 생활에서도 사람들은 자기가 쓸 돈을 각각의 지출 범주들(즉, 계정항목)에 할당한다. 보통은 의류비, 문화오락비, 집세, 관리비, 투자자금, 자율비용 등이다. 모두가 다 이런 예산 분류를 따르는 것은 아니지만 기본적으로 설정은 그렇게 한다. 그리고 기업에서와 마찬가지로 하나의 범주 안에 있는 돈을 모두 다 써버리는 것은 매우 나쁜 일이다. 보충할 수 없기 때문이다(만일 보충한다면 그 때문에 기분이 무척 나빠진다). 다른 한편으로, 어떤 범주의 돈이 남으면 사람들은 그 돈을 쉽게 써버린다. 제인처럼 각각의 항목 이름을 봉투에 써놓고 그 안에 현금을 넣어놓는 극단적인 방식을 취하지는 않는다 해도 대부분의 사람은 심리적 회계를 실천하고 있다. 본인은 의식하지 않더라도 말이다.

한 가지 예를 들어보겠다. 당신이 브로드웨이의 최신 인기 뮤지컬 관람 티켓을 100달러 주고 샀다고 치자. 상스러운 말을 함부로 하는 인형들, 건방진 슈퍼영웅들, 미국 건국의 아버지들 그리고 괴짜 고등학생들이 등장하는 뮤지컬이다. 그런데 개막일에 맞춰서 극장에 도착한 당신은 끔찍한 일을 당한다. 지갑을 열어보니 티켓이 없는 것이다. 어디선가 잃어버린 모양이다. 그런데 다행히 지갑에는 100달러짜리 지폐가 한 장 있다. 그렇다면 이 돈으로 티켓을 다시 살까? 이 질문을 받은 사람들은 거의 대부분 '아니오'라고 대답한다. 돈을 주고 티켓을 샀는데 티켓을 잃어버렸다면 안타깝지만 어쩔 수 없는 일이라는 식이다. 그런데 티켓을 새로 사서 그 뮤지컬을 봤다고 가정할 경우, 그날 밤 뮤지컬 공연 관람에 얼마의 돈을 지출했다고 생각하는지를 물어보면 사람들은 어떻게 대답할까? 대부분은 잃어버린 티켓을 사는 데 들어간 돈 100달러까지 포함해서 200달러라고 대답한다.

그런데 전혀 다른 설정을 한번 해보자. 당신은 티켓을 예매하지 않았지만 그 뮤지컬을 보겠다는 마음에 부풀어서 극장으로 간다. 그런데 지갑을 열어보고는 깜짝 놀란다. 분명이 100달러짜리 지폐가 두 장 들어 있어야 하는데 한 장밖에 없다. 한 장을 어디선가 잃어버린 게 분명하다. 이럴 수가! 당신은 100달러만큼 더 가난해지고 말았다. 하지만 여전히 100달러는 남아 있으므로 마음만 먹으면 그 뮤지컬을 볼 수 있다. 이 상황에서 당신은 100달러를 내고 티켓을 사겠는가, 아니면 발길을 돌려 집으로 가겠는가? 이 질문에 대부분은 티켓을 사겠다고 대답한다. 100달러 지폐를 잃어버린 것은 뮤지컬 관람과는 아무런 관련 없는 일이라는 것이다. 이때 뮤지컬 공연 관람에 얼마를 지출했다고 생각하느냐고 물어보면 사람들은 어떻게 대답할까? 대부분은 100달러라고 대답한다.

사람들은 두 가지 상황에서 다르게 반응하지만, 순전히 경제적 관점에서 본다면 이 둘은 본질적으로 동일하다. 두 경우 모두 뮤지컬을 관람하겠다는 계획을 갖고 있었고 또 그게 지폐든 티켓이든 간에 100달러 가치의 어떤 종잇조각을 잃어버렸다. 그러나 인간적인 관점에서 보자면 분명한 차이가 있다. 하나는 잃어버린 종잇조각이 관람권이라고 불리는 티켓이고 다른 하나는 100달러짜리 지폐이기 때문이다. 그러나 어쨌거나 종이라는 점에서 마찬가지인 이 둘이 어떻게 그런 큰 차이를 만들어낼까? 어떻게 해서 사람들로 하여금 뮤지컬을 보러 극장으로 들어가게도 하고 또 반대로 발길을 돌려 집으로 돌아가게도 할까? 그리고 또, 애초에 브로드웨이의 인기 뮤지컬 티켓을 어떻게 그렇게 싸게 살 수 있었을까? (100달러? 상상의 세계에서는 얼마든지 가능한 일이다.)

여기에서 잠깐, 이 브로드웨이 뮤지컬 티켓 구입이 기업 활동의 일환으로 이뤄졌다고 가정하고 살펴보자. 만일 뮤지컬 관람 예산이 배정돼 있었고 티켓 구매에 그 예산을 다 썼다면, 다른 항목에서 뮤지컬 관람 예산을 끌어올 수는 없다. 그러므로 잃어버린 티켓 대신 새로 티켓을 사는 일은 일어나지 않는다. 그러나 만일 그 돈이 특정 항목이 아니라 그냥 지갑에서 빠져나와서 없어져버렸다면, 사람들은 그 돈이 어떤 특정한 예산 항목에서 지출됐다고 생각하지 않는다. 뮤지컬 관람 예산이 아직 남아 있다는 뜻이다. 잃어버린 돈은 일반경비 항목에서 빠져나간 것이기 때문이다. 그렇기에 그 돈을 잃어버렸다고 해서 흥미진진한 뮤지컬 관람을 포기할 필요는 없다.

이 심리적 회계의 논리는 상당히 논리적으로 보인다. 그렇다면 도대체 뭐가 문제일까?

속기 쉬운 지출계정

완벽하게 이성적인 관점에서 볼 때, 지출 관련 의사결정은 가상의 예산계정에 영향을 받아서는 안 된다. 그 계정의 형태나 위치나 타이밍이 달라진다 해도 말이다. 그렇지만 실제로는 영향을 받는다. 우리는 늘 이런 유형의 심리적 회계를 수행한다. 사람들이 자기 돈을 서로 다른 계정에 넣어두고 보관하는 몇 가지 방식을 생각해보자.

1. 자기가 가진 돈의 일부를 낮은 금리의 보통예금 계좌에 넣어두고서 고금리가 적용되는 신용카드를 사용한다.

2. 제프는 흥미로운 도시에 가서 강연할 일이 생기면 자주 가족을 동반한다. 최근에는 바르셀로나에도 그런 식으로 가족과 함께 다녀왔다. 그럴 때 그는 자기가 강연료로 얼마를 벌든 혹은 여행경비가 얼마나 들든 간에 늘 과잉지출을 한다. 강연으로 버는 돈보다 더 많은 돈을 쓰기란 쉽다. 돈을 버는 일과 쓰는 일이 동시에 일어나기 때문이다. 늘어나는 수입은 여행경비 지출을 줄이겠다는 생각 자체를 무색하게 만든다. 그렇기 때문에 지출과 관련해서 미리 세워뒀던 모든 규칙이 흐지부지 돼버린다. 그의 심리 상태에 의하면 여행지에서의 매끼니 식사나 관광에 들어가는 돈은 그의 가족여행이나 교육이나 주택 관련 예산이 아니라 그의 강연료에서 지출된다, 언제나. 만일 다른 것은 아무것도 하지 않는 순수한 가족여행이라면, 그는 아마 돈을 아껴 쓰려고 의식할 것이다. 혹은 적어도 "우리가 정말 까바(스페인의 발포성 포도

주 - 옮긴이)를 한 잔 더 마실 필요가 있을까?"처럼 수동공격적(분노의 감정을 상대방 모르게 표현하는 것 - 옮긴이) 질문을 할 것이다. (어쨌든 위 질문에 대한 대답은 언제나 "그럼요, 한 잔 더 해야죠"이다.)

3. 라스베이거스라는 도시 전체는 심리적 회계의 거대한 사례다. 이 도시의 관광 담당 공무원들은 사람들이 저마다 심리적 회계를 충실히 수행한다는 것을 잘 안다. 그들은 심지어 사람들이 지출계정 분리를 보다 쉽게 할 수 있도록 "라스베이거스에서 생긴 일은 라스베이거스에 묻어두고 가라What happens in Vegas stays in Vegas"라는 마케팅 구호까지 만들어뒀다. 그들은 사람의 가장 원초적인 충동을 자극하고, 사람들은 기꺼이 그 충동을 따른다. 사람들은 라스베이거스에 가서 자기가 가진 모든 돈을 정신적인 라스베이거스 계정에 몰아넣는다. 만일 도박판에서 이기면 신난다, 그야말로 한탕 '대박'이다. 그런데 만일 지면? 그래도 상관없다. 어차피 그 돈을 '라스베이거스 지출'이라는 항목에다 달아뒀으니 말이다. 가진 돈을 어떤 지출계정에 두든 그게 자기 돈이라는 것은 변하지 않는 진실이지만, 사람들은 그런 식으로 느끼지 않는다. 라스베이거스에 머무는 동안 무슨 일이 일어나든 간에(즉, 돈을 왕창 잃든 혹은 왕창 따든 간에) 거기에서 일어난 지출이나 수입은 우리와 함께 집까지 따라온다. 결코 라스베이거스에 묻어두고 올 수 없다는 말이다. 당신이 인스타그램에 올린 야한 사진도 마찬가지다. 그러니 휴대전화는 객실에 두고 나가는 게 좋다.

개리 벨스키Gary Belsky와 토마스 길로비치Thomas Gilovich는 《행동경제학 교과서Why Smart People Make Big Money Mistakes and How to Correct

Them》에서 5달러로 룰렛게임을 하는 사람을 상세하게 묘사한다.[1] 이 사람은 초반에 엄청나게 운이 좋아서 무려 3억 달러까지 번다. 그러다가 단 한 차례 잘못된 배팅을 하는 바람에 그동안 딴 돈을 한꺼번에 잃어버린다. 아내가 기다리는 호텔 객실로 돌아갔을 때 아내가 게임이 어땠느냐고 묻자 그는 5달러를 잃었다고 대답한다. 만일 이런 일이 우리에게 일어났다면 분명 적어도 5달러보다는 훨씬 많은 돈을 잃은 느낌일 것이다. 그러나 3억 달러를 잃었다는 느낌은 들지 않을 것이다. 그 5달러만이 '내 돈'의 전부라고 느껴지는데, 그날 저녁 게임을 처음 시작할 때 갖고 있던 돈이 5달러이기 때문이다. 우리는 그날 밤 수중에 들어온 처음 1달러에서부터 마지막 3억 달러까지 각각의 1달러를 모두 '딴 돈'으로 범주화할 것이다. 이 시나리오에서 우리는 딴돈 3억 달러를 몽땅 잃는다 하더라도, 처음 갖고 있던 5달러만 잃은 것으로 느낄 것이다. 물론 자기 아내나 남편에게 카지노에서 있었던 일을 솔직하게 말할 수 있는 능력까지도 잃어버리긴 하겠지만, 그건 다른 책에서 다뤄야 할 주제이다.

물건 구매에 쓰는 돈이나 술을 마셔서 쓰는 돈, 혹은 저축하는 돈은 모두 '내 돈'이라는 동일한 우물에서 나온다. 이를 염두에 둔다면 방금 소개한 시나리오들은 도무지 이치에 맞지 않는다. 돈에 어떤 딱지를 붙이느냐(즉, 지출계정을 어떻게 설정하는가)는 중요하지 않다. 그 모든 것이 실질적으로 '내 돈'이기 때문이다. 그러나 앞에서도 설명했듯이 사람들은 돈을 심리적 차원의 여러 범주에 할당하며, 이 범주화는 실행되는 바로 그 순간부터 그 돈에 대한 사람들의 생각을 통제한다. 우리가 돈을 쓰면서 얼마나 마음 편안해할지를 통제하고, 무엇에 돈을 쓸지를 통제하며 또 월말까지 각각의 지출계정에서 얼마나 많은 돈을 남길지를 통제한다.

심리적 회계라는 매우 특별한 문제

이 책에서 논의하는 대부분의 문제들과 다르게 심리적 회계는 한층 더 복잡해서 '이 방법을 사용하는 것은 잘못이다'라고 단정적으로 말할 수 없다. 심리적 회계는 다른 것들과 마찬가지로 돈에 대한 이성적 접근이 아니다. 그러나 우리 삶의 실체적인 모습과 인간이 지닌 인지 차원의 한계를 고려한다면, 오히려 유용한 전략이 될 수도 있다. 심리적 회계가 현명하게 사용될 때 특히 더 그렇다. 물론 보통은 이를 현명하지 않게 사용하는 경우가 많은데, 바로 그렇기 때문에 이 장의 나머지 부분이 존재한다. 우선 심리적 회계가 어째서 독특한지 살펴보자.

세 가지 유형의 사람이 있다고 치자. 첫째, 완벽하게 이성적인 사람, 이른바 호모 에코노미쿠스Homo economicus. 둘째, 인지적 한계가 있긴 해도 어느 정도 이성적인 사람. 이 사람은 충분한 시간과 정신적 역량만 주어지면 최고의 의사결정을 할 수 있다. 셋째, 인지적인 한계가 있긴 해도 어느 정도 이성적인 동시에 감정도 지니고 있는 사람, 즉 우리가 익히 알고 있는 평범한 사람.

완벽하게 이성적인 사람에게(이런 사람에게는 모든 인공지능 로봇도 무릎을 꿇을지니!) 심리적 회계는 명백하게 실수이다. 완벽하게 이성적인 세상에서라면 어떤 계정의 돈이든 동일한 가치로 똑같이 대해야 마땅하다. 이 계정에 든 돈이든 저 계정에 든 돈이든, 돈은 어차피 똑같은 돈이니 완벽하게 교환될 수 있다. 완벽하게 이성적인 세상에서라면 우리는 돈 계산에 관한 한 무한의 능력을 갖고 있을 것이며, 그렇기 때문에 계정과 계정을 분리하는 것은 잘못된 일이다. 그것은 교환할 수 있다는 원칙을 깨뜨림으로써 돈이라는 사회적 도구가 제공하는 중요한 편익을 부정하기 때문이다.

인지적인 한계가 있는 사람에게는 심리적 회계가 도움이 될 수 있는데, 왜냐하면 인간의 뇌가 실생활에서 온갖 정보를 유지하고 처리할 수 있는 능력은 제한적일 수밖에 없기 때문이다. 이성적인 세상이 아닌 실제 세상에서 돈이 오가는 모든 거래 각각의 다양한 측면을 파악하고 기회비용을 따지기란 극단적일 정도로 어렵다. 심리적 회계는 의사결정을 내리는 데 유용한 체험적 지침(즉, 지름길)을 제공해준다. 예를 들어서 커피 따위를 살 때마다 '오, 이 가격이면 속옷 두 장을 살 수 있겠군. 아니면 아이튠즈iTunes에서 영화 한 편을 내려 받거나 휘발유 5리터를 살 수도 있고'라고 이성적으로 생각할 수는 없는 노릇이다. 게다가 현재와 미래의 각 물품 가격을 따지고, 또 무수하게 많은 다른 물건들까지 다 비교하면서 말이다. 그렇기 때문에 우리는 이런 번거로운 과정을 피하는 대신 심리적 회계를 동원해서 커피를 '음식'

계정의 한 부분으로 생각한다. 이렇게 하면 음식 계정 내에서만 기회비용을 고려하면 된다. 이럴 때 생각은 한층 제한되지만 그 대신 훨씬 더 제어하기 쉬워진다. '오, 이 가격이면 내 점심 값의 절반이군.' 이런 식으로 계산이 아주 단순해진다. 이 관점에서 보면 심리적 회계는 이성적(합리적)이지는 않지만 실용적이다. 우리 인간의 계산능력이 제한적일 수밖에 없다는 사실을 전제하면 특히 더 그렇다.

단순성을 높이기 위해서 여러 계정을 설정하고 구획하면, 지출을 할 때마다 기회비용 전체의 세계를 구석구석 헤집을 필요가 없다. 모든 기회비용을 일일이 다 따져야 한다면 얼마나 힘들겠는가? 심리적 회계를 사용하면 예로 커피와 저녁과 유흥이 들어가 있는 상대적으로 작은 예산과 그에 따른 기회비용만 생각하면 된다. 물론 이는 완벽하지 않다. 그러나 유용하다. 이 사실을 인정하고 나면 그다음에는 이를 어떻게 더 긍정적인 방향으로 활용할 수 있을까 생각할 수 있다.

심리적 회계는 제3의 인간 유형, 즉 감정과 스트레스와 짜증스러움과 마감시한 그리고 수많은 의무사항을 주렁주렁 매달고 있는 인간을 우리에게 데려온다. 이들은 현실에 존재하는 실제적인 사람들이다. 모든 거래의 종합적인 기회비용을 파악한다는 게 완전히 불가능하지는 않지만, 아무리 작은 규모의 범주에서라고 해도 이런 일을 끊임없이 하면 아무리 좋게 봐도 짜증스러워질 수밖에 없다. 특정한 물품(이를테면 커피, 휘발유, 휴대전화 앱 혹은 이 책)을 사고 싶은 마음이 들 때마다 선택의 이해득실을 시시콜콜 생각해야 한다면 엄청난 고통에 짓눌릴 것이다. 다이어트를 하는 사람에게 섭취하는 음식의 칼로리를 하나도 빼놓지 않고 계산하라고 깐깐하게 요구한다면, 그 사람은 오히려 포기해버릴 수 있다. 좌절 끝에 칼로리 계산을 아예 하지 않고(즉, 회계장부를 아예 내던져버리고) 폭식을 할 수도 있다. 물론 이는 우리가 원하는 해결책이 아니다.

사실 사람들이 우리를 찾아와서 지출습관을 제어하기 어렵다고 하소연할 때 우리는 이렇게 말해준다. "그 모든 것은 회계라는 방식으로 통제할 수 있습니다. 당신도 이미 알고 있고 인정하는 일이지요. 하지만 동시에 그렇게 하기가 너무 성가시기 때문에 결국 포기하게 될 가능성이 높은 것도 사실이지요." 그래서 우리는 예컨대 '재량지출'이라는 폭넓은 범주에 속하는 항목의 한도를 얼마로 정하고 싶은지 결정하라고 제안한다. '재량지출'에는 수제 드립커피나 유행하는 신발이나 혹은 밤에 술 한잔하는 것 등 없어도 얼마든지 살아갈 수 있는 항목이 들어간다. 한 주 단위의 재량지출 한도액을 정한 다음에는 이 돈을 선불카드에 넣어둬라. 그리고 이 선불카드로 재량지출을 하고 월요일마다 다시 한도액을 충전하면 된다. 이렇게 하면 카드 잔고만 봐도 지출이 어떻게 진행되고 있는지 알 수 있다. 또한 이 일반지출 범주 내에서의 기회비용이 얼마인지 알 수 있으며, 어떤 지출의 기회비용이든 보다 선명하고 구체적으로 보일 것이다. 재량지출의 잔고를 한번 쓱 보기만 하면 된다. 물론, 이렇게 한다고 해도 여전히 노력은 필요하다. 그렇지만 커피, 맥주, 택시 승차 그리고 이 책의 전자책 버전 등을 제각기 다른 계정에 두고 따지는 것보다는 훨씬 덜 성가실 것이다. 우리 삶이 워낙 복잡하고 이런저런 스트레스가 많다는 점을 인정해야 한다. 이것이야말로 심리적 회계를 보다 유용하게 활용하는 좋은 방법이다.

불쾌함을 털어내는 방법

돈을 범주화하면 돈을 대하고 사용하는 방식이 달라질 수 있지만, 우리는 돈을 범주화하는 명확한 방법을 알지 못한다. 기업 활동과 달리 개인의 활동과 생활에는 지출명세표가 그다지 많이 발생하지 않는다. 우리는 돈을 획득한 방식과 돈을 쓰는 방식 그리고 돈을 쓸 때 느끼는 감정 등을 토대로 자신의 돈을 여러 개의 심리적 회계계정에 나눠두며, 이 각각의 계정은 제각기 다른 규칙을 가지고 있다. 예를 들어 어떤 돈을 직장에서 열심히 일해서 벌었는가, 아니면 길에서 주운 복권이 당첨돼서 벌었는가에 따라 규칙이 달라진다. 또 유산으로 받은 돈인가, 혹은 온라인게임을 해서 번 돈인가에 따라서도 규칙은 달라진다.

다시 예를 들어보자. 아마존Amazon이나 아이튠즈에서 쓸 수 있는 기프트카드를 누군가에게서 받았다고 치자. 이럴 때는 평소에는 사지 않던 물건, 동일한 금액이 월급으로 입금됐다 해도 사지 않을 물건을 살 가능성이 크다. 왜 그럴까? 기프트카드는 선물 계정으로 들어가고 힘들게 일해서 번 돈은 사치와는 상대적으로 거리가 먼 계정으로 들어가기 때문이다. 그리고 이 계정들의 규칙은 제각기 다르다(다시 한번 더 반복하자면, 어느 계정에 든 돈이든 모두 '내 돈'이고 얼마든지 교환될 수 있음에도 말이다).

사람들이 돈을 범주화하는 방법에 대한 흥미로운 발견이 있는데, 돈을 벌어들인 방식에 죄의식을 느끼는 사람은 그 돈의 일부를 기부하는 경향이 있다고 한다.[2] 다시 말해, 자기 돈을 바라볼 때의 느낌이 돈을 지출하는 방식을 좌우한다는 말이다. 그렇다. 사람들이 돈을 각각의 지출계정으로 분산, 할당하도록 영향을 미치는 숨어 있는 또 하나의 요소가 바로 그 돈에 대한 각자의 느낌, 즉 기분이다. 부정적인 환경에서 돈을 획득하면 불쾌한 기분이 드는가? 선물로 받은 돈은 공짜라는 기분이 드는가? 아니면, 어떤 노래의 가사처럼 '열심히, 정말 열심히 일해서' 돈을 벌면 기분이 좋고 비로소 그걸 가질 자격이 있다

고 느끼는가?$

　사람들은 일해서 번 돈은 공과금이나 생활비 등 '책임성 있는' 항목
에 쓰는 경향이 있다. 그 돈을 '진지한 돈'으로 느끼기 때문이다. 반면
카지노에서 딴 3억 달러처럼 재미로 느껴지는 돈은 더 큰 도박판 같은
또 다른 재미에 지출되는 경향이 있다.

　조너선 레바브Jonathan Levav와 피트 맥그로Pete McGraw는 부정적으로
느껴지는 돈을 획득하면 사람들이 이를 '세탁'하려 한다는 사실을 발
견했다. 만일 사랑하는 친척으로부터 돈을 상속받았다면 이 돈은 기
분 좋게 느껴지고 금방이라도 이 돈을 쓸 수 있다. 그러나 자기가 좋아
하지 않는 어떤 부의 원천으로부터 돈을 받았다면 그 돈은 기분 나쁘
게 느껴진다(위의 두 연구자가 실험에서 설정한 그 원천은 담배회사인 필립모
리스Philip Morris였다). 그래서 돈에 묻은 부정적인 감정을 씻어내기 위해
가장 먼저 이 돈의 일부를 떼어내서 (아이스크림을 산다든가 하는 이기적
인 목적으로 사용하지 않고) 교과서를 사거나 자선단체에 기부하는 등의
긍정적인 쪽에 지출한다. 이렇게 해서 그 돈의 일부가 선한 목적으로
사용되고 난 다음에는 그 돈이 깨끗하게 느껴지고, 그래서 사람들은
완벽하게 즐거운 마음으로 나머지 돈을 휴가여행이나 보석 그리고 아
이스크림처럼 자기가 하고 싶거나 갖고 싶은 것에 쓴다.

　조너선과 피트는 이를 '**감정적 회계**emotional acconting'라고 부른다. 감

$ 우리 두 저자는 다음 책에서 당신이 어째서 도나 서머(Donna Summer)의 노래 〈그녀는 돈을 위해 열심
히 일한다(She Works Hard For The Money)〉를 결코 잊을 수 없는지에 대해 다룰 것이다.

정적인 돈세탁은 여러 가지 형태로 나타날 수 있다. 고약하게 때가 묻은 돈은 채무변제 같은 심각한 일이나 고아들에게 아이스크림을 사주거나 하는 도덕적으로 바람직한 일에 사용함으로써 세탁할 수 있다. 스스로 좋다고 생각하는 일을 하면 이 행위가 돈과 연관된 나쁜 감정을 씻어주고, 따라서 나머지 돈을 자유롭게 쓸 수 있게 된다. 이런 유형의 감정적 돈세탁은 누가 봐도 이성적이지 않지만, 사람들을 기분 좋게 만들어주는 것만은 분명하다.[3]

이는 사람들이 여러 가지 상황에서 돈을 지출하는 방식을 상당히 정확하게 진술해준다. 사람들은 이치에 맞는 방식이 아니라 기분이 좋게 느껴지는 방식으로 지출한다(이는 인생 대부분의 것들을 처리하는 방식에도 적용될 수 있지 않을까 싶다. 그러나 이 책이 철학을 다루는 것도 아니고 심리적인 치유를 다루는 것도 아니므로 여기에 대해서는 더 언급하지 않겠다).

장미는 이름이 장미가 아니어도 가격은 매한가지

유감스럽게도 사람들은 개인적 차원에서 돈을 관리할 때도 마치 개인적 이득을 취할 목적으로 회계 부정을 저지르는 기업의 회계부서 직원과 똑같이 행동한다. 악명 높은 에너지 기업 엔론Enron을 기억하는가? 2000년대에 기업 사기의 대명사로 불리던 이 회사는 회계조작을 통해 내부자들에게 엄청난 부를 안겨줬다. 엔론의 직원들은 해외 계좌를 만들어 비용을 숨기고 허위 수익을 만들어내는 방식으로 분식회계를 했다. 또한 이들은 존재하지도 않는 제품의 파생상품을 거래하는 사기를 저질렀다. 이 회사의 회계를 감사한 회사 역시 이 분식회계 음모에 가담했다. 그들은 사기꾼이었다. 얼마나 완벽하게 회계를 조작했던지 심지어 본인들조차도 자신들의 분식회계 논리가 진짜인 것처럼 믿기 시작했다.

2008년 금융위기는 많은 부분 회계 부정 때문에 발생했다. 돈을 돌리고 잘라서 팔아넘기는 방법(파생상품을 말한다 - 옮긴이)을 동원해서 돈으로 돈을 벌고자 했던 금융계의 일부 사람들 때문에 금융위기가 일어났다. 이들은 최상층에서부터 사기 음모를 꾸몄으며, 자기들에게 편리하고 수익이 높고 유리한 이런저런 파생상품 펀드를 내세워서 여러 계정의 위치나 순서를 이리저리 바꾸고 서로를 뒤섞었다.

그런데 사람들은 스스로에게 이와 비슷한 회계 부정을 저지른다. 제각각의 제품과 서비스를 사면서 신용카드를 사용하고서는 그걸 금방 잊어버린다. 저금하려던 돈에서 일부를 빼서 쓴다. 월별로 발생하는 일상적인 수입·지출 예산에 포함되지 않는 큰돈에 대해서는 깊이 생각하지 않는다. 뭔가 '특별한' 것을 하려고 저금할 돈과 수표와 비상금을 이리저리 마구 옮기며 뒤섞어서 쓴다. 그러나 사람들이 이런 개인적인 차원의 회계 부정을 저지른다고 해서 전 세계적인 차원의 경제위기가 유발되지는 않는다. 다만 돈 문제와 관련된 당사자의 미래가 위기에 빠질 뿐이다. 거의 대부분 그렇다.

그렇다, 우리 개인은 엔론이나 회계 부정을 저지른 엔론의 관계자들만큼은 나쁘지 않을 수 있다. 그러나 우리에게는 심리적 회계의 그림자가 드리워 있다. 감정, 이기심, 충동, 계획 부족, 단기적 사고, 자기 기만, 외부 압력, 자기합리화, 혼란 그리고 탐욕 등으로 인해 우리는 쉽게 엇길로 나가고 만다. 이는 '돈과 관련된 10대 죄악'이라고 볼 수 있다. 치명적인 죄는 아닐지언정 좋지 않은 것만은 분명하다.

그리고 엔론에서와 마찬가지로 우리의 심리적 회계를 감사하는 감사팀의 구성원들 역시 게으르다. 이들은 많이 생각하려 하지 않고, 돈 쓰는 재미에 푹 빠져 있으며, 태생적인 이해 충돌이라는 짐을 지고 있다. 우리는 스스로의 회계 감사관이다. 자기 생선을 지키는 고양이다.

지금이 저녁시간이고 배가 고프다고 가정해보자. 당신은 지난밤에는 식사를 주문해서 먹었고, 오늘 저녁에는 직접 해먹을 계획을 세웠었다. 그런데 쇼핑을 하지 않아서 요리할 식재료가 없다. 당신의 예산 상황으로는 외식을 하지 않는 게 옳다. 특히 새로 생긴 멋진 음식점에서 외식을 하는 건 안 된다. 당신 친구들은 오늘 밤에 외식할 예정이지만 당신은 집에 있는 이런저런 식재료를 모아서 어떻게든 저녁을 해결해야 마땅하다. 그러고 이렇게 아낀 돈을 퇴직연금 계정에다 넣어야 한다. 이 계정이 당신이 80세가 될 때까지 복리 이자를 벌어다 줄 테니 말이다. 그때가 되면 늘 외식을 해도 될 만큼 여유가 있을 것이다. 그러나 당신은 '제인 마틴Jane Martin(심리학자 – 옮긴이)이나 모세Moses라면 어떻게 할까?' 하는 질문을 스스로에게 던져야 한다는 것을 잊어버리고는 베이비시터에게 전화를 한다. 그러고 한 시간 뒤에는 식당에 앉아 있다. 손에 멋진 칵테일 잔까지 들고서……

사람들은 싸고 건강한 음식을 먹겠다고 다짐한다. 하지만 지금 이 선택만 봐도 이게 얼마나 허망한 약속인지 잘 알 수 있다. 처음에는 닭고기를 먹을 작정이었지만 결국 와인과 버터로 만든 소스와 로브스터가 눈앞에 펼쳐져 있고, 육즙이 흐르는 게살을 게걸스럽게 목구멍으로 밀어 넣고 있지는 않은가? '시장가격'이 싸서 그랬다고? 나쁘지 않다. 메인 주에서 로브스터가 많이 잡혔다고 들었으니까. 그래서 로브스터를 해치웠고 그 깊은 맛의 소스를 마지막 한 방울까지 두꺼운 토스트 빵에 발라서 먹는다. 또한 음료수는 수돗물로도 충분하다고 생각했지만, 어느새 비싼 생수병을 손에 들고 있다. 디저트는 생략해야 옳지만, 결국 고급 수플레를 먹고 있지 않은가!

계산서를 받아들고 보면, 집에서 파스타를 만들어 먹고 후식으로 오렌지 하나를 먹을 때 드는 비용인 대략 6달러를 훨씬 초과하는 비용이 나온다. 이런 식으로 당신은 식사 관련 회계규정을 어기고 만다. 그러나 이에 대해 경고장을 날려주는 사람은 아무도 없다.

사람들은 먹는 데 돈을 쓰고서는 나쁜 기분을 느끼지 않는다. 어쨌거나 뭔가를 먹어야 살고 또 한 주 동안 힘들게 일했으니까 그럴 만한 자격이 있다고 생각하기 때문이다. 게다가 술을 조금 많이 마신 뒤에는 저축이니 공과금이니 하는 지겨운 것들을 생각할 인지능력이 상실된다.

심리적 회계는 비록 비이성적이긴 하지만 기업 회계와 마찬가지로 잘만 활용하면 얼마든지 유용할 수 있다. 예산 범주들은 예산 계획을 세우고 지출을 통제하는 데 도움이 될 수 있다. 그러나 역시 기업 회계와 마찬가지로 심리적 회계가 만병통치약은 아니다. 여전히 회색지대가 많기 때문이다. 몇몇 기업이 '창의적인 회계'를 동원해서 빠져나갈 구멍을 만들듯 우리 역시 융통성 넘치는 지출 논리로 이리저리 빠져나간다. 우리는 아무런 회계 범주를 사용하지 않을 때는 돈을 제대로 관리하지 못한다. 그러나 회계 범주를 사용해도 지출명세 분류를 왜곡한다. 규칙을 바꿔서 잘못된 지출이 잘못된 것으로 보이지 않도록 그럴듯한 핑계와 이야기를 꾸며낸다.

마크 트웨인Mark Twain은 이런 창의적인 규칙 조작의 사례를 다음과 같이 묘사했다. 그는 시가를 하루에 한 대만 피우기로 마음먹었다. 그런 뒤 그는 점점 더 큰 시가를 사기 시작했고, 그러다가 나중에는 '목발로 사용해도 될 정도로 커다란 시가'를 사서 하루에 하나씩 피웠다.[4] 사회과학자들은 고무줄처럼 늘어났다 줄어들었다 하는 이런 창의적인 회계 유형을 **'융통성 있는 심리적 회계**malleable mental accounting'라고 부른다. 사람들은 자기가 지출한 돈을 모호하게 분류하거나 제각기 다른 심리적 계정에 창의적으로 할당하면서 바로 이런 융통성을 발휘한다. 이런 식으로 융통성 있는 심리적 회계는 계정의 주인(즉, 자기 자신)을 속이는 데 도움을 준다. 만일 심리적 회계에 융통성이 없다면 우리는 수입과 지출 규정에 엄격하게 얽매일 것이다. 그러나 융통성이 있기 때문에 자신의 심리적 계정을 조작해서 지출을 합리화하고 과잉지출의 사치를 누리면서 이런 행동을 기분 좋게 느낀다.

다른 말로 하면, 자기 예산에 따르자면 그렇게 해서는 안 된다는 것을 뻔히 알면서도 근사한 외식을 할 방법을 찾아낸다. 예컨대 그 외식을 '음식' 계정에서 '오락—여흥' 계정으로 슬쩍 옮긴다. 또 어쩌면, 어렵게 돈을 모아서 아이를 대학교에 보내는 것은 부모의 의무가 아니라고 중간에 마음을 바꿀 수도 있다. 본질적으로 우리는 부도덕한 기업인 엔론처럼 행동한다. 눈앞의 욕망을 채우기 위해 기존에 세워 놓았던 재정 관련 원칙과 계획을 흰색 수정 테이프로 쓰윽 지워버린다. 이런 행위를 한다고 해서 감옥에 가는 건 아니지만 우리는 스스로 세운 규칙을 허물어뜨렸다. 음식과 오락—여흥 사이의 벽을 무너뜨리는 순간, 그 달콤하고 맛있는 지옥의 문이 열리면서 모든 것이 아수라장으로 변해버린다.

우리는 다양한 범주를 설정하고 사용하는 방식만이 아니라 그 범주들을 규정하는 규칙까지도 바꾼다. 툭하면 복권을 사는 것 같은 사소한 습관이 있을 때 우리는 흔히 복권 구매와 관련된 규칙을 임의로 수정해서 복권을 사도 된다고 스스로에게 허용한다. '상금이 1억 달러를 넘을 때만 파워볼(미국 복권의 한 종류 – 옮긴이)을 살 거야'라면서 말이다. 물론 이 규칙은 말도 안 된다. 상금이 얼마든 상관없이 복권을 사는 건 좋지 않은 의사결정이기 때문이다. 이는 마치 '하늘에 구름이 조금 있는 날에만 담배를 피울 거야'라는 말과 다르지 않다. 그러나 이런 규칙을 만듦으로써 나쁜 선택인 줄 알면서도 그 선택을 하는 사람의 기분은 좀 더 나아진다.

물론 우리는 합리화할 수 있을 때마다 이런 허위의 규칙을 만들어내고 나쁜 선택인 줄 알면서도 그 선택을 한다. 사무실에서 사람들이 복권을 사려고 돈을 모을 때, 계산대 앞의 긴 줄에 서 있을 때, 특별히 좋은 꿈을 꿨을 때, 혹은 특히 힘든 하루를 보냈을 때 우리는 스스로에게 복권 한 장의 여유를 누릴 자격이 충분하다고 느낀다. 그런데 그 규칙을 만든 사람이 자기고 게다가 그 규칙을 아는 사람도 자기뿐인 경우가 많으므로, 그걸 바꾸거나 아니면 아예 뒤집어버리기란 너무도 쉽다. 예를 들어서 '상금이 1억 달러 이상이어야 한다는 기준은 내가 갈색 바지를 입은 때는 예외로 한다'라고 살짝 바꾸면 된다. 이럴 때 우리 내면의 입법자는 아무리 편향적이고 성급하고 무책임한 규칙이라 해도 승인하고 만다.

악화가 양화를 뒤좇는다
——

예를 들어서 복권에 당첨됐거나 바르셀로나에서 강연을 하여 뜻하지 않게 제법 많은 돈이 생겼다고 치자. 이런 횡재를 하면 평소 죄의식을 전혀 느끼지 않고 하고 싶은 것을 마음대로 해도 되는 보너스 계정의 좋은 기분이, 늘 긴장하며 사용하던 여러 계정으로 스며들어서 생각 없이 이 돈을 쉽게 써버린다. 횡재를 했으니 모든 지출을 얼마든지 감당할 수 있다고 스스로에게 말하면서 돈을 물 쓰듯 쓴다. 심지어 이미 오래전에 지출을 중단하기로 결정했던 계정항목까지 새로 열어서 펑펑 쓴다. 이를테면 제프는 바르셀로나에서 계획에 없던 지출을 여러 차례 했다. 가끔 (늘 그런 게 아니고 가끔!) 스파클링 와인을 마셨는데, 그럴 때마다 제프는 뜻밖에 발생한 강연료 수입으로 처리하는 것이니 괜찮다는 논리로 합리화했다. 아닌 게 아니라 그런 지출은 강연을 축하하기 위한 특별한 지출이라고 합리화하기 쉬웠다. 실제로 그가 한 잔씩 마시면서 즐거움을 느꼈던 그 스파클링 와인에 지출된 돈의 합계금액은 상당히 컸지만, 그는 단 한 번도 그렇게 생각하지 않았다. 적어도 다음 달에 신용카드 청구서가 날아와서 평소보다 많은 돈을 결제해야 한다는 사실을 깨닫기 전까지는…….

융통성 있는 심리적 회계 역시 지금 당장 필요한 것이나 하고 싶은 것을 위해 저축을 깨도록 유도한다. 긴급한 상황에서조차도 보건 항목의 지출을 유도한다. 또 완전히 새로운 예산 범주들을 마음 내키는 대로 만들도록 유도한다. 더 고약한 사실은, 이렇게 새로운 범주가 생성되고 나면 예전과 달리 한결 더 수월하게 이 범주에서 지출이 이루어진다는 점이다. '수요일을 이겨낸 당신을 축하하는 특별 음주'라는 항목에 따른 지출이 발생할 줄이야, 그것도 매주 그럴 줄이야 생각이나 했겠는가?

때로 사람들은 어떤 방법으로든 돈을 아끼고 모을 때, 흔히 평소에는 전혀 하지 않을 사치 항목의 지출을 통해 스스로에게 보상을 한다. 하나의 심리적 계정에서 아끼고 모은다는 게 다른 계정의 지출을 늘린다는 의미는 아님에도 이런 행동을 한다. 나쁜 행동으로써 좋은 행동에 보상을 해주는 이런 일은 꽤 자주 일어나는데, 이때 '나쁨'은 '좋음'을 직접적으로 훼손한다. 한 주에 100달러를 추가로 아껴서 저축한 것은 좋은 일이지만, 이를 축하하기 위해 계획에도 없던 선물이나 식사에 50달러 지출을 하는 것은 전체 재정에 도움이 되지 않는다.

창의적인 회계를 실행하는 방법은 또 있다. 바로 '**통합**integration'이다. 두 개의 전혀 다른 지출이 있을 때 작은 지출을 큰 지출에 합쳐서 이 두 개의 지출이 사실은 하나의 지출일 뿐이라고 합리화하는 것이다. 이런 식으로 우리는 스스로를 속여서 그저 하나의 큰 금액을 사용했을 뿐이고 그로 인해 고통을 받는 것이라고 믿으려 한다. 큰 금액 하나와 작은 금액 하나를 각각 따로 지출했다고 생각하는 것보다 이렇게 하는 편이 심리적으로 덜 고통스럽기 때문이다.

예를 들어보자. 2만 5,000달러짜리 자동차를 사면서 200달러짜리 CD 체인저를 옵션으로 추가 구입했을 때, 사람들은 이 200달러의 지출을 자동차 구입 지출에 합쳐서 생각한다. 또 50만 달러를 주고 집을 산 다음 베란다에서 아름다운 풍경을 느긋하게 즐기기 위해 탁자와 의자를 600달러 주고 살 때도 마찬가지다. 이때 우리는 이 두 개의 지출을 각각 주택과 가구 항목으로 구분하지 않고 '주택 구매'라는 단일한 지출로 바라본다. 이런 식으로 여러 개의 지출을 하나로 통합함으로써 주택과 가구라는 지출을 두 개의 계정이 아니라 주택 및 주택에 딸린 베란다라는 단일 계정에서 실행한 것처럼 느낀다. 또 다른 예를 들어보자. 하루 종일 힘들게 쇼핑을 한 뒤에 비싼 저녁을 사먹고, 디저트도 따로 사먹었으며, 또 나중에는 동네 술집에서 맥주도 한잔 마셨다. 이때 우리는 이 모든 지출을 '어쩌다가 홀려버렸음'이라는 모호하기 짝이 없는 심리적 계정에 한꺼번에 집어넣는다.

우리는 또한 분류를 잘못해서 회계 부정을 저지르기도 한다. 예를 들어서 제인은 사촌동생인 루에게 줄 생일선물에 돈을 지출하고 싶지 않았고, 그래서 장장 네 시간이나 들여서 직접 케이크를 만들었다. 그런데 이때 들인 시간과 노력도 당연히 일정한 가치를 가진다. 그 네 시간 동안 그녀는 다른 일을 할 수도 있었다. 느긋하게 쉴 수도 있었고 가족을 방문할 수도 있었고 또 돈을 버는 활동을 할 수도 있었다. 순전히 재정적인 차원에서 말하자면, 그녀가 케이크를 만들면서 보낸 그 네 시간은 루에게 줄 선물로 살 수도 있었던 액자 가격 15달러보다 더 가치 있지 않을까? 아마도 그럴 것이다(물론, 사랑하는 사촌동생을 위해서 직접 선물을 만들었다는 정서적인 차원의 가치가 그 케이크에 담겨 있긴 하겠지만 말이다). 정말 엄격하게 돈만 따져서 말하자면(사실 돈이 제인의 가장 큰 관심사였다), 15달러를 아끼려고 네 시간 동안 힘들게 수고한 것은 잘못된 의사결정이다. 제인은 계정 분류를 잘못했기 때문에 이런 결정을 내렸다.

개인적인 심리적 회계 규칙은 특수하지도 않고 또한 엄격하게 강제되지도 않는다. 이 규칙은 흔히 우리 머릿속에 존재하는 모호하고 정제되지 않은 생각이다. 그렇기 때문에 빠져나갈 구멍이 필요하거나 그걸 원할 때는 언제든지 쉽게 구멍을 만들어낼 수 있다. 앞에서도 봤듯 어떤 선택권이 주어질 때 대부분의 사람은 손쉬운 길을 찾는다. 즉각적으로 가장 유혹적인 것을 선택하고는 이를 합리화하기 위해 별다른 생각 없이 입맛에 맞게 지출계정을 분류한다는 말이다. 심지어 본인이 내리는 의사결정이 자기 자신을 속일지라도 그렇게 한다.

생각하는 것을 회피하기 위해서 사람들이 들이는 노력에는 끝이 없을 지경이다.

우리는 나쁜 사람이 아니다. 대부분은 의식적으로 탐욕을 부리거나 어리석거나 천성적으로 악하지 않다. 뻔뻔하거나 무모해서 자신의 심리적 회계규정을 어기는 게 아니다. 그러나 우리는 규칙에 어긋나는 지출 관련 의사결정을 합리화하기 위해 규칙의 융통성을 이용한다.[5] 다이어트를 하면서 속임수를 쓰는 것과 마찬가지로 우리는 거의 모든 지출을 손쉽게 합리화하기 위해서 창의성을 최대한 활용한다. 지난번에는 점심으로 샐러드를 먹었으니까 이번에는 아이스크림콘 하나쯤은 사먹어도 괜찮다고 생각하지 않는가? 지역경제 활성화를 위해 아이스크림 가게가 돈을 벌 수 있게 해주는 것도 좋은 일이라고 생각하지 않는가? 게다가 사계절 내내 사먹는 것도 아니고 여름이니까 이런 지출은 괜찮다고 생각하지 않는가? '그러니까 아이스크림콘 하나는 사먹어도 된다, 시원한 음료수도 한 병 사먹자!'라고 소리 없이 외치지는 않는가?

타이밍이 가장 중요하다

시간은 늘릴 수 없다. 하지만 우리는 끊임없이 이런 시도를 한다. 사실 심리적 회계에서 속임수를 쓰는 가장 공통적인 방법은 시간에 대해 생각하거나 잘못 생각하는 방식에서 비롯된다. 구체적으로 말하자면 어떤 것에 지불하는 시간과 이를 소비하는 시간 사이의 간극이 문제다.

돈 문제와 관련된 의사결정을 분류하는 방식에는 여러 특성이 있는데 그중 가장 흥미로운 것은 어떤 지출항목을 집어넣는 심리적 계정 및 그에 대해 자신이 느끼는 감정과 관련이 있다. 또한 이때의 감정은 그 상품의 실질적인 가치가 아니라 그 상품을 살 때부터 사용할 때까지 걸리는 시간과 관련이 있다. 예를 들어보자. 엘다 샤퍼Eldar Shafir와 리처드 탈러는 와인을 연구하면서(와인을 연구 소재로 선택한 것은 현명하고도 기분 좋은 일이다) 사람들이 와인을 추가로 구입할 때 이를 '투자'로 생각하는 경향이 있음을 확인했다.[6] 몇 달 뒤 혹은 몇 년 뒤에 와인을 개봉해서 잔에 따르고 냄새를 맡고 마시고 우쭐해할 때 그 소비는 공짜처럼 느껴진다. 그날 저녁에 마시는 멋진 와인에는 한 푼도 지출되지 않은 것처럼 느껴진다. 아주 오래전에 했던 현명한 투자의 결실이라고 느껴진다. 만일 그 와인을 바로 그날에 샀다면, 혹은 와인 병을 떨어뜨려 깨기라도 했다면, 그 와인에 지출된 돈은 오늘의 예산에서 나온 것처럼 느껴질 것이다. 이럴 때 우리는 그것이 현명한 투자였다고 자신을 따뜻하게 격려하지 않을 것이다. 구매와 소비를 별개의 지출항목으로 나눌 수 있을 정도로 구매 시점과 소비 시점 사이의 간극이 크지 않기 때문이다. 와인을 마시는 모든 경우에 (즉, 오래전에 사서 오늘 마시든 오늘 사서 오늘 마시든 혹은 오래전에 사서 오늘 깨뜨리든 간에) 와인을 사면서 돈을 지불한다. 그러나 구매 시점 그리고 또 구매와 소비 사이의 시간 간극에 따라 우리는 와인을 사는 데 들인 비용을 매우 다르게 생각한다.

사람들은 스스로를 속이는 데는 도가 튼 말썽쟁이다. 적어도 와인을 마시면서는 확실히 말썽을 일으키니까.

타이밍은 지출과 관련해서는 중요하지 않은 요소다. 돈을 버는 것과 관련해서도 마찬가지다. 봉급 생활자들이라면 한 달 1,000달러씩 봉급을 더 받는 것과 연말에 1만 2,000달러를 보너스로 받는 것 중 어느 쪽을 더 좋아할까? 이성적으로 생각하면 한 달에 1,000달러씩 더 받는 게 유리하다. 왜냐하면 저축을 하거나 투자를 하거나 빚을 갚거나 혹은 다른 용도로 매달 사용할 수 있기 때문이다.

그렇지만 사람들에게 1만 2,000달러를 한꺼번에 받는 것과 한 달에 1,000달러씩 1년에 걸쳐서 받는 것 중 하나를 선택하라고 하면 대부분은 전자를 선택한다. 자기를 보다 행복하게 만들어줄 특별한 것을 하는 데 큰돈을 한꺼번에 쓰고 싶다는 것이다. 왜냐하면 다달이 봉급을 받아서 생활하는 상황에서는 큰돈을 모으기가 (즉, 통상적인 계정 외에 따로 다른 계정을 만들어서 거기다 조금씩 돈을 모으기가) 쉽지 않기 때문이다. 만일 1만 2,000달러라는 그 돈을 다달이 나눠 받는다면 이 돈은 봉급이라는 범주로 묶일 것이고, 대부분의 사람은 이 돈을 통상적인 지출에 사용할 것이다. 그런데 보너스는 다달이 지급되는 봉급이 아니다. 그렇기 때문에 이 돈은, 평소에 하고 싶었지만 어쩐지 죄의식이 들어서 선뜻 하지 못했던 것에 지출될 수 있다. 이 장에서 언급한 물품으로는 와인이나 아이스크림이 될 수 있겠지만, 사람과 상황에 따라서 다를 것이다.

보너스 선호에 대한 더 많은 증거는 국세청에서 나오는데, 국세청은 보통 '특별한'이나 '재미' 같은 단어에서 연상되는 국가기관이 아니다. 미국인은 세금환급을 좋아하는데, 4월 15일에 받는 환급금이 마치 보너스처럼 느껴지기 때문이다. 연말에 세금으로 납부해야 할 만큼 소득에서 원천징수가 되도록 원천징수 비율을 설정하면 4월에 환급받을 돈이 하나도 생기지 않도록 조정할 수 있다. 그러나 많은 이들이 매달 원천징수로 나가는 돈을 조금 늘리더라도 다음 해 4월에 환급금이라는 보너스, 즉 정부가 주는 연례 보너스를 받고 싶어 한다. 별나기도 하지. 그런데 아쉽게도 사람들은 더욱 생산적인 다른 대의를 위해서 자기 돈을 내놓는 데는 주저한다.

'공짜'라는 속임수

도시에 살면서 자동차를 소유하고 있는 사람이라면 거기에 얼마나 많은 비용이 들어가는지 잘 안다. 도시에서는 보험료도 더 많이 낸다. 도심 운전은 힘들기 짝이 없고, 자동차 유지비용도 상대적으로 많이 든다. 시간당 주차비를 내거나 전적으로 불공정한 주차권을 사는 데 돈을 써야 한다. 뿐만 아니다. 도시에 사는 사람은 교외에 사는 사람보다 자동차를 덜 탄다. 그러므로 이성적으로 생각하자면 도시 거주자들은 택시를 이용하고 이따금씩 교외에 있는 할인매장에 장을 보러 갈 때는 렌터카를 이용하는 편이 유리하다. 여기에 지출되는 비용이라고 해봐야 자동차를 소유할 때 들어가는 비용보다 훨씬 적다. 그럼에도 사람들은 자기 자동차를 사용할 때마다 (즉, 쇼핑을 하러 하거나, 주말을 맞아 도시를 벗어나거나, 교외에서 전원생활을 하는 친구들을 방문할 때마다) 여행경비가 전혀 들지 않는다고 느낀다. 그러므로 도시에 살면서 자가용을 소유한 사람은 택시나 렌터카를 이용할 때 드는 돈을 절약하는 기분과 더불어 그야말로 공짜 여행을 즐긴다는 느낌을 만끽한다. 정해진 기간마다 자동차와 관련된 지출을 하긴 하지만 자동차를 타고 여행을 하는 시점에는 이 활동과 관련해서 (기름 값 외에는) 직접적인 지출을 하지 않기 때문이다.

휴가 때 머물 숙소를 확보해두려고 타임쉐어 제도를 이용하는 것도 같은 맥락이다. 상당한 금액을 미리 낸 다음에 자신이 원하는 날짜에 숙소를 사용할 권리를 획득하는 제도인데, 돈을 낼 때와는 달리 사용할 때는 공짜다! 하지만 진짜 공짜일 리는 없고 휴가기간 동안에는 콘도나 리조트의 객실을 공짜로 사용하지만, 비용이 이미 치러진 상태다. 이 금액은 대개 1년에 한 번 지불하는데, 객실을 사용할 때는 공짜인 것처럼 느껴진다. 구매 시점과 실제 사용 시점이 다르기 때문이다.

외상이 필요한 이유

심리적 회계는 돈을 지출하는 사람들의 의사결정에 심대한 영향을 끼친다. 지출해야 할 것과 그러지 말아야 할 것에 대해 정신을 바짝 차리고 생각하도록 지시하기도 하고 반대로 그런 생각을 하지 못하도록 가로막기도 한다. 그러나 이것이 항상 나쁘지만은 않음을 명심하라. 사람의 인지능력이 제한적일 수밖에 없다는 사실을 염두에 두면 때로는 심리적 회계 덕분에 유용한 지름길을 만들어낼 수 있으며 돈 문제와 관련해서 질서의식을 유지할 수 있다. 그러나 그럼으로써 가치를 평가하는 능력에 부정적 영향을 미칠 수 있는 느슨한 회계 규칙이 자주 만들어지기도 한다. 어떤 것을 소비하는 데서 비롯되는 즐거움과 그것을 얻기 위해 뭔가를 지불해야 하는 고통을 분리할 때는(구입 시점과 사용 시점의 격차, 지불 방법이나 주의력 분산 등에 의해 이런 분리가 이루어진다) 특히 더 그렇다.

아 참, 뭔가를 얻기 위해 돈을 지불하는 것이 고통을 유발한다는 사실을 당신은 아직 모르고 있었던가? 자, 그럼 지갑을 잘 챙겨들고서 다음 페이지로 넘어가보자.

06

고통을 회피하려는 습관

배 아픈 소리로 들릴지도 모르지만 제프는 유부남이다. 그가 신혼여행에서 겪은 일은 돈을 어떻게 생각해야 옳은가 하는 질문에 매우 유용한 시각을 제공한다. 다음은 사랑과 돈에 관한 그의 낭만적인 보고서다.

앤과 나는 신혼여행을 가고 싶은 멋진 곳을 발견했다. 카리브해 앤티가섬에 있는 멋진 리조트였다. 친구들에게서 이 멋진 곳에 관해 들었는데, 우리의 결혼을 자축하고 결혼식까지 이르는 그 모든 과정에서 쌓인 피로를 풀기에는 이곳이 최고인 것 같았다. 이곳을 찍은 사진들은 아름다웠으며, 결혼과 관련된 온갖 세세한 사항에 파묻혀 있던 터라서 더 그랬는지 모르겠지만, 마음껏 술에 취해 평온한 해변에 드러누워 있는 우리 모습을 상상하는 것만으로도 참을 수 없을 정도로 기분이 좋았다.

우리는 올인클루시브all-inclusive(모든 옵션을 다 선택하는 것 - 옮긴이) 상품 사전구매 패키지를 샀다. 이 결정을 하기까지 우리는 한참 동안 논의를 했다. 올인클루시브는 필요한 단품 옵션을 따로 선택해서 지불하는 페이고pay-as-you-go(외상 않고 현금으로 지불한다는 뜻으로 차입, 후불, 대납 등 신용거래에 의지하지 않고 예산 안에서 비용을 지불해야만 지출할 수 있는 제도 - 옮긴이) 방식보다 비쌀 테고 이걸 선택하면 과식과 과음을 할 게 거의 확실했다. 그러나 우리는 결혼식 예복을 멋지게 소화한 모습을 위해 여러 달 동안 다이어트를 심하게 진행하던 중이라서 오히려 과식과 과음을 하고 싶었다. 그리고 그 상품이 매력적이었던 이유 중 하나는, 구매 과정이 무척이나 단순해 보였기 때문이다. 계약을 하고 돈을 지불하면 끝이었다. 나중에 온갖 선택지가 수도 없이 많이 제시되긴 하겠지만 그때 가서 내키지 않거나 필요 없다 싶으면 안 하면 그만이었다. 이 얼마나 단순하고 쉬운가! 사실 결혼식은 계획부터 당일 행사까지 모든 과정이 무척 어려웠다. 그렇게 어려울 줄은 상상도 못했다. 턱시도를 빌리고 선물함을 열기만 하면 되는 줄 알았는데 그게 아니었다. 꽃도 마련해야 했고, 좌석 배치도 해야 했고, 서약서도 써야 했다. 정말 힘든 일이었다.

어쨌든 우리 결혼식은 대단했다. 사랑과 웃음이 넘쳐흘렀고, 또 사람들이 많이 추천해준 벤앤제리Ben & Jerry's 아이스크림 웨딩케이크도 있었다.

그리고 이틀 뒤 우리는 제트비행기를 타고 앤티가섬에 내렸으며,

수십억 시간을 잔 뒤에 진짜 휴가에 돌입했다. 그랬다, 우리는 과식을 했고 과음을 했으며 너무도 많은 것을 한꺼번에 했다. 할 게 너무 많았다. 먹는 거, 마시는 거, 또 먹고 마시는 거⋯⋯. 푸짐한 아침식사, 약간의 블러디메리(보드카와 토마토 주스를 섞은 칵테일 – 옮긴이), 해산물 점심식사, 코코넛 칵테일, 낮잠, 럼주의 일종인 독한 술 약간, 저녁식사, 멋진 와인⋯⋯ 그리고 디저트. 우리는 디저트도 많이 먹었다. 밤마다 직원이 우리 방으로 디저트를 실어 날랐으니까. 그러니 어땠겠는가? 만일 집에 있었다면 그렇게까지 많이 먹고 마시지는 않았을 것이다. 하지만 우리는 거기 갔고, 엄청난 칼로리를 축적했다. 나중에는 그 엄청난 양의 칼로리가 세관을 무사히 통과하지 못할 것이라는 확신이 들기까지 했다. 그 정도로 많이 먹고 많이 마셨다.

시간을 내서 운동도 열심히 했다. 수영, 테니스, 요트 타기, 스노클링⋯⋯. 심지어 몇 번씩이나 짧은 여행에 나서기도 했다. 비록 모두 다 도중에 그만두고 일찍 돌아오기는 했지만(이렇게 도중에 돌아온 이유가 앤티가섬의 역사를 깊이 공부하고 싶었기 때문인지 혹은 술과 관련된 다른 사연 때문인지는 당신의 상상에 맡기겠다). 어느 시점에선가 우리가 제법 많이 망가졌다는 느낌이 들었다. 하지만 그러면서도 우리에게는 스스로를 그렇게 망가뜨릴 자격이 있다는 생각도 했다. 온갖 쾌락에 탐닉하는 데 죄의식을 느낀 때도 있긴 했다. 단 한 순간이었는데, 바로 좋은 와인을 반병이나 남길 때였다. 그러나 우리가 와인을 반병만 마신 건 아니다. 그 남은 절반의 와인이 담긴 병은 그날 밤 우리가 마신 두 번째 나 세 번째 병이었기 때문이다.

그런데 우리가 선불로 지급해서 선택한 올인클루시브 상품에는 전혀 예상치 못한 기쁨이 있었다. 그중 하나는 그 리조트가 모든 곳에 있는 모든 물건에 가격표를 붙여놓았다는 사실에서 비롯됐다. 요리와 음료수와 술과 비치타월에 모두 가격표가 붙어 있었다. 비치체어에도 붙어 있었다. 보트 타기에도, 섬들을 둘러보는 여행에도 붙어 있었다. 처음에 우리는 그걸 무척 유치하다고 여겼다. 그러나 어느 순간부터 그 모든 음식과 재미를 공짜로 누리면서 거기에 들어갈 수도 있는 돈을 절약하고 있음을 즐기기 시작했다.

우리의 신혼여행은 현실도피였다. 결혼식 계획으로부터의 도피였고, 결혼식과 결혼한 가족으로부터의 도피였다. 우리는 뚱뚱해졌고 술에 취했으며 피부는 햇볕에 벌겋게 탔다.

그런데 예정된 신혼여행 일정이 절반쯤 지났을 때부터 비가 내리기 시작했다. 비는 계속 내렸다. 내리고 또 내렸다. 장장 사흘 연속 줄기차게 내렸다.

상식적으로 보자면 실망스러울 수밖에 없는 상황이다. 신혼여행을 갔는데 모래 해변에 누워서 일광욕을 하고 싶지 누가 방에만 처박혀 있고 싶을까? 그러나 그렇지 않을 때도 있는 법이다. 인생이 당신에게 시디신 레몬을 준다 해도 당신은 그 레몬으로 달콤한 레몬-럼 펀치를 만들 수 있다.

우리는 근거지를 리조트에 딸린 바로 옮겼다. 그러고 바에 있는 모든 종류의 술을 다 마셔봤다. 어떤 것은 마음에 들었고, 어떤 것은 먹다가 남겼다. 이 유쾌하고 떠들썩한 주흥 속에서 우리는 우리처럼 그곳으로 피신한 다른 신혼여행 커플들과 친해졌다. 다들 좋은 사람이었다. 이들 중 어떤 이와는 지금도 이따금씩 연락을 주고받는다. 비록 시간과 독한 술이 비 오던 날들의 그 추억을 흐릿하게 만들어버리긴 했지만…….

그런데 런던에서 왔다는 한 커플이(이들을 스미스 씨 부부라고 부르겠다) 비가 내리기 시작하던 날에 리조트에 도착했다. 이 커플은 '이 모든 술을 한 번씩 다 마셔보기' 도전에 참여하지 않겠다고 했다. 대신 그들은 자기들이 특별히 주문한 혼합주를 마지막 한 방울까지 마셨다. 그들의 표정으로 보건대 그 술이 아무런 즐거움도 주지 않은 게 분명했음에도(아마도 럼주를 충분히 많이 타지 않아서 그랬을 것이다) 그렇게 했다.

드디어 비가 그쳤다. 우리는 스미스 씨 부부를 따라서 해변에 나가기도 했고 식당에 가기도 했다. 스미스 씨 부부는 아침을 자주 걸렀으며 저녁은 엄청나게 많이 먹었다. 그런데 이 부부는 영국 술집에서 재미있게 놀던 얘기를 많이 하면서도 술은 많이 마시지 않았다. 그리고 어쩐 일인지 서로 많이 싸우는 것 같았다. 지금 생각해보면 우리가 이렇다 저렇다 말할 일은 아니었지만 어쨌거나 그때 우리는 그렇게 판단했다. 알고 보니 그들은 올인클루시브 여행상품을 선택하지 않았다. 먹는 것이든 마시는 것이든 어디로 여행을 가든 그때마다 전부 따로 계산해야 했다. 그랬기에 어디에다 돈을 쓸지 하는 문제로 자주 의견이 갈렸던 것이다. 충분히 이해할 수 있는 일이었다. 술값이나 이런저런 체험 상품의 가격이 만만치 않았으니까 말이다. 무엇을 하고 무엇에 돈을 지출할지 하는 문제를 놓고 나누는 대화가 막 출발한 부부 생활에 긴장감을 불어넣었을 것이다.

우연하게도 우리는 스미스 씨 부부와 같은 날 체크아웃을 했다. 우리가 공항으로 가는 셔틀버스로 향할 때 그들은 리조트 직원과 함께 장장 열아홉 쪽이나 되는 계산서를 뒤적이고 있었다. 며칠 동안 함께 시간을 보낸 사람과의 작별을 그런 식으로 한다는 게 슬펐다. 더구나 그들은 셔틀버스를 놓쳤고, 또 영국으로 가는 비행기까지 거의 놓칠 뻔했기에 더욱 그랬다.

그러나 비행기를 놓치는 건 어쩌면 축복이 될 수도 있다. 앤티가섬에서 발이 묶인다? 아니다. 발이 묶이는 것도 행운이라면, 우리는 마이애미에서 그 행운을 만났다. 마이애미는 사랑스러운 도시지만, 발이 묶이는 바람에 계획에도 없이 갑작스럽고 짧게 방문했을 때도 멋지다고 말할 수 있는 도시는 거의 없다. 우리는 비행기를 갈아타야 했는데 비행기 정비 문제로 출발이 지연됐고, 이 문제가 막 해결될 즈음에는 열대성 태풍이 접근해서 이틀 동안 비행기가 이륙할 수 없었다.

이렇게 해서 우리는 어쩔 수 없이 이틀 밤을 마이애미에서 보내야 했다. 항공사에서는 우리를 한 호텔로 데려다주겠다고 제안했고 우리는 그 제안을 받아들였다. 보다 더 멋진 곳으로 업그레이드를 해달라고도 할 수 있었지만 추가로 200달러를 들이면서까지 그럴 가치는 없다고 판단했다. 우리가 머문 곳은 우중충하고 더러웠으며, 함께 묵은 다른 방 숙박자들도 좋은 이웃은 아니었다. 그러나 우리는 이 작은 돌발 상황을 마음껏 즐기기로 했다. 둘 다 마이애미는 처음이었고, 그러니 우리에게 주어진 마이애미에서의 36시간을 멋지게 보내겠다고 마음먹지 않을 이유가 없었다.

우리는 곧바로 침대에 누웠고 19금 상황 없이 밤을 보낸 뒤에 아침 일찍 일어나서 그 동네 사람들이 아침식사를 즐겨 하는 식당으로 가서 커다란 오믈렛 하나를 나눠 먹었다. 두 개를 주문할 수도 있었지만 각자 하나를 다 먹을 정도로 배가 고프지는 않았으며, 15달러라는 가격이 몇 입 먹는 양에 비해서 비싼 것 같았기 때문이다. 맛은 꽤 좋았다. 우리는 해변으로 갔지만 배를 빌리지도 않았고 워터스키를 타지도 않았고 또 그늘막도 빌리지 않았다. 그냥 앉아서 느긋하게 시간을 보냈는데, 그게 참 좋았다. 수평선 아득한 곳에서 거대한 태풍이 다가오는 것도 봤다. 점심에도 1인분만 주문해서 함께 나눠 먹었으며, 그 뒤에는 저녁으로 무엇을 먹을지 그리고 어떤 구경거리를 즐길지 계획을 세웠다.

우리는 좋은 식당을 찾아갔다. 아직 태풍이 들이닥치지 않은 멋진 바다 풍경을 볼 수 있는 곳이었다. 애피타이저와 샐러드는 생략하고 빵으로 배를 채운 뒤에 주요리를 먹었다. 와인도 생략했다. 칵테일을 두 잔씩 마셨지만 디저트는 생략했다. 평생 소비해도 남을 설탕을 우리는 이미 섭취했기 때문이다(과다 칼로리 섭취를 이유로 세관에서 입국을 거부할 것이라는 우리의 예상은 빗나갔다, 슬프게도). 식사를 마친 후에도 나는 여전히 조금 배가 고팠지만, 쇼를 구경하면서 과자를 먹을 것이기에 참았다.

그러나 우리는 쇼를 보러 가지 않았다. 지역의 칼립소(카리브해 지역의 음악 – 옮긴이) 밴드가 최신 유행의 술집에서 연주를 하고 있었지만, 막상 그 술집에 갔을 때는 마음이 바뀌었다. 우리가 살 수 있는 입장권이 1인당 35달러짜리뿐이었기 때문이다. 한 번도 이름을 들어본 적 없는 어느 밴드의 음악을 듣는 것치고는 너무 비싸 보였다. 우리는 발길을 돌려 호텔까지 기분 좋게 걸었다. 그런데 그때 비가 오기 시작했다. 아주 많이 왔다. 열대성 태풍이 뿌리는 비였다. 우리는 허겁지겁 달려서 방으로 들어갔고 침대로 뛰어들었다. 그러고 책을 꺼내서 잠들 때까지 읽었다. 멋지고도 소박한 하루였다.

마침내 우리가 사는 도시에 도착했을 때, 장기 주차장의 사악한 인간들은 주차요금을 하루 치 더 물렸고 나는 이 문제로 실랑이를 벌여야 했다. 그래서 밤늦은 시각에 집에 도착했고, 곧장 잠자리에 들었다. 다음 날 아침에 곧바로 출근을 해야 했기 때문이다. 기분 좋은 여행의 고약한 결말이다. 하지만 인생이란 늘 이런 식이지 않을까?

그 주 주말에 친구들이 보자고 했다. 신혼여행 이야기를 듣고 싶다고 했고, 우리 부부도 이야기를 해주고 싶어서 마음이 들떴다. 우리는 근사한 식당에 모여서 저녁을 먹었다. 즐거웠다. 친구들을 보는 게 좋았고 피부를 근사하게 잘 태웠다는 이야기를 듣는 것도 좋았다(이런 것이 인생의 소박한 모습이다). 그런데 계산서가 나왔고, 나는 친구들이 주문한 멋진 와인과 샴페인을 나와 아내는 마시지 않았다는 사실을 지적하고야 말았다. 나로서는 최선의 노력을 다한다고 했지만 그건 어쩔 수 없는 일이었다. 이렇게 해서 누가 얼마를 내야 할지 잠깐 동안 토론이 이어졌고 결국 그 자리에 있던 모든 사람이 그 계산서를 돌려보며 각자 자기가 마신 와인이나 샴페인 값을 계산했다.

나는 직원에게 조개껍데기와 선탠으로 대금을 지불할 수 있는지 물었다. 그녀는 웃지 않았고, 나는 그녀에게 신용카드를 내밀었다.

기분 좋게 시작했다가 불쾌하게 끝나버린 저녁이었다. 그러나 인생도 이런 식이지 않을까?

해피엔딩

어떤 경험의 끝은 매우 중요하다. 종교행사의 마지막 절차나 식사를 마무리하는 디저트나 여름캠프를 마칠 때 부르는 작별 노래 등을 봐도 알 수 있다. 무슨 일이든 멋지거나 화려한 마무리가 중요하다. 왜냐하면 어떤 경험의 끝은 나중에 그 경험을 회상하거나 기억하거나 혹은 그 경험 전체를 평가할 때 결정적인 요소로 작용하기 때문이다.

도널드 레델마이어Donald Redelmeier와 조엘 카츠Joel Katz 그리고 대니얼 카너먼Daniel Kahneman은 대장내시경 검사의 마지막 결말 부분이 전체 과정에 대한 피검자의 기억에 어떤 영향을 주는지 실험했다.[1] 연구자들은 한 무리의 피실험자들은 표준적인 방식으로 대장내시경 검사를 받도록 했고, 다른 피실험자 집단에게는 마지막에 5분이 걸리는 과정을 추가했다. 이 추가된 과정은 그만큼 시간이 더 걸리긴 했지만 고통은 덜했다. 의사가 시간은 많이 걸리지만 고통을 줄인 과정을 마지막으로 내시경 검사를 끝냈을 때 피검자들은 대장내시경 검사 전체 과정의 고통이 덜하다고 평가했다. 총합으로 따지자면 표준적인 방식의 과정을 거친 피검자보다 오히려 고통이 더 컸음에도 말이다.

물론 휴가나 신혼여행이 대장내시경 검사와 똑같을 수는 없다. 그러나 끝이 중요하다는 사실은 이 경우에도 적용된다. 우리는 흔히 여행의 결말을 우리가 정말 싫어하는 것들로 우울하게 매듭짓는다. 호텔 숙박비 계산, 셔틀버스, 공항, 택시, 여행가방, 세탁, 알람시계, 직장으로의 복귀 등이 여행의 결말 부분에서 우리를 우울하게 만드는 요소다. 그런데 바로 이런 것들이 여행 전체에 대한 우리의 인상을 좌우하면서 이 경험을 부정적으로 덧칠한다.

여행에 대한 우리의 기억은 (설령 그 여행 기간 동안 사흘씩이나 비가 왔다고 하더라도) 마지막이 행복하게 끝나면 보다 긍정적으로 남는다. 어떻게 하면 여행을 이렇게 행복하게 끝낼 수 있을까? 간단하다. 체크아웃 전 여행 마지막 날 밤에, 즉 셔틀버스와 공항과 짐 가방 등 성가시고 번잡한 것들이 시작되기 전에 여행의 마지막을 축하함으로써 여행을 '실질적으로' 끝내버리면 된다. 이렇게 할 때 우리는 심리적으로, 다음 날 짐을 싸서 공항으로 가고 비행기를 타고 돌아오는 일련의 과정을 '여행의 마지막 과정'이 아니라 '일상'의 한 부분으로 묶어버릴 수 있다.

또 다른 해법이 있다. 방금 제시한 해법이 여행을 실제보다 짧게 만든다면 이번 방법은 실제보다 더 늘린다. 여행을 마치고 집에 도착해서 일상으로 복귀한 다음에, 여행의 여러 가지 일들이 아직 머릿속에 생생하게 남아 있을 때 시간을 내서 여행지의 추억과 경험을 이야기하며 여행지에서 찍은 사진을 보고 또 이런저런 메모를 해두면 된다. 여행이 끝난 뒤에 여행의 즐거움을 되새기면서 여행이라는 경험을 일상 속으로 끌어들이는 것인데, 이 역시 여행을 보다 행복한 결말로 마무리하는 방법이 될 수 있다.

마지막으로 덧붙이자면, 여행이 끝났을 때 이 여행이 적어도 대장내시경 검사보다는 낫다는 사실을 되새기는 것만으로도 여행에 대한 기억을 더 좋은 쪽으로 돌려놓을 수 있다.

도대체 무슨 일이 일어나고 있는 걸까?

제프의 신혼여행은 '지불의 고통pain of paying'이 어떤 식으로 드러나는지 잘 보여준다. 지불의 고통이라는 용어의 뜻은 말 그대로다. 뭔가를 얻기 위해 돈을 지불할 때 사람들은 심리적 고통을 경험한다. 이 현상은 드라젠 프렐렉Drazen Prelec과 조지 로웬스타인George Loewen-stein이 〈적자와 흑자The Red and the Black: Mental Accounting of Savings and Debt〉라는 논문에서 처음 제안했다.[2]

우리 모두는 신체적인 고통과 감정적인 고통을 잘 안다. 벌에 쏘였을 때, 바늘에 찔렸을 때, 이런저런 통증에 시달릴 때 그리고 사랑하는 사람과 헤어졌을 때 이런 고통이 발생한다. 지불의 고통이란 자기가 가진 돈을 포기한다는 생각을 할 때 우리가 느끼는 통증이다. 이 고통은 지출 자체가 아니라 지출에 대한 생각에서 비롯된다. 그러므로 지출을 생각하면 할수록 고통은 그만큼 더 커진다. 그래서 지출을 떠올리며 그렇게 구입한 것을 소비할 때면 지불의 고통이 소비 전체 경험을 실제보다 덜 즐거운 것으로 느껴지도록 그 경험 전체를 진하게 물들인다.

'지불의 고통'이라는 용어는 지출로 야기된 스트레스와 불쾌한 감정을 바탕으로 하지만, 최근에는 뇌영상과 자기공명영상MRI을 이용한 여러 연구저작들이 돈을 지출하는 행위가 신체적인 고통을 처리하는 뇌 영역을 실제로 자극한다는 사실을 입증하고 있다. 많은 돈을 지출할 때는 이러한 뇌 메커니즘이 더 강한 자극을 받는데, 고통을 유발하는 것은 단지 높은 가격만이 아니다. 가격도 물론 고통을 야기하지만, 어떤 것을 포기할 때도 사람들은 고통을 느낀다.[3]

고통을 느끼지 않으면 고통이 없을까?

———

고통을 느끼면 보통 처음에는 그 고통을 제거하려는 반응을 보인다. 사람은 누구나 고통을 누그러뜨리고자 한다. 고통을 스스로 통제하길 원한다. 고통이 다가오는 걸 바라볼 때면 움찔하고 고개를 숙이며 피하려 든다. 지불의 고통을 마주할 때도 마찬가지다. 그런데 문제는, 지불의 고통을 회피하면 장기적으로는 더 큰 고통이 유발된다는 사실이다. 왜 그럴까? 보다 중요한 다른 여러 변수는 생각지도 않은 채, 고통이 동반되는 지출에서 고통이 동반되지 않는 지출로 도망을 치기 때문이다. 이런 고통 회피는 우리가 겪는 돈 문제에 전혀 도움이 되지 않는다. 지금 당장의 고통 회피에는 도움이 되지만 이 일로 인해서 나중에 더 큰 대가를 치러야 하기 때문이다.

고통 회피는 강력한 동기유발 요인이자 교활한 적이다. 고통 회피는 진정한 가치를 정확하게 바라보지 못하게 한다. 사람들은 자신이 구매한 물건의 가치가 아니라 구매 과정에서 본인이 경험하는 고통에 초점을 맞추기 때문에 허점투성이의 잘못된 의사결정을 내린다.

고통은 아프지만 중요하기도 하다. 고통은 뭔가가 잘못되고 있다고 알려주는 신호다. 부러진 다리의 통증은 누군가에게 도움을 받으라고 일러준다. 화상의 고통은 불을 가까이 하지 말라고 일러준다. 중학교 1학년 때 메간 폭스Megan Fox에게 퇴짜를 맞은 고통과 경험은 메간이라는 이름을 가진 여자를 조심해야 한다는 가르침을 준다(의문의 1패를 당한 메간 하우저만을 비롯해서 모든 메간에게는 미안!).

뜨거운 난로에 손을 덴 아기는 고통을 느낀다. 그리고 시간이 지난 뒤에 무엇이 그런 고통을 유발하는지 깨우치고, 뜨거운 난로에는 손을 대면 안 된다는 것을 배운다. 이와 마찬가지로 우리는 우리에게 무엇이 고통을 유발하는지 배우고 또 그것을 피해야 한다. 그런데 실제로는 과연 어떨까? 우리는 자신에게 고통을 주는 행동을 멈출까, 아니면 그 행동을 계속하려고 통증을 마비시킬까? 코미디언인 제리 사인펠드Jerry Seinfeld라면 어떻게 할까?

인간이 똑똑하지 않음을 입증할 수 있는 것은 많습니다. 헬멧은 나도 좋아하는 물건입니다. 인간이 헬멧을 발명해야만 했던 이유가 있을 텐데, 그게 뭘까요? 이유는 아주 단순합니다. 사람들이 자칫 잘못하면 머리가 깨질 수도 있는 여러 가지 활동을 하기 때문이죠. 머리가 깨지는 상황을 직접 목격하기도 했을 겁니다. 그런데 이상하게도, 사람들은 그런 활동을 그만하는 선택을 하지 않고 작은 플라스틱을 만들어 쓰고서는 머리가 깨질 수도 있는 위험한 활동을 계속하는 선택을 했습니다. 그 헬멧보다 유일하게 더 멍청한 것이 있다면 헬멧 관련 법률입니다. 이 법은 그렇게 멍청한 선택을 할 정도로 멍청한 뇌를 보호하려는 취지로 만들어졌습니다. 헬멧 안에 있는 머리가 깨질 수도 있는 그런 행동을 못하게 하면 되는 거 아닙니까?

- 제리 사인펠드, '마지막으로 당신에게 말합니다I'm Telling You for The Last Time'

(스탠드업 코미디, 방송물이며 VHS와 DVD로 판매되었다 – 옮긴이)

지불의 고통은 당연히 사람들이 고통스러운 지출을 하지 못하도록 막아야 옳다. 그런데 사람들은 그 고통을 종식시키는 대신에 (신용카드 같은 여러 금융 '서비스'의 '도움'을 받아서) 그 고통을 누그러뜨릴 여러 방법을 고안해낸다. 신용카드, 전자지갑, 자동이체 등을 사용하는 것은 '금융 헬멧'을 쓰는 것이나 다름없다. 사람들은 실력이 형편없는 의사와 마찬가지로 고통이라는 증상을 치료하긴 하지만 그 증상의 근본 원인인 지불을 치료하지는 않는다.

바로 이것이 지출과 관련하여 스스로 내리는 의사결정 평가 방식에 영향을 주는 가장 큰 실수다.

지불의 고통은 다음 두 가지의 확실한 요인에 따른 결과다. 하나는 돈이 자기 지갑에서 나가는 시점과 그렇게 구입한 것을 소비하는 시점 사이의 시간적 간극이고, 또 하나는 지불 그 자체에 기울이는 주의력이다. 이렇게 해서 다음 공식이 성립한다. '지불의 고통=시간+주의력.'

그렇다면 우리는 지불의 고통을 피하면서 어떻게 일상을 살아갈까, 이렇게 회피하는 태도는 우리가 돈을 평가하는 데 어떤 영향을 미칠까? 그렇다, 우리는 고통 생성에 반대되는 행동을 한다. 돈을 지불하는 시각과 그렇게 산 물건을 소비하는 시각 사이의 간극을 넓히고, 지불에 요구되는 주의력을 줄인다. 즉, 시간의 문제고 주의력의 문제다.

제프의 경험을 놓고 보자. 제프 그리고 사랑스럽고 참을성 있으며 친절하고 그에게는 과분한 그의 아내는 (여보, 당신도 이 구절을 읽고 있겠지?) 신혼여행 경비를 여행 전에 미리 지불했다. 이 지불이 이뤄지던 그 순간에는, 즉 큰돈이 한꺼번에 지출되던 상황에서 두 사람은 분명 움찔했고 어쩌면 손까지 떨었을지 모른다. 그러나 두 사람이 앤티가섬에 도착했을 때쯤 지불의 고통은 이미 먼 과거의 일이 됐다. 그랬기에 앤티가섬에서의 모든 경험과 즐거움과 술은 공짜로만 느껴졌다. 와인을 추가로 한 병 더 주문하거나 보트를 빌릴 때 돈을 따로 내지 않아도 되니 돈에 대해 생각할 필요도 없었고 와인이나 보트 체험이 과연 그럴 만한 가치가 있을지 따져볼 필요도 없었다. 비용지불에 대한 의사결정은 이미 끝난 뒤이기 때문이다. 두 사람은 뭘 하든 그저 마음 내키는 대로, 변덕과 충동이 이끄는 대로 행동하기만 하면 됐다. 아닌 게 아니라 둘은 게시돼 있긴 하지만 지불할 필요가 없는 단품 가격을 보는 것만으로도 즐거웠다. 그 순간 그들에게는 해당 서비스나 음식이 모두 공짜인 것처럼 느껴졌다.

그에 비해서 스미스 씨 부부는 신혼여행지에 머무는 동안 줄곧 지불의 고통을 경험했다. 뭔가를 하고 싶을 때마다(즉, 술을 마시거나 음식을 먹거나 수영을 하거나 스노클링을 하고 싶을 때마다) 돈을 지불해야 했고, 따라서 지불의 고통을 느껴야 했으며, 또 그 고통 때문에 즐거움이 줄어들었다. 비록 지폐를 일일이 셀 필요는 없었지만, 그들은 뭐든 할 때마다 일일이 비용과 편익을 따져야 했다. 심지어 팁을 줄 때도 얼마를 줘야 할지 생각해야 했다. 아무리 사소한 금액이라도 지불은 지불이고, 따라서 그때마다 고통이 동반됐다. 카리브해에 있는 리조트에서 와인 한 병이나 칵테일 몇 잔 값을 계산하는 데 들어가는 상대적으로 아주 적은 양의 주의력은 이른바 전형적인 '제1세계 문제'(부유한 국가의 특권층들만 경험하는 좌절이나 불평불만 – 옮긴이)일 뿐이라고 해도 지불의 고통을 피할 수는 없다. 그랬기에 스미스 씨 부부는 지불의 고통과 끊임없이 맞닥뜨렸으며, 이 고통은 그들이 드러냈던 긴장과 그들이 벌이던 언쟁 속에 녹아 있었다. '죽음이 두 사람을 갈라놓을' 순간이 매우 빠른 속도로 다가오는 것 같았다.

제프와 그의 아내가 마이애미에 발이 묶였을 때 둘은 여전히 신혼여행 중이었다. 여전히 낭만적인 장소에 있었으며 낭만적인 분위기에 젖어 있었다. 마이애미는 낯선 도시였고 둘은 여행 중이었다. 공항, 호텔, 해변…… 이 모든 것이 휴가의 일부분이었다. 그랬기에 그들은 평소보다는 씀씀이에 헤플 마음의 준비가 돼 있었으며, 평소에 하지 않던 것이나 확실하지 않은 것을 시도할 마음의 준비가 돼 있었다. 호텔 비용도 이미 항공사에서 지불했기 때문에 평소라면 (심리적 회계 차원에서) 선뜻 지출할 여유가 없는 돈을 따로 보너스로 받은 기분이었다. 그러나 모든 비용을 미리 다 지불했던 앤티가섬에서와 똑같을 수는 없었다. 뭔가를 살 때 자기 주머니에서 직접 지갑을 꺼내 현금을 건네거나 신용카드로 결제해야 했다. 상품 가격을 지불하려면 어떤 수준이든 직접적인 노력을 기울여야 했으며, 자기 지갑이나 계좌에서 빠져나가는 돈에 어느 정도의 주의력을 기울여야 했다. 그 덕분에 마이애미에서 두 사람은 어느 정도의 자제력을 보여줬다. 변덕과 충동이 시키는 대로 무작정 따르지는 않았다는 말이다. 확신이 서지 않는 공연을 보지 않았으며 술도 많이 주문하지 않았다. 두 사람은 앤티가섬에 있을 때보다는 확실히 돈을 아껴서 썼다. 마이애미의 지역경제에는 나쁜 일이었지만 제프의 허리둘레에는 분명 좋은 일이었다.

때로는 화끈하게, 때로는 냉철하게

지불의 고통을 제거하면 돈을 보다 더 자유롭게 쓰고 소비를 더 많이 즐기게 된다. 반대로 지불의 고통을 늘리면 지출에 대한 통제력이 높아져서 지출이 줄어든다. 그렇다면 우리는 늘 지불의 고통을 늘리거나 줄여야 할까? 물론 그렇지 않다. 모든 것은 때와 장소에 따라서 달라진다.

평생 한 번이나 두 번 혹은 최대한 많아봐야 세 번 정도밖에 있을 수 없는 경험이 있다. 신혼여행도 이런 경험에 속한다. 이런 경험은 정말 특별한 것이다. 특히 신혼여행이라면 지불의 고통을 줄이고 평생 한 번밖에 없는 경험을 마음껏 즐기는 것이 좋다고 주장할 수 있다. 하지만 동일한 것이 수도 없이 반복되는 일상생활에서는 이야기가 달라진다. 지불의 고통을 늘려야만 하는 범주가 분명히 있다. 누군가에게 점심을 사준다거나, 슈퍼마켓 계산대 줄에 섰다가 무심코 쓰레기 잡지를 집어 들어 계산대에 올려놓거나, 운동을 한 뒤에 값비싼 스무디를 산다거나…… 이런 지출은 당연히 재고해야 한다. 요컨대, 어떤 순간에서든 거래를 하며 느끼는 지불의 고통을 의도적으로 키울 수도 있고 줄일 수도 있다. 그러나 아무 생각도 없이 아무런 통제력도 발휘하지 않은 채로 지불의 고통이 저 스스로 알아서 늘어나거나 줄어들도록 방치하면 되는 게 아니라, 자신이 원하는 즐거움이 어느 정도인지 혹은 자신이 줄이려고 하는 지출이 어느 정도인지를 바탕으로 의도적으로 지불의 고통을 키우기도 하고 또 줄이기도 해야 한다.

집에 도착한 뒤 두 사람은 한층 더 짠돌이와 짠순이가 됐다. 지불의 고통을 한층 더 강렬하게 느낀 것이다. 그들은 일상으로 복귀했으며, 신혼여행이라는 심리적 계정은 이미 사라졌다. 친구들과 함께한 식당에서 두 사람은 결혼식과 신혼여행으로 수천 달러를 소비한 직후에 누군가가 따로 주문한 와인 값까지 내야 하는 부담을 직면했다. 이 지불의 고통이 두 사람을 구두쇠로 만들었다. 그래서 그 고통을 조금이라도 누그러뜨리려고 그들은 신용카드를 사용했다. 나중에 다시 살펴보겠지만, 신용카드라는 플라스틱을 사용할 때는 지갑에서 현금을 꺼내서 지출할 때보다 마음의 고통이 덜하다.

시간은 째깍째깍 계속 흐른다, 내 지갑 속으로

지불과 소비가 동시에 일어날 때 소비에 따르는 즐거움은 크게 감소한다. 이 두 행위가 시간상 떨어져 있을 때는 사람들이 지불에 그다지 큰 주의를 기울이지 않는다. 지불 행위 자체를 잊어버리기도 하는데, 그 결과 구입한 물건이나 경험을 그만큼 더 많이 즐길 수 있다. 우리는 어떤 물건을 살 때마다 죄의식 세금guilt tax을 낸다. 그러나 죄의식 세금의 효과는 일시적이다. 돈을 내는 (혹은 그 지불을 생각하는) 시점에만 효과가 있을 뿐이라는 말이다.

제품이나 서비스에 대한 대가를 지불하는 시간 유형에는 기본적으로 세 가지가 있다. 제프 부부의 신혼여행처럼 소비하기 이전에 지불하는 선불 유형과 스미스 부부처럼 개별적인 소비를 할 때마다 지불하는 현장 지불(현불) 유형 그리고 제프가 신혼여행에서 돌아와 친구들과 함께했던 저녁 자리처럼 신용카드로 결제하는 후불 유형이다.

호세 실바Jose Silva와 댄이 시간과 관련해서 했던 실험을 살펴보자. 연구자들은 심리 실험실에서 45분 동안 컴퓨터 앞에 앉아 있는 조건으로 피실험자인 대학생들에게 10달러를 지불하겠다고 했다. 피실험자들로서는 아무것도 하지 않고 그냥 가만히 앉아만 있으면 10달러를 받을 수 있었다. 그러나 연구자들은 이들에게 특별한 선택권을 제시했다. 본인이 원한다면 일반적인 가격보다 낮은 가격으로 온라인 정보를 구매해서 볼 수 있게 한 것이다. 피실험자들이 온라인으로 볼 수 있는 정보의 범주는 세 가지였다. 학생들이 가장 선호하는 카툰과 그다음으로 선호하는 뉴스와 과학 관련 기사 그리고 마지막으로는 가장 적게 선호하는 포스트모던 문학에 대한 교양 기사가 바로 그것이다. 피실험자들은 이 가운데 무엇이든 원하는 것을 선택해서 가격을 지불하고 볼 수 있었다. 그런데 범주에 매겨진 가격이 제각기 달랐다. 카툰은 하나에 3센트였고 뉴스와 과학 기사는 하나에 0.5센트였으며 포스트모던 문학 관련 교양 기사는 무료였다. 그런 다음 피실험자들이 사용하는 컴퓨터는 그들이 무엇을 얼마나 많이 보는지 기록했다.[4]

덧붙여서, 연구자들은 피실험자들이 카툰이나 기사를 보는 대금의 지불 방법을 피실험자 집단별로 다르게 설정했다. 후불 집단에게는 실험이 모두 끝난 뒤 보수 10달러를 지급할 때 대금을 차감하고 주겠다고 했다. 말하자면 월말 청구서와 같은 방식이었다. 선불 집단에게는 10달러를 미리 지급했는데, 이 10달러는 전자지갑 계정에 들어 있어서 피실험자는 카툰이나 기사를 볼 때마다 그걸 열어 대금을 지불할 수 있었다. 그리고 실험이 모두 끝난 뒤에 전자지갑에 남아 있는 돈을 현금으로 환전하게 했다. 마지막으로 세 번째 집단은 소액결제 방식으로 카툰이나 기사를 볼 때마다 대금을 지불하도록 했다. 이 집단에 속한 피실험자들이 어떤 링크를 클릭할 때마다 "0.5센트를 지불하고 이 기사를 읽겠습니까?" 혹은 "정말 이 카툰을 읽는 데 3센트를 지출하시겠습니까?"라는 질문이 뜨게 했고, 피실험자들이 '예' 버튼을 클릭하는 순간 해당 결제가 즉시 이뤄지도록 설정했으며, 잔액이 화면 상단에 항상 보이도록 했다(댄이 어떻게 해서 그 많은 학생을 동원해 이런저런 온갖 실험에 참여시키는지 제프는 늘 궁금하다. 또 그 학생들의 연락처를 받아서 자기 집에 페인트칠을 하고 자기 아이들을 돌봐주는 일을 '실험' 차원에서 진행할 수 있을지도 궁금해한다).

이 실험에서 중요한 점은 모든 집단의 피실험자들이 동일한 콘텐츠를 볼 때는 동일한 가격을 지불한다는 것이었다. 또한 모든 집단의 피실험자들은 그다지 많은 돈을 지출하지 않았다(카툰이든 기사든 간에 모두 가격이 매우 낮았다). 그러나 실험 결과를 보면 집단별로 지출 규모에 차이가 상당히 크게 나타났다.

참가비를 미리 지급받은 집단(이 집단에 속한 피실험자들은 실험을 시작하는 순간, 각자의 '오락'이라는 심리적 계정에 10달러를 넣어둔 셈이다)에서 피실험자들은 평균 18센트를 지출했다. 이에 비해 월말 청구서 방식으로 대금을 지불한 집단은 평균 12센트를 지출했다. 이 사실을 놓고 보면, 특정한 활동에 쓸 용도로 계정을 따로 마련해두면 지출이 더 많아진다는 사실을 확인할 수 있다. 이 실험에서는 무려 50퍼센트나 더 많이 지출했다. 그런데 가장 인상적인 효과는 소액결제 집단에서 나타났다. 이 집단에 속한 피실험자들은 지출을 할 때마다 그 지출을 할지 말지 강제로 다시 한 번 더 생각해야 했는데, 이들은 평균 4센트밖에 지출하지 않았다. 그러니까 이들은 평균적으로 카툰 하나와 과학 기사 두 편을 읽었고 나머지 시간에는 교양 기사를 (고통스럽지만 공짜로) 읽은 것이다. 이 모든 결과를 종합하면 지불이 특별히 두드러질 때, 즉 후불 방식을 선불 방식으로 바꿀 때 우리의 지출 양상도 바뀐다. 그리고 가장 중요한 점은 지불이 개별 항목별로 이뤄질 때 지출 양상이 극적으로 바뀐다는 점이다. 간단히 말하면 지불의 고통 때문에 선불 방식일 때는 보다 많이 지출하고 후불 방식일 때는 보다 적게 지출하며, 개별 항목을 살 때마다 지불하면 지출이 훨씬 줄어든다. 이처럼 지출의 타이밍은 매우 중요하다. 피실험자들로 하여금 그 재미없는 포스트모더니즘 문학을 공부하게 만들 수도 있으니까 말이다.

사람들은 대개 포스트모더니즘 문학을 파고들길 원하지 않는다(물론 이 장르의 문학이 어떤 사람들에게는 어느 정도의 가치를 지니고 있을 것이다). 이 실험의 피실험자들은 포스트모더니즘 문학 관련 내용을 읽는 것을 즐기지 않았고, 실험이 끝난 뒤 연구자들에게 포스트모더니즘 문학에 관해 읽느니 차라리 칠판을 못으로 긁는 소리를 듣는 게 나을 것이라는 말까지 했다. 이는 포스트모더니즘 문학 관련 내용을 공짜

그다지 간단하지 않은 오해

당신은 포스트모더니즘 문학의 팬인가? 포스트모더니즘 문학이 뭔지 알고 싶은가? 혹은 당신이 그게 뭔지 알고 있다고 다른 사람들이 알아주기를 바라는가?

그렇다면 당신은 포스트모더니즘 발전기(Postmodernism Generator, www.elsewhere.org/journal/pomo/)라는 멋진 사이트를 찾아가야 한다. 이 사이트는 몇 가지 인용문을 조합하고 '푸코Foucault'나 '펠리니Fellini'나 '데리다 Derrida' 같은 이름들을 줄줄 엮어내는 식으로 '포스트모던'한 에세이를 임의로 만들어낸다. 이렇게 해서 이 사이트는 사람들이 어떤 문장을 읽을 때 스스로 그 문장을 이해하는 것 같은 느낌이 들도록 만들어준다. 그러나 계속 읽다 보면 자기가 아무것도 이해하지 못하고 있음을 깨닫는다. 바로 이것이 많은 사람이 포스트모더니즘 문학에서 느끼는 감정이다.

우리 두 저자는 포스트모더니즘 발전기를 이용해서 이 책을 써볼까 하는 생각도 했었다. 사실, 실제로 우리가 그렇게 해서 이 책을 썼을지도 모른다. 믿거나 말거나.

로 읽는 활동이 **지불**의 고통 총량은 가장 적게 만들었지만 **소비**의 고통 총량은 가장 많게 만들었음을 뜻한다. 피실험자들은 카툰보다 포스트모더니즘 문학을 소비하는 경험을 훨씬 적게 즐겼다. 그러나 피실험자들은 카툰 대금 지불의 고통을 회피하려고 노력함으로써 결국 포스트모더니즘 문학 소비의 고통을 만들어내고 말았다. 소액결제 조건의 피실험자들도 4센트가 아니라 12센트를 지출할 수도 있었고, 45분 동안 진행된 그 실험에 대한 전체적인 인상을 훨씬 좋게 만들 수도 있었다. 그러나 지불의 고통이 너무나 강력해서 그렇게 할 수 없었던 것이다.

이와 비슷하게 페이고 방식으로 신혼여행을 한다고 한번 상상해보자. 여행지의 안내원이나 호텔 직원이 당신에게 석양이 지는 해변에서 멋진 샴페인을 마시는 게 어떻겠냐고 제안한다. 그러나 당신은 끊임없이 쌓여가는 청구서 때문에 초조해지고 또 제안받은 샴페인의 가격이 너무 비싼 나머지 결국 그냥 생수만 마시기로 결정한다. 그렇다. 당신은 지나치게 비싼 샴페인에 돈을 지불하는 것에 동반되는 고통을 회피하지만, 그와 동시에 평생 한 번뿐인 신혼여행에서 일몰을 바라보며 멋진 샴페인을 마시는 즐거움까지 회피하는 셈이 되고 만다.

페이고 방식을 선택하면 지불의 고통과 소비의 즐거움 사이에서 균형을 유지하기가 어려울 수 있다. 이와 관련해서 포스트모더니즘 발전기는 푸코가 "인생은 쉽지 않다네, 친구들"이라고 말했다고 일러준다.

선불

제프는 신혼여행 비용을 선불로 냈으며, 그 결과 후불 조건이나 현불 조건을 선택했을 경우에 비해 더 많은 소비를 했으며 더 많은 것을 즐겼다. 전체적으로 보자면 더 많은 비용을 치렀을 수도 있지만 그때 누린 기쁨도 훨씬 더 컸다. 이런 양상을 사업가들은 놓치지 않았다. 선불 제도는 하나의 추세로 자리를 잡았다. 로스앤젤레스의 트루아 맥Trois Mec과 시카고의 알리니아Alinea 그리고 뉴욕의 아테라Atera 같

은 팬시 식당들은 이제 고객들에게 온라인으로 선불결제를 유도하고 있다.

그러나 선불은 새삼스러운 추세가 아니다. 사실 선불은 우리 주변에 널려 있다. 브로드웨이 뮤지컬 티켓과 항공권과 버닝맨Burning Man 페스티벌(미국 서부 네바다주 블랙록 사막에서 열리는 연례 축제 – 옮긴이) 입장권을 우리는 선불로 산다. 아, 당신 역시 이 책을 소비하기 전에 미리 돈을 낸 셈이다. 마지막 쪽을 넘기기도 전에 책값을 지불했으니까 말이다(이 책을 다 읽고 나면 아마도 당신은 우리에게 고맙다는 편지를 보내줄 것이다, 두둑한 팁도 함께 담아서).

어떤 것을 소비하기 전에 미리 그 대가를 지불하면 그것을 실제로 소비할 때는 거의 아무런 고통도 느끼지 않게 된다. 소비하는 시점에는 지불의 고통이 전혀 없으며, 또한 나중에 지불해야 할 일을 두고 걱정할 필요도 없다. 이것은 그야말로 고통 없는 거래이다(단, 조건이 붙는다. 암벽등반, 권투 개인레슨, 여자가 채찍을 휘두르는 식의 폭력적인 섹스 등과 같은 신체적인 고통을 유발하는 것을 구매하지 않았어야 한다는 조건이다. 그런데 잠깐, 폭력적인 섹스? 이 책은 건전한 가정용 책이므로, 그 얘긴 여기에서 이만 끝!).

아마존닷컴Amazon.com은 프라임 회원제 제도를 운영하면서 배송비를 선불로 받고 있다. 프라임 회원제의 연회비는 99달러지만 1년 내내 무료배송을 보장해준다. 그런데 엄밀하게 따지면 완전히 무료는 아니다. 이미 99달러를 지불했으니까 말이다. 그렇지만 우리는 1년 동안 아마존닷컴에서 물건을 구입할 때마다 배송과 관련된 대금을 지불하는 고통에 추가로 시달리지 않아도 된다. 그러므로 그때마다 우리는 배송비가 공짜라는 느낌을 받는다. 특히 아마존의 해당 상품 바로 옆에 '프라임 회원은 배송비 무료, 이틀 내 배송'이라는 문구가 밝은 색으로 붙어 있을 때는 더욱더 그렇다. 마치 반드시 보다 더 많은 물건을 사야 할 것만 같은 기분이 든다. 왜냐하면 엄청나게 이득을 보는 거래이기 때문이다. 그리고 아마존에서 보다 많은 물건을 살수록 각각의 온라인 흥청망청 소비는 '더 많은 공짜' 덕분에 더 싸지기 때문이다. 이렇게 이득을 보는 멋진 거래가 어디에 있단 말인가!

2,000달러의 비용이 드는 일주일짜리 아프리카 사파리 여행을 간다고 상상해보자. 이 여행상품의 대금을 지불하는 방법은 두 가지다. 넉 달 전에 모든 비용을 한꺼번에 미리 지불하는 방법과 여행이 끝난 뒤에 현금으로 지불하는 방법이다. 이 둘 가운데서 어느 쪽이 경제적으로 더 효율적이냐고 묻는다면 우리는 분명 후자라고 답할 것이다. 대금을 미리 주지 않고 가지고 있으면 이자가 발생하는데, 넉 달 동안 발생하는 이 이자를 여행사에 주지 않고 자기가 가질 수 있기 때문이다. 그렇지만 여행에서 우리가 느끼고 또 즐길 기쁨은 어떻게 될까? 위의 두 가지 방법 중 어느 쪽을 선택할 때 아프리카 사파리 여행의 즐거움을 더 만끽할 수 있을지, 특히 이 여행의 마지막 날을 어느 쪽이 더 즐길 수 있을지 묻는다면, 우리는 뭐라고 대답할까? 대부분은 선불결제를 할 때라고 답할 것이다. 왜 그럴까? 대금을 여행 마지막 날에 지불하면, 여행 일정이 막바지로 향해가는 며칠 동안 사람들의 머릿속은 '이 여행이 그럴 만한 가치가 있을까?'나 '내가 지금 이 여행을

얼마나 많이 즐기고 있지?' 같은 생각으로 가득 찰 테니 말이다. 이런 생각이 머릿속에서 끊임없이 덜거덕거릴 때 여행의 즐거움은 대폭 줄어들 수밖에 없다.

선불은 또한 기프트카드나 카지노 칩처럼 경험의 내재적인 부분이기도 하다. 돈이 스타벅스Starbucks나 아마존이나 베이비저러스Babies "R" Us의 기프트카드로 들어가면, 우리는 이 돈을 지출 목록에 배정한다. 20달러의 현금을 스타벅스 카드로 바꾸고 나면, 이 20달러는 예컨대 코카콜라나 중국 음식이 아니라 라테나 스콘을 사는 데 지불될 돈으로 쓰임새가 고정된다는 말이다. 이렇게 돈이 그 범주의 계정에 할당되고 나면, 우리는 지불이 이미 완료된 것처럼 느낀다. 그렇기 때문에 기프트카드로 뭔가를 살 때는 자기 돈을 쓰지 않는 것이 되고, 따라서 죄의식도 느끼지 않는다. 통상적으로 직접 돈을 내고 커피를 사서 마실 때는 소박한 상품을 선택하지만, 기프트카드로 지출할 때는 비싼 '벤티 소이 차이 라테'니 '비스코티'니 하면서 흥청망청 쓴다. 공짜라는 생각이 들기 때문이다. 기프트카드를 쓸 때는 지불의 고통을 전혀 느끼지 않는다. 기프트카드가 환기하는 감정은 현금을 지불할 때 느끼는 감정과 전혀 다르기 때문이다.

말로 하면 너무도 뻔한 얘기 같지만 사람들은 모두 뭔가 소비하는 것을 좋아하고 그 소비에 대해 돈을 지불하기는 싫어한다. 그러나 드라젠 프렐렉과 조지 로웬스타인이 밝혀냈듯, 지불은 타이밍이 매우 중요하며 자신이 이미 대금을 지불한 것을 소비할 때는 기분이 상대적으로 더 좋아진다.[5]

현불

어떤 제품이나 서비스를 사용하는 동안에 대금을 지불하는 현불 방식은 지불의 고통 및 가치에 대한 인식에 어떤 영향을 줄까?

당신이 은퇴 기념으로 혹은 위기를 맞은 중년을 위한 선물로 스스로에게 작은 스포츠카 한 대를 선물한다는 상상을 한번 해보자. 자동차 대금은 대출을 받아서 지불하고, 원리금을 다달이 갚아나가기로 했다. 애초에 의도했던 대로 이 자동차는 멋지게 잘 나갈 뿐만 아니라 머지않아서 죽음을 맞이할 것이라는 불편한 진실을 잊는 데 도움이 된다. 또 그동안 살아오면서 했던 여러 가지 잘못된 선택을 잊는 데도 도움이 된다. 그러나 곧 그 자동차를 운전하고 다닐 시간이 점점 더 줄어들고 있음을 깨닫는다. 심지어 스포츠카 운전의 스릴과 묘미도 점점 시들해진다. 그런데 다달이 원리금 상환이 이뤄질 때마다 그 구매가 성급했으며 또 자동차가 너무도 비쌌음을 새삼스럽게 깨닫는다. 아무리 좋은 뜻으로 해석하고 합리화하려고 해도 그렇게 하기가 점점 더 어려워진다. 그래서 대출금을 한꺼번에 모두 갚아버린다. 큰돈을 한꺼번에 다 지불하는 일은 확실히 고통스럽다. 그러나 이렇게 하면 매달 정기적으로 겪던 지불의 고통 및 그와 관련된 죄의식이 덜어진다. 심지어 지붕을 열고 달릴 때의 즐거움도 한층 커진다. 매달 찾아오던 걱정도 사라지며, 스포츠카를 진정으로 즐길 수 있게 된다. 심지어 운전을 하지 않을 때조차 그렇다.

어떤 것을 소비하는 동안에 대금을 지불하면 지불의 고통이 보다 예리하게 느껴질 뿐만 아니라 소비의 즐거움도 줄어든다. 어떤 식당 주인이 손님들이 한 끼 식사에 평균적으로 음식을 25회 베어 물고 25달러를 지불한다는 사실을 확인했다고 치자. 말하자면 한 번 베어 무는 데 1달러꼴이다. 어느 날 이 주인은 음식 값을 50퍼센트 할인해서 한 번씩 베어 무는 데 50센트를 부과하기로 결정했다. 그러고 한 발 더 나아가 이런 말까지 한다.

"저희는 고객 여러분이 음식을 베어 무는 횟수에 따라 요금을 매기겠습니다. 베어 물지 않으면 어떻게 되느냐고요? 베어 물지 않은 것에는 돈을 받지 않습니다."

음식이 나오면 직원이 옆에 서서 손님이 음식을 한 번씩 베어 물 때마다 체크를 하고, 나중에 손님이 베어 문 횟수에 따라서 1회에 50센트씩 계산해서 음식 값을 매긴다. 경제적인 식사를 위해서는 확실히 좋은 방법이다. 그러나 이렇게 할 때 식사는 얼마나 즐거울까? 정말 재미없는 식사가 되지 않을까? 댄이 한번은 피자를 강의실로 주문해서 학생들에게 한 번 베어 무는 데 25센트씩 내게 했다. 어떻게 됐을까? 학생들은 한 입에 최대한 많이 먹으려고 했다. 지불의 고통을 피하려면 입을 최대한 크게 벌려서 피자를 많이 베어 물어야 했기 때문이다. 그러다 보니 학생들은 피자를 먹으면서 즐거움이 아니라 고통을 느꼈다. 목구멍이 막히고 얼굴이 일그러졌다. 일반적으로 말하면, 한 번 베어 물 때마다 요금을 지불하는 방식은 좋은 지불 방식이 아니다. 음식을 먹는 행위를 믿을 수 없을 정도로 불쾌한 경험으로 만들어버리기 때문이다. 아마 다이어트에는 이상적인 방법이 될 수 있을 것이다. 식사의 불쾌함이 식사의 즐거움을 압도하기 때문이다. 베어 무는 횟수 세기가 칼로리 계산하기보다 쉽기도 하겠고.

소비와 지불이 같은 시간에 이뤄지면 이것이 얼마나 고통스러울 수 있는지를 잘 보여주는 업계의 사례가 있다. AOL이라는 작은 회사가 지불과 소비를 분리했는데, 이때 어떤 일이 일어났는지 살펴보자. 밀레니얼 세대(1980년대에서 2000년대 사이에 태어난 세대 – 옮긴이)라서 AOL이 어떤 회사인지 잘 모르겠다면 검색해보기 바란다(AOL은 세계 최대의 미국 통신업체이다 – 옮긴이).

1996년에 AOL의 사장 밥 피트먼Bob Pittman은 기존의 두 가지 요금체계(즉, 20시간 사용에 19.95달러고 그다음부터는 1시간당 2.95달러씩 추가하는 방식과 10시간 사용에 9.95달러고 그다음부터는 1시간당 2.95달러씩 추가하는 방식)를 19.95달러만 내면 무제한 접속을 허용하는 정액제의 단일 체계로 바꾸겠다고 발표했다. AOL의 직원들은 요금체계의 변동으로 사용자들이 회사 서버에 연결하는 총시간이 늘어날 것에 대비했다. 그들은 고객들이 10시간 및 20시간이라는 제한시간에 가깝게 인터넷 접속을 사용하는 양상을 포함해서 고객들의 인터넷 접속 시간량의 분포를 살펴본 뒤에, 새로운 요금체계 도입으로 전체 고객 중 아주 일부만이 인터넷을 예전보다 더 많이 사용하고 대부분은 기존에 사용하던 시간만큼만 인터넷 서비스를 사용하리라고 추정했다. 만일 어떤 고객이 기존의 요금체계에서 7시간만 인터넷에 접속했다면 그가 새로운 요금체계 안에서 그보다 훨씬 더 많은 시간 동안 인터넷에 접속할 수는 없으리라고 믿었던 것이다. 그리고 이런 추정 사항을 고려해서 그들은 서버 용량을 아주 조금밖에 늘리지 않았다. 과연 이들은 정액제 무제한 접속이라는 요금체계로의 개편에 완벽하게 준비했다고 말할 수 있을까?

그렇지 않았다. 이용 총시간은 하룻밤 사이에 두 배로 늘어났다. 물론 AOL은 이런 사태에 전혀 준비돼 있지 않았다. 그래서 다른 온라인 서비스 업체들의 서버를 빌려야 했는데, 이 업체들로서는 약점이 잡힌 AOL을 상대로 마음껏 비싼 임대료를 물릴 수 있었으니 횡재를 한 셈이었다. 피트먼은 자신의 실수를 변명하면서 이렇게 말했다.

"우리는 세계 최대의 통신업체입니다. 그렇기 때문에 우리가 참고할 수 있는 역사적 전례가 없었습니다. 통신량이 두 배로 늘어날 줄 어떻게 알 수 있었겠습니까? 텔레비전 시청률이 하룻밤 사이에 두 배로 늘어나는 것이나 마찬가지인데……."

그런데 어째서 AOL에 있던 데이터 관련 도사들이 이런 상황을 예측하지 못했을까? 만일 AOL의 해당 팀이 지불 및 지불의 고통과 관련된 심리적인 여러 측면을 면밀하게 살펴봤다면, 소비와 지불이 동시에 이뤄지고 또 고객이 자신에게 주어진 시간이 점점 줄어들고 있음을 화면 상단에 놓인 시계로 볼 수 있을 때(AOL의 기존 요금체계가 그랬다) 이 고객은 자기가 사용할 수 있는 시간이 얼마나 남았는지 그리고 그 상한선을 넘어서면 비용이 얼마나 들지 끊임없이 생각할 것임이 너무도 당연하다는 사실을 AOL 팀도 알았을 것이다. 기존 요금체계에서 기본요금 범위 안에서 자기가 쓸 수 있는 시간이 점점 줄어드는 것을 바라보는 동안 AOL 고객들의 즐거움도 줄어들었다. 그런데

10시간이나 20시간이라는 전체 사용시간 중 남은 시간이 얼마인지 일러주는 시계가 사라지는 순간 지불의 고통도 함께 사라졌다. 사람들은 보다 더, 훨씬 더 오랫동안 인터넷 접속의 즐거움을 마음껏 누리고자 했고 그래서 AOL 고객의 전체 사용량이 하룻밤 사이에 두 배로 뛰어올랐던 것이다.

그런데 지속적으로 이어지는 지불의 고통이 반드시 나쁜 것만은 아니다. 이것은 사람들로 하여금 자신의 지출을 더욱 예리하게 의식하게 만들어준다. 이와 관련해서는 자동차 기름이 흥미로운 사례가 될 수 있다. 자동차에 기름을 넣을 때면 주유기에서 기름 값을 나타내는 수치가 빠르게 올라간다. 우리는 그걸 바라보며 지출을 의식하면서 지불의 고통을 느끼고 '연비 좋은 자동차를 사야 하나' 하는 생각이나 '카풀 모임에 회원으로 가입해야 하나' 하는 생각을 하게 된다. 그러나 집에서는 에너지 사용량을 보여주는 미터기가 대개는 바깥에 있거나 보이지 않도록 숨겨져 있다. 그래서 이 미터기를 볼 일이 거의 없다. 또한 전기나 가스 혹은 기름 청구서에는 사용량이 하루 단위나 일주일 단위가 아니라 그저 월 단위 사용량으로만 표시된다. 게다가 이 에너지 사용료는 대개 우리가 직접 지불하지 않고 자동이체로 통장에서 곧장 빠져나간다. 어떤 특정 시점에 우리가 에너지를 얼마나 많이 사용했는지 알 길이 없다. 그래서 우리는 이 부문의 지출에 대해서는 의식하지 않고 그와 관련된 고통을 느끼지도 않는다. 그렇다면 가정에서의 과도한 에너지 사용을 줄일 수 있는 해법은 없을까? (스포일러 조심: 3부에서 이 문제를 보다 자세하게 다룰 것이다.)

후불

─────

아, 미래라……. 미래에 이뤄지는 지불, 즉 어떤 것을 구매하고 난 이후에 대금을 지불하는 방식이 지불의 고통에 영향을 미치는 방식을 이해하려면, 사람들이 미래의 돈을 현재의 돈보다 낮은 가치로 평가한다는 사실부터 이해할 필요가 있다. 만일 지금 당장 100달러를 갖는 것과 하루 뒤나 한 달이나 1년 뒤에 100달러를 갖는 것 중 무엇을 선택하겠느냐고 물으면 사람들은 대부분 지금 당장 갖는 쪽을 선택한다. 미래의 돈은 할인된 가치를 지닌다(미래소득의 가치를 낮게 평가하는 비이성적인 온갖 태도와 방식에 대해서는 수도 없이 많은 연구저작물이 나와 있다).[6] 어떤 금액을 미래에 지불하겠다는 계획을 갖고 있을 때는 지금 당장 같은 금액을 지불할 때보다 고통이 덜하다. 그리고 미래의 시점이 지금으로부터 멀면 멀수록 고통도 그만큼 줄어든다. 몇몇 경우에는 아예 공짜로 느껴지기까지 한다.('외상이라면 소도 잡아먹는다'-옮긴이) 복권에 당첨돼 있을 수도 있고 슈퍼스타가 돼 있을 수도 있으며, 혹은 태양열 제트팩(우주 유영 등에 사용되는 등에 메는 개인용 분사 추진기-옮긴이) 발명자가 돼 있을 수도 있는 알 수 없는 먼 미래, 위대하고도 낙관적인 먼 미래까지 우리는 지불을 유예한다.

"신용이 있는 사람에게 신용을"

———

이는 신용카드 업계에서 만들어낸 천재적으로 사악한 꼬드김이다. 신용카드는 소비하는 시간과 그것의 대금을 지불하는 시간을 분리하는 심리적 힘을 주되게 사용한다. 신용카드는 미리 소비하고 지불은 나중에 할 수 있게 해주기 때문에 (신용카드 대금일자가 정확히 언제더라?) 돈 문제와 관련해서 시야를 흐리게 만들며 기회비용을 불투명하게 만들고 지불의 고통도 줄여준다.

이런 생각을 한번 해보자. 어떤 사람이 식당에서 음식을 먹고 신용카드로 결제할 때 그는 현불 결제를 한다는 기분이 들까? 전혀 그렇지 않다. 그저 서명을 할 뿐이다. 지불은 그로부터 시간적으로 동떨어진 미래의 어느 시점에 이뤄진다. 비슷하게, 나중에 청구서가 날아왔을 때 우리는 자신이 소비한 것에 대한 대가를 지불한다는 느낌을 정말로 갖는가? 사실은 그렇지 않다. 정작 그때 가서는 자기가 이미 당시 식당에서 지불했다고 느낀다. 신용카드 회사들은 지불의 고통을 누그러뜨리기 위해서 시간 변동의 착각이라는 도구를 채용할 뿐만 아니라 사람들이 이 착각을 두 번씩이나 하게 한다(한 번은 나중에 지불할 것이라는 느낌이 들게 만들고, 또 한 번은 이미 지불했다는 느낌이 들게 만든다). 이런 식으로 신용카드 회사들은 사람들로 하여금 소비를 즐기도록, 그래서 돈을 거리낌 없이 쓰도록 만든다.

신용카드는 지불의 고통을 피하는 우리의 욕망을 이용한다. 그리고 우리의 욕망은 가치 인식 방식을 바꾸는 힘을 신용카드에 부여했다. 신용카드는 지출이 보다 덜 두드러지게 하고 지불과 소비 사이의 시간을 벌려서, 어떤 것을 사고 돈을 지불할 때 느끼는 고통을 최소화한다. 신용카드는 더 많이 지출하게 하는 무심함detachment을 만들어낸다. 엘리자베스 던Elizabeth Dunn과 마이클 노튼Michael Norton은《당신이 지갑을 열기 전에 알아야 할 것들》에서 이런 무심함은 구매 시점의 감정만이 아니라, '얼마나 많은 지출을 했는지 기억하기 어렵게 만드는' 쪽으로 구매 경험 자체를 바꿔버리기도 한다고 지적했다.[7]$ 예를 들어 우리가 가게에 가서 양말과 잠옷과 하자품 스웨터를 산다고 치자. 그런데 이때 현금이 아니라 신용카드로 결제했다면, 집에 돌아왔을 때 조금 전 가게에서 지불한 돈이 얼마나 되는지 기억하고 있을 확률은 상대적으로 더 낮다. 신용카드는 공상과학에나 등장하는 기억 지우개와 같다. 그러나 이런 신용카드는 우리 지갑 속에 엄연히 살아 있다.

많은 연구저작이 사람들이 신용카드를 사용할 때 보다 기꺼이 지출하고자 한다는 사실뿐만 아니라 더 많은 금액의 구매를 하게 되고 더 많은 팁을 주며 또 지출에 관한 의사결정을 더욱 빨리 내린다는 사실도 확인했다.[8] 나아가 신용카드 결제가 가능하다는 스티커나 신용카드 결제기 같은 관련 장치가 고객의 눈에 잘 띄게 하는 것만으로도(즉 신용카드 및 이것의 '편리함'을 사람들의 의식 속으로 밀어 넣는 것만으로도)

$ 저자들은 또한 피실험자인 학생들이 자기가 쓴 신용카드 청구서의 합산 금액을 30퍼센트나 낮게 추정하며 또 MBA 과정 학생들이 값을 부를 때 신용카드를 사용하면 두 배나 높은 가격을 제안한다는 사실도 확인했다.

신용카드의 영향을 받는 행동이 촉발된다. 분명히 말하지만 이는 과장이 아니다. 1986년에 있었던 한 연구는 신용카드 홍보용 사은품을 어떤 사람의 책상 위에 올려놓기만 해도 그 사람이 보다 많은 지출을 하도록 유도할 수 있다는 사실을 확인했다.[9]

다른 말로 하면 신용카드는(심지어 신용카드를 암시하는 것만으로도) 사람들이 더 많이, 더 빠르게 그리고 더욱 부주의하게 지출하게 만들며 또한 자기가 한 지출을 매우 쉽게 잊어버리게 만든다. 정보를 처리하고 이성적으로 행동하는 능력을 헝클어뜨린다는 점에서 보자면 신용카드는 마약과도 같다. 비록 우리가 신용카드를 마시거나 흡입하거나 피우지는 않지만(적어도 지금까지는 그렇다) 신용카드의 효과는 깊고도 무섭다.

신용카드는 자신이 구매한 것에 대한 평가를 다르게 만든다. 즉 현금 지불은 구매의 부정적인 측면과 돈이 자기 수중에서 떠나갈 때의 부정적인 측면을 생각하도록 유도하는 데 비해서, 신용카드는 구매하는 제품이나 서비스를 긍정적으로 생각하게 유도한다. 신용카드를 가지고 있을 때 사람들은 어떤 디저트가 얼마나 맛있을까 혹은 어떤 것을 벽난로 위에 놓아두면 멋질까를 생각하지만, 현금 지출을 할 때는 똑같은 것이라도 그걸 먹으면 얼마나 살이 찔까 혹은 어떻게 하면 벽난로를 없애버릴까 하고 생각한다.[10]

동일한 가격의 동일한 제품임에도 지불 방식에 따라서, 얼마나 쉽게 지불하느냐에 따라서 그리고 그것이 얼마나 많은 고통을 유발하느냐에 따라서 전혀 다르게 평가된다는 말이다.

그녀는 돈을 쓰기 위해서 열심히 일한다

신용카드는 시간상의 변환(즐거움과 지불 사이의 시간을 바꾸는 것)에만 힘을 발휘하는 게 아니라 지불에 들어가는 주의력을 감소시키는 측면에서도 힘을 발휘한다. 보다 적은 주의력을 기울이고 보다 적은 고통을 느낄수록 우리는 어떤 것을 근거도 없이 평가한다.

카드를 그저 한번 긁는 행위는 주머니에 있는 지갑을 꺼내서 돈이 얼마나 들어 있는지 확인하고 그 가운데 지폐 몇 장을 집어서 세어본 다음에 점원에게 건네주고 다시 거스름돈을 받으려고 기다리는 것보다 훨씬 쉽다. 현금 지불을 할 때는 지출하는 돈에 대해 생각하고 또 그 돈을 만지고 느끼고 분류하고 꺼내고 세는 동작을 한다. 그리고 이 과정에서 상실감을 느낀다. 그러나 신용카드를 쓰면 이 상실감이 현금으로 지불할 때만큼 생생하거나 통렬하지 않다.

또한 신용카드는 한 달 동안의 총 구매 내역을 개별 청구서가 아니라 한 장으로 한꺼번에 정리해 보여줌으로써 지불을 더 쉽게 만들고 고통은 덜 느끼게 만든다. 신용카드 회사들은 사람들이 구매한 모든 물품과 서비스(음식, 옷, 오락 등)에 대한 지불을 단 한 장의 청구서로 요청한다. 사람들은 자기가 사용한 총금액을 받아들이는데, 그 결과 다른 것을 구매하느라 약간의 돈을 더 쓴다 해도 지불의 고통이 그다지 크게 느껴지지 않는다. 그래 봐야 신용카드 회사에 내야 하는 전체 금액이 그다지 많이 바뀌지 않기 때문이다.

앞서 상대성을 살펴보는 장에서 봤듯이 어떤 금액(예로 저녁식사비

200달러)이 그보다 훨씬 큰 금액(예로 5,000달러라는 한 달 총 신용카드 청구액)에 합쳐질 때, 200달러라는 돈은 그것만 따로 현금으로 계산할 때보다 규모가 작고 덜 중요하며 덜 고통스럽게 느껴진다. 그러므로 신용카드로 결제할 때는 추가되는 200달러를 실제보다 낮게 평가하기가 한결 쉬워진다. 이런 경향은 신용카드를 사용할 때 두드러지게 나타나는 공통된 편향이다. 40만 달러를 대출받아서 집을 장만할 때 수천 달러를 더 들여서 바닥을 새로 까는 것이나, 2만 5,000달러를 들여서 신차를 구매할 때 깊이 생각하지도 않고 200달러를 더 들여 CD 체인저를 옵션으로 선택하는 것도 동일한 맥락이다.

지출 금액을 하나로 합칠 때 나타나는 효과, 즉 고통을 줄이고 가치 평가를 혼란스럽게 만드는 효과를 유발하는 금융 도구는 신용카드만이 아니다. 금융계에서 이런저런 자문을 하는 사람들은 투자자들에게 다양한 명목의 수수료를 받아서 돈벌이를 한다. 이를테면 그들은 투자자들의 포트폴리오(그들은 이것을 '관리대상 자산'이라고 표현한다)에 1퍼센트의 수수료를 부과한다. 투자자가 돈을 벌 때(혹은, 계약에 따라 다르겠지만 돈을 잃을 때도) 이 투자자의 전체 자산 가운데서 1퍼센트를 떼어 간다는 말이다. 그런데 투자자는 그 1퍼센트를 구경조차 하지 못한다. 투자자는 그 1퍼센트가 자기 계정에서 나가는 것을 느끼지 못한다. 그것이 투자자의 의식 안으로 들어오지 않기 때문이다. 그러므로 투자자는 그 1퍼센트 지출에 대해 지불의 고통을 전혀 느끼지 않는다. 그렇지만 투자자가 대가를 지불하는 방식을 바꾸면 어떻게 될까? 이 투자자가 100만 달러를 투자했고 다달이 800달러씩 혹은 연말에 1만 달러를 수수료로 지불한다면 어떻게 될까? 이러면 그들의 서비스에 대한 투자자의 접근법이 달라지지 않을까? 투자자는 그들에게 더 많은 도움을, 조언을, 시간을 요구하지 않을까? 자기 자산을 관리하는 데 들어가는 비용을 인식한다면 자신에게 유리한 다른 선택권에는 어떤 것이 있는지 찾아보지 않을까?

100만 달러씩이나 되는 투자 포트폴리오를 가진 사람이 아니라 해도 지출 금액이 하나로 합쳐져서 부과되는 예는 얼마든지 들 수 있다. 앤티가섬의 리조트에서 스미스 씨 부부가 받아든 장장 열아홉 쪽이나 되는 구매 물품 내역서도 그렇고, 온갖 부가서비스 사용료와 앱 구매 요금이 통신비에 합산돼 부과되는 스마트폰 사용료 청구서도 그렇다. 또한 전화 사용료와 인터넷 사용료 그리고 〈뚝딱뚝딱 밥아저씨Bob the Builder〉(영국BBC가 제작한 251부작의 애니메이션 시리즈 – 옮긴이) 월간 구독료가 하나로 합산돼 부과되는 청구서도 그렇다.

제한된 사용처가 있다면?

기프트카드에 대해서 다시 더 얘기해보자. 기프트카드는 '사용처가 제한된 지불수단'이라고 일컬어지는 지불도구의 일종인데, 이것으로는 특정한 제품이나 서비스만 이용할 수 있다. 이와 같은 맥락의 지불수단으로는 카지노 칩과 항공 마일리지가 있다. 이런 것들을 사용하면 고통이 놀라울 정도로 줄어든다. 이런 것들은 심리적 회계에 의해 이미 우리의 통상적인 가치단서와 분리돼 있다. 제한된 지불수단은 의사결정이라는 고통스러운 짐의 많은 부분을 제거해줌으로써 지불이 한결 쉽게 이뤄지게 한다. 만일 당신이 갖고 있는 기프트카드를 베스트바이Best Buy(전자제품 및 컴퓨터 관련 제품을 종합적으로 판매하는 미국의 대형 유통업체 – 옮긴이)에서만 쓸 수 있거나 당신이 갖고 있는 칩을 라스베이거스에 있는 하라스Harrah's호텔에서만 쓸 수 있거나 혹은 당신이 쌓은 마일리지를 유나이티드United항공사에서만 쓸 수 있다면, 당신은 베스트바이가, 하라스호텔이 그리고 유나이티드가 최고의 가치를 제공해줄지 어떨지 고민할 필요가 없다. 그래서 그냥 그 돈을 거기에서 아무 생각 없이 쓴다. 그 기프트카드나 칩이나 마일리지가 속한 범주가 바로 거기이기 때문에 지출과 관련된 스스로의 의사결정을 냉정하게 따질 가능성도 그만큼 줄어든다.

카지노 얘기를 할 때는 이 업체들이야말로 사람들에게서 돈을 우려내는 데 전문가임을 지적할 수밖에 없다(금융계조차도 카지노업을 형님이라고 불러야 할 정도다). 칩에서부터 공짜 술 그리고 시계를 눈에 보이지 않는 곳에 두는 세심한 조치까지, 게다가 음식과 여흥을 24시간 무료로 제공한다는 점에서 카지노업체들은 객장을 찾는 모든 방문객에게서 돈을 최대한 우려내는 방법을 잘 알고 있다. 앞에서 소개했던 조지 존스를 기억하는가? 그가 블랙잭 테이블에서 돈 문제와 관련된 근심 걱정을 어떻게 깡그리 잊어버릴 수 있었는지 상기하기 바란다.

현실에는 지불에 드는 노력이 소비에 대한 평가에 영향을 미치는 방식이 수도 없이 많다. 지불의 어려움이 가치를 평가하는 우리의 감각을 바꿔서는 안 되겠지만, 실제 현실에서는 이런 일이 엄연히 일어난다.

지불을 의식할 수 있는가?

───

아마존닷컴이 방어하고 나선 첫 번째 특허가 '원클릭one-click' 기술이라는 걸 알고 있는가?(이 기술의 특허는 등록된 지 18년 만인 2017년 9월 12일에 만료됐다 – 옮긴이) 단 한 번의 마우스 클릭으로 뭔가를(그것이 얼마나 비싸든 혹은 불필요하든 간에) 살 수 있게 하는 것은 지출을 너무도 쉽게 만들어준다. 또한 이 과정에는 고통도 발생하지 않는다. 그러므로 이것이야말로 아마존닷컴의 성공에 필수적인 요소였다. 앞서 살펴봤듯 온라인 결제는 믿을 수 없을 정도로 간편하다. SNS에서 아주 잠깐 시간을 보내는 동안에, 끝! 신상 소파도 어느 순간엔가 구매가 완료된다. 심지어 사람들은 자기 계정에서 돈이 지출되는지 거의 의식도 하지 못한다.

지출을 의식하지 못하는 바로 이런 상태야말로 기업들이 사람들로 하여금 지불의 고통을 쉽게 회피하도록 유도하는 온갖 정교한 방법에 녹아든 가장 무서운 특징이 아닐까 싶다. 최근에 이뤄진 많은 기술적 발전이 지불 과정을 얼마나 간편하게 만들었는지, 사람들은 자기가 돈을 쓰고 있는지조차 의식하지 못할 정도이다. 이지패스EZ-Pass 기술은 통행료를 자동적으로 부과하는데, 이때 부과된 통행료가 얼마인지 사람들은 월말에 고지서를 받아보고서야 안다. 그것도 굳이 확인하려고 따로 노력을 기울여야만 알 수 있다. 자동차 할부금이나 주택담보대출 원리금 상환이나 그 밖의 대출금 상환은 자동이체를 통해서 심지어 원클릭 과정도 없이 진행된다. 뿐만이 아니다. 스마트카드, 스마트폰 결제, 전자지갑, 페이팔PayPal, 애플페이Apple Pay, 벤모Venmo도 있다. 머지않아서 홍채 스캔으로도 지불이 가능해질 것이다. 이런 '발전'이 지불을 한결 더 간편하게 만들어준다는 건 분명하다. 이 과정에서는 어떤 저항이나 마찰도 일어나지 않는다. 고통도 없다. 생각도 없다. 어떤 일이 일어나는지조차 알지 못하는데 어떻게 그것을 느낄 수 있겠는가? 아울러 그에 따른 결과를 이해할 수 없음은 두말할 것도 없다. 어떤 악당이 나를 납치해서 신장을 빼내고 얼음물이 채워진 욕조에다 두고 달아났을 때 마취에서 깨어나면 아주 고약한 일이 내게 일어났음을 알아차리겠지만 자동갱신결제는 그렇지 않다.

두드러짐salience은 어떤 것이 부각되어 보다 쉽게 인식됨을 가리키는 단어다. 우리가 다루는 주제에서 이 '어떤 것'은 지출(지불)이다. 그리고 인식은 우리가 고통을 느낄 수 있는 (따라서 반응하고 판단하며 더나아가 자기가 하는 선택의 잠재적인 비용－편익을 평가하는) 유일한 경로다. 고통을 느껴야만 뜨거운 난로에 무심코 갖다 댄 손을 얼른 뗄 수 있다. 고통이야말로 이런 학습을 할 수 있는 유일한 경로다.

현금 지불은 그 자체에 두드러짐이 내장돼 있다. 돈을 보고 느끼며 세어서 넘겨주고 또 거스름돈을 받아야 하기 때문이다. 당좌수표는 현금보다는 덜 두드러지긴 하지만 본인이 직접 금액을 적고 나서 상대방에게 건네야 하므로 두드러짐 수준이 상당히 높다. 앞서 살펴봤듯 신용카드는 두드러짐이 훨씬 덜하다. 물리적으로도 그렇고(쓰윽 긁은 다음에 버튼을 한두 번만 누르면 되니까) 지출되는 돈의 양에서도 그렇다. 사람들은 흔히 얼마나 되는 돈이 지출되는지 거의 알아차리지 못한다, 팁을 계산할 때만 빼고. 모든 종류의 디지털 결제에서 두드러짐 수준은 이보다 훨씬 낮다.

어떤 것을 느끼지 못한다면 그것은 우리를 아프게 하지 못한다. 사람들은 손쉽고 고통 없는 것을 좋아한다는 사실을 기억하라. 현명하고 사려 깊은 것보다는 손쉽고 고통 없는 것을 선택하려 한다. 언제나 그렇다.

값비싼 저녁식사를 한 뒤에 사람들은 지불의 고통 때문에 죄의식을 느낀다. 또한 지불의 고통은 충동구매를 하지 못하도록 (어느 정도까지는) 막아주기도 한다. 디지털 지갑이 주된 지불수단으로 사용될 미래에는 지불 과정에서 거의 모든 마찰(저항)이 제거될 위험이 존재한다. 그러면 유혹에 넘어갈 가능성이 훨씬 높아질 것이다. 사람들은 공짜 음료수와 과자와 디저트가 손만 뻗으면 잡을 수 있는 거리에 널려 있는 해변에 누워서 하루 종일 돈을 쓸 것이다. 그러면 그 결과는 어떨까? 장기적인 차원의 건강이나 저축률에는 당연히 해로울 것이다.

우리 저자들은 단지 지불의 고통을 줄일 뿐만 아니라 더 사려 깊으며 또한 고통을 동반한 지불수단을 선택할 수 있는 기회를 제공하는 돈의 미래를 기대한다. 지폐나 동전처럼 물리적으로 존재하는 돈을 쓸 때 사람들에게는 선택의 여지가 별로 없다. 시간을 들여서 지갑을 꺼내고 그 지갑에서 돈을 꺼내서 상대방에게 건네준 다음에 거스름돈을 받아야 한다. 그러나 전자화폐는 지불의 고통을 숨기는 지불수단을 선택하도록 우리를 유혹한다. 그런데 만일 보다 고통스러우며 보다 의도적인 지불이 이뤄지도록 하는 결제수단을 은행이 만들어낸다면 과연 사람들은 어떤 식으로든 또 어느 정도까지는 지불의 고통을 느낄 수밖에 없는 그 방식을 선택할까? 지금은 고통스럽지만 나중에는 이득을 안겨줄 그 선택을 과연 할까? 우리는 돈이 하늘에서 저절로 떨어지지 않음을 상기하기 위해 지금 적정량의 고통을 선택해야 한다. 그런데 문제는 그렇게 하는 게 당연히 맞긴 하지만 과연 우리가 그렇게까지 할 것인가 하는 점이다.

공짜라면 무조건 좋아하는 바보들

인생이 늘 제프의 신혼여행 같다면 어떻게 될까? 언제나 모든 게 공짜로 느껴진다면 어떻게 될까? 더 많은 것을 먹게 될까? 순간순간의 삶을 보다 더 즐기게 될까? 어떤 것이 공짜로 느껴진다면 지불의 고통은 존재하지 않는다. 그리고 이때의 기분은 멋지다. 그러나 장기적으로 과연 이것이 실제로 우리에게 유익할까?

공짜는 이상한 가격이다. 그렇다. 공짜도 가격은 가격이다. 어떤 것이 공짜일 때 사람들은 그에 대해서는 비용-편익 분석을 하지 않는 경향이 있다. 즉, 공짜가 아닌 것은 물리치고 공짜를 선택하는데 실제로는 공짜가 언제나 최고의 선택은 아닐 수도 있다.

예를 하나 들어보자. 점심을 먹으러 밖으로 나갔는데 푸드트럭 여러 대를 봤다고 치자. 푸드트럭은 제각기 다른 메뉴로 손님을 맞이하고 있는데, 당신은 편안한 작은 식당 분위기의 푸드트럭에 이끌린다. 이 트럭은 건강에 좋은 통밀 빵에 신선한 채소와 저지방 토핑을 수북하게 올린 샌드위치를 팔고 있기 때문이다. 이보다 더 좋을 수는 없다! 그런데 그 순간 다른 트럭이 눈에 들어온다. 이 트럭은 기름에 튀긴 치즈샌드위치를 공짜로 제공하는 고객 사은행사를 벌이고 있다. 사실 당신은 그런 음식에는 조금도 관심을 가진 적이 없었고 미국식 샌드위치를 특별히 좋아하지도 않는다. 그러나 당신은 '고객 사은'을 받고 싶다. 그렇다면 이 상황에서 당신은 (혹은 우리는) 건강에 좋은 메뉴를 선택하겠는가, 아니면 건강에 그다지 좋지 않은 공짜 메뉴를 선택하겠는가? 아마도 대부분은 공짜를 선택할 것이다.

이와 똑같은 유형의 유혹은 음식에서부터 금융상품에 이르기까지 생활 도처에 존재한다. 신용카드 두 개 중 하나를 선택해야 한다고 가정해보자. 하나는 12퍼센트의 연이율이 적용되지만 연회비가 없고, 다른 하나는 연이율이 8퍼센트밖에 되지 않지만 연회비가 100달러이다. 대부분의 사람은 연회비를 지나치게 크게 평가하기 때문에 연회비를 받지 않는 연이율 12퍼센트짜리 신용카드를 선택한다. 그러나 장기적으로 보면, 연체를 하거나 잔고 부족이 이어질 때가 있기 때문에 이 카드가 더 비싸게 먹힌다.

이런 가정도 한번 해보자. 온라인 신문 두 개를 놓고 어느 것을 구독할지 결정해야 한다. 월 구독료가 하나는 2달러이고 다른 하나는 1.5달러이다. 이때 우리는 둘 가운데 하나는 국제 분야 기사가 충실하고 다른 하나는 국내 정치 분야 기사가 충실하다는 사실을 확인한 다음, 자신의 관심을 더 많이 담아내는 신문이 어느 쪽인지 판단한다. 어쨌거나 50센트라는 금액 차이는 신문을 읽는 데 들이는 시간에 비하면 큰돈이 아니기 때문이다. 그래서 우리는 각 신문이 담고 있는 정보의 가치를 비교하게 된다. 그러나 이 두 신문의 가격, 즉 구독료를 다르게 설정해보자. 즉, 하나는 50센트고 다른 하나는 공짜라면 어떨까? 이 경우에도 신문을 읽는 데 들이는 시간과 각각의 신문이 담고 있는 정보의 가치를 따져서 신중하게 선택할까? 그렇지 않다면 고통 없는 쪽, 즉 공짜를 선택할까? 가격 차이가 50센트밖에 되지 않고 신문 읽기가 여전히 중요한 소일거리임에도, 공짜라는 가격이 하나의 선택지로 주어질 때 사람들은 대부분 깊이 생각하지 않고 무조건 공짜를 선택한다. 사람은 기본적으로 지불의 고통을 피하고 싶어 하기 때문이다.

공짜의 또 다른 효과는, 처음에 공짜로 제공되던 것을 나중에 비용을 지불하고 구입하기는 매우 어렵다는 점이다. 이 현상을 자세히 살펴보자. 지불의 고통이 0일 때 흔히 사람들은 지나치게 흥분한다. 그러고는 공짜라는 그 가격에 익숙해진다. 스마트폰에 노래 제목을 가르쳐주는 앱이 깔려 있다고 치자. 사람들은 새로운 노래를 찾는 걸 무척 좋아한다. 그래서 대학교 라디오방송국 프로그램에 귀를 기울이기도 하고 영화음악 목록을 뒤지기도 한다. 어떤 가게에 머물 때나 자동차를 타고 있을 때 마음에 들긴 한데 제목이나 그 밖의 여러 정보를 알 수 없는 노래가 들린다면 이 앱을 켜서 그런 정보를 확인할 수 있다. 그런데 이렇게 무료로 사용하던 멋진 앱이 어느 날부터인가 사용하려 할 때마다 팝업창을 띄우고는 이 앱을 앞으로도 계속 사용하려면 딱 한 번 99센트를 내야 한다고 말한다. 이때 우리는 어떻게 할까? 사랑하는 그 앱을 계속 사용하기 위해 1달러에 가까운 돈을 지불할까? 그 앱만큼 정확하진 않지만 비슷한 기능을 하는 다른 무료 앱이 있는지 찾아볼까? 사실 1달러는 큰돈이 아니다. 일상을 풍성하게 만들어준다는 점에서 보자면 특히 더 그렇다. 커피나 교통이나 몸단장에 날마다 지출하는 금액에 비하면 전혀 큰돈이 아니다. 그러나 공짜에서 1달러로의 가격변화는 사람들의 태도를 엄청나게 바꿔놓는다. 여태까지 공짜로 사용해온 것에 1달러를 대가로 지불하기를 사람들은 망설인다. 라테 한 잔을 마시는 데 하루에 4달러씩 쓰는 건 전혀 망설이지 않으면서도 지금까지 공짜로 쓰던 앱에 1달러를 쓰는 것은 망설인다고? 정말 말이 안 되는 심리다.

실험 하나를 해보자. 누구나 해볼 수 있는 실험이다. 사람이 많이 오가는 거리에서 '공짜 샘플'이라고 쓴 피켓을 세워두고 물이 든 컵이 여러 개 놓인 쟁반을 들고 서 있어보라. 그리고 얼마나 많은 사람이 그 컵의 물을 마시는지 확인해보라. 그들은 심지어 컵 안에 든 내용물이 뭔지, 당신이 누구인지, 혹은 당신의 목적이 뭔지 묻지도 않을 것이다. 조금 비윤리적일 수는 있지만 매우 흥미로운 실험이 될 것이다.

지불의 고통을 쪼개는 방법

제프와 그의 아내가 신혼여행을 마친 뒤에 친구들을 불러서 마련한 저녁식사 자리로 돌아가보자. 여러 사람이 함께 어떤 음식을 소비하는 자리에서 그 비용을 똑같이 나눠서 내게 될 것임을 모두 알고 있을 때는 그렇지 않을 때보다 씀씀이가 커지는데, 유리 그니지Uri Gneezy, 에르난 하루비Ernan Haruvy, 하다스 야페Hadas Yafe는 이런 사실을 비싼 와인을 동원한 실험을 통해서 입증했다.[11] 비용이 공평하게 나눠질 때 지나치게 많은 음식을 주문하는 경향이 있다는 사실을 바탕으로 하면, 최상의 지불 방법은 모든 사람이 자기가 먹은 건 자기가 계산하게 한다고 처음부터 공표하는 것이다. 그러나 과연 이것이 가장 즐거움을 많이 누릴 수 있는 선택일까? 고통에서 가장 자유로워질 수 있는 선택일까? 전혀 그렇지 않다.

지불의 고통을 고려할 때 계산서 비용을 친구들과 분담하는 방법으로 신용카드 룰렛을 추천할 만하다. 식사가 끝난 뒤에 계산서가 나오면 식사를 했던 사람들이 모두 자기 신용카드를 내놓고, 이렇게 모인 카드 중 하나를 카운터 직원이 임의로 뽑아서 이 카드로 모든 계산을 한꺼번에 하는 방법이다. 이와 비슷하지만 운이 상대적으로 덜 작용하는 방법이 있는데, 친구들이 돌아가면서 비용을 부담하는 것이다. 식사 자리를 여러 번 하다 보면 한 사람씩 돌아가면서 부담을 하게 되고 그러다 보면 모든 사람이 다 공평하게 책임을 지게 된다. 이 방법은 모임의 구성원이 고정돼 있고 정기적으로 식사할 때 가장 좋다. 물론

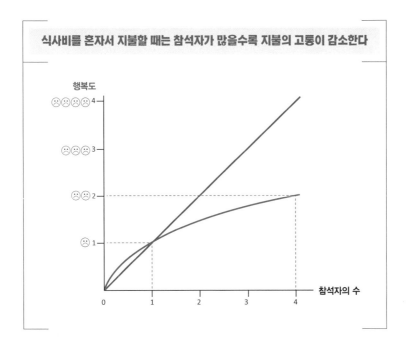

식사비를 혼자서 지불할 때는 참석자가 많을수록 지불의 고통이 감소한다

행복도

참석자의 수

어떤 사람이든 자기가 비용을 부담해야 할 순번에 '우연히' 다른 피치 못할 일을 핑계 삼아 참석하지 않아서 돈을 내지 않는 꼼수를 부릴 수도 있지만. 이런 꼼수를 부리면 돈을 적게 낼 수 있을지는 몰라도 친구도 줄어든다는 사실을 감수해야 한다.

그런데 왜 사람들은 신용카드 룰렛을 그토록 좋아할까? 만일 그 자리에 함께한 사람들의 가치를 고려한다면(그 자리에 함께하는 경험이 그 자리에 있는 모든 이에게 매우 소중하고 또 모든 사람이 그 만남에서 많은 즐거움을 누릴 수 있다면), 그들 중 누구 한 사람이 전체 비용을 지불하는 이유가 무엇인지 쉽게 알 수 있다. 만일 모두가 각자 자기 몫의 비용만 부담한다면 제각각 어느 정도씩 지불의 고통을 경험할 것이다. 그에 비해 한 사람이 전체 비용을 부담하면 그 사람에게는 지불의 고통이 크겠지만, 다른 모든 사람에게 면제된 고통의 합보다는 이 고통이 적다. 실제로 그 고통은 비용을 분담해서 낼 때 받는 고통보다 매우 높은 수준은 아닐 것이다. 지불의 고통의 강도는 지불하는 금액에 비례하지 않는다. 사람들은 자기가 먹은 만큼의 식사비용을 지불할 때 고약한 기분을 느낀다. 그런데 함께 식사를 한 다른 세 사람의 친구 몫까지 자신이 지불한다고 해서 그 고통이 네 배로 늘어나지는 않는다. 실제로는 그보다 훨씬 적은 양의 고통밖에 느끼지 않는다. 그리고 이 신용카드 룰렛의 가장 큰 미덕은 비용을 지불하지 않는 모든 사람이 '고통 없이' 식사할 수 있다는 점이다.

네 사람이 각자 자기가 먹은 식사비를 지불할 때 이 네 사람의 고통 총량은 네 사람의 찡그린 얼굴이다. 그런데 이 가운데 한 사람이 다른 사람의 식사비까지 모두 부담할 때는 한 사람의 매우 찡그린 얼굴과 세 사람의 행복한 얼굴이 네 사람의 고통 총량이 된다.

그런데 여기에서 잊지 말아야 할 사실이 있는데, 전체 식사비 계산을 돌아가면서 한 사람씩 맡아서 할 때 발생하는 행복의 총량도 따져야 한다는 점이다. 왜냐하면 친구들 가운데 한 사람이 나머지 사람을 대신해서 전체 식사비를 지불하면 식사비를 내지 않아도 되는 사람들은 기분이 좋을 것이고, 또한 전체 식사비를 지불한 사람도 뭔가 친구들을 대접했다는 생각에 기분이 좋을 것이기 때문이다.

이것은 '팀을 위해서 희생한다'는 스포츠 정신의 고전적인 사례인데, 여기에서 '팀'은 친구들이고 '희생'은 식사비를 혼자서 계산하는

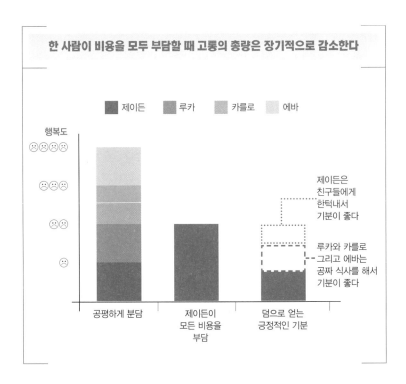

한 사람이 비용을 모두 부담할 때 고통의 총량은 장기적으로 감소한다

■ 제이든　■ 루카　■ 카를로　□ 에바

행복도

공평하게 분담　제이든이 모든 비용을 부담　덤으로 얻는 긍정적인 기분

제이든은 친구들에게 한턱내서 기분이 좋다

루카와 카를로 그리고 에바는 공짜 식사를 해서 기분이 좋다

것이다.

이 제도가 재정적인 차원에서 개인에게 효율적일까? 아마도 그렇지는 않을 것이다. 왜냐하면 식사비는 경우에 따라서 많을 수도 있고 적을 수도 있으며, 또 제각기 다른 사람들이 제각기 다른 식사 자리에 나타날 수 있으며, 전체 식사비를 내는 사람 입장에서는 함께 식사를 한 사람들 각각을 동일한 강도로 좋아하지는 않을 것이기 때문이다. 그러나 이렇게 여러 사람이 정기적으로 함께하는 식사 자리의 비용을 돌아가면서 한 사람이 맡아서 낼 때 누군가는 조금 더 많이 내고 또 누군가는 조금 더 적게 내게 된다고 해도, 장기적으로 보면 그 자리에 참

석하는 사람들은 지불의 고통을 상대적으로 적게 느끼고 상대적으로 많은 행복을 경험하게 된다.

이렇게 돌아가면서 식사비를 부담하는 방식을 사람들이 선호한다는 사실은 지불의 고통이 그 자체로 반드시 나쁘지만은 않음을 보여준다. 좋은 것도 아니고 나쁜 것도 아니다. 지불의 힘을 온전하게 이해한다면 개인의 재정적인 측면과 사회적인 측면 모두에 긍정적인 효과를 줄 수 있다.

사람은 누구나 고통을 안고 살아간다. 그리고 모두가 그 고통을 누그러뜨리는 자기만의 방식을 알고 있으며 그 방식을 구사한다. 어떤 사람들은 술을 마시거나 마약을 한다. 어떤 사람들은 텔레비전의 리얼리티 프로그램을 보고, 또 어떤 사람들은 결혼을 한 뒤 평생 고통을 분담할(혹은 고통의 책임을 물을 대상으로 삼을) 동반자를 얻은 것을 기념하려고 신혼여행을 간다. 자기가 선택한 고통 회피를 인식하기만 한다면, 이 선택을 자기 눈에 보이는 범위 안에 두고 그것이 우리 삶에 미치는 영향을 제한할 수 있다.

07

자신을 믿는 어리석음이 부르는 화

1987년에 애리조나대학교의 교수인 두 연구자 그레고리 노스크래프트Gregory Northcraft와 마거릿 닐Margaret Neale이 재미있는 일을 실행하기로 의기투합했다. 두 사람은 투손에서 가장 존경과 신뢰를 받는 부동산 중개인 몇 명을 한 명씩 따로 어떤 집으로 초대했다. 이들은 다른 누구보다 그 지역의 부동산 시장 및 개별 주택의 가치를 훤히 꿰뚫고 있었다. 노스크래프트와 닐은 그들에게 집을 꼼꼼하게 살펴보라고 한 다음에 몇 가지 엇비슷한 판매 가격과 MLSMultiple Listing Service(미국의 부동산 유통 시스템 - 옮긴이)에서 뽑은 정보 등을 제공했다.

이 부동산 중개인들은 그 집에 대해서 딱 한 가지만 제외하고 동일한 정보를 받았다. 다른 정보란 바로 집주인이 팔겠다는 가격, 즉 호가였다. 어떤 집단에게는 호가가 11만 9,900달러라고 했고, 다른 집단에게는 12만 9,900달러라고 했으며, 세 번째 집단에게는 13만 9,900달러라고 했다. 그리고 마지막 집단에게는 14만 9,900달러라고 했다(만일 독자 가운데 현재 대도시에 주택을 보유하고 있는 사람이 있다 해도 이 수치를 보고 깜짝 놀랄 필요는 없다. 아주 오래전에 형성됐던 가격이니 말이다). 이 호가는 중개인들이 그 집을 살펴볼 때 맨 처음 제공됐다.

그런 뒤 노스크래프트와 닐은 투손 지역의 부동산 전문가인 이들에게 그 집의 합리적인 구매 가격을 얼마로 추정하는지 물었다. 즉, 투손 주택 시장에서 그 집의 판매 가격이 얼마나 되겠느냐고 물었다.

그 집의 호가가 11만 9,900달러라고 들었던 집단의 중개인들은 평균적으로 11만 1,454달러라고 대답했다. 12만 9,900달러라고 들었던 중개인들은 12만 3,209달러라고 대답했으며, 13만 9,900달러라고 들었던 중개인들은 12만 4,653달러라고 대답했다. 마지막으로 14만 9,900달러라고 들었던 중개인들은 12만 7,318달러라고 대답했다.[1]

호가	전문가 추정가격
119,900달러	111,454달러
129,900달러	123,209달러
139,900달러	124,653달러
149,900달러	127,318달러

요컨대 호가, 즉 자신이 맨 처음 접했던 가격이 높을수록 부동산 중개인이 추정한 집값이 높았다. 호가 차이가 3만 달러일 때 추정가

격은 1만 6,000달러 차이가 났다.

부동산 전문가라는 사람들의 능력이 의심스럽게 보일 것이다. 그런데 노스크래프트와 닐은 전문가가 아닌 일반인들을 대상으로도 똑같은 내용의 실험을 했다. 호가는 마찬가지로 추정가격에 영향을 미쳤는데, 이 영향의 폭이 전문가 집단에 비해 훨씬 크게 나타났다. 즉, 호가가 3만 달러 차이 날 때 추정가격은 3만 1,000달러나 차이가 났다. 그러니까 전문가들은 맨 처음 접한 가격에 영향을 받긴 했지만 비전문가들에 비하면 반 정도밖에 영향을 받지 않은 셈이었다.

그러나 어쨌든 누가 추정하든 호가는 당연히 추정가격에 영향을 줘서는 안 된다. 부동산 평가액은 시장의 여러 조건들(최근 주택매매 자료), 주택의 품질(조사 및 MLS 정보), 대지와 건평 그리고 학군 및 주변 지역의 경쟁력에 따라 결정돼야 마땅하다. 다른 누구보다 시장과 주택 가격을 잘 아는 전문가들이 주택 가격을 추정할 때는 특히 더 당연한 얘기다. 그러나 실제로는 그렇지 않았다. 호가가 주택의 실제 가치를 평가하는 데 영향을 미쳤다.

그런데 두 사람이 진행한 실험에서 정말 재미있는 부분은 따로 있다. 실험에 참여한 부동산 중개인 중 81퍼센트나 되는 압도적 다수가 자기는 추정가격을 결정할 때 호가를 전혀 고려하지 않았다고 대답했다는 사실이다. 이에 비해 전문가가 아닌 일반인 집단은 63퍼센트가 추정가격을 결정할 때 호가를 고려하지 않았다고 대답했다. 호가는 전문가와 일반인을 가리지 않고 모두에게 영향을 끼쳤지만 정작 본인들은 그런 일이 자기에게 일어나는 줄 전혀 몰랐다는 뜻이다.

도대체 무슨 일이 일어나고 있는 걸까?

———

　　사람들이 가장 신뢰하는 자문가는 누구일까? 뭔가 불확실하고 의심이 들 때 사람들은 누구에게 찾아가서 조언을 청하는가? 부모? 성직자? 교사? 정치인?

　사람들이 가장 신뢰하는 사람은 자기 자신이다. 이는 이미 밝혀진 사실이다. 어쩌면 그다지 바람직하지 않은 일인지도 모른다. 사람들은 가치판단을 할 때 의식하든 의식하지 않든 자기 자신이 탁월하게 똑똑하다고 생각하면서 스스로에게 의존한다. 심지어 본인이 다른 사람들만큼 경험이 많지도 않고 특별히 똑똑하지도 않을 때조차 그렇고, 또 본인이 자기 생각만큼 경험이 많지도 않고 특별히 똑똑하지 않을 때조차 그렇다. 자기 자신에 대한 지나친 신뢰는 상대방에 대한 첫인상을 결정할 때 가장 두드러지게 나타나며 또 이때가 가장 위험하기도 하다. 첫인상을 결정할 때는 **앵커링 효과**anchoring effect**(닻 내림 효과)** 의 오류에 쉽게 빠지기 때문이다.

　앵커링 효과는 어떤 결정을 내릴 때 그 의사결정과 아무런 상관이 없는 것에 좌우돼서 최종적인 결론을 내리게 되는 현상을 뜻한다. 즉, 타당하지 않은 정보가 의사결정 과정을 오염시키는 것이다. 그런데 최근의 수치가 의사결정을 그다지 자주 오염시키지 않는다고 본인이 생각한다면 앵커링 효과를 크게 염려할 필요가 없어 보일 수도 있다. 그러나 이것이 정말 위험한 이유는 그 잘못된 출발점이 미래 의사결정의 준거가 될 수 있기 때문이다.

투손의 부동산 중개인들에게서 바로 이런 앵커링 효과가 나타났다. 그들은 어떤 숫자를 봤고, 그 숫자를 놓고 생각했으며, 그 숫자에 영향을 받았다. 그런데 그들은 자기 자신을 신뢰했다.

주택 가격이 14만 9,900달러라는 말을 들었을 때 14만 9,900이라는 숫자가 그들의 머릿속에 닻을 내리고 정박했으며, 결국 그 주택의 가격과 연관됐다. 그리고 바로 그 시점부터 그들은 14만 9,900이라는 수치에 영향을 받았으며, 이 숫자는 그들이 신뢰할 만한 개인적인 기준점이 됐다.

'14만 9,900달러'라는 수치를 단지 보거나 듣는 것은 그 집의 가치를 결정하는 것과 당연히 아무런 연관이 없어야 한다. 그것은 단지 숫자일 뿐이니 말이다. 하지만 현실에서는 그렇지 않다! 명백한 증거가 없고 입증할 수 있는 특정 가치가 없다면, 심지어 다른 맥락의 자료가 많음에도 부동산 전문가들은 자신의 추정치를 바꿨다. 왜냐하면 그들은 14만 9,900이라는 숫자를 제시받았고, 바로 그 순간부터 계속해서 그 숫자에 영향을 받았기 때문이다. 그들은 마치 쇳가루가 자석에 빨려들듯이, 혹은 블랙홀에 빨려들듯이 그 숫자에 이끌렸다. 그들은 그 숫자에 닻을 내리고 정박했다.

익숙함에 빠진 닻을 올려라

남의 개를 한 시간 동안 산책시키는 대가로 얼마를 요구해야 할까? 음료수 캔 하나에 얼마를 지불해야 할까? 이런 질문에 딱 부러지는 대답이나 혹은 적어도 어떤 범위를 아우르는 대답을 내는 데는 그다지 많은 시간이 필요하지 않다. 예컨대 음료수 한 캔에 1달러를 기꺼이 지불할 수 있다고 치자. 그것은 우리의 유보가격(소비자가 제품에 지불할 용의가 있는 최대 가격 - 옮긴이)이다. 다른 사람들도 음료수 캔 같은 것에 대해서는 대개 비슷한 유보가격을 설정하고 있다. 그런데 왜? 모두가 음료수를 동일한 수준으로 좋아하기 때문에? 모두가 동일한 수준의 가처분소득을 갖고 있기 때문에? 대체물로 동일한 것을 생각하고 있어서? 어떤 과정 때문에 모두가 음료수 한 캔의 가격을 비슷하게 설정하는 것일까?

수요공급의 법칙에 따르면 유보가격을 설정할 때는 그 물건이 자신에게 얼마나 가치 있는지 그리고 다른 지출 선택지에는 무엇이 있는지, 이 두 가지만 놓고 생각해야 한다. 그러나 실제 현실에서는 그렇지 않다. 우리는 판매가격을 너무도 많이 고려한다. 평범한 식료품점에서는 가격이 얼마일까, 호텔이나 공항에서는 판매될까? 이처럼 판매가격은 수요공급이라는 틀 바깥에 존재하는 고려사항이지만 우리가 기꺼이 지불하고자 하는 가격에 영향을 미친다. 즉, 음료수 한 캔이 통상적으로 1달러쯤에 팔리기 때문에 거기에 기꺼이 1달러를 지불할 마음을 갖게 된다는 말이다. 이것이 앵커링 효과다. 세상이 사람들에게 음료수 한 캔이 약 1달러라고 말하고, 그래서 사람들은 그 가격을 지불한다. 어떤 사람이 음료수 한 캔을 1달러에 샀다고 치자. 그러면 바로 그 순간부터 그 의사결정은 그 사람에게서 떨어지지 않고 남아서 그 뒤로 그가 음료수 가치를 평가하고 결정할 때마다 영향을 준다. 우리는 죽음이 갈라놓을 때까지(혹은 빈 음료수 캔이 찌그러져서 버려질 때까지) 특정한 제품에는 특정한 금액이 뒤따르도록 짝을 지어놓았다.

앵커링 효과를 최초로 입증한 연구자는 아모스 트버스키Amos Tversky 와 대니얼 카너먼인데, 이 두 사람은 1974년에 유엔과 관련된 실험을 통해서 그 개념을 입증했다.[2] 연구자들은 한 집단의 피실험자 대학생들에게 숫자판을 돌리게 했고, 이 숫자판은 (별도의 비밀스러운 조작에 의해) 10이나 65에 멈췄다. 그 후 실험 진행자들은 피실험자들에게 두 가지 질문을 했다.

1. 유엔에서의 아프리카 국가 비율은 10퍼센트보다 높은가, 혹은 낮은 가? / 유엔에서의 아프리카 국가 비율은 65퍼센트보다 높은가, 혹은 낮은가? (숫자판이 멈춘 숫자, 즉 10이나 65에 맞춰서 이 둘 중 하나의 질문을 한다.)
2. 유엔에서 아프리카 국가가 차지하는 비율은 얼마인가?

첫 번째 질문에서 '10퍼센트보다 높은가 혹은 낮은가?'라는 질문을 받은 피실험자들은 두 번째 질문에서 평균적으로 25퍼센트라고 답했다. 이에 비해 첫 번째 질문에서 '65퍼센트보다 높은가 혹은 낮은 가?'라는 질문을 받은 피실험자들이 답한 평균값은 45퍼센트였다. 이 결과는 첫 번째 질문이 이 질문과 전혀 상관없는 두 번째 질문의 대답에 상당한 수준으로 영향을 끼쳤음을 보여준다. 피실험자들은 첫 번째 질문에서 유엔의 아프리카 국가 비율을 고려하면서 10 혹은 65라는 숫자에 대해서 생각해야 했다. 이렇게 피실험자들이 10이나 65라는 숫자에 노출된 뒤에는 이 숫자가, 이 숫자와 아무런 상관없는 두 번째 질문의 대답에 영향을 미쳤다. 이것이 바로 앵커링 효과가 작동하는 방식이다.

참고로 잘 알려져 있지도 않고 잠재적인 쓰임새도 없는 정보에 관심 있는 이들을 위해 밝혀두자면, 1970년대에 유엔에서 아프리카 국가가 차지하는 비율은 23퍼센트였다.

이 실험은 우리가 뭔가의 가치를 알지 못할 때(예컨대 어떤 집의 가치가 얼마일지, 선루프 하나의 가치가 CD 체인저 몇 개와 맞먹을지, 혹은 유엔에 가입한 아프리카 국가가 몇 개국인지 알지 못할 때) 자신에게 제시된 어떤 것(이 '어떤 것'은 임의적인 수치일 수도 있고 의도적인 조작일 수도 있으며 혹은 자기 자신의 어리석음에서 비롯된 것일 수도 있다)에 특히 취약하다는 사실을 일러준다.

상대성 및 지불의 고통을 다루며 살펴봤듯 사람은 불확실성의 바다에서 길을 잃으면 본능적으로 지푸라기든 뭐든 붙잡으려고 한다. 이때 손에 잡히는 어떤 닻 가격anchor price은 그에게 손쉽고도 익숙한 기준점을 제시해준다.

투손의 호가는 유엔 숫자 회전판처럼 가치 인식의 시작점이 됐다. 호가가 높을수록 (실제 가치는 우리가 기꺼이 지불하고자 하는 가격을 토대로 매겨져야 함에도 불구하고) 인식된 가격이 높았다. 그러나 사실 우리가 기꺼이 지불하고자 하는 가격은 호가가 아니라 기회비용을 토대로 결정돼야 한다.

투손 이야기는 매우 중요한데, 그 부동산 중개인들은 다른 어떤 이들보다 정보와 경험이 많아서 주택의 진정한 가치를 누구보다도 정확하게 추정할 것이라고 일반적으로 기대하는 사람들이기 때문이다. 본인은 말할 것도 없고 주변 사람들까지 이들이 무지의 바다에서 표류할 가능성은 별로 없다고 믿었다. 그 집의 가치를 제대로 평가할 집단이 있다면, 바로 그들이 유일했다. 그러나 그들은 그러지 못했다. 이를 두고 부동산 매물이라는 건 원래 그렇게 엉터리라고 말할 수도 있다. 집을 소유한 많은 이가 이런 진단에 동의할 것이다. 그러나 투손의 부동산 중개인 이야기에서 우리가 짚어야 할 핵심은, 이런 빗나간 추정이 전문가들에게도 일어나니 일반인들에게는 얼마나 더 자주 또 더 큰 폭으로 일어날까 하는 점이다. 아닌 게 아니라 실제로도 그렇다.

우리는 모두 언제나 닻의 영향을 받는다. 그리고 대개는 자신이 그렇게 영향을 받는지 의식조차 하지 못한다. 부동산 전문가 중 81퍼센트와 일반인 63퍼센트가 자신이 호가(즉, 닻 가격)에 영향을 받지 않았다고 말했다는 사실을 다시 한 번 떠올려보라. 그러나 자료만 놓고 보자면 그들은 매우 많이 영향을 받았으며, 이런 사실을 본인은 전혀 깨닫지 못했다.

앵커링은 자기 자신을 믿기 때문에 나타난다. 닻이 일단 의식 속으로 들어오고 이를 수용하고 나면, 우리는 그것이 타당하며 올바른 정보를 바탕으로 했고 또 매우 이성적인 것이라고 본능적으로 믿게 된다. 어쨌거나 자기가 스스로를 잘못된 길로 유도하지는 않으리라는 발상도 이런 믿음을 강화한다. 또 자기는 똑똑하기 때문에 틀렸을 리가 없다는 발상 역시 한몫 거든다. 사람들은 자신이 틀렸다는 사실을 스스로에게나 타인에게나 기꺼이 인정하려 들지 않는다. 당신 주변에 있는 사람 누구에게든 스스로가 틀렸다는 사실을 인정하기 쉽냐고 물어보라. 절대로 아니다. 세상에서 가장 어려운 일 중 하나가 바로 자신이 틀렸음을 인정하는 것이다.

이는 거만함에 관한 얘기가 아니라 게으름에 관한 얘기이다(거만함이 사람의 행동에서 일반적으로 중요한 요인이 아니라는 뜻이 아니라, 이 특수한 경우에서만 그렇다는 뜻이다). 사람들은 어렵고 힘든 선택을 하고 싶어 하지 않는다. 굳이 그런 선택을 하지 않아도 될 때는 시련 속으로 스스로를 밀어 넣고 싶어 하지 않는다. 그래서 쉽고 낯익은 결정으로 나아간다. 그런데 이 결정이 흔히 우리 뇌에 닻을 내린 어떤 시작점에 영향을 받는다는 게 문제다.

앵커링 효과를 넘어서서

'군중심리herding(따라 하기)' 혹은 '자기 따라 하기self-herding'에 대해서 잠깐 생각해보자. 군중심리란 집단과 행동을 함께하는 것, 즉 다른 사람의 행동을 근거로 삼아 어떤 행동이 좋거나 나쁘다고 판단하는 것을 말한다. 만일 누군가 뭔가를 좋다고 말하거나 보고 싶다고 매달리거나 혹은 돈을 지불하고 산다면, 우리는 그것이 좋은 것이라고 확신한다. 또 누군가 어떤 것을 높게 평가하는 것처럼 보인다는 이유만으로 우리도 그것을 높게 평가한다. 군중심리는 본질적으로 옐프 Yelp(지역 기반 소셜네트워크의 하나. 여러 도시의 식당, 백화점, 병원 등에 대한 평판을 크라우드소싱을 이용해 모으는 서비스이다 – 옮긴이) 같은 리뷰 사이트가 번성하도록 만드는 인간 심리이다. 입장을 기다리는 사람이 줄을 길게 선 식당이나 클럽에 자기도 모르게 이끌리는 이유도 바로 이 군중심리 때문이다. 그렇다면 문 밖에 줄을 서서 기다리는 고객을 위해 식당이나 클럽의 주인은 건물 안에 따로 대기 장소를 만들 수 있지 않을까? 할 수는 있겠지만 일부러 그렇게 하지 않는다. 건물 바깥에서 줄지어 기다리는 사람들 자체가 바로 군중심리를 불러일으키는 매력적인 신호이기 때문이다. 유명한 음식이나 쿵쾅거리는 음향에 기꺼이 자기 돈을 쓰려는 사람들은 이 신호를 보고 따라 하기에 나선다.

자기 따라 하기는 앵커링의 한층 더 위험한 요소다. 자기 따라 하기는 기본적으로 군중심리와 동일하지만, 다른 사람의 의사결정이 아니라 자신이 과거에 내린 비슷한 의사결정을 바탕으로 한다는 점에서 다르다. 즉, 자기가 예전에 뭔가를 높게 평가했다는 이유로 지금도 그것을 높게 평가하는 식이다. 사람들은 '통상적으로' 혹은 '늘 그랬던 대로' 어떤 것에 가치를 매긴다. 왜냐하면 자기 행동을 신뢰하기 때문이다. 사람들은 자기가 여러 차례에 걸쳐서 평가와 관련된 특정한 의사결정을 내렸을 때를 기억하고 있으니 굳이 시간과 정력을 낭비하지 않고 그와 동일한 의사결정을 반복하는 것이 좋은 판단이라고 예단하고 만다. 어쨌거나 자신은 환상적인 의사결정을 하는 사람이며, 자기가 과거에 동일한 의사결정을 내렸었다면 그건 가장 조리 있고 이성적일 게 분명하다고 생각하는 것이다. 그렇지 않은가? 어떤 사람이 라테 한 잔을 4달러에 마신다거나 엔진오일을 50달러 내고 교환할 때, 그는 나중에도 이 가격에 라테를 마시거나 엔진오일을 교환할 가능성이 높다. 왜냐하면 그는 그런 의사결정을 과거에 내렸고, 또 그것을 기억하며, 자기가 내린 의사결정이 잘한 것이라고 믿기 때문이다. 설령 그래서 필요 이상의 지출을 한다 해도 말이다. 예컨대 엔진오일을 25달러만 받고 교환해주고 심지어 기다리는 동안 공짜 커피를 제공하는 다른 카센터가 있다 해도 말이다.

이렇게 해서 단 한 번의 의사결정으로 앵커링이 시작된다. 그러나 더 큰 문제는 따로 있다. 앵커링이 '자기 따라 하기'를 거치는 과정에서 자기기만과 오류와 부정확한 가치평가의 영속적인 순환이 생겨난다는 것이다. 우리는 제시된 어떤 가격, 즉 닻 때문에 특정 가격에 위젯을 구입한다. 이때 구입 가격은 그 구매가 좋은 의사결정이었다는 증거가 된다. 그리고 그 결정은 그 시점 이후로 미래에 있을 비슷한 위젯 구입의 시작점이 된다.

앵커링 및 자기 따라 하기와 사촌 격인 가치조작의 단서가 하나 있는데, 바로 '**확증편향**confirmation bias'이다. 확증편향은 우리가 기존에 갖고 있던 인식과 기대를 지지하는 쪽으로 새로운 정보를 해설할 때 머리를 디밀고 나타난다. 또한 기존에 내렸던 의사결정을 확인하고 지지하는 방향으로 새로운 의사결정을 내릴 때도 작동한다. 과거에 돈 문제와 관련해서 특정한 의사결정을 내렸다면 우리는 그 결정이 최선이었다고 판단하는 경향이 있다. 그래서 자기 의견을 지지하는 자료를 찾으면서 자신의 의사결정이 옳다는 생각에 한층 더 강력하게 사로잡힌다. 그 결과 과거의 의사결정이 타당하다는 생각이 강화되고, 더 나아가 현재와 미래에도 과거 그 의사결정의 원칙과 방법과 경로를 충실하게 따른다.

확증편향의 힘을 깨닫고 싶다면 자신이 무엇보다 세상에 대한 정보를 어떻게 획득하는지를 바라보면 된다. 사람들은 자기 자신에게 전달하고 싶은 정보를 담은 뉴스 매체만을 선택함으로써 기존의 신념이나 믿음을 반박하는 일체의 정보를 배척한다. 기존의 인식과 일치하고 또 그것을 강화하는 뉴스에만 초점을 맞춘다. 이런 태도는 시민으로서의 개인에게나 국가에나 유익하지 않다. 설령 그러는 게 자신에게 보다 즐거운 경험이라고 할지라도 말이다.

과거의 의사결정에 대한 신뢰는 어떤 점에서는 충분히 일리가 있고 가치 있다. 스스로를 의심하는 마음으로 가득 찬 삶을 살아가고 싶은 사람은 아무도 없다. 그리고 과거의 의사결정 중 어떤 것들은 분명 매우 합리적이며, 따라서 그 뒤로도 반복할 가치가 충분하다. 동시에, 과거의 의사결정에 의존하는 것은(비록 그것이 4달러짜리 커피를 사는 의식적인 선택이었든, 주택 구입에 14만 9,900달러를 지불할 것을 고려하는 무의식적인 선택이었든 간에) 과거의 자신에게, 즉 최초에 가치를 평가하는 의사결정을 했던 자아에게 상당한 압력을 주는 행위이기도 하다.

앵커링 효과는 단지 부동산 가격책정뿐 아니라 연봉협상(최초에 제시하는 금액이 얼마인가에 따라 최종적으로 합의되는 연봉금액은 매우 달라진다)에서부터 주식 가격, 심사위원특별상 그리고 '열두 개를 사면 한 개는 공짜'라는 문구의 표지판을 보고 다섯 개만 사려다가 열두 개를 사기로 마음을 고쳐먹는 경향에 이르기까지 매우 다양한 곳에서 나타난다.[3]

앵커링 효과의 사례는 셀 수도 없을 만큼 많다. 100개 넘게 사례를 들 수 있을까? 얼마나 많은 사례를 기대하는가? 생각나는 대로 몇 가지만 적어보겠다.

──── 자동차를 사는 얘기로 다시 돌아가보자. 제조업체가 제시한 소비자가격대로 지불하는 구매자는 거의 없다. 그런데 왜 제조업체는 군이 그 가격을 붙여놓을까? 여기에는 분명히 이유가 있다. 바로 구매자가 그 가격을 보고 닻을 내리도록 하기 위해서다.

──── 자, 이런 상상을 해보자. 우리는 지금 쇼핑몰에 와 있으며, 신발 매장 옆을 걸어가고 있다. 진열대에는 번쩍거리는 펌프스가 자기를 사라고 유혹한다. 그런데 가격표가 눈길을 사로잡는다. 가격이 숨이 막힐 정도이다. 무려 2,500달러! 신발 한 켤레에 2,000달러에다 500달러를 더 줘야 한다? 우리는 이걸 놓고 아주 잠깐 동안 생각을 하지만 아무래도 믿을 수가 없다. 그래서 매장 안으로 들어간다. 그러다 보면 어느샌가 자기가 정말 정말 좋아하는 신발을 손에 들고 바라보고 있음을 깨닫는다. 가격은 500달러이다. 우리는 정말 정말 정말 그 신발을 사지 말아야 한다는 것을 알지만 2,500달러짜리 펌프스의 세계에서 500달러짜리 신

발이라면 횡재가 아닌가!

—— 신발보다는 음식을 더 좋아하는가? 근사한 팬시 레스토랑에 앉아서 멋지게 제작된 메뉴판을 들여다보고 있다고 생각해보자. 무엇이 가장 먼저 보이는가? 트러플로 감싼 사치스러운 로브스터에 고베 소고기가 곁들여진 요리다. 일본 고베에서 기르는 소는 사료가 아닌 풀만 먹이고 나중에 고기가 풍부한 맛을 내도록 마사지까지 해준다. 이 요리의 가격은 125달러이다. 하지만 이 메뉴는 당신이 원하는 것도 아니고 먹을 수 있는 것도 아니다. 그러나 이 메뉴는 다른 메뉴의 가치를 평가할 때 닻의 기능을 함으로써, 다른 모든 메뉴의 가격이 상대적으로 적당하다고 생각하도록 만들어준다.$

—— 미국 기업의 CEO를 포함한 임원 연봉은 하늘 높은 줄 모르고 치솟아왔다. 이런 현상의 부분적인 이유에는 앵커링 효과가 있다. 처음에 100만 달러로 시작해서, 그다음에는 200만 달러 그리고 3,500만 달러의 연봉을 받는 CEO가 나타나면, 그 수치는 임원 리더십의 가치에 대한 기대치 및 추정치를 한껏 올려준다. 적어도 다른 임원들이 보기에는 확실히 그렇다. 사람들은 이런 유형의 급여 앵커링을 '벤치마킹'이라고 부르는데, 이 말이 '얼마든지 먹고 뛸 수 있기 때문에 사람들을 속이는 것'이라는 말보다 훨씬 멋지게 들리기 때문이다.

—— 앞서 상대성을 설명하면서 예로 들었던 이탈리아의 다이아몬드

$ 메뉴 개발 전문가인 그레그 라프(Gregg Rapp)는 가격이 가장 높은 메뉴가 실제로는 고객들로 하여금 두 번째로 비싼 메뉴를 선택하게 함으로써 매출을 높여준다고 말한다. 가장 비싼 메뉴의 가격을 매우 높게 책정하는 것은 앵커링 효과와 상대성을 이용하는 일종의 미끼 가격정책인 셈이다.

상인 살바도르 아셀의 흑진주를 기억하는가? 처음에 사람들이 이 흑진주의 가치를 알아주지 않을 때, 그는 이 흑진주를 다이아몬드를 비롯한 여러 귀중한 보석들과 나란히 진열했다. 이 조치 덕분에 사람들은 흑진주를 다이아몬드의 가치 수준으로 높게 인식했고, 드비어스De Beers(다이아몬드 업계를 지배하는 카르텔 – 옮긴이)의 노력에 힘입어 흑진주의 가격은 현재 엄청나게 높다.

이런 수많은 사례는 앵커링 효과가 가치에 대한 사람들의 인식을 얼마든지 바꿔놓을 수 있음을 생생하게 보여준다.

공짜라는 덫

앵커링은 가격을 낮게 유지하는 데도 이용될 수 있다. 돈을 쓰지 않고 아끼기만 하는 것이 사물의 가치를 올바르게 평가한다는 뜻은 아니다.

앞서 예로 들었던 무료 앱 이야기를 다시 해보자. 앱들은 몇 개의 가격 범주로 깔끔하게 분류돼 있는데, 일단 가격이 설정되고 나면 사람들은 어떤 앱에서 얻을 수 있는 편익을 그 앱에 들일 돈을 다른 데 써서 얻을 수 있는 편익과 비교해서 생각하려 들지 않는다. 대신 최초의 앵커를 기준으로 가격에 초점을 맞춘다.

예를 들어서 한 번에 15분씩 한 주에 두 번 1년 내내 사용할 수 있는 새로운 앱이 있고 이 앱의 가격이 13.5달러라면 어떨까? 이 가격은 낮은 걸까, 높은 걸까? 이 앱을 통해 얻을 수 있는 즐거움과 효용의 절대적 가치가 13.5달러라는 돈으로 할 수 있는 다른 여러 가지와 비교해서 어느 정도인지 생각하기는 어렵다. 그래서 보통은 이 앱의 가격을 다른 앱의 가격과 비교하는데, 그 과정에서 새로운 앱이 13.5달러의 가치에 못 미친다고 판단한다. 여기서 잠깐! 이 앱은 1년 동안 사용자에게 27시간의 즐거움을 주는데, 이는 영화 열여덟 편을 볼 수 있는 시간이다. 아이튠즈로 영화를 내려 받아서 보는 돈으로 따지면 약 70달러나 되고, 영화관에 가서 영화를 볼 때의 돈으로 따지면 그보다 훨씬 더 큰돈이다. 30분짜리 텔레비전 드라마로 치면 54편이나 되는데, 한 편당 스트리밍 비용을 99센트로 치면 53.46달러나 된다. 이런 식으로 살펴보면 27시간 동안의 즐거움에 대한 대가로 13.5달러를 지불하는 것은 결코 손해 보는 거래가 아닐 것이다. 하지만 사람들은 오로지 가격만 놓고 이 앱을 다른 앱과 비교한다. 그 가격이라는 것도 공짜에 닻이 내려져 있는 가격이다. 그 결과 사람들은 자신의 즐거움을 극대화하는 쪽으로 돈을 지출하지 않는다. 이처럼 사람들은 재정적인 감각이 부족해서 돈을 올바로 쓰지 못한다.

모를수록 소비가 행복해진다

———

뭔가에 대해 아는 게 적을수록 닻에 더 많이 의존하게 된다. 부동산 사례를 한번 더 살펴보자. 투손의 부동산 중개인과 일반인은 호가, 즉 닻 가격을 제시받은 뒤에 주택의 가격이 얼마나 될지 평가해달라는 요청을 받았다. 주택의 가치에 관해 일반인보다 더 많이 알고 있다고 볼 수 있는 부동산 중개인들은 일반인에 비해 닻 가격에 영향을 덜 받았다. 여기서 우리는 만일 또 다른 중개인 집단을 설정해서 그들에게는 그 주택과 관련된 이런저런 정보를 따로 주지 않았다면 그들이 닻 가격에 더 많이 휘둘렸으리라고 추정할 수 있다.

이런 사실(즉, 뭔가에 대해 전혀 알지 못할 때에 비해 조금은 알고 있을 때 앵커링 효과가 적게 발생한다는 사실)은 마음속에 새겨둘 필요가 있다. 전문가가 아닌 문외한이라고 해도 가치나 가격의 범위를 의식하고 있을 때는 가치평가 과정에서 닻에 덜 휘둘리기 때문이다.

저널리스트인 윌리엄 파운드스톤William Poundstone은 앤디 워홀Andy Warhol이 죽은 뒤 롱아일랜드의 몬탁에 있던 이 예술가의 저택이 부동산 시장에 매물로 나온 이야기를 해주었다. 미술품 가격이 매우 임의적으로 책정되는 듯 보인다는 것을 염두에 둘 때 미국 팝아트의 선구자가 별장으로 썼던 그 저택의 가격은 어떤 식으로 매겨질 수 있었을까? 무엇이 가치의 표지가 될 수 있을까? 그의 존재, 그의 아우라, "미래에는 누구나 15분 동안은 유명해질 수 있을 거야"라고 했던 그의 말? 몬탁 저택에는 무려 5,000만 달러라는 어마어마한 가격이 매겨졌다.[4] 그리고 나중에 이 호가가 4,000만 달러로 깎였다. 무려 1,000만 달러씩이나 깎일 거라면 애초에 왜 그토록 높은 가격이 매겨졌을까? 앵커링 효과 때문이다. 5,000만 달러라는 가격은 닻으로 작용했고, 충분히 시간이 지난 뒤에 이 저택은 2,750만 달러에 팔렸다. 판매가는 애초에 매겨진 호가의 약 절반밖에 되지 않는다. 만일 처음 그 저택에 900만 달러라는 호가가 매겨졌다면(사실 이 가격도 여전히 비싸긴 하지만 그 지역의 시세에 보다 근접한 가격이다) 어땠을까? 그 호가보다 세 배나 뛰어올라서 2,750만 달러에 팔리지는 않았을 것이다. 엄청나게 높은 호가가 그 저택의 인지된 가치perceived value를 높였다. 엄청나게 높은 호가, 그것은 어쩌면 그 유명한 토마토 수프 통조림의 위대한 화가가 펼친 '소비자 문화'에 딱 들어맞는 사후 논평이 아니었나 싶다(〈캠벨 수프 캔Campbell's Soup Cans〉은 앤디 워홀의 대표작 가운데 하나로 꼽힌다 - 옮긴이).

워홀이 이따금씩 머물렀던 별장처럼 정확하게 가격을 책정할 수 없는 제품이나 서비스 앞에서는 앵커링 효과가 매우 강력하게 발휘된다. 기존의 어떤 것과도 전혀 닮지 않은 것이 유일한 특징인 신제품이라면 앵커링 효과는 한층 더 강력해진다. 그 제품과 관련된 시장도 없고, 비교할 대상도 없다고 상상해보라. 다른 어떤 제품이나 서비스와도 아무런 연관성이나 맥락이 없다고 상상해보라. 전혀 다른 외부 세계에서 뚝 떨어진 것처럼 보이는 어떤 것이라고 말이다.

스티브 잡스Steve Jobs가 아이패드iPad를 들고 나왔을 때 그 물건을 예전에 본 적 있는 사람은 아무도 없었다. 잡스는 '999달러'라는 수치를 스크린에 띄우고는, 모든 전문가들이 한결같이 입을 모아서 그 물건의 적정 가격이 999달러라고 말하더라고 제품 설명회 참석자들에게 말했다. 그는 그 뒤로도 제법 오랫동안 999달러에 대해서 이야기한 끝에 마침내 아이패드의 출시가격을 공개했다. 499달러였다! 얼마나 훌륭한 가격인가! 사람들의 머리가 폭발했다! 아이들은 좋아서 엉엉 울었다. 전자업계에 대혼란이 일어났다!

댄은 전에 어떤 실험을 하면서 사람들에게 다음과 같은 일을 의뢰 받았을 때 보수로 얼마를 달라고 요구할지 물었다. 그 일이란 자기 얼굴을 파란색으로 칠하기, 신발 세 켤레의 냄새를 맡기, 쥐 한 마리 죽이기, 네거리의 한 모퉁이에서 15분 동안 노래 부르기, 구두 세 켤레 닦기, 신문 50부 배달하기 그리고 개 한 마리를 한 시간 동안 산책시키기였다. 그가 신발의 냄새를 맡는 것과 쥐를 죽이는 것 등을 선택한 이유는 그런 일에는 따로 시장이 존재하지 않기 때문이었다. 사람들에게는 그 일의 보수를 책정하기 위해서 의지할 수 있는 익숙한 기준이나 도구가 없었다. 구두를 닦거나 신문을 배달하거나 개를 산책시키는 일에는 일정한 보수의 기준이 마련돼 있다. 대개 최저임금을 기준으로 하여 그 언저리에서 보수가 결정된다. 닻이 존재하는 활동에 대한 보수를 책정할 때, 사람들은 기본적으로 최저임금에서 크게 벗어나지 않는 가격을 불렀다. 그러나 처음의 네 가지 일(자기 얼굴을 파란색으로 칠하기, 신발 냄새 맡기, 쥐 죽이기, 길거리에서 노래 부르기)에는 닻이 존재하지 않았고, 피실험자들의 대답은 천차만별이었다. 어떤 이들은 거의 공짜에 가까운 돈을 받겠다고 했고, 어떤 이들은 수천 달러를 부르기도 했다.

왜 그럴까? 신발 냄새 맡기 같은 일에 대해서는 시장가격이 얼마인지 모른다. 그러므로 가격은 개인의 취향이나 호불호에서 출발할 수밖에 없다. 더구나 호불호란 사람마다 다르고, 또 알아내기 어려울 때도 많다. 그래서 깊게 파고들어서 자기가 무엇을 좋아하는지, 무엇을 좋아하지 않는지, 얼마를 기꺼이 지출할 용의가 있는지, 거기에서 얼마나 많은 즐거움을 누릴 것인지, 무엇을 기꺼이 포기할 것인지(기회비용) 등등을 따져야 한다. 이 과정은 결코 만만치 않지만 이를 거쳐야만 비로소 가격을 도출할 수 있다. 그리고 이 가격은 사람마다 다를 수밖에 없다.

그러나 어떤 것에 시장가격이 마련돼 있을 때는 자신의 취향이나 호불호를 생각하지 않는다. 굳이 그렇게 하지 않아도 된다. 그 시장가격을 시작점으로 받아들이기만 하면 된다. 물론 그렇다 해도 기회비용을 따질 것이고 자신의 재정 상황을 살피기는 할 것이다. 그러나 자기만의 개인적인 기준이 아니라 이미 형성된 시장가격이 출발점이 되고, 결국에는 시작점에서 그다지 멀리 떨어지지 않은 지점의 가격으로 최종 결정을 내릴 것이다.

이 내용을 다른 방식으로 생각해보자. 간밤에 잠을 푹 자는 것의 즐거움을 돈으로 환산해보면 어떨까? 사람들은 얼마나 쉽게 잠들고 얼마나 깊이 자는가 하는 기준을 바탕으로 제각기 다른 대답을 할 것이다. 자, 그렇다면 이 숙면의 경험을 돈으로 따지면 얼마일까? 물론 대답하기 어려운 질문이다. 그렇지만 초콜릿 바를 먹거나 밀크셰이크를 마시는 즐거움에 가격을 매겨야 한다면 어떨까? 아마 그 가치를 금방 돈으로 환산할 수 있을 것이다. 그 경험에서 비롯되는 즐거움을 쉽게 계산할 수 있기 때문이 아니라 초콜릿 바나 밀크셰이크의 시장가격에서 출발해서 그 가격과 비슷한 금액으로 결정할 것이기 때문이다. 이런 맥락에서 다른 사람에게 자기 발을 30초 동안 짓밟을 수 있도록 해주는 대가로 얼마를 받아야 할지는 결정하기 어렵지만, 만일 그런 서비스가 시장에 존재하고 또 그 서비스의 시장가격이 존재한다면 보다 쉽게 결정을 내릴 수 있을 것이다. 즐거움의 크기를 파악하고 계산하기 쉽기 때문이 아니라, 앵커링이라는 전혀 다른 전략을 사용해 대답을 찾을 수 있기 때문이다. 물론 언제나 옳은 대답은 아닐지 몰라도, 어쨌거나 시원시원하게 대답할 수는 있다. 이런 논의가 독자들 가운데 몇몇을 고무시켜서 그들이 사람들에게 발 밟혀주기 서비스나 신발 냄새 맡기 서비스 같은 흥미로운 분야에서 기업가로 성장할 수도 있지 않을까 하는 기대를 우리 두 저자는 소박하게 해본다.

논리적으로 이해할 수 없는 임의적 일관성과 앵커링 효과
———

이미 눈치 챘겠지만 앵커링은 우리가 맨 처음 바라보는 가격(예컨대 제조업체가 표시하는 권장소비자가격 등)에서 비롯될 수도 있고 자신이 과거에 지불했던 가격(예컨대 편의점에서 음료수 한 캔을 사며 지불했던 가격)에서 비롯될 수도 있다. 권장소비자가격은 외부적인 닻의 한 예이다. 즉, 자동차 제조업체는 당신이 갖고 싶어 하는 자동차가 3만 5,000달러라는 생각을 당신 머릿속에 심어주려고 한다. 이에 비해서 음료수 가격은 내면적인 닻이다. 이 가격은 당신이 예전에 콜라나 다

이어트콜라 혹은 '라임 향을 첨가한 뉴 더블 다이어트 뉴 카페인 프리 체리 콜라 제로'를 샀던 당신 자신의 경험에서 비롯됐다. 이 두 가지 유형의 닻이 의사결정에 미치는 영향은 기본적으로 동일하다.[5] 사실 닻이 어디서 비롯되는지는 그다지 중요하지 않다. 만일 우리가 뭔가를 어떤 가격에 사겠다고 생각한다면 앵커링 효과는 이미 효력을 발휘하기 시작한다. 이때 숫자 자체는 전적으로 임의적일 수 있다.

우리 두 저자가 즐겨 인용하는 실험이 있는데, 드라젠 프렐렉과 조지 로웬스타인 그리고 댄이 했던 일련의 실험이다. 이 중 하나의 실험에서 실험 진행자는 MIT 학부생인 피실험자들에게 컴퓨터 마우스, 무선 키보드, 특수하게 제조된 초콜릿 그리고 높은 등급의 와인 등을 포함한 특정한 제품에 얼마를 지불할 것인지 물었다. 그런데 실험 진행자는 이 질문을 하기 전에 피실험자들에게 자신의 사회보장번호(미국에서 출생과 함께 공식적으로 부여되는 개인 신원 번호 - 옮긴이)의 마지막 두 자릿수 숫자(즉 임의적인 숫자)를 적으라고 한 뒤에, 각각의 물건을 그 숫자로 이뤄진 가격으로 구매할지 대답하게 했다. 예를 들어 어떤 피실험자의 사회보장번호 마지막 두 자릿수 숫자가 5와 4라면, 그에게는 '무선 키보드를 54달러에 살 것인가?', '와인을 54달러에 살 것인가?' 등의 질문을 던졌다.

그런데 무척 흥미롭게도 피실험자들이 기꺼이 지불하겠다는 금액이 각각의 사회보장번호 마지막 두 자릿수 숫자와 연관성을 가졌다. 그 숫자가 높을수록 더 많은 금액을 지불하겠다고 대답했고, 숫자가 낮을수록 더 적은 금액을 지불하겠다고 대답했다. 피실험자 개인의 사회보장번호는 제시된 각각의 물건이 갖고 있는 가치와 아무런 연관이 없다. 하지만 그럼에도 그 숫자는 피실험자들이 각각에 매긴 가격에 영향을 줬다.

실험 진행자가 나중에 피실험자들에게 각자의 사회보장번호 마지막 두 자릿수 숫자가 물건 가격을 책정하는 판단에 영향을 줬는지 물었을 때, 그들은 전혀 그렇지 않다고 대답했다.

앵커링 효과가 작동했기 때문이다. 더 나아가 이 경우는 완전히 임의적인 앵커링이었음에도 의사결정에 영향을 줬다. 가장 무작위적인 숫자조차 마음속에 가격으로 설정되고 나면 다른 관련 제품들의 가격을 알려준다. 현재에도 또 미래에도.[6] 논리적으로 따지면 절대로 있을 수 없는 일이지만 실제 현실에서는 이런 일이 엄연히 일어난다. 우리 인간이 논리를 내던져버린 지는 이미 오래다.

이 사실은 매우 중요하기 때문에 반복해서 설명할 가치가 있다. 어떤 것이라도 닻 가격이 될 수 있다. 그 숫자가 클 수도 작을 수도 있다. 당사자가 그 숫자를 의사결정과 연관시키는 한 아무리 임의적인 숫자라고 해도 상관없다. 이때 내린 의사결정은 동력을 얻어서 미래의 의사결정에도 영향을 미친다. 앵커링 효과는 가격을 책정하는 초기 결정이 중요함을, 즉 초기의 의사결정이 사람의 머릿속에 특정 가격을 설정하고 이것이 나중에 있을 가치 계산 과정에 영향을 준다는 사실을 입증해낸다.

그런데 이게 다가 아니다! 닻은 이른바 '**임의적 일관성**arbitrary coherence'이라는 과정을 통해 장기적인 영향력을 획득한다. 임의적 일관성의 기본적인 개념은 피실험자가 기꺼이 지불하겠다는 금액이 임의적인 닻에 영향을 받는다는 것이다. 어떤 제품 범주에 어떤 가격을 고려하면 이 가격이 동일한 제품 범주에 속한 다른 물건에 매길 가격의 닻이 된다. 위 실험에서 실험 진행자는 피실험자 학생들에게 한 범주 안에 있는 두 개의 제품[두 개의 와인과 두 개의 컴퓨터 액세서리(무선 키보드와 마우스)]에 가격을 매기라고 요구했다. 첫 번째 제품(첫 번째 와인이나 무선 키보드)에 대한 의사결정이 동일한 범주의 두 번째 제품(두 번째 와인이나 마우스)의 가격결정에 영향을 줬을까? 이 질문에 대한 대답은 이미 더 놀랄 것도 없이 '그렇다'이다. 평균적인 등급의 와인 가격을 먼저 본 사람은 그보다 훨씬 더 품질이 좋은 두 번째의 고급 와인에 더 높은 가격을 기꺼이 지불하겠다고 했는데, 반대로 고급 와인을 먼저 본 사람은 두 번째 와인에 대해서 낮은 가격을 지불하겠다고 했다. 컴퓨터 액세서리 범주에서도 마찬가지였다.

돈과 감각

이는 사람들이 어떤 범주에서 첫 번째 의사결정을 하고 난 다음에는 최초의 닻에 대해서 생각하지 않는다는 뜻이다. 대신 첫 번째 의사결정에 준해서 두 번째 의사결정을 한다. 어떤 사람의 사회보장번호 마지막 두 자릿수 숫자가 75이고 그가 어떤 와인 한 병에 60달러라는 가격을 임의로 매겼다면, 두 번째 와인 가격을 매길 때는 75라는 숫자와는 아무런 상관 없이 60이라는 숫자에 영향을 받는다. 우리는 지금 앵커링에서 상대성으로 넘어가고 있다. 물론 닻은 여전히 변수로 작용하긴 한다. 왜냐하면 애초에 40달러가 아니라 60달러라는 가격을 매기게 했기 때문이다. 그리고 만일 그가 두 번째 와인의 품질이 첫 번째 와인의 절반밖에 되지 않는다고 판단한다면, 40달러의 절반인 20달러가 아니라 60달러의 절반인 30달러를 지불할 것이다.

실제 현실에서 우리 대부분은 상대적인 가치평가를 경험한다. 여러 텔레비전을 비교하고, 여러 자동차를 비교하며, 여러 주택을 비교한다. 임의적 일관성은 우리가 두 개의 규칙을 가질 수 있다는 사실을 보여준다. 우선 어떤 제품군에 대한 기준가격은 완전히 임의로 결정할 수 있지만, 그 범주 안에서 일단 결정을 내리고 나면 해당 범주의 제품은 기존의 결정을 기준으로 상대평가 과정을 거쳐 결정한다. 이치에 맞는 이야기처럼 들리지만 사실은 그렇지가 않다. 왜냐하면 애초에 타당하지 않은 닻에서 출발한 가격이므로 어떤 물건의 진정한 가치를 반영할 수 없기 때문이다.

드라젠과 조지와 댄은 임의적인 시작점 그리고 이 닻과 함께 시작된 그 뒤의 가치평가 양상이 질서에 관한 착각을 생성한다는 사실을 발견했다. 부연하자면, 사람들은 실제 현실에서 생활하며 특정한 것의 가격이 얼마인지 모르거나 확신하지 못할 때 임의적인 것을 무작정 붙잡고 매달린다. 새로 출시된 앱, 처음 출시됐던 아이패드, 거품 없는 라테, 냄새나는 신발 등은 현재나 과거에나 가격이 책정된 적이 없다. 그런데 일단 가격이 제시되고 우리가 그 가격이 합리적이라고 수긍하는 순간 그것은 우리 마음속에 자리를 잡고(닻을 내리고) 바로 그 시점부터 줄곧 그와 비슷한 제품의 가치를 평가하고 가격을 매기는 데 영향을 준다.

재정적 삶에서 최초의 닻은 여러 가지 방식으로 가장 중요한 가격 책정자로 기능한다. 이 닻이 생활 속의 기준선, 즉 우리가 오랜 세월 동안 실질적이고 합리적이라고 여기는 것을 결정한다. 대부분의 마술사와 마케팅 담당자와 정치인은 사회보장번호 닻처럼 단순하고도 강력한 속임수를 비장의 무기로 갖고 싶어 한다. 그러나 나머지 보통 사람들 입장에서 보면 이 모든 숫자 및 상대적인 숫자 그리고 가격은 한 가지 사실을 명확하게 가르쳐준다. 우리가 좋은 와인이든 상대적으로 품질이 낮은 와인이든 상관없이 마실 수 있다는 사실 말이다.

닻 올리기

10대 청소년은 흔히 자기가 무적이라고 믿는다. 슈퍼히어로라고 생각한다. 그러다가 나이가 들면 자신에게 여러 가지 한계가 있음을 깨닫는다. 우리는 이런저런 실수를 저지른다. 우리는 슈퍼히어로가 아니다. 그저 빨간 타이츠를 입은 평범한 사람일 뿐이다. 그리고 자신의 신체적인 한계를 깨닫고 또 형편없는 선택을 하고 마는 스스로의 어리석음을 깨닫는다. 그러나 변변찮기는 하지만 때로 우리는 통찰력을 발휘하기도 하는데, 이는 오로지 자신이 의식적으로 행하는 결정을 통해서만 가능하다. 우리는 무의식적으로 했거나 그다지 큰 관심을 주지 않았거나 그새 잊어버렸거나 혹은 평생 동안 줄곧 별생각 없이 기준으로 사용해온 의사결정을 의심하지 않는다.

어떤 특정한 것이 자신에게 얼마나 큰 가치를 지니고 있는지 우리는 전혀 모른다. 지금까지의 설명에 따르면 이는 분명한 사실이다. 자신에게 제시된 특정 가격(닻)에 너무도 쉽게 그리고 무의식적으로 휘둘린다는 사실은 가치를 평가하기가 매우 어렵다는 깨달음을 강화할 수밖에 없다. 그게 그토록 어렵기 때문에 우리는 도움을 찾아서 두리번거리고, 또 (과거에 가치평가와 관련해서 자신이 했던 의사결정이 얼마나 현명했는지 혹은 현명하지 못했는지 하는 문제와 상관없이) 자주 자기 자신에게로 눈을 돌린다. 이처럼 우리는 거인의 어깨 위에 올라서 있다. 그 거인이 비록 지금까지 자신이 저질렀던 실수들로 만들어진 거대한 산이기는 하지만…….

금융투자를 권유하는 홍보물에는 대부분 '과거의 실적이 미래의 성공을 보장하지는 않습니다'라는 일종의 면피용 경고가 실려 있다. 앵커링이 물건 가격을 평가하는 능력에 얼마나 큰 영향을 주는지 그리고 과거의 의사결정에 얼마나 자주 토대로 작용하는지를 생각한다면, 우리 역시 이 홍보물에 실린 것과 비슷한 경고를 삶에 적용해야 한다. 즉, '과거의 의사결정이 미래의 성공을 보장하지 않는다'라고.

이 교훈을 다음과 같이 표현할 수도 있다.

'당신이 생각하는 모든 것을 절대로 믿지 마라.'

08

우리는 소유한 것의 가치를 과대평가한다

톰 브래들리와 레이첼 브래들리는 미국의 중간 규모 도시에 사는 부부이다. 가상의 인물인 이 부부에게는 아이가 셋 있고, 자동차 두 대와 개 한 마리가 있으며, 이들은 재치 있는 농담과 시트콤과 달달한 음료에 기대서 살아간다. 레이첼은 프리랜서 카피라이터이고 톰은 고품질의 위젯을 제작하고 배포, 마케팅하는 것으로 미국에서 손꼽히는 업체(역시 가상의 회사)인 위제코의 회계부장이다. 톰은 직무상 위젯이란 상품을 통칭하는 단어로 경제 전문가들이 사용하는 용어라는 설명을 해야 한다. 그래서 하루에도 대여섯 번씩 고객들에게 이렇게 말한다.

"아, 네. 위젯은 당신 회사에 꼭 필요한 겁니다. 위젯은 현재 당신 회사 조직과 양립할 수 있으며 유일하게 남은 성장 엔진입니다. 위젯이 무슨 일을 하는지 잘 몰라도 상관없습니다. 그저 더 많은 것을 지시하기만 하면 됩니다." 톰은 그 회사에서 15년째 일하고 있다.

톰과 레이첼의 쌍둥이 자녀인 로버트와 로베르타는 대학교에 다니느라 멀리 떨어져 살고 있어서, 이 부부는 집의 규모를 줄이려 한다. 하지만 지금 살고 있는 지역을 떠나고 싶지는 않다. 막내인 에밀리가 막 고등학교에 진학했고 거기에 여기 단짝 친구들이 많기 때문이다. 어쨌거나 이들에게는 침실이 네 개나 필요치 않고, 무엇보다 집을 줄여서 여윳돈을 활용하고 싶다는 게 이들 부부의 생각이다.

우선 이들은 집을 부동산 중개인에게 맡기지 않고 직접 매물로 내놓았다. 중개수수료를 줄일 수 있기 때문이다. 매매가격은 130만 달러로 정했다.$ 그런데 집을 사겠다는 사람이 나타나지 않는다. 두 사람은 점점 초조해진다. 집을 보러 온 사람들은 집에 몇 가지 흠이 있다는 이유로 고개를 젓는다. 페인트칠이 벗겨진 부분이 있다거나 온수기가 녹슬었다거나 집의 구조가 '특이하다'는 게 그 이유였다. 톰과 레이첼은 아이들이 부엌과 거실에서 얼마나 재미있고 신나게 놀 수 있는지 이야기하고, 개와 함께 즐거운 놀이를 할 수 있는 공간을 설명하고, 공간을 최대로 활용하기 위해 자신들이 동선을 직접 설계하고 가구를 새롭게 배치했던 인테리어 공사 얘기도 힘주어 강조한다. 하지만 아무도 깊은 인상을 받는 것 같지 않다. 집이 얼마나 멋진지 보려하는 사람도 없고 가격을 놓고 흥정하려 드는 사람도 없다.

그래서 부부는 마지막 수단으로 부동산 중개인에게 도움을 청했다.

$ 현재 미국의 중간 규모 도시는 1987년의 애리조나 투손과는 부동산 시장 상황이 매우 다르다.

헤더 버튼덥이라는 중개인은 매매가격을 110만 달러로 수정해서 내놓으라고 제안한다. 그러나 두 사람은 고개를 젓는다. 톰과 레이첼 모두 자기 친구들이 자기 집과 비슷한 그 도시의 집을 3년 전에 140만 달러에 팔았던 사실을 기억하기 때문이다. 그리고 집을 판 그 친구들은 집을 되사겠다며 두 차례나 제안했는데, 그때 제안했던 가격이 한 번은 130만 달러였고 또 한 번은 150만 달러였다. 이게 벌써 3년 전의 일인데, 톰과 레이첼은 자기 집의 가치가 그 집보다 높으면 높았지 낮지는 않을 것이라고 믿었다. 게다가 인플레이션도 고려해야 했다.

헤더가 딱하다는 듯이 말했다.

"그때는 부동산 경기가 한창 좋을 때였잖아요."

"그래도 3년이나 지났고, 그러니 집 가치는 당연히 더 올랐죠. 그리고 우리 집은 그 사람들 집보다 훨씬 더 좋다고요."

레이첼이 애원이라도 하듯 말했지만 헤더는 고개를 저었다.

"하지만 집을 좀 보세요. 고쳐야 할 데가 한두 군데가 아니잖아요. 그리고 요즘 사람들은 개방형 구조를 좋아하지 않아요. 집을 사서 들어오는 사람도 대규모 공사를 해야 할 겁니다."

"뭐라고요?"

톰은 자기도 모르게 고함을 버럭 질렀다.

"우리가 얼마나 많은 시간과 노력, 돈을 들여서 리모델링을 했는데요! 정말 이해할 수 없네요!"

"아, 물론 그러셨겠죠……. 근데 저건 뭐죠?"

"자전거 거치대입니다."

"식탁 위에 자전거를 걸어둔다고요?"

"식사 때마다 얼마나 짜릿한데요."

헤더는 고개를 갸웃했다.

"아, 두 분에게는 그렇겠죠. 하지만 한 가지 도움 말씀을 드리자면, 이 집을 팔고 싶으시다면 110만 달러에 내놓으십시오. 만일 그 가격 언저리에서라도 팔린다면 정말 다행입니다."

톰과 레이첼은 그 집을 14년 전에 40만 달러에 샀다. 그러니 얼마에 팔든 매매차익을 따지자면 엄청난 이득이다. 하지만 두 사람은 헤더와 집을 보러 온 사람들이 그 집이 얼마나 특별한지 알아보지 못한다는 사실이 정말 이상하고 그들을 도무지 이해할 수 없다.

오랜 고뇌의 밤을 보낸 뒤에 두 사람은 헤더를 통해서 집을 115만 달러에 내놓는다. 그리고 109만 달러에 사겠다는 사람이 나타난다. 헤더는 흥분해서 두 사람에게 그 제안을 받아들이라고 한다. 하지만 두 사람은 더 기다려보고 싶다. 그렇게 한 주가 지난 뒤에 헤더가 압박을 가하고 나선다.

"정말 현실적으로 생각하셔야 합니다. 최상의 시나리오는 두 분이 좀 더 버티고 기다려서 1만 5,000달러나 2만 달러를 더 받는 겁니다. 하지만 굳이 그렇게까지 하실 가치가 있을까요? 지금 팔고 곧바로 이사를 하시는 게 좋습니다."

결국 두 사람은 그 집을 108만 5,000달러에 판다. 그리고 헤더의 부동산 중개소가 수수료로 6만 5,000달러를 떼어간다.

한편 두 사람은 이사 갈 집을 찾는다. 지금까지 여러 집을 봤지만 하나도 마음에 들지 않는다. 한결같이 다 '특이한' 인테리어로 재시공돼 있고 구석구석 아이들 사진이 안 걸려 있는 데가 없다. 가격만 해도 그렇다. 집을 팔려고 내놓은 사람들이 죄다 무슨 환상에라도 사로잡혔는지 집이 가진 실제 가치보다 훨씬 높은 가격을 부른다.

"그 사람들은 아직도 지금이 부동산 시장이 뜨거웠던 3년 전이라고 생각하나 봐."

"미쳤어."

"시간이 지나서 모든 게 바뀌었으니 집값도 당연히 내려가야지."

두 사람은 결국 멋진 집을 찾아낸다. 호가는 65만 달러인데, 두 사람은 63만 5,000달러를 제안한다. 집주인은 손을 젓고는 한동안 기다린다. 그러자 부동산 중개인이 두 사람에게 이렇게 말한다.

"서둘러서 빨리 결정하는 게 좋겠는데요. 왜냐하면 집을 사겠다고 보러 다니는 사람들이 요즘 들어 부쩍 늘어났거든요."

하지만 두 사람은 중개인의 말을 믿지 않는다. 그러고 마침내 그 집을 64만 달러에 산다. 톰과 레이첼은 충분히 행복하다.

도대체 무슨 일이 일어나고 있는 걸까?

———

방금 소개한 브래들리 부부의 부동산 매매 경험은 물론 허구다. 그러나 이 이야기는 여러 개의 실화를 바탕으로 한 것이다. 이 이야기가 보여주는 특히 중요한 내용은, 사람들이 자신의 소유물을 지나치게 높게 평가한다는 사실 및 그 방식이다.

이상적이고 합리적인 시장에서는 매도자와 매수자가 상품의 가치를 동일하게 평가한다. 이때의 가치는 효용과 기회비용의 함수로 결정된다. 그러나 실제 현실에서 이뤄지는 대부분의 거래에서는 매물을 갖고 있는 사람이 그것을 사고자 하는 사람보다 가치를 높게 평가한다. 브래들리 부부는 자기 집의 가치가 실제 가치보다 더 높다고 생각했다. 그 이유는 단순하다. 그 집이 상당한 기간 동안 자기들의 집이었으며 자기들이 그 집에 온갖 '멋진' 변화를 줘서 그 집을 한층 더 '자신들의 집'이 되도록 꾸몄기 때문이다. 어떤 것에 투자를 하면 할수록 그에 대한 본인의 소유감은 늘어나게 마련이며, 이런 감정은 소유자로 하여금 실제 가치와 거의 아무런 관계가 없는 여러 가지 방식으로 소유물을 평가하도록 유도한다. 어떤 것을 소유한다는 조건은 그 소유가 어떻게 이뤄졌는가와 전혀 무관하게 소유자로 하여금 소유물을 과대평가하게 만든다. 왜 그럴까? 이른바 **소유효과**endowment effect' 때문이다.

자신이 어떤 것을 소유하고 있다는 이유만으로 그것에 보다 높은 가치를 매기는 현상을 최초로 입증한 사람은 하버드대학교의 심리학자 엘렌 랭어Ellen Langer이고, 그 후 리처드 탈러가 이 개념을 한층 넓게 확장했다. 소유효과의 기본적인 개념은 어떤 물건의 가치를 현재 소유자가 지나치게 높게 평가하며, 따라서 그는 이것을 팔고자 할 때 사려는 사람이 기꺼이 지불하겠다는 가격보다 높게 매긴다는 것이다.[1] 어쨌거나 사려는 사람은 그 물건의 소유자가 아니므로 그것이 유발하는 소유효과에 영향을 받지 않는다. 소유효과를 검증하는 실험에 따르면 일반적으로 팔려는 사람은 사려는 사람이 생각하는 가격의 약 두 배나 되는 가격을 부른다고 한다.

브래들리 부부가 자기 집을 팔고 싶었던 가격(그들이 그 집을 평가한 가치)은 그 집을 사려던 사람들이 기꺼이 지불하고자 했던 가격보다 높았다. 그러다가 처지가 바뀌어 브래들리 부부가 매수자가 됐을 때는 가격의 불일치 역시 역전됐다. 매수자가 된 브래들리 부부는 자기들이 살펴본 집의 가치를 그 집의 소유자보다 낮게 평가했다.

표면적으로만 보면 놀라운 일은 아니다. 매도가격을 최대화하고 매수가격을 최소화하려는 욕망은 완벽하게 합리적이기 때문이다. 싸게 사서 비싸게 파는 것이 경제학의 기본적인 전략이니 말이다. 단지 '매도자가 일부러 가격을 높게 부르고 매수자가 일부러 가격을 낮게 매기기' 때문에 이런 현상이 생긴다고 생각하는 사람이 있을지도 모르겠다. 그러나 전혀 그렇지 않다. 이는 흥정 기술 차원의 문제가 아니다. 일련의 정교한 실험은 소유자들이 실제로 자기 소유물이 그만한 가치가 있다고 생각하기 때문에 높은 가격을 매기고, 잠재적인 매수자는 동일한 물건의 가치가 그것밖에 안 된다고 생각해서 낮은 가격을 제시한다는 것을 입증한다. 앞서 말했듯, 어떤 것을 소유할 때 소유자는 그 가치가 실제보다 더 높다고 믿기 시작할 뿐만 아니라 다른 사람들도 이 추가된 가치를 당연히 알아보고 기꺼이 높은 가격을 지불하리라고 믿는다.

이와 같은 과대평가 효과는 뭔가를 소유한 사람들로 하여금 소유물의 긍정적 측면에 더 많이 집중하게 만든다. 브래들리 부부가 집을 팔 때 두 사람은 그 집에 얽힌 좋은 추억에만 푹 빠졌다. 에밀리가 걸음마를 배우던 공간이며 쌍둥이 남매가 서로 사랑을 받으려고 다투던 공간, 계단을 미끄러져 내려오던 일, 깜짝 파티들 그리고 거친 말로 아이들을 꾸짖던 일까지……. 이렇게 해서 톰과 레이첼은 그런 경험을 그 집이 상징하는 기쁨 속에 포함시키고 그 결과 집의 가치까지 의도치 않게 부풀렸다. 두 사람은 잠재적인 매수자만큼 낡은 보일러나 삐걱거리는 계단이나 위험한 자전거 거치대를 중요하게 여기지 않았다. 그들은 오로지 긍정적인 것에만, 좋은 추억에만 초점을 맞췄다.

브래들리 부부가 실제 가치보다 높은 가격을 주장한 여러 근거는 매우 개인적인 차원의 것이었지만, 그들은 자신들만의 관점에 갇혀서 집을 보러 온 사람들도 자신들과 똑같은 눈으로 집을 바라보기를 헛되이 기대했다. 그들은 자신들과 동일한 경험을 전혀 하지 않았는데도 말이다. 브래들리 부부의 감정과 추억은 무의식적으로 집에 높은 가치를 부여하게 만들었지만, 이는 두 사람의 추억을 공유하지 못한 사람이 생각하는 실질적인 가치와는 아무런 관계가 없다. 그러나 사람들은 보통 자기 소유물을 평가할 때 거기서 얻을 수 있는 온갖 정서적 이득이 그저 자기만의 느낌일 뿐임을 잊어버린다.

우리는 소유물을 어떻게 소유하는가?

───

소유의식은 여러 가지 형태로 나타날 수 있고 또 실제로 나타난다. 어떤 것을 소유함으로써 특정 감정을 추가로 느낄 수 있는 방법 중 하나는 거기에 노력을 투자하는 것이다.

노력은 소유의 감정, 즉 자기 스스로 어떤 것을 창조했다는 감정을 가져다준다. 어떤 것이든 거기에 자신의 노력을 투자하면 우리는 창조 과정에 자신이 한몫을 담당한 바로 그 소유물에 특별히 더 애정을 느낀다. 굳이 많은 부분에 기여할 필요도 없고 심지어 실질적인 기여가 아니어도 상관없다. 그것의 창조에 약간이라도 관여했다고 믿기만 해도 애정이 커지고 어떤 금액이든 기꺼이 지불하겠다는 마음도 그만큼 더 커진다. 어떤 것에(집일 수도 있고, 자동차일 수도 있고, 퀼트일 수도 있고, 거실 확장공사일 수도 있고, 이 책처럼 돈을 다루는 책일 수도 있다) 보다 많은 노력을 들일수록 우리는 거기에 더 많이 집착하게 된다. 그러고 그만큼 그걸 더 많이 소유한다고 느낀다.

노력과 소유의 이 이야기는 여기에서 끝나지 않는다. 그것을 만드는 과정이 어려우면 어려울수록 그 과정에 자신이 참여했다는 느낌이 강렬해지고, 그것을 향한 애정이 한층 더 커진다.

마이클 노튼, 대니얼 모촌Daniel Mochon 그리고 댄은 이 현상에 '**이케아 효과** IKEA effect'라는 이름을 붙였다.[2] 그렇다, 이케아라는 가구업체의 이름을 따서 만든 용어다. 자, 이케아 가구 하나를 조립하는 데 어떤 노력이 들어가는지 생각해보자. 우선 거대하고 불편하기 짝이 없는 이케아 매장이 있는 곳으로 자동차를 운전해서 가야 한다. 그런 다음에는 다른 집 아이들을 치지 않도록 조심하면서 주차장에 차를 대고, 엄청나게 큰 가방을 손에 쥐고, 화살표를 따라 걸어서, 초현대적인 부엌 설비를 멍하게 바라보다가, 초현대적인 부엌 설비를 멍하게 바라보는 배우자의 팔을 잡아끌며, 도무지 뜻을 알 수 없는 온갖 이름들을 놓고 낄낄거리다가, 마침내 사려고 했던 물건을 찾아내고는, 그걸 자동차로 힘겹게 끌고 온 다음, 트렁크에 싣는다. 그러고는 다시 자동차를 몰아서 집으로 돌아와 그 물건을 내린다. 계단을 걸어 2층까지 그 물건을 옮기고, 그로부터 몇 시간 동안 땀을 뻘뻘 흘리면서 재미있어 보이긴 하지만 도무지 알아들을 수 없는 지시사항을 겨우겨우 해독하기가 무섭게, 꼭 필요한 조립도구가 보이지 않아서 이케아의 노동자가 조립도구 세트를 잘못 챙겼다고 생각하는 순간 그 도구가 내 엉덩이 아래에 깔려 있었고……. "여보, 그런데 이게 정확하게 딱 들어가지 않아, 망치 좀 가져다줄래? 아냐, 잘돼가고 있어. 앞으로 5분이면 다 끝나! 별거 아냐, 금방 해치울 수 있어!" 그런데 망치는 자기 뒤에 놓여 있었고……. 이런 길고 긴 과정이 끝나고 나서야 마침내 야호! 드디어 침실용 탁자와 램프가 완성됐다.

이 모든 일을 마치고 나면 강한 애착을 느낄 수밖에 없지 않은가? 이것은 '우리' 물건이다. '우리'가 해냈다. 우리는 돈 몇 푼 때문에 이 물건을 내다팔지는 않을 것이다. 이것이 바로 이케아 효과다.

브래들리 부부가 자기 집에 들였던 그 모든 노력을 생각해보자. 거실을 넓게 튼 일, 아이들 사진, 자전거 거치대……. 거기에 들였던 그 모든 노력과 정성 때문에 그 집은 스스로 직접 창조한 특별한 것으로 느껴졌다. 두 사람이 보기에 작은 변화나 개선이 하나씩 이뤄질 때마다 집의 가치는 높아졌다. 그 집은 그들이 들인 노력과 정성 덕분에 그들과 그들 취향에 완벽하게 딱 들어맞게 됐다. 그들은 그 집을 무척 사랑했을 뿐만 아니라 다른 이들도 자기들처럼 그 집을 사랑하는 게 당연하므로 그렇지 않을 수도 있음을 도저히 믿지 못했다.

누구든 아무런 노력도 들이지 않고 어떤 물건을 임의로 '소유'하게 될 수도 있다. 지브 칼몬Ziv Carmon과 댄이 듀크대학교 학생들을 대상으로 실험을 진행한 적이 있는데, 이 실험을 통해 두 사람은 추첨으로 농구경기 입장권을 따낸 학생들은 그 입장권에 (그 입장권을 가지고 있지 않은) 다른 학생들이 기꺼이 지불하겠다는 가격보다 훨씬 더 높은 가격을 매긴다는 사실을 확인했다. 심지어 똑같은 날 똑같은 경기, 똑같은 경험을 제공하여 실질적 가치가 동일한 경기임에도 그랬다.[3] 당첨된 사람이 그렇지 않은 이들보다 그 입장권의 실질적 가치를 높게 평가할 이유는 아무것도 없다. 그들이 그 입장권을 갖고 있다는 게 이유라면 이유일 뿐. 코넬대학교 학생들을 대상으로 한 비슷한 맥락의 다른 실험에서도 결과는 마찬가지였다. 머그컵을 공짜로 받은 학생들은 그렇지 않은 학생들에 비해 그 머그컵의 가치를 두 배로 평가했다.[4] 이는 그 대학생들이 오전 2시 이전에 반드시 커피를 마셔야 하는 특별한 사정이 있기 때문이 아니라, 머그컵을 받은 학생들이 소유의식을 매우 빠르고도 임의적으로 느꼈고 그래서 실제보다 높은 가치를 매겼기 때문이다.

구체적인 형상의 물건에서는 흔히 소유효과가 나타난다. 사람들은 그것을 자기가 가지고 있다는 이유만으로 그 가치를 더욱 높게 평가한다(어쩌면 이는 앞서 6장에서 사례로 들었던 AOL이 고객들에게 서비스 이용권과 CD를 보내곤 했던 이유이기도 하다. 물론 까마득한 옛날이야기이긴 하지만). 심리학자들 사이에서 머그컵이 왜 그렇게 인기 있는 실험 물품이 됐는지는 잘 모르겠지만(솔직히 우리 저자들은 대학생에게는 빨간색 플라스틱 맥주잔이 더 어울린다고 생각한다), 오하이오주립대학교의 연구자들도 머그컵을 이용해서 직접적 접촉이 중요함을 입증했다. 머그컵을 손에 30초 이상 들고 있었던 피실험자 집단은 10초 이하로 들고 있었거나 전혀 만지지 않았던 피실험자 집단보다 더 많은 돈을 주고 그 머그컵을 사겠다고 대답했다.[5] 그렇다, 단 30초 만에 보다 높은 수준의 소유의식, 어떤 물건의 가치를 평가하는 기준을 왜곡할 정도로 강력한 수준의 소유의식이 형성된 것이다. 정말 놀랍지 않은가? 백화점의 의류 매장에서는 옷을 고르는 고객에게 최소 30초 동안 옷을 입고 있어보라고 권해야 하지 않을까? 또 자동차 매장에서는 자동차 구입 의지가 있는 고객에게 잠깐 동안 자동차를 껴안으라고 해야 하지 않을까? 장난감 매장에서 유아들은 자기가 만져본 모든 장난감을 자기 것이라고 주장할 것이다.

한 달에 한 번 정기적으로 제공되는 무료, 혹은 낮은 비용의 시험적인 서비스가 있다고 치자. 어떤 잡지사가 신규 구독자 혜택 차원에서 석 달 동안 월 1달러의 구독료만 받겠다고 할 수도 있고, 어떤 통신사가 고객확보 차원에서 신규 가입자에게는 1년 통신비를 무료로 해주겠다고 할 수도 있으며, 또 어떤 케이블사는 케이블TV와 전화를 패키지로 묶어서 가입하는 고객에게는 1년 동안 월 9.9달러만 받겠다고 할 수도 있다. 그러나 나중에는 결국 요금이 올라간다. 잡지 구독료는 월 20달러로, 스마트폰 통신비는 월 30달러로 그리고 텔레비전을 시청하는 요금은 월 70달러로 각각 오를 것이다(사실 텔레비전 프로그램은 스마트폰으로도 볼 수 있고 텔레비전 뉴스 내용은 잡지를 통해서도 얻을 수 있다).

우리는 사실 그 계약을 '언제든 해지'할 수 있다. 그렇지만 좀처럼 해지하지 않는다. 왜 그럴까? 비록 케이블TV 같은 것을 '소유'하게 되지는 않는다 해도 '시험적인 사용'이 일종의 소유의식을 불어넣기 때문이다. 시험적인 사용이라는 명목으로 제공되는 제품이나 서비스를 사용함으로써 우리는 (그것을 사용해봤다는 단 하나의 이유만으로) 그것의 가치를 예전보다 더 높게 평가하게 된다. 그래서 그 제품이나 서비스의 가격이 올라도 계속해서 그것을 소비한다. 왜냐하면 이제는 소유의식을 유지하기 위해 예전보다 더 많은 비용을 기꺼이(어쩌면 마지못해서) 지불하기 때문이다.

마케팅 전문가들은 자기가 파는 제품이나 서비스(예컨대 케이블TV 패키지 상품이나 가구나 AOL이 준 CD)를 사람들이 일단 소유하고 나면 그들의 관점이 바뀐다는 것을 잘 안다. 이처럼 어떤 제품이나 서비스를 소유하고 난 뒤에는 그러지 않았던 때에 비해 그 상품의 가치를 높게 평가한다. 시험사용 혹은 무료체험 정책을 채택하는 기업들은 마약 판매상과 동일한 사업전략을 구사한다. 이른바 처음에는 무조건 공짜로 제공한다는 전략이다. 이렇게 한번 발을 들여놓고 나면 코가 꿰이고, 나중에는 돈을 싸들고 와서 제발 좀 더 달라고 애원하게 된다. 물론 케이블TV 회사가 마약 카르텔과 똑같다는 말을 하는 건 아니다. 지금은 굳이 케이블TV의 상품을 사지 않고서도 온라인으로 거의 모든 텔레비전 프로그램을 볼 수 있다는 말을 하는 것뿐이다. 그리고 우리는 마약 대신에 맥주나 와인이나 담배나 혹은 청키멍키(아이스크림 브랜드 - 옮긴이)를 선택할 수도 있다.

'**가상소유권**virtual ownership'이라는 심리적 경험도 있다. 어떤 것을 온전하게 사지 않고도 충분한 정도의 소유의식 혹은 미각과 촉각을 누리는 것을 말하는데, 시험적인 사용과는 다르다. 말 그대로 그것을 실제로 소유하지는 않기 때문이다.

예를 들어 이베이 경매에서 미키마우스 시계에 입찰한다고 상상해보자. 경매는 막바지에 다다랐고 우리 응찰가가 현재로서는 가장 높다. 이 상태에서 우리는 아직 그 물건의 소유자가 아니다. 아직 경매가 끝나지 않았기 때문이다. 하지만 그럼에도 우리는 마치 그 물건을 이미 낙찰받은 것처럼, 즉 그 물건의 주인인 것처럼 느낀다. 그 물건을 소유한 상태와 사용하는 상황을 상상하기 시작한다. 그러다가 마지막 순간에 다른 사람이 더 높은 가격을 불러서 그 물건을 가로채면, 머리 꼭대기까지 화를 낸다. 이런 분노는 바로 가상소유권에서 비롯된다. 우리는 그 물건을 소유하지 않았지만 소유했던 것처럼 느끼며, 그 과정에서 미키마우스 시계의 가치를 점점 더 높게 평가한다.

댄은 수천만 달러 가치의 어떤 고급 별장 매매에 관여했던 부동산 중개인과 이야기를 나눈 적이 있다. 가격을 놓고 매도자와 매수자 사이에 밀고 당기는 흥정이 여섯 달 넘게 이어졌다. 처음 흥정이 시작됐을 때 매수자는 자신이 기꺼이 지불하겠다는 금액의 상한선을 결정해둔 상태였다. 그런데 시간이 점점 흐르고 협상이 길어지자 매수자는 생각해둔 상한선을 점점 높였다. 매매 물건인 그 별장에는 아무런 일도 일어나지 않았으며 그저 시간만 지나갔을 뿐임에도 그런 일이 일어났다. 무엇이 이런 변화를 이끌어냈을까? 그 지루한 흥정 기간 동안 매수자는 자기가 그 별장의 주인인 것처럼 생각하기 시작한 것이다. 매수자는 그 별장을 어떻게 사용할지, 또 거기서 어떻게 생활할 것인지 등을 생각했다. 매수자는 그 별장을 자기 상상 속에서만 소유했지만(최종 매매가격에 대한 합의가 아직 이뤄지지 않았으므로) 가상소유권이라는 현상 때문에 그 별장을 실질적으로 소유할 가능성을 포기할 수 없게 됐다. 흥정이 교착상태에 머무는 동안 가상소유권의 강도는 점점 세졌고, 매수자는 별장의 가치를 점점 더 높게 평가했다. 즉, 사겠다는 가격을 올렸다.

성공한 광고 카피라이터들은 어떤 점에서 보면 마술사나 마찬가지다. 이들은 잠재적인 소비자로 하여금 자신이 이미 그 문제의 제품을 소유한 것처럼 느끼게 만든다. 사람들은 이미 그 멋진 자동차를 운전하고 있다고 느끼며, 가족과 함께 남태평양의 어느 아름다운 섬에서 휴가를 보내고 있다고 느끼며, 맥주 광고의 그 멋진 모델들과 함께 사진을 찍고 있는 것처럼 느낀다. 이는 실질적인 소유가 아니다. 그저 가상의 소유일 뿐이다. 광고가 불어넣는 환상이 우리를 광고 속의 그 제품과 연결해준다. 정신적인 접촉이 이뤄지는 15초 혹은 30초 동안 잠재적인 소비자에게는 소유의식이 생성되고, 이 감정은 그 상품을 실질적으로 소유하기 위해서라면 보다 많은 돈을 기꺼이 지불하겠다는 생각으로 이어진다. 얼마나 더 기다려야 텔레비전 광고 장면 속에 시청자의 이미지가 구현되는 기술이 개발될까? 해변에서 스무 살 청년들과 함께 맥주를 마시는 광고 속 주인공이 바로 당신이고 나이다. 우리 저자들은 그런 광고 속에서 가상으로나마 '살 빼기'나 '아재 체형에 대한 찬양'이 실현되면 좋겠다고 기대한다.

그것은 당신이 잃어버린 것 속에 있다

———

소유효과는 이른바 '손실회피loss aversion'와 깊은 관련이 있다. 이 원리는 대니얼 카너먼과 아모스 트버스키가 처음 제기했는데[6] 사람들이 얻는 것과 잃는 것의 가치를 다르게 평가한다는 것이 기본개념이다. 즉 동일한 양의 고통과 즐거움이 있을 때 보통은 즐거움보다 고통을 더 강하게 느낀다. 그런데 이 차이가 결코 작지 않다. 무려 약 두 배나 된다. 다른 말로 하면, 10달러를 잃을 때 느끼는 고통 강도가 10달러를 얻을 때 느끼는 즐거움 강도의 두 배이다. 10달러를 잃을 때의 정서적 충격을 상쇄하려면 20달러를 얻어야 한다는 뜻이기도 하다.

손실회피는 소유효과와 나란히 손을 잡고 작동한다. 사람들은 자기가 가진 것을 포기하고 싶어 하지 않는데, 이런 심리가 작동하는 이유는 부분적으로 자기 것의 가치를 지나치게 높게 평가하기 때문이다. 또한 역으로 자기가 가진 것을 포기하고 싶어 하지 않기 때문에 그 가치를 지나치게 높게 평가한다.

손실회피는 잠재적인 이득보다 잠재적 손실을 더 중요하게 여기도록 만든다. 냉정한 경제적 관점에서 보자면 이치에 맞지 않는 이야기다. 손실과 이득은 방향만 정반대일 뿐, 비중은 동일하기 때문이다. 기대효용에 의거해 의사결정을 내리는 게 마땅하며, 거대하면서도 냉정한 슈퍼컴퓨터처럼 생각해야 마땅하다. 그러나 다행스럽게도 사람은 기대효용 극대화를 지향하는 기계가 아니고, 차가운 피가 흐르는 슈퍼컴퓨터도 아니다. 우리는 사람이다(물론 바로 이런 이유로 우리는 궁극적으로 냉정한 슈퍼컴퓨터의 지배를 받게 될 것이다).

브래들리 부부 이야기에서 봤듯, 어떤 것의 소유자는 그것을 장차 소유하게 될 사람보다 그것의 가치를 높게 평가한다. 손실회피에 의해 발생하는 이 간극 때문에 사람들은 돈 문제와 관련된 온갖 종류의 실수를 저지른다.

우리는 앞서 브래들리 부부가 부동산 시장의 부침을 언급할 때 손실회피가 작동함을 목격했다. 그들은 부동산 거품이 꺼지기 몇 해 전 시점의 최고점을 기준으로 자기 집의 매매가격을 생각했다. 과거 그 역사적인 시점의 주택 가격과 비교할 때 확인할 수밖에 없는 손실에 초점을 맞춰 바라봤던 것이다.

퇴직연금이나 투자금액이라는 영역에서도 세상을 객관적으로 바라보지 못하도록 가로막는 손실회피와 소유효과가 작동한다. 그런데 혹시 당신은 손실회피 따위의 제물이 되지 않을 자신이 있다고 생각하는가? 그렇다면 다음 두 질문을 받았을 때 맨 처음 어떤 반응이 떠오르는지 살펴보기 바란다.

1. 당신은 현재 수입의 80퍼센트로 살아갈 수 있겠는가?
2. 당신은 현재 수입의 20퍼센트를 포기할 수 있겠는가?

이 두 질문의 내용은 수학적으로나 경제학적으로 혹은 슈퍼컴퓨터적으로 동일하고, 따라서 대답 역시 마땅히 동일해야 한다. '당신은 은퇴생활을 하며 현재 수입의 80퍼센트로 살아갈 수 있는가?' 하는 것이 이 두 질문의 내용이다. 그런데 사람들은 두 번째 질문보다 첫 번째 질문에 더 많이 '그렇다'고 대답하는 경향이 있다.[7] 왜 그럴까? 두 번째 질문은 어떤 상황의 손실 측면, 즉 20퍼센트의 손실을 강조하기 때문이다. 이미 알고 있듯, 손실의 무게는 이득의 무게보다 무겁다. 그러므로 두 번째 질문에서 사람들은 고통에 초점을 맞춘다. 이에 비해 첫 번째 질문은 어떤가? 이 질문은 손실을 전혀 언급하지 않기 때문에 '그렇다'라는 긍정적인 대답을 하기가 한결 쉽다.

이득에 초점을 맞출지 아니면 손실에 초점을 맞출지 하는 질문 프레임을 설정하는 문제는 병원에서 환자의 목숨을 놓고 결정해야 하는 경우에도 제기될 수 있다. 위중한 상태의 환자를 놓고 의사가 매우 위험할 수도 있는 조치를 취할지 말지 가족에게 결정하도록 할 때, 의사가 제시하는 의사결정의 프레임에 따라 가족의 대답이 매우 다르게 나타난다. 이는 연구자들이 이미 확인한 바다. 즉, 의사가 '80퍼센트의 사망 가능성이 있다'처럼 부정적인 측면에 초점을 맞출 때보다 '20퍼센트의 생존 가능성이 있다'처럼 긍정적인 측면에 초점을 맞춰 설명하면서 의사결정을 요구할 때 환자 가족은 성공확률이 희박한 무모한 도박을 더 많이 택한다.[8] 당신의 손실회피 딜레마가 훨씬 덜 가혹하기를.

또한 손실회피와 소유효과는 나란히 손을 잡고, 회사가 무료로 지원해주는 퇴직연금 가입을 거절하도록 사람들을 유도한다. 이를테면 어떤 회사는 직원이 일정 금액을 적립하면 그 금액에 준하는 일정 금액을 그에게 기부한다. 직원이 1,000달러를 적립하면 회사가 여기에 1,000달러를 보태주는 식이다. 그러니까 이 사람은 1,000달러를 공짜로 얻는 셈이다. 그러나 이 사람이 한 푼도 적립하지 않는다면 회사도 그에게 한 푼도 보태주지 않는다. 누가 봐도 적립하는 편이 이득이지만 많은 이가 이 저축 프로그램에 돈을 한 푼도 넣지 않는다. 공짜 돈을 거절하는 셈이다.

어째서 공짜 돈을 마다하는 어리석은 짓을 하는 것일까? 여기에는 세 가지 이유가 있다. 첫째, 은퇴 이후의 인생을 위해 돈을 모으는 것이 손실처럼 느껴지기 때문이다. 지금 당장의 지출을 포기하는 것처럼 느껴진다는 말이다. 우리는 봉급을 받아서 여러 가지에 지출한다. 식료품을 사는 데 쓰고 데이트를 하는 데 쓰며, 또 '이 달의 와인' 동호회 회비로도 쓰는데, 봉급의 일부를 포기한다는 건 이것들을 포기하는 것으로 느껴진다. 둘째, 주식시장에의 참여가 돈을 잃을 가능성을 만들어내기 때문이다. 그렇다, 잠시나마 더 많은 돈을 갖고 싶다는 심리, 바로 손실회피이다. 셋째, 회사에서 보태준다는 그 돈을 받지 않는 것이 손실로 느껴지지 않기 때문이다. 실제로도 손해를 보는 게 아니라 이득을 놓치는 것일 뿐이다. 그러나 '손실'과 '실현되지 않은 이득'이 사실상 별 차이가 없음은 조금만 차분하게 생각해도 금방 알 수 있는 문제지만 이는 논리적 차원의 문제고 우리가 어떤 행동을 하거나 어떤 감정을 느끼는 현실적인 차원에서는 그렇지 않다. 이 말을 못 믿겠는가? 그렇다면 계속 읽어나가기 바란다, 증거를 제시할 테니까.

댄은 실험을 하면서 피실험자들에게 각자 자기 연봉이 6만 달러라고 상상하라고 했다. 그러고는 그 회사가 직원이 연봉의 10퍼센트 범위 안에서 퇴직연금을 들면 회사가 그 액수만큼 보태준다는 방침을 세우고 있다고 말했다. 그런데 피실험자들은 식료품도 사야 하고, 문화·오락 활동도 해야 하고, 본인과 가족의 교육에도 지출을 해야 했다. 이런 조건 아래서 피실험자들은 각자 퇴직연금 규모를 얼마로 정할지 판단하고 결정해야 했다. 왜냐하면 6만 달러라는 돈은 모든 것을 다 할 수 있을 정도로 충분하게 많은 돈이 아니기 때문이다(사실, 산다는 게 원래 그렇다). 실험 결과, 연봉의 10퍼센트라는 최고한도액을 꽉 채워서 퇴직연금을 드는 사람은 거의 없었다. 대부분이 아주 조금만 떼어내 적립했다. 이런 식으로 그들은 회사에서 공짜로 주겠다는 지원금을 마다한다.

그런데 이 실험의 조건을 살짝 바꿔서 다른 피실험자 집단에게 회사가 매달 월초에 500달러씩을 직원의 퇴직연금 계정에 입금할 것이라고 말했다. 원하기만 하면 직원은 이 돈을 자기 돈으로 가질 수 있는데, 다만 조건이 하나 붙는다고 했다. 그 돈을 가지려면 회사가 지원하는 금액만큼 자기도 퇴직연금에 적립을 해야 한다는 조건이었다. 예를 들어 직원이 한 달에 500달러씩 그 계정에 적립하면 그는 전체 1,000달러를 모두 가질 수 있다. 그러나 만약 직원이 100달러만 적립하면 회사에서 입금한 500달러 중 100달러만 남고 나머지 400달러는 다시 회사 계정으로 빠져나가 버린다. 매달 자기 퇴직연금 계정에 최대한도 금액을 적립하지 않는 직원은 회사로부터 공짜로 받을 수도 있었던 특정 금액이 본인의 퇴직연금 계정에서 빠져나갔다는 안내 메시지를 받았다. 피실험자들은 월초에 얼마의 돈을 회사가 본인의 퇴직연금 계정에 입금했는지, 본인이 그 계정에 얼마를 입금했는지, 나중에 그 계정에서 얼마가 회사 계정으로 다시 빠져나갔는지 안내하는 메시지를 받았다.

"회사에서 당신의 퇴직연금 계정에 500달러를 입금했지만 당신이 100달러만 입금했기에, 그 계정에서 400달러가 다시 회사 계정으로 빠져나갔습니다."

이렇게 하자 손실이 보다 뚜렷하게 부각됐다. 당연히 피실험자들 사이에서는 손실회피 심리가 촉발됐고, 401(k) 퇴직연금(미국의 근로자퇴직소득보장법 제401조 k항에서 유래한 명칭의 퇴직연금으로 직원들이 자동가입하게 하되, 거부 선택권을 행사할 수 있다. 직원이 일정 금액을 저축하면 기업이 그에 상응하는 금액을 보태준다 – 옮긴이) 불입액을 신속하게 최대한도로 늘렸다.

손실회피를 이해하고 나면 그리고 많은 것이 이득이나 손실이라는 프레임으로 재구성될 수 있음을(그리고 이득보다 손실 프레임이 사람들에게 더 큰 동기부여로 작동함을) 온전하게 이해하기만 하면, 우리는 어쩌면 퇴직연금 불입금액을 얼마로 할지와 같은 여러 선택의 프레임을 새로 짤 수도 있을 것이다. 장기적으로 볼 때 자신에게 더 유리한 행동을 하도록 스스로를 설득하는 쪽으로 말이다.

손실회피는 장기적인 차원의 위험을 측정하는 우리의 능력을 무디게 만들기도 한다. 이런 문제는 특히나 투자계획에 좋지 않은 영향을 주는데, 위험이 개재되어 있고 투자금의 가격 변동이 심할 때는 눈앞의 잠재적인 손실을 넘어서서 미래의 수익을 상상하기가 무척이나 어렵기 때문이다. 장기적인 관점에서 보자면 주식투자는 채권투자보다 수익률이 훨씬 더 높다. 그러나 단기간만 놓고 보면 고통스러운 손실을 동반하는 짧은 구간들이 수도 없이 이어진다.

주가가 어떤 시점을 기준으로 55퍼센트나 올랐다가 거기서 다시 45퍼센트포인트 떨어졌다고 치자. 이 정도면 상당히 좋은 성적이다. 그러나 이는 몇 주나 몇 달 혹은 1년 단위가 아니라 어디까지나 장기적인 차원의 평가이다.

그런데 주가가 올라가는 시기와 내려가는 시기를 우리가 전혀 다르게 경험한다는 데 문제가 있다. 주가가 올라갈 때는 그저 조금 행복하지만 주가가 내려갈 때는 참담하기 그지없다. 앞에서도 말했듯이 행복을 수치로 계량화할 수 있다면 주가가 내려갈 때의 고통 크기는 주

시간과 돈 VS 시간과 행복

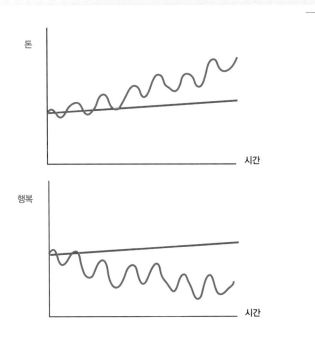

직선은 고정된 이자율을 나타내고 구불구불한 선은 등락을 거듭하는 수익률을 나타낸다. 위는 시간과 돈의 함수 그래프이고, 아래는 시간과 행복의 함수 그래프로 손실이 수익보다 두 배의 충격을 가져다준다는 손실회피 심리를 고려해서 수익과 손실에 대한 심리적 반응을 나타냈다. 이 두 개의 그래프를 보면, 수익률이 들쭉날쭉하게 반복되는 와중에 돈은 처음보다 더 불어났지만 행복을 기준으로 놓고 보면 전체 과정이 부정적인 경험으로 인식됐음을 알 수 있다.

가가 올라갈 때의 행복 크기의 두 배다. 주가 하락이 미치는 충격을 보다 크게 받아들임으로써 우리는 전체적으로 볼 때 55퍼센트의 상승과 행복을 느끼지만 90퍼센트(45퍼센트의 두 배)의 하락과 고통을 느낀다.

손실회피 심리가 작동하기 때문에 주식시장을 단기적인 시각으로 바라보면 고통스러울 수밖에 없다. 그러나 장기적인 관점에서만 바라보면 보다 큰 위험을 감수해도 마음이 한결 편안해진다. 실제로 슐로모 베나치Shlomo Benartzi와 리처드 탈러는, 장기적인 관점에서는 손실회피가 작동하지 않기 때문에 단기수익률을 바라볼 때보다 장기수익률을 바라볼 때 봉급생활자들이 퇴직금을 주식에 더 기꺼이 투자한다는 사실을 발견했다.[9]

손실회피는 이 외에도 다른 투자 관련 문제를 많이 야기할 수 있다. 일반적인 차원에서 말하자면, 손실회피는 상승하는 종목을 (그때까지 확보한 이득을 잃어버리고 싶지 않은 마음에) 너무 빨리 팔아치우게 만들고 하락하는 종목을 (손실을 현금화하고 싶지 않은 마음에) 너무 늦게까지 붙들고 있게 만든다.[10]

단기적 손실의 고통을 회피하기 위한 한 가지 해결책은 위험성이 높은 주식투자를 피하고 채권에 우선적으로 투자하거나 비록 0에 가깝긴 하지만 확실한 이자를 보장해주는 적금을 선택하는 것이다. 채권의 가격은 주식 가격만큼 등락폭이 심하지 않다. 그렇기 때문에 채권에 투자하면 주식투자를 할 때처럼 손실회피로 인한 고통을 당하지 않아도 된다. 이런 선택을 하면 물론 그 순간에는 손실을 느끼지 않겠지만 은퇴 시기에 가서는 손실을 느끼게 된다. 그러나 그때는 슬프게도 마음을 고쳐먹고 투자 결정을 바꾸기에는 이미 늦다.

우리 두 저자가 선호하는 또 다른 투자 접근법이 있는데, 바로 자신이 한 투자를 아예 쳐다보지도 않는 것이다. 일정한 시간에 걸쳐 진행되는 작은 규모의 가격 등락에 지나칠 정도로 민감한 사람이라면 장기적인 의사결정을 딱 한 번만 하고 끝내버리는 것이 하나의 해결책이 될 수 있다. 그러면 손실회피가 우리의 행동을 성급하게 좌우할 여지가 없어진다. 우리 저자들은 자신의 투자 포트폴리오를 1년에 딱 한 번만 본다(솔직히 말하면, 그러려고 노력한다). 요컨대 우리는 우리가 비이성적일 수밖에 없음을 인정하며, 그 비이성적인 특성과 정면으로 맞붙어 싸워도 절대 이기지 못할 것임을 알기 때문에 될 수 있으면 그 싸움을 회피한다. 이것이 《손자병법孫子兵法》에 나오는 36계와 정확하게 일치하는지 어떤지는 모르지만, 우리 저자들은 이 접근법을 독자들에게 강력히 추천한다.

잠깐! 아직 할 이야기가 남았다!

———

　　예를 들어서 통신사는 문자, 통화, 데이터, 미국 연방통신위원회FCC 수수료, 전화기 임대료, 전용선 사용료 등처럼 우리가 사용하는 모든 사소한 것에 요금을 부과하지만, 통신사는 사용자가 여러 개의 작은 손실을 느끼지 않도록 하려는 친절한 배려 차원에서 이 모든 것을 하나의 커다란 요금으로 뭉뚱그려서 청구한다. 이 얼마나 멋지고 아름다운 거래인가! 사용자가 단 한 번의 손실만을 느끼면서 여러 가지 소중한 이득을 얻으니 말이다.
　　통신사의 이런 접근법은 '손실 합치기aggregating losses 및 이득 분리하기

aggregating gains'로 알려져 있으며, 이는 우리에게 단 한 번의 고통스러운 손실만 안겨주면서 여러 가지 즐거운 이득을 가져다준다. 어떤 제품이 여러 특성을 지니고 있을 때 각각의 특성을 따로 분리해 강조하는 한편 그 모든 것에 대한 비용은 하나로 합쳐서 청구하는 것이 판매자에게는 유리하다. 소비자는 심리적으로 이런 가격정책에 한층 더 매력을 느낀다.

기독교 신자라면 천지창조와 관련해서 하나님이 천사들에게 다음과 같이 재미있는 이야기를 들려주는 상황을 상상할 수도 있다.

"맞아, 복수의 이득을 하나씩 따로 분리하는 게 얼마나 잘 먹히는지는 나도 알아. 내가 물고기며 동물이며 나무 그리고 이 세상의 모든 것을 창조하는 데 한 주가 걸렸는데, 사실은 그냥 하나의 세상일 뿐이야. 그런데 만일 사람들이 이것을 창조하는 데 6일이 걸렸고 날마다 다른 것들을 따로 조금씩 창조했다고 생각하길 원한다면야, 나로서는 상관없어, 괜찮아. 마지막 7일째는 쉬면서 미식축구나 보는 걸로 하지, 뭐."

복수의 이득을 하나씩 따로 분리하는 최고의 사례는 텔레비전의 인포머셜 광고(홈쇼핑 광고처럼 상품 정보를 상세히 제공해 소비자의 구매욕구를 유발하는 해설식 광고 – 옮긴이)가 아닐까 싶다. 샴와우Sham Wow 물걸레, 긴슈Ginsu 칼, 1980년대를 휩쓸었던 위대한 록그룹들 노래를 담은 열 장짜리 CD 모음……. 이런 것들의 인포머셜 광고는 단 하나의 낮은 가격에 복수의 용도를 제시하는 데다 덤까지 끼워준다. 이를테면 이런 식이다.

"상체가 좋아집니다, 빵빵하게! 엉덩이도 좋아지죠! 한 쪽이 아니라 두 쪽 다요! 지금 당장 주문하세요!"

아닌 게 아니라 그래서 제프도 아내에게 청혼할 때 마치 홈쇼핑의 호스트처럼 이렇게 연기할까 하고 생각했다.

"만일 당신이 지금 내 청혼을 받아준다면 당신은 결혼식에서 내 손을 잡게 될 뿐만 아니라 내 팔도 잡게 될 거야. 그리고 다른 손, 다른 팔도……. 내 허리, 내 머리, 내 옷, 내 학자금 대출의 일부, 유대인 시어머니 그리고 그 밖의 엄청나게 많은 것을 갖게 될 거야. 청혼을 받아주겠다고 말해줘, 그러면 조카도 한 명도 아니고 두 명도 아니고 여섯 명이나 거저 생긴단 말이야! 당신은 거의 1년 내내 생일선물을 사게 될 거야, 신나잖아! 자, 빨리 대답해줘, 내가 하는 청혼의 유효기간은 오래 가지 않을 거야, 지금 해야 해. 옆에서 사람들이 지켜보고 있잖아, 자, 어서, 결혼해주겠다고 말해줘!"

제프는 재미있는 추억을 만드는 것을 좋아하기 때문에 정말로 그렇게 청혼할 뻔했다. 하지만 그는 그런 식으로 청혼했을 때 뒤따를 수 있는 잠재적인 손실을 두려워했고, 그래서 보다 덜 위험한 전통적인 접근법을 택했다, 다음과 같이.

"나와 결혼해주겠어? 제발 내 청혼을 받아줘."

다행히 그게 먹히긴 먹혔다.

당신은 나의 소유권을 매몰시켰다

———

　　이득보다 손실을 강조하고 자기 소유물을 실제보다 높게 평가하는 인간의 통상적인 심리적 경향은 **매몰비용** sunk cost과 결합할 때 한층 강력한 힘을 발휘한다.

　어떤 것에 이미 투자했을 때는 그 투자금을 포기하기가 어렵다. 이때 이미 투자된 이 비용을 매몰비용이라고 한다. 사람들은 이미 투자한 비용이 아까워서 거기에 계속 투자하려 한다. 달리 표현하면, 이미 투자한 것을 잃어버리고 싶지 않은 마음에 약간의 희망적인 생각을 보태가면서 밑 빠진 독에 계속 물을 들이붓는다. 자, 당신이 자동차 제조사의 CEO인데 비용이 1억 달러나 들어가는 신차 개발계획을 진행하고 있다고 치자. 그런데 이미 그 비용의 90퍼센트를 투자했는데, 갑자기 경쟁사에서 당신이 개발하려는 자동차보다 연비가 더 좋고 가격도 더 낮으며 환경적으로도 더 바람직한 자동차를 거의 완성했다는 정보를 입수했다. 그렇다면 여기서 문제! 과연 당신은 비록 경쟁사의 경쟁모델보다 뒤처지기는 하지만 이 모델의 자동차를 누군가가 사주기를 기대하면서 나머지 1,000만 달러를 더 투자해서 신차 개발 프로젝트를 완성할 것인가, 아니면 그 프로젝트를 포기하고 1,000만 달러를 아낄 것인가?

　자, 다시 똑같은 상황을 한 번 더 상상해보자. 이번에는 당신이 아직 1달러의 돈도 투자하지 않았고 전체 개발비는 1,000만 달러밖에 안 된다. 그런데 당신이 이 프로젝트에 착수하려는 참에 경쟁사가 당신이 개발하려는 모델보다 여러 가지 점에서 우수한 모델의 설계를 이미 완료했다는 정보를 입수했다. 그렇다면 당신은 1,000만 달러를 투자할 것인가, 아니면 프로젝트를 포기할 것인가?

이 두 가지 상황은 지금 시점에서 1,000만 달러를 투자할 것인가, 말 것인가를 결정해야 한다는 점에서 정확하게 동일하다. 그러나 첫 번째 경우에는 이미 투자한 9,000만 달러를 고려 대상에서 제외하기가 어렵다. 첫 번째 경우에 대부분은 투자를 계속 이어간다. 두 번째 경우에는 거의 대부분 단 한 푼도 들이지 않고 프로젝트를 포기한다. 합리적인 사람이라면 이 두 가지 상황에서 동일한 의사결정을 내리겠지만, 실제로 그러는 사람은 거의 없다. 누구나 인생을 살아가면서 많은 것에 투자한다. 그런데 어떤 일이나 정책, 집 혹은 주식에 투자했다면 이미 얼마를 투자했는지 돌이켜서 생각하지 말아야 한다. 지금 하는 투자가 미래에 자신에게 얼마나 큰 가치를 가져다줄지 하는 측면에만 초점을 맞춰야 한다. 그러나 우리는 그렇게 이성적이지 못하며, 그게 말처럼 그렇게 쉽지도 않다.

매몰비용은 인생이라는 장부에서 영원히 손실로 기재될 수밖에 없는 비용이다. 자신이 영원히 짊어져야 할 비용이며 결코 지워버릴 수 없는 비용이다. 매몰비용을 생각할 때 사람들은 단지 그 금액만을 바라보지 않고 그 금액과 함께 들어간 희망과 꿈 그리고 그 모든 선택과 노력도 함께 바라본다. 그렇기 때문에 매몰비용이 한층 더 무거워질 수밖에 없다. 매몰비용의 가치를 실제보다 높게 평가함으로써 그것을 포기하고 싶은 마음이 적어지고, 결국 헛된 구멍을 계속 더 깊이 파고

들어가게 된다.

댄은 참가자들이 100달러짜리 지폐를 경매 방식으로 매입하는 게임을 통해 매몰비용의 개념을 보다 분명하게 입증했다. 이 게임에는 네 가지 규칙이 있었다. 규칙① 응찰 가격은 5달러에서 시작된다. 규칙② 호가는 한 번에 5달러씩 늘려간다. 규칙③ 가장 높은 가격을 부른 사람은 그 돈을 내고 100달러짜리 지폐를 가져간다. 마지막으로 규칙④ 두 번째로 높은 가격을 제시한 사람 역시 자신이 제시한 금액의 돈을 내놓되 아무것도 가져가지 못한다. 이 게임이 진행되자 입찰액은 50달러 그리고 55달러까지 올라갔다. 55달러에 낙찰되면 댄이 돈을 벌게 된다(55달러를 부른 사람이 55달러를 내고 100달러짜리 지폐를 가져가지만 두 번째로 높은 가격인 50달러를 부른 사람이 50달러를 내놓기 때문에 결국 5달러가 남는다). 그리고 어떤 시점에서 누군가가 85달러를 부르고 또 누군가는 90달러를 부른다. 이 시점에서 댄은 게임을 멈추고서, 가장 높은 가격을 부른 사람이 90달러를 내고 100달러를 가져가니 10달러를 벌 수 있고 두 번째로 높은 가격인 85달러를 부른 사람은 85달러를 잃게 된다는 사실을 상기시킨다. 그리고 두 번째로 높은 가격을 부른 사람에게 95달러를 부를지 묻는다. 그는 당연히 그렇다고 대답한다. 그러면 조금 전에 90달러를 부른 사람 역시 당연히 100달러를 부른다.

그런데 게임은 거기에서 끝나지 않는다. 댄은 다시 95달러를 부른 사람에게 105달러를 부를지 묻는다. 물론 그 사람이 포기하면 95달러를 내놓아야 한다. 그러나 응찰액이 100달러를 넘어섰는데도 계속 응찰하면 자기가 손해 볼 게 뻔하다. 이 경우에 손해액은 (105달러를 내고 100달러를 가져가게 되므로) 5달러밖에 되지 않지만, 그 뒤로도 계속 게임이 진행되면 손해액이 점점 불어난다. 이렇게 해서 두 사람은, 어느 순간 한 사람이 이게 얼마나 미친 짓인지를 깨닫고 중도에 포기할 때까지 계속 상대방보다 5달러 더 높은 금액을 부르게 된다. 이런 상황에 대해 댄은 다음과 같이 말한다.

"내가 이 게임으로 가장 많은 돈을 번 건 스페인에서였다. 그때는 100유로짜리 지폐를 무려 590유로에 팔았다. 이 게임을 할 때마다 나는 사람들에게 이 게임은 장난이 아니라 실제 상황이라고 미리 분명히 말하며, 또 늘 가장 높은 금액을 부른 사람과 두 번째로 높은 금액을 부른 사람에게 그 돈을 반드시 받아냈다. 아마도 그들은 그 게임을 통해 분명 교훈을 얻었을 것이다. 그게 이 게임의 목적이니까. 그렇게 하는 또 한 가지 이유가 있다면, 나로서는 내 명성을 계속 지켜나가기 위해서라도 그럴 수밖에 없다."

댄의 게임(혹은 실험이나 사기)에서 매몰비용의 효과는 여기 참가한 학생들(혹은 피실험자들, 혹은 호구들)이 얻을 수 있는 95유로라는 잠재적인 이득(최초 응찰액이 5유로이므로, 100유로-5유로=95유로)을 490유로의 손실로 바꿔버렸다. 이는 마치 두 경쟁자가 하나의 시장을 놓고 승자독식 게임을 벌이는 것이나 마찬가지다. 일반적으로 어떤 시장에서는 한 기업이 전체 매출액을 독식하거나 압도적으로 많은 부분을 차지하고, 나머지 기업은 아무것도 얻지 못한다. 그러므로 시장에 참여한 모든 기업은 각 분기마다 연구개발 및 홍보 분야에 투자를 더 할지 말지, 아니면 그 프로젝트를 포기하고 시장에서 철수할지를 결정해야 한다. 경쟁하는 두 기업이 계속 상대방보다 높은 금액을 부르면 어느 시점에서 두 기업 모두 손해를 볼 수밖에 없다. 하지만 이미 투자한 것을 무시하기 어렵기 때문에 그만두고 물러나기가 어렵다. 이런 유형의 시장경쟁에 임하는 비법은 아예 처음부터 그 경쟁에 참여하지 않거나, 아니면 참여했다 하더라도 일이 잘못되는 시점을 재빨리 알아차리고 손실을 최소한으로 줄이는 것이다.

할 아르케스Hal Arkes와 캐서린 블루머Catherine Blumer는 매몰비용을 똑똑하게 생각하지 않는 또 다른 방식을 보여줬다. 두 사람은 피실험자들에게 100달러짜리 스키 여행상품에 이미 돈을 지불했다고 가정하라고 했다(이 실험은 1985년에 진행됐다). 그런 다음 또 다른 스키 여행상품을 피실험자들에게 보여줬다. 피실험자들이 이미 돈을 지불했다고 가정한 여행보다 모든 점에서 좋고, 게다가 비용이 50달러밖에 하지 않는 상품이다. 그러고는 피실험자들에게 이 여행상품도 샀다고 상상하라고 말했다. 그 후 이 두 여행의 일정이 겹쳐서 하나만 선택해야 한다면 어느 쪽을 선택할지 물었다. 그런데 피실험자들 가운데 절반 이상이 ①100달러짜리 상품이 50달러짜리 상품에 비해 상대적으로 만족도가 떨어지고 ②어느 쪽을 선택하든 이미 150달러를 지출했음에도 100달러짜리 상품을 선택했다.[11]

매몰비용은 일상생활 속 이런저런 의사결정에도 영향을 미친다. 댄의 친구는 이혼을 할지 말지를 두고 고민했다. 그의 아내는 남편이 결정을 내리지 못하고 질질 끌자 완전히 지쳐버렸다. 이런 상황에서 댄은 그 친구에게 간단한 질문 하나를 했다.

"이런 상상을 한번 해봐. 넌 지금 그 사람과 결혼을 한 게 아니야, 부부 사이가 아니라는 말이지. 너는 그 사람에 대해 지금 알고 있는 그 모든 것을 다 알고 있긴 하지만 지난 10년간 그저 친구로 지내왔을 뿐이야. 이런 조건을 놓고 판단할 때, 너는 지금 그 사람에게 청혼하고 싶어?"

그러자 그 친구는 그럴 가능성은 손톱만큼도 없다고 대답했다. 그러자 댄이 이렇게 물었다.

"방금 한 그 말이, 네가 어떤 결정을 내려야 하는지 분명하게 말해주는데, 그걸 모르겠어?"

그 친구의 고뇌 가운데 얼마나 많은 부분이 과거의 투자를 말끔히 잊어버리는 게 아니라 오히려 과거를 생각함으로써, 즉 그가 결혼생활에 쏟았지만 이미 매몰비용이 돼버린 온갖 노력과 시간의 가치를 실제보다 높게 평가함으로써 비롯되었을까? 끝나버린 과거에 투자할 노력과 시간을 미래에 투자하면 얼마나 많은 가치가 창출될지를 생각해야 할 바로 그 시점에 말이다. 댄의 친구는 마침내 댄이 제시한 이 관점을 이해했고, 이혼하겠다고 결정했다. 이런 태도나 방식이 무정하고 매몰차기 짝이 없다고 말할 수도 있겠지만, 그 부부에게는 아이도 없었다는 정보를 추가로 제시해야겠다. 아울러 때로는 매몰비용을 포기하고 참신한 눈으로 사물과 상황을 바라보는 편이 모든 사람에게 이롭다는 사실 또한 지적해두고 싶다.

요지는 이렇다. 인생의 많은 측면에서, 자신이 과거에 어떤 투자를 했다고 해서 앞으로도 그걸 계속 이어나가야 한다는 뜻은 아니다. 아닌 게 아니라 이성적인 세상에서라면 사전에 투자한 금액의 규모는 현재의 행동 결정과 아무런 상관이 없다. 또한 만약 이 사전 투자가 실패로 끝났다면 그건 이미 '매몰비용'이다. 성공했든 실패했든 간에 그 돈은 수중에 남아 있지 않다. 그 돈은 이미 날아가고 없다. 미래가치 예측이 더 중요하고 더 필요하다. 때로는 미래를 바라보기만 해도 올바른 선택을 할 수 있다.

미래를 소유하라

———

소유가 관점을 바꿔놓는다. 우리는 자신의 소유 수준에 적응하며, 소유는 이득과 손실을 판단하는 기준선이 된다.

소유의 함정을 극복하려면 소유물의 가치를 정확하게 평가하기 위해 스스로를 그것과 심리적으로 떼어놓아야 한다. 자신이 어디서 왔는지가 아니라 지금 어디에 서 있는지, 또 앞으로 무슨 일이 일어날지에 대해 생각해야 한다. 물론 말로 하긴 쉽지만 실천하기는 훨씬 어렵다. 특히 감정과 시간과 돈을 자기 인생과 소유물(집, 투자금 그리고 인간관계)에 투영할 때는 더욱더 그렇다.

소유효과 때문에 브래들리 부부는 자신들이 잃을 것, 즉 추억이 어린 아름다운 집에 초점을 맞췄다. 미래에 얻을 것, 즉 다른 집을 사고 자주 멋진 외식을 하고 또 적당히 떨어진 곳의 좋은 대학교에 다니는 로버트와 로베르타의 등록금을 낼 돈에 초점을 맞췄어야 했는데 그러지 않은 것이다. 쌍둥이 남매가 다니는 학교와의 거리도 그렇다. 아이들이 정기적으로 집을 찾아오기에는 자동차로 90분 정도의 거리가 적당하다. 이 정도 거리면 충분히 멀기도 해서 주말마다 아이들의 빨래를 해주며 시간을 다 보내지 않아도 된다. 이 부부는 아이들을 보고 싶어 하겠지만, 그렇다고 주말마다 볼 정도로 많이는 아니다.

09

공정함과 노력에 대한 과도한 염려

이른 아침이고, 제임스 놀란은 회의에 참석해 있다. 프레젠테이션 자리다. 아무래도 시간낭비일 것 같지만 그래도 업무의 일부니 어쩔 수 없다. 그는 위젯 회사에 근무하는데 외부 컨설팅 업체를 고용해서 회사의 운영상 결함을 파악하고 해결하는 일을 맡겼다. 6주가 지났고 제임스와 그의 동료들인 중간·고위 간부들은 이제 컨설팅 결과를 보려 한다. 그 결과는 여러 개의 파워포인트 프레젠테이션으로 보고될 예정이다.

컨설팅 팀의 책임자인 지나 윌리엄스는 커다란 바인더 세 개를 힘겹게 들고 회의실로 들어와서는 탁자에 우당탕 소리를 내며 내려놓는다. 이어서 컨설턴트 네 명과 조수 두 명 그리고 기술 담당자 한 명과 보안직원 한 명이 연달아 회의실로 들어온다. 저마다 손에 AV 장비,

더 많은 바인더, 프로젝터, 커피 그리고 페이스트리를 담은 쟁반 등을 들고 있다. 제임스는 회의 전에 그 모든 준비를 마쳐야 했던 그들이 그렇게 하지 않은 이유를 확실히 알지 못한다. 그러나 그는 설탕과 카페인만 있으면 만사 괜찮다. 그것들은 온갖 자잘한 것에 신경 쓰지 않아도 되는 세상으로 그를 인도해주는 마약이나 마찬가지다.

컨설팅 팀이 준비를 한다. 지나는 74장이나 되는 파워포인트 슬라이드를 꼼꼼하고도 끈질기게 한 장씩 넘기면서, 두 달 전에 자신들이 비행기를 타고 왔던 것에서부터 시작해 지금까지 했던 모든 회의와 서류작업, 지금까지 이동했던 동선 및 관련자 미팅과 식사약속 그리고 제공받은 물자들에 이르기까지 온갖 것들을 상세하게 설명한다. 그 모든 슬라이드에 등장하는 화살표와 약어들을 모두 합하면 과연 몇 개나 될까? 중간에 쉬는 시간이 20분 있는데, 그동안에는 지나의 자격증들과 가족사진 그리고 통화기록이 담긴 몇 장의 슬라이드가 지나간다. 이 프레젠테이션은 무려 다섯 시간이나 걸린다. 그러고 결론을 담은 마지막 슬라이드는 다음과 같이 말한다.

"당신의 위젯이 당신에게 무엇을 해줄지 묻지 말고, 당신이 당신의 위젯을 위해 무엇을 할 수 있을지 물어라."

준비된 프레젠테이션이 끝나자 회의실에 있던 모든 사람이 얼마나 흥분했는지, 동시에 자리에서 벌떡 일어나서는 박수를 쳐댄다. 페이스트리 부스러기가 바닥에 떨어지고, 회의실 출입문 앞에는 진심 어린 악수가 기다리고 있으며, 컨설턴트들은 화사한 조명이 켜진 복도로 걸어나간다. 그들은 새롭게 획득한 성취감과 목적의식을 갖고 미래를 향해 뚜벅뚜벅 행진한다.

조금 뒤에 제임스는 CEO 사무실 앞을 지나가다가 CEO가 그 프로젝트 대금으로 72만 5,000달러짜리 수표를 기쁜 마음으로 끊어주는 모습을 지켜본다. 적용 불가능하고 리퍼포징(사이버 공간에서 얻은 정보를 단순히 재조합하는 데 그치지 않고, 새로운 기능이나 목적에 맞게 정렬·가공하여 전혀 다른 정보를 만들어내는 것 – 옮긴이)된 JFK(컨설팅 결과에 대한 JFK식의 언급 – 옮긴이)의 가치가 72만 5,000달러나 된다고? 하긴 뭐, 지금까지 컨설팅 팀이 했던 그 모든 일을 생각하자면 충분히 그럴 가치가 있는 것 같기는 하다.

제임스는 그날 오후에 일찍 회사 문을 나선다. 50달러를 내고 엔진오일을 교환하기 위해서다. 그는 카센터로 가서 비어 있는 작업공간에 차를 세운다. 그러자 카드를 치고 있던 한 무리의 사람들이 그를 바라보는데, 그중 한 사람이 작업을 끝내려면 몇 시간 걸릴 거라고 말한다.

컨설팅 팀의 프레젠테이션을 지켜본 뒤라서 그런지 어쩐지 몸이 가벼운 것 같았고, 그래서 제임스는 집까지 걸어가기로 마음먹는다. 집까지의 거리는 약 3킬로미터이다. 그런데 운수 사납게도 절반쯤 갔을 무렵에 갑자기 하늘에 먹구름이 끼더니 폭우가 쏟아진다. 그는 금방 물에 빠진 생쥐 꼴이 된다. 그래서 비를 피하려고 서둘러서 동네 편의점에 들어간다. 주인은 카운터 뒤에서 마침 우산 꾸러미를 풀고 있다. 제임스는 우산 하나를 집어 든다. 그런데 제임스가 뻔히 바라보고 있는 데서 주인이 '5달러'라는 가격표를 떼어내고는 빈 가격표에 '10달러'라고 손으로 써서 붙인다.

"뭐 하세요? 5달러잖아요."

"아뇨, 10달러입니다. 비가 올 때는 특별가격으로 받습니다."

"예? 그게 무슨 특별가격입니까? 강도가격이지!"

"그러시다면 다른 데 가서 더 싼 우산을 사시든가요."

가게 주인이 턱짓으로 바깥을 가리킨다. 바깥에는 시야가 닿는 모든 곳이 모두 비와 물이다.

"정말 황당하네요. 저 아시잖아요, 내가 이 가게에 한두 번 온 것도 아니고……."

"그럼 다음에 오실 때 꼭 우산을 사세요. 이따금씩은 세일해서 단돈 5달러에 파니까요."

제임스는 잠깐 동안 눈알을 굴린 뒤에 차마 글로 쓸 수 없는 어떤 말을 중얼거리고는 코트 깃을 머리까지 바짝 세우고 우산도 없이 바깥으로 나선다. 그리고 그 비를 다 맞으면서 집까지 걷는다. 그런데 집에 도착해서 흠뻑 젖은 옷을 벗고 나자 언제 그랬느냐는 듯이 비가 멈춘다. 그래서 그는 다시 또 차마 글로 쓸 수 없는 어떤 말을 중얼거리면서 속옷만 입은 채로 계단을 걸어 올라간다.

그런데 카센터에서 전화가 와서는 수리할 데가 생각보다 많다면서 자동차를 밤새 카센터에 둬야 한다고 말한다. 그리고는 제임스가 뭐라고 말하기도 전에 전화를 끊어버린다. 그는 부글부글 끓어오르는 화를 억누르면서 조깅이나 하고 와야겠다고 생각한다. 한바탕 땀을 흘리고 나면 분노도 사라질 것 같아서이다. 그렇게 그는 땀을 흘리면서 조깅을 하고 집에 돌아온다. 그런데 열쇠를 가지고 나오지도 않은 채 문을 잠가버렸다는 사실을 그제야 깨닫는다. 이럴 수가! 아내 르네는 출장 가서 아직 돌아오지 않았고, 아이들은 친구들 집에 가 있다. 비상열쇠를 맡겨둔 옆집도 휴가여행을 가고 없다. 게다가 비까지 다시 올 것 같다. 제임스는 어쩔 수 없이 열쇠 수리공에게 전화를 건다. 두 군데나 건다. 그런데 두 곳 다 자물쇠를 따는 데는 최소 150달러고, 자물쇠를 완전히 교체하는 데는 250달러가 든다고 말한다. 애당초 바가지를 쓸 거라는 예상은 했지만, 열쇠 수리공은 이름만 단 강도들이다. 그렇지만 달리 선택의 여지가 없다. 20분쯤 뒤에 열쇠 수리공이 집에 도착한다. 그는 건들거리며 현관 앞에 다가와서는 손으로 잠금장치를 잡고 뭔가를 비틀고 또 뭔가를 흔들다가 또 뭔가를 쑥 잡아당긴다. 이럴 수가! 문이 그렇게 쉽게 열리다니! 겨우 2분밖에 안 걸렸다.

두 사람은 집 안으로 들어가서 물을 한 잔씩 마신다. 열쇠 수리공은 제임스에게 이렇게 말한다.

"물 고맙고요, 공임은 200달러입니다."

"200달러? 1분밖에 안 걸렸는데요? 그러니까 당신 시급은……. (손가락을 꼽으며 계산한 뒤에) 당신 시급은 1만 2,000달러입니까?"

"그건 잘 모르겠고……. 200달러 주셔야 합니다. 싫으시면 다시 밖으로 나가서 문을 잠가드리죠. 누구 다른 사람에게 부탁해보시든가요, 1분밖에 안 걸릴 테니까요. 알아서 하세요."

"알겠습니다."

제임스는 열쇠 수리공에게 수표를 끊어준 다음에 넷플릭스를 켜고 잠깐 동안 혼자 드라마를 본다.

아내는 그날 저녁 늦게 집에 돌아왔다. 기분이 무척 좋은 상태다. 출장 목적도 달성했고 항공요금 검색 서비스인 카약kayak을 처음 사용해보고 무척 만족스러웠기 때문이다. 공항에서 집까지는 우버Uber 택시를 이용했다. 승용차를 카센터에 맡겼기 때문이다. 르네는 우버를 무척 좋아한다. 그냥 좋아하는 정도가 아니라 광적인 팬이다. 평소 일정이 워낙 들쭉날쭉해서 그녀로서는 우버를 이용하는 편이 여러 가지 번거로움을 피하는 데 훨씬 유리했다. 자기가 승용차를 사용할 수 있는 시간대를 조정하거나 대중교통 시간표를 알아보는 것 등은 여간 번거로운 일이 아니다.

며칠이 지났다. 그녀의 우버 사랑은 변함없지만, 그날은 마침 눈이 많이 왔다. 중요한 고객과 저녁약속을 했는데, 눈 때문에 우버 택시를 잡기가 어렵다. 어렵게 우버 택시를 잡았지만, 보통은 12달러밖에 안 드는 시내까지의 운행인데 이날은 40달러나 달라고 한다. 무려 40달러씩이나! 당연히, 화가 난다! 그래서 그녀는 일반 콜택시를 부른다. 그러고는 저항의 의미로 다시는 우버를 이용하지 않기로 결심한다. 그래서 그 뒤 여러 주 동안 그녀는 우버를 사용하기 전에 그랬던 것처럼 콜택시를 부르거나 버스를 타거나 남편의 승용차를 빌리거나 했다. 이만저만 힘든 게 아니다. 하지만 그녀로서는 바가지를 쓰는 것보다는 차라리 이 편이 낫다.

도대체 무슨 일이 일어나고 있는 걸까?

제임스와 르네의 이 이야기는 사람들이 인식하는 가치에 '**공정함**fairness'이 미치는 영향을 묘사한다. 다섯 살이 넘고 또 정치에 활발하게 관여하지 않는 대부분의 사람은 공정함이라는 개념을 잘 알고 있다. 우리는 공정함을 목격할 때나 공정함을 화제에 올릴 때는 그것이 무엇인지 잘 알지만, 돈과 관련된 일상적인 의사결정 속에서 공정함이 얼마나 중요한 역할을 수행하는지는 잘 알지 못한다.

컨설턴트의 조언이 가져다주는 가치, 비가 올 때의 우산, 잠겨 있지 않은 문, 혹은 승용차를 타고 집으로 돌아오는 것 등은 그 가격이 공정하다든가 공정하지 않다든가 하는 생각과 당연히 아무 상관이 없어야 마땅하다. 그러나 우리가 기꺼이 지불하고자 하는 금액은 사고자 하는 것의 가격이 얼마나 공정하게 보이느냐에 좌우된다. 그것도 매우 큰 폭으로.

어떤 거래를 평가할 때 전통적인 경제학 모델은 창출되는 가치와 지불해야 하는 가격만 단순 비교한다. 그러나 현실 속에서 살아가는 사람들은 가격만 놓고 가치를 비교하지 않고, 공정함 같은 다른 요소까지 가격과 함께 놓고 비교한다. 그래서 아무리 효율적이고 완벽한 경제적 해결책이라고 해도 불공정하게 느낄 때는 그 해결책에 분개한다. 이런 감정은 어떤 거래가 합리적일 때조차, 심지어 (비에 젖지 않고 집까지 돌아올 수 있도록 해주는 도구인 우산에 보다 많은 돈을 지불하는 것처럼) 본인이 매우 큰 가치를 누리게 될 때조차도 영향을 준다.

기본적인 수요공급의 법칙에 따르면 우산은 비가 올 때 수요가 많아지므로 가격이 높아지는 게 당연하며, 눈보라가 몰아칠 때는 우버의 공급이 적고 수요가 많아지므로 요금이 높아지는 게 당연하다. 따라서 보다 높은 가격을 지불하는 것은 완벽하게 당연하다. 엔진오일 교환이나 잠긴 문을 열어주는 서비스의 가치는 공정함과는 아무 관련이 없어야 마땅하다. 얼마나 신속하고 효율적으로 일이 완료되는가만 따지면 된다. 그러나 쉬워 보이고 시간도 별로 들지 않는 어떤 일에 높은 가격을 지불해야 할 때 사람들은 신경질을 내거나 눈을 부라리거나 발을 쿵쿵 구르거나 애먼 흙을 차거나 영업을 하지 못하게 훼방을 놓겠다고 위협을 한다. 왜 그럴까? 가격이 공정해야 한다고 믿는 철부지들이기 때문이다. 사람들은 아무리 그 가치가 좋아도 불공정하다고 믿을 때는 그것을 거부한다. 불공정함을 처벌하고, 때로는 그 과정에서 자기 자신을 처벌한다(굳이 그렇게 하지 않을 수 있었는데도 비에 흠뻑 젖는 편을 선택한 제임스처럼).

사람들이 불공정함을 처벌하는 여러 가지 방식을 입증한 유명한 실험이 있다. 이른바 최후통첩게임ultimatum game이다. 이 용어에서 스릴러 영화의 느낌이 묻어나긴 해도 제이슨 본 같은 캐릭터는 등장하지 않는다.

이 게임의 가장 기본적인 설정에는 참가자 두 명이 필요하다. 이때 한 사람은 '주는 사람'이고 한 사람은 '받는 사람'이다. 두 사람은 처음 보는 사이이며, 또한 앞으로도 다시는 만날 일이 없다. 이들은 상대방으로부터 보복을 받을지도 모른다는 두려움에서 완전히 자유로운 상태이며 어떤 행동이든 취할 수 있다. '주는 사람'은 처음부터 돈을 가지고 시작한다. '주는 사람'이 10달러를 가지고 있다고 치자. 이 사람은 이 돈 가운데서 얼마의 돈을 '받는 사람'에게 주고 나머지 얼마를 자기가 가질지 결정한다. 5달러를 주든, 1달러를 주든 혹은 3.26달러를 주든 상관없고, 이 금액은 순전히 본인이 결정한다. 만약 '받는 사람'이 그렇게 제시된 금액을 수락하면, 그 순간 실험은 끝나고 두 사람은 각자 그 돈을 받아들고 집으로 돌아간다. 그러나 만일 '주는 사람'이 제안한 금액을 '받는 사람'이 거절하면 두 사람 다 한 푼도 받지 못하고, 그 돈은 실험 진행자의 몫이 된다. 즉, 두 사람 다 꽝이고 빈손으로 돌아서야 한다는 말이다.

만일 한 걸음 뒤로 물러서서 슈퍼컴퓨터처럼 정말 냉정하고 이성적이고 논리적으로 생각한다면, '주는 사람'이 얼마를 제시하든, 즉 아무리 적은 돈을 제시한다 해도 '받는 사람'은 그 돈을 무조건 받아서 챙기는 게 옳다. 심지어 1센트라고 해도 그 돈이 생기지 않는 것보다는 이득이기 때문이다. 어쨌거나 공짜로 생기는 돈이고 없는 것보다는 있는 게 나으니까. 만약 우리가 사는 세상이 이처럼 초-합리적이라면 '주는 사람'은 가장 적은 금액을 제시할 테고 '받는 사람'은 무조건 그 제안을 수락할 것이다. 그러면, 끝.

하지만 실제 현실 속의 사람들은 이 최후통첩게임에서 그렇게 행동하지 않는다. '받는 사람'은 공정하지 않다고 생각하는 제안은 설령 자기가 손해를 보더라도 거부해버리고 만다. '주는 사람'이 전체 금액의 3분의 1 미만을 제시할 때 '받는 사람'은 대부분 그 제안을 거부하고, 결국 양쪽 다 한 푼도 챙기지 못한다. 실제로 사람들은 상대방이 불공정한 제안을 하면, 알지도 못하고 또 다시 만나서 거래를 하지도 않을 이 상대방을 응징하기 위해 공짜로 얻을 수 있는 돈을 기꺼이 포기한다. 이런 결과는 공정함에 대한 자기 나름의 기준 때문에 우리가 돈의 가치를 오히려 마이너스로 평가할 수 있음을 보여준다.

이런 생각을 한번 해보자. 만일 당신이 길을 걸어가고 있는데 낯선 사람이 다가와서 당신에게 50달러를 준다. 이때 그 자신은 100달러를 가지면서 당신에게는 50달러만 준다는 이유로 그 돈을 받지 않을까? 아니면 그 돈을 기꺼이 받을 뿐만 아니라 평생 동안 그 길을 날마다 두리번거리면서 걸을까? 만일 당신이 마라톤을 하는데 물컵이 잔뜩 놓인 테이블에 당신이 접근할 수 없다는 이유로, 어떤 이가 내미는 물컵을 거부할 것인가? 아니다, 그건 정신 나간 짓이다. 어째서 사람들은 유리잔에 물이 절반만 차 있을 때 비어 있는 절반의 부분, 즉 공정하지 않은 부분에 그렇게나 자주 초점을 맞출까?

그렇다, 어쩌면 우리는 제정신이 아닐 수도 있다. 연구자들은 최후통첩게임에서 불공정한 제안(예컨대 전체 10달러에서 1달러만 떼어서 주겠다는 제안)이 공정한 제안(예컨대 전체 10달러에서 5달러를 떼어서 주겠다는 제안)에 비해 뇌의 다양한 부위를 활성화시킨다는 사실을 확인했다. '불공정 관련' 영역이 활성화되면 불공정한 제안을 거부할 가능성이 그만큼 더 커진다는 사실을 입증한 것이다.[1] 즉 인간의 두뇌는 불공정함을 싫어하며, 그래서 사람들은 자신의 불쾌함을 드러내는 행동을 한다. 어리석기 짝이 없으며 제정신이 아닌 두뇌다. 이 두뇌를 좋아하지 않을 수도 있지만, 그건 다른 누구도 아닌 우리 인간의 두뇌다.

제임스는 공정하지 못한 우산 가격을 거부했다. 비록 그에게는 우산이 꼭 필요했고 그만한 돈을 치를 여유가 있었고 10달러라는 돈은 어쩌면 비를 맞지 않고 집까지 갈 수 있는 도구인 우산을 구입하는 데 오히려 적정한 가격이었음에도 그 가격 때문에 우산을 사지 않았던 것이다. 한편 그는 열쇠 수리공이 잠긴 문을 금방 연 노동의 가치를 낮게 평가하며 불쾌함과 분노를 분명하게 표현하면서도 열쇠 수리공이 요구한 가격을 거절하지 않았다. 르네는 날씨 때문에 우버 택시의 가격이 일시적으로 높아지는 경험을 하고는, 평소와 같은 날씨에는 우버 서비스의 가치가 여전히 동일했음에도 한동안 우버 사용을 끊어버렸다.

(보다 세심하게 주의를 기울였다면 간파했겠지만, 길고 지루했던 파워포인트

프레젠테이션의 대가로 CEO가 72만 5,000달러를 지불하는 것을 보고도 아무런 마음의 동요가 없었던 바로 그날에 제임스는 비를 맞지 않는 대가로 5달러를 추가 지불하기를 거부했다. 제임스의 뇌가 이 두 거래를 모순적이라고 인식하지 못한 데는 이유가 있다. 이에 대해서는 조금 뒤에 설명할 테니 기다려달라.)

만일 콜라 자동판매기에 온도기가 장착돼서 기온이 높을수록 가격이 높게 부과되도록 설정된다면 어떨까? 기온이 섭씨 35도일 때 이런 콜라 자동판매기를 보며 사람들은 어떤 느낌을 받을까? 온도기가 장착된 자동판매기는 코카콜라 CEO인 더글러스 아이베스터Douglas Ivester가 콜라 매출을 높이려고 제안했던 발상이다. 그러나 이 발상에 소비자가 분노하고 경쟁사인 펩시가 코카콜라를 기회주의자라고 공격하자, 실제로 이런 자동판매기가 생산되지도 않았음에도 아이베스터는 결국 사임해야 했다. 수요공급에 따른 가격 전략은 논리적이며 심지어 합리적이기까지 하다. 그러나 사람들은 이런 발상을 불공정하다고 인식했다. 소비자에게 바가지를 씌우려는 뻔뻔하기 짝이 없는 짓으로 비쳤던 것이다. 그러니 사람들이 분노한 것도 당연하다.

사람들은 경제적인 차원의 거래를 하면서 휴먼기의 '불평'을 저마다 가슴에 품고 있는 것 같다. 사람들은 거래 상대에게 "나에게 손해를 끼치면서 이익을 취하려 하지 말라"고 말하기를 좋아한다. 우리는 너나할 것 없이 모두 성격이 고약하고 타인을 잘 비판한다. 아무리 가치가 높아도 가격이 공정하지 않아 보이면 기분 나빠하며 응징 차원에서 그 제안을 거부해버린다.

공정과 관련된 인식이 개입할 때 사람들은 보다 높은 가격이 성립하는 타당한 이유가 있기만 하다면 가격이 아무리 높아도 신경 쓰지 않는다. 수요공급의 법칙을 관장하는 시장의 보이지 않는 손은 어디로 달아나버렸는지 보이지도 않는다. 어떤 전화 여론조사에서 (전화 여론조사임을 기억하기 바란다) 응답자의 82퍼센트는 폭설이 내린 뒤에 삽의 가격을 올리는 것(이건 비가 올 때 우산 가격을 올리는 것이나 폭설이 내린 뒤에 우버 택시의 가격을 올리는 것과 마찬가지다)은 수요공급이라는 표준적인 경제법칙에서 보면 효율적이고 타당하고 올바르다고 말하면서도, 공정하지는 않다고 대답했다.[2]

2011년에 넷플릭스는 블로그 포스트를 통해 조만간 가격정책을 바꿀 것이라고 발표했다. 스트리밍 서비스와 DVD 대여 서비스를 하나로 묶어서 월 9.99달러를 받다가 두 서비스를 따로 분리해서 각각에 월 7.99달러를 매기겠다는 계획이었다. 소비자 입장에서는 두 개의 서비스 중 어느 하나만 선택하면 월 2달러를 절약하는 셈이다. 한편 두 서비스를 모두 사용한다면 가격이 6달러 가까이 올라가는 셈이다.

대부분의 넷플릭스 사용자는 두 개의 서비스 중 하나만 사용했는데, 이들은 넷플릭스의 가격정책 변화에 어떻게 반응했을까? 그렇다, 그들은 분노했다. 가격이 나빠졌기 때문이 아니라(그 가격정책은 거의 대부분의 사용자에게 유리했다) 불공정하게 비쳤기 때문이다.$ 넷플릭스의 충성스러운 고객들은 다른 곳으로 갈아탔다. 그 바람에 결국 넷플

$ 여기에는 손실회피 심리도 작동한다. 고객들은 두 서비스 중 하나를 이용하지도 않으면서 그걸 포기하고 싶지는 않았다.

릭스는 약 100만 명이나 되는 고객을 잃었으며 주가도 뚝 떨어졌다. 그리고 몇 주 지나지 않아 넷플릭스는 그 야심찬 가격정책을 거둬들었다. 사람들은 넷플릭스가 '소비자에게 손해를 끼치면서 자기 이익을 취하려 한다'고 느꼈기 때문에 실제로는 자기들에게 엄청난 이득이 되는(적어도 9.99달러의 가치가 있는 서비스를 7.99달러만 내고 이용할 수 있으므로) 서비스를 거부했다. 넷플릭스 사용자들은 넷플릭스의 불공정함을 응징하고자 했고, 그 과정에서 자신이 입을 수 있는 손해까지도 기꺼이 감수했다. 자기들이 사용하지도 않는 결합서비스에 부과되는 가상의 6달러 인상을 응징하기 위해 2달러나 저렴한 멋진 서비스를 기꺼이 포기한 것이다.

르네의 우버 택시 경험은 실화를 바탕으로 했다(사실 이 책에서 다루는 다른 이야기들도 모두 실화이다). 2013년에 뉴욕시티에 폭설이 내렸을 때 우버는 요금을 평소의 여덟 배로 올렸다. 사실 평소 요금도 일반 택시요금보다 이미 높은 수준이었다.[3] 특히 사회적 명사들이 앞장서서 우버를 향해 분노의 목소리를 높였다(그들에게는 분노할 시간이 있었다). 그러자 우버는 새로운 요금체계는 단지 '탄력요금제'일 뿐이라고 대응했다. 요금이 급등해야 보다 많은 우버 운전사가 위험한 도로로 나서도록 유인된다는 것이었다. 그러나 그런 발표도 성난 사람들을 진정시키지는 못했다.

우버 고객은 우버 운전사의 신뢰성과 손쉬운 접근성을 좋아하는데, 그렇기에 접근성에 기꺼이 프리미엄 가격을 지불하고자 한다. 그러나 수요와 공급에 따른 시장의 진정한 힘이 거대한 규모로 개입해서, 폭설이 내렸을 때처럼 운전자 공급이 줄어들고 수요가 늘어나 요금도 엄청나게 올라가자 고객은 갑자기 그 프리미엄 가격 지불을 망설였다. 우버가 아예 없다면 택시도 충분치 않을 테고 승객은 택시 잡기가 더 어려울 것이다. 우버는 승차를 원하는 승객과 승차 서비스를 제공하는 운전사 사이의 불균형을 바로잡으려고 추가 요금을 매긴다. 평상시라면 사람들은 공정한 가격과 공정한 가치에 대한 자신의 인식을 기꺼이 바꾸려 들 것이다. 그러나 이는 아주 작은 폭에서만 그렇다. 사람들의 유연성에는 한계점이 존재한다. 프리미엄 가격의 상승 폭이 크고 갑작스럽고 또 기회주의적일 때 이 가격은 불공정하게 느껴진다.

자, 여기서 한 걸음 더 나아가는 사고실험(머릿속에서 생각으로 진행하는 실험 - 옮긴이)을 해보자. 레뷰라는 자동차 서비스가 있다. 레뷰는 늘 우버의 여덟 배 가격을 유지한다. 그렇다면 사용자는 폭설이 내린 때도 레뷰의 높은 가격을 기꺼이 지불할 것이다. 그것이 레뷰의 통상적인 요금이기 때문이다. 사실 사람들은 그것을 하나의 거래로 생각할 것이다. 사람들이 우버의 요금인상을 불공정하다고 생각한 이유는 그들이 운송수단을 가장 절실하게 필요로 할 때 우버가 요금을 올렸기 때문이다. 만일 레뷰의 요금이 늘 우버의 여덟 배라면, 폭설이 왔을 때도 레뷰의 요금을 불공정하게 보지는 않았을 것이다. 비록 여느 때도 늘 지나치게 높아 보이긴 했겠지만 말이다.

공정한 노력

———

어째서 공정함의 원칙이 가치 인식을 바꿔놓을까? 어째서 사람들은 불공정하다고 믿는 것의 가치를 낮게 평가할까? 어째서 르네는 우버를 포기했고, 제임스는 비를 쫄딱 맞더라도 우산 없이 걷는 쪽을 선택했을까? 공정함이 마음속에 깊이 뿌리를 내리고 있기 때문이다. 그렇다면 무엇이 사람들로 하여금 어떤 것을 때로 공정하거나 불공정하게 바라보도록 만들까? 이 모든 질문에 대한 대답을 관통하는 요소는 바로 '노력'이다.

모든 것에 투입되는 노력의 수준을 평가하는 것은 지불해야 하는 특정 가격의 공정함을 평가할 때 사람들이 일상적으로 사용하는 손쉬운 지름길이다.

우산 파는 일이 비가 온다고 해서 더 어려워지지는 않는다. 폭설 속에서 운전하려면 평소보다 더 많은 노력이 들긴 하겠지만, 그렇다고 해서 여덟 배나 많은 노력이 들지는 않는다. 이런 가격인상은 추가로 투입된 노력과 일치하지 않는 것으로 보이며, 사람들은 생산비가 전혀 증가하지 않는 상황에서 그런 가격급등은 불공정하다고 믿는다. 그러나 제임스와 르네가 오로지 노력에만 (그래서 결국 공정함에만) 초점을 맞출 때 놓치는 것이 있다. 바로 자기들이 누리는 서비스(예컨대 비를 맞지 않고 안전하게 집으로 돌아가는 것)의 가치가, 설령 그 서비스 제공자가 들인 노력이 전혀 변하지 않았다고 해도, 새로운 환경 덕분에 증가했다는 점이다.

제임스는 열쇠 수리공이 부른 가격이 공정하지 않다고 생각했다. 왜냐하면 잠긴 자물쇠를 여는 데 1~2분밖에 걸리지 않았기 때문이다. 그러나 만일 그 열쇠 수리공이 서툴러서 쓸데없는 노력을 낭비하면서 오랜 시간을 끌었다면 어땠을까? 이런 일은 얼마든지 있을 수 있다. 실제로 어떤 열쇠 수리공은 댄에게 이런 얘기를 해줬다. 자기가 처음 일을 시작했을 때는 잠긴 자물쇠를 여는 데 무척 많은 시간이 걸렸다고 한다. 심지어 어떤 때는 잘못해서 자물쇠를 망가뜨리기까지 했다. 그러니까 처음부터 잠긴 자물쇠를 부숴버리고 새 자물쇠를 설치하는 것보다 더 많은 시간과 돈을 들였다는 것이었다. 그럴 때는 잠긴 자물쇠를 여는 작업의 표준 공임 외에 부서진 자물쇠 교체비용까지 함께 요구하곤 했는데, 그때마다 사람들은 기꺼이 그 모든 비용을 지불했을 뿐만 아니라 심지어 팁까지 주더라고 했다. 그런데 기술이 늘어서 자물쇠를 망가뜨리는 일 없이 (그러므로 자물쇠를 교체하고 여기에 따른 추가비용 및 공임을 요구할 일도 없이) 작업을 신속하게 할 수 있게 되자 고객들은 팁을 주지 않는 것은 말할 것도 없고 공임이 비싸다고 항의를 하고 나서더라는 것이었다.

잠깐…… 뭐라고? 잠긴 자물쇠를 여는 것의 가치가 얼마나 되느냐고? 우리는 이 질문을 해야 하고 또 대답을 찾아야 한다. 그러나 거기에는 가격을 매기기가 어렵다. 그래서 사람들은 잠긴 문을 여는 데 얼마나 많은 노력이 투입되는지를 살핀다. 노력이 많이 들어갈 때 사람들은 보다 많은 돈을 지불해도 전혀 마음 불편해하지 않는다. 그러나 사실 중요하게 따져야 할 것은 열린 문의 가치다.

이것이 바로 무의식 속에서 노력과 가치가 한데 뒤섞여서 무능한 열쇠 수리공에게 더 많은 돈을 지불하게 되는 이유다. 눈에 띄게 두드러진 노력에 돈을 지불하기는 쉽다. 그러나 정말로 높은 수준의 기술을 갖고 있어서 노력을 별로 들이지 않고서도 쉽고 효율적으로 일을 해치우는 사람에게는 돈을 지불하기가 더 어렵다. 별로 노력이 많이 들어가지 않은 것처럼 보이고, 따라서 그만큼 가치가 낮아 보이기 때문이다.

온 아미르On Amir와 댄은 사람들에게 데이터 복구에 얼마를 지불하는지 물어보는 연구를 진행했다.[4] 그 둘은 복구된 데이터의 양에 비례해서 돈을 지불하지만, 기술자가 들인 시간에 가장 민감하게 반응한다는 사실을 확인했다. 데이터 복구 작업이 몇 분 만에 끝났을 때는 비용을 기꺼이 지불하겠다는 의지가 낮았지만, 동일한 양을 일주일 이상 걸려서 복구했을 때는 더욱 많은 돈을 기꺼이 지불하려 들었다. 그러니까 데이터 복구 서비스를 받은 사람들은 동일한 결과물을 두고 속도가 느린 서비스에 보다 많은 돈을 지불하려 든다는 말이다. 따지고 보면, 결과보다 작업에 들인 노력을 더 높이 평가했을 때 유능한 사람보다 무능한 사람에게 더 많은 돈을 지불하는 셈이다. 실제로는 전혀 이성적이지 않음에도 무능한 사람에게 돈을 지불할 때 사람들은 보다 이성적이라고 느끼고 또 더 마음 편안해한다.

파블로 피카소에 얽힌 전설 같은 이야기가 있다. 어느 날 그가 공원에 있는데 한 여자가 다가와서 초상화를 그려달라고 했다. 그러자 그는 그 여자를 잠깐 살펴보고는 그야말로 일필휘지로 초상화를 그려

줬다.

"당신은 단 한 번의 붓질로 나의 진짜 모습을 포착하셨네요. 놀라워요! 그런데 얼마를 드려야 하나요?"

"5,000달러요."

"네에? 어떻게 그렇게 많은 돈을 받으려고 하세요? 몇 초밖에 안 걸렸잖아요!"

이 항의에 피카소는 다음과 같이 대답했다.

"몇 초라니 무슨 말씀을요, 내 평생의 시간에다 몇 초가 더해진 시간이 걸렸는데요."

여기서는 전문성과 지식과 경험이 중요하다. 그러나 노력을 중심으로 가치를 평가할 때, 우리는 이런 것을 제대로 바라보지 못하고 정확하게 가치를 평가하지도 못한다.

또 다른 이야기도 있다. 에버는 자동차에 발생한 어떤 문제 때문에 골치가 아팠다(이 문제를 소음이나 제대로 작동하지 않는 창문이라고 하자). 그런데 카센터의 정비공이 이 문제를 드라이버 하나로 단 몇 분 만에 해결하고는 80달러를 내놓으라고 한다. 이런 상황에서 대부분은 화를 내게 마련이다. 그런데 만일 다른 정비공이 세 시간을 들여 고치고는 120달러를 내놓으라고 한다면 어떻게 하겠는가? 120달러 쪽이 더 합리적으로 보이는가? 혹시 나흘이나 걸려서 고치고는 225달러를 내놓으라고 한다면? 어떻게 고쳤던 간에 우리가 초점을 맞춰야 하는 건 해결된 문제가 아닐까? 그렇게 본다면 짧은 시간에 고친 첫 번째 경우와 그 가격이 훨씬 합리적이다.

컴퓨터 수리 기술자를 생각해보자. 그는 당신 회사의 핵심 서버가 고장 났을 때 구성파일 하나만 수정해서 이 문제를 해결할 수 있는 사람이다. 이때 당신 회사가 이 기술자에게 수리비를 지불하는 근거는 겨우 5초밖에 안 걸리는 그 단순한 조작이 아니라 어떤 파일을 바꿔야 하는지 알고 그 방법을 알고 실행한다는 것이다. 혹은 당신이 액션영화의 주인공과 함께 핵폭탄을 해체하려 한다고 치자. 이 폭탄의 시한 장치는 째깍째깍 점점 0을 향해서 달려가고 있다. 인류의 운명이 당신 손에 달려 있다. 이 세상의 모든 게 사라질 수 있다! 이때 당신은 그 주인공이 서툰 손으로 폭발 장치의 여기저기를 집적거리게 내버려둘 것인가, 아니면 수억 달러의 돈을 그에게 갖다 바치는 한이 있어도 그가 신속하고 정확하게 움직여서 빨간색 선을 (아니, 파란색 선이든가?) 끊어야 한다는 올바른 지식을 갖고 시한장치를 해체하도록 하겠는가?

궁극적으로 보자면 문제는 지식과 숙련된 기술에 대한 대가로는 돈을 쉽게 지불하지 못한다는 사실이다. 그 기술을 연마하는 데 들어간 세월을 고려해서 기꺼이 지불할 수 있을 만한 액수를 결정하기란 쉽지 않다. 우리 눈에는 그다지 어려워 보이지도 않는 일에 엄청난 돈을 지불한다는 것만이 보이기 때문이다.

고객이 스스로 내고 싶은 액수만큼만 내는 요금 지불방식이 식당들이나 예술가들 사이에서 점점 늘어나는 것 역시 공정함과 노력이 가치평가에 얼마나 큰 영향을 미치는지를 입증한다. 손님들에게 내고 싶은 액수만큼만 음식 값을 받는 식당이 있는데, 이 식당은 예전에 책정했던 가격보다 적은 금액을 사람들이 음식 값으로 낸다는 사실을 확인했다. 식당 주인으로서는 반갑지 않은 결과이다. 그러나 반전이 있다. 더욱 많은 이가 식당을 찾았으며, 한 푼도 내지 않거나 터무니없이 적은 금액을 내는 사람은 거의 없었다. 전체적으로 보자면 식당은 예전보다 돈을 더 많이 벌었다.[5] 이처럼 이 식당을 찾는 손님들이 음식 값 지불 의지가 상대적으로 높았던 이유는 그들이 식당 직원들의 노력(주문을 받고, 주방에서 요리하고, 음식을 나르고, 식탁보를 가지런하게 매만지고 와인 병의 코르크를 따는 노동)을 볼 수 있었으며, 여기에 보답해야겠다고 느꼈기 때문이다. 식당에서 음식을 먹고는 한 푼도 내지 않고 그냥 나가는 것은 정직하지 않을뿐더러 공정하지 않게 보인다. 이런 측면은 공정함이 양방향으로 작동함을 보여준다.

자기가 내고 싶은 만큼만 요금을 지불하는 방식을 식당이 아니라 관객이 늘 절반밖에 들지 않는 어떤 극장에서 채택했다고 상상해보자. 영화가 끝나고 난 뒤에 극장 직원은 관객들에게 나가는 길에 요금함에 자신이 내고 싶은 만큼만 관람료를 내라고 안내한다. 이 경우, 관객은 극장이 영화 상영에 노력을 매우 조금밖에 들이지 않았다고 평가할 것이다. 자기들이 오지 않았다면 비어 있었을 의자에 앉히는 것 말고는 극장이 한 건 거의 없다고 생각하기 때문이다. 극장이 제작사나 연기자에게 더 밝은 영상이나 더 나은 연기를 요구했을 리도 없다. 아무리 생각해도 극장이 추가비용을 지출했거나 추가적인 노력을 들인 것 같지는 않다. 즉, 극장은 추가로 노력을 기울이지 않았으므로 추가금액을 받을 자격이 없다는 결론이 내려진다. 그렇기 때문에 극장을 찾은 관객에게 관람료를 자율적으로 내라고 하면 이들은 아마도 아주 적은 금액만 낼 것이다.

이와 비슷한 맥락에서 사람들은 저작권이 있는 음악이나 영화를 인터넷 공간에서 공짜로, 즉 불법으로 내려 받을 때도 별로 죄책감을 느끼지 않는다. 왜냐하면 그 음악이나 영화를 제작하는 데 들어가는 모든 노력은 과거에 이미 투입됐으며 그걸 내려 받는다고 해서 제작자에게 추가의 노력이나 비용이 발생하지는 않는다고 생각하기 때문이다(불법 내려받기 단속 노력의 초점이 그 불법 행위의 피해가 고스란히 작가와 공연자에게 돌아간다는 사실을, 즉 개인들이 피해를 입는다는 사실을 강조하는 데 맞춰지는 이유도 바로 여기에 있다).

극장과 식당에서 보이는 전혀 다른 행동은 공정성과 노력이라는 개념과 관련해 고정비용 대 한계비용의 문제를 강조한다. 극장의 좌석이나 조명 같은 고정비용은, 식당에서 요리사가 고객을 위해 굽는 신선한 생선이나 채소 혹은 서투른 초보 직원이 툭하면 깨뜨리는 유리잔 같은 한계비용과 큰 차이가 있다. 고정비용은 고객에게 '받은 만큼 보답하겠다는 마음'을 강하게 불러일으키지 않는다.

극장과 식당의 차이는 또한, 소비자는 자기 눈에 노력이 보이지 않으니 공정하지 않다고 생각하는 가격에는 응징을 가하지만, 노력이 쉽게 눈에 띄기에 공정해 보이는 상품에는 고마워하며 높은 가격임에도 보상을 해주려는 이중적인 모습을 가지고 있음을 분명하게 입증한다. 이는 사람들이 실제 가치와 아무 상관없는 방식으로 뭔가를 평가하는 또 다른 사례가 아닐까? 그렇다. 그리고 바로 이 점 때문에 우리는 **투명성**transparency이라는 개념도 살펴봐야 한다.

투명한 노력의 양면성

———

제임스의 회사는 지나의 컨설팅 회사에 72만 5,000달러나 되는 큰돈을 지불하면서 눈도 깜박하지 않았다. 왜냐하면 지나의 컨설팅 팀이 엄청나게 큰일을 한 것처럼 보였기 때문이다. 그 큰일이란 제임스의 회사가 절박하게 필요로 하는 것들을 파악하고 해결책을 제시했을 뿐만 아니라 자신들이 그 일을 하기 위해 얼마나 열심히 일했는지 보여주는 무려 다섯 시간짜리 프레젠테이션을 준비하고 실행한 것까지 포함한다.

만일 열쇠 수리공이 제임스에게 그렇게 통명스럽게 굴지 않았더라면, 즉 자신이 얼마나 오랜 시간 자물쇠 여는 기술을 연마했으며 또 그 기술이 얼마나 섬세한 것인지 제대로 설명만 해줬더라면, 두 사람이 주먹다짐 직전 상황까지 가지는 않았을 것이다. 만일 코카콜라 CEO가 기온이 높은 조건에서 자동판매기의 콜라를 시원한 상태로 유지하는 데 그만큼 비용이 많이 들어간다는 사실을 설명했더라면, 혹은 날씨가 더울 때는 직원이 평소보다 더 자주 자동판매기를 둘러보고 관리해야 한다는 사실을 설명했더라면, 소비자가 그처럼 분노하지는 않았을 것이다. 그랬다면 아마도 제임스나 콜라 소비자는 기꺼이 보다 많은 돈을 지불했을 테고 화도 그렇게 많이 내지는 않았을 것이다. 열쇠 수리공이나 코카콜라 회사가 들이는 노력이 선명하게 보였을 테니 말이다. 이런 시도를 했더라면 투명성 수준이 그만큼 더 높아졌을 것이라는 말이다.

전통적인 태엽 방식의 시계가 두 개 있다고 치자. 그런데 그중 하나는 케이스가 투명해서 정교한 톱니바퀴들이 맞물려 돌아가는 모습이 훤하게 다 보인다. 이럴 때 사람들은 시계가 작동하는 모습이 훤히 다 보인다는 이유로 이걸 더 비싸게 주고 살까? 아마 그렇지는 않을 것이다(물론 우리 두 저자는 이와 관련된 실험을 해보지는 않았다). 그러나 돈과 관련된 의사결정이나 거래를 할 때는 자기도 모르게 그렇게 한다.

생산원가가 얼마인지 알 때, 사람들이 부지런히 움직일 때, 즉 투입되는 노력이 눈에 직접 보일 때 사람들은 기꺼이 더 많은 돈을 지불한다. 노동집약적인 것이 그렇지 않은 것보다 더 가치 있다는 생각을 부지불식간에 한다. 어떤 금액을 기꺼이 지불하겠다는 심리를 추동하는 것은 객관적으로 존재하는 노력이라기보다 **노력의 외양**이다.

이게 합리적인가? 그렇지 않다. 이것이 가치에 대한 우리의 인식을 바꿔놓는가? 그렇다. 이런 일이 언제나 일어나는가? 두말하면 잔소리다.

지나의 컨설팅 회사는 자기들이 얼마나 많은 일을 했는지 보여주기 위해, 업무 수행의 전체 과정을 재현하는 것 빼고는 할 수 있는 모든 것을 다 했다. 여기에서 시야를 잠시 다른 데로 돌려 시간당 수수료를 부과하면서 비싼 대가를 요구하는 법률회사를 놓고 생각해보자. 사람들이 변호사를 매도하는 데는 여러 가지 이유가 있겠지만, 그중 하나를 들자면 변호사들이 업무에 얼마나 많은 노력을 투입하는지 제대로 보지 못하기 때문이다. 변호사에게 일을 맡긴 사람들은 그저 청구서 한 장만 달랑 받을 뿐이다. 그것도 자기가 몇 시간 일했다는 사실만 적혀 있는 청구서를. 대개는 하루 넘는 시간이 걸려도 그냥 시간만 표시한다. 거기에서는 어떤 노력이나 땀도 찾아볼 수 없다. 심지어 지나의 컨설팅 팀이 만들어서 보여줬던 것 같은 프레젠테이션도 없다.

투명성(즉, 어떤 제품이나 서비스에 녹아든 작업을 드러내는 것)은 자신이 열심히 일해서 우리 돈을 받아간다는 사실을 볼 수 있게 드러낸다. 어떤 것에 많은 노력이 투입됐다는 사실을 알지 못할 때 사람들은 그것의 가치를 제대로 평가하지 않는다. 서비스를 사고파는 데 인터넷이 만만찮게 어려운 매체인 이유도 바로 여기에 있다. 온라인상에서는 사고자 하는 앱이나 서비스에 투입된 노력을 볼 수 없기 때문에 거기에 많은 돈을 지불해야 마땅하다는 생각을 쉽게 하지 못한다.

크고 작은 기업이 투명성이야말로 자신들이 들인 노력과 가치를 보여주고 증명한다는 사실을 깨닫고 있다. 점점 더 많은 기업이 자사 제품이나 서비스의 가치를 사람들이 보다 높게 평가하도록 유도하는 단서들을 제시하고 있다. 여행 사이트인 카약은 특히 더 투명성에 높은 비중을 둔다. 카약의 웹사이트는 검색 과정에서 퀵 메뉴나 스크롤별 항목 그리고 가격부터 비행 편에 이르는 여러 선택권의 조합까지 함께 제시하는 한층 확장된 도표와 풍성한 결과를 보여줌으로써 사람들로 하여금 검색 대상이 지닌 제각각의 특성을 인식하게 해준다. 이런식으로 카약은 자신들이 많은 변수를 고려하고 있으며 이 많은 계산이 이미 수행됐음을 방문자에게 보여준다. 그러면 방문자는 결국 자기를 대신해 수행한 그 모든 것에 감명받고는, 만약 카약이 없었다면 그 모든 정보를 취합하는 일 자체가 불가능했을 것임을 (혹은, 최소한 훨씬 더 많은 시간이 걸렸을 것임을) 깨닫는다.

이를 구글Google 검색과 비교해보자. 어떤 검색어를 넣고 검색 버튼을 누르면 곧바로 대답이 펼쳐진다. 구글이 수행하는 과정은 단순하고 쉬운 게 분명하다, 그렇지 않은가?

또 다른 사례로 피자 업계에서 가장 혁신적이라고 꼽을 수 있는 변화를 들 수 있다. 바로 도미노피자의 앱인 트래커Tracker다. 사람들은 언제든 상관없이 온라인으로 도미노피자에 주문을 한다. 그리고 이 앱은 우리가 주문한 피자가 지금 어느 단계[주문 접수하기, 치즈를 만들기 위해서 젖소의 젖 짜기, 치즈를 피자에 뿌리기, 피자를 오븐에 넣기, 배달 오토바이에 싣기, 배달 오토바이 운행하기, 동맥 뻣뻣하게 만들기, 리피토(고지혈증 약의 상품명 - 옮긴이) 처방받기 등]를 거치고 있는지 보여준다. 도미노피자가 트래커 앱을 간편하게 만들기 위해 이 여러 단계 중 몇 가지를 건너뛴 것은 사실이지만, 피자 체인점이 보여주는 이 단계는 많은 소비자를 날마다 자기 웹사이트로 불러들여서 주문한 피자가 지금 어느 단계에서 진행되고 있는지 지켜보게 만들고 있음이 분명하다.

진행 과정이 가장 불투명한 분야는 정부 조직 및 기관이다. 그런데 정부의 활동을 보다 투명하게 만들고자 한 영리한 프로젝트 하나가 보스턴에서 시행됐다. 보스턴에서 도로보수는 이 도시에 길이라는 게 처음 생긴 이후로 지금까지 끊임없이 이어지고 있다. 시 당국은 도로보수 작업을 투명하게 만들 목적으로 현재 보수를 진행하고 있거나 계획하고 있는 파손된 도로 지점을 모두 온라인 지도에 게시했다. 이런 조치 덕분에 시민들은, 비록 자기 동네 도로에 움푹 팬 구멍이 여러 개 있지만 아직 도로보수 공사 인부들이 오지 않았다 해도 시 공무원들이 어디선가 땀 흘리며 일하고 있음을 알게 됐다. 또한 그들은 이와 연관 지어서 하버드야드(하버드대학교의 중앙 교정 – 옮긴이)에 주차하기가 그토록 어려운 이유를 더 잘 이해하게 됐다.

보스턴이라는 도시 이야기가 나왔으니 말인데, 이 도시에 있는 하버드대학교 교수이자 우리 두 저자의 친구인 마이클 노튼은 투명성의 가치를 입증하는 몇 가지 창조적인 방법을 제시했다. 여기에는 자기와 잘 어울리는 짝뿐 아니라 잘 어울리지 않는 모든 사람을 보여주는 어떤 커플 매칭 사이트의 사례도 포함돼 있다. 이 사이트의 운영자는 잘 어울리지 않는 수천 쌍을 가입자들에게 보여줌으로써(솔직히 말해 그들은 정말 말도 안 될 정도로 끔찍한 커플이다) 자신들이 사이트 회원을 분류하는 데 그리고 또 잘 어울리는 쌍을 엮어주는 데 얼마나 많은 노력을 들였는지 입증해 보인다.[6] 현대의 짝짓기 세계에 우리가 얼마나 말도 안 되게 겁을 먹고 있는지, 또 우리 아내들이 얼마나 사랑스러운지 앞에서 얘기했던가?

만일 우버나 열쇠 수리공 그리고 우산을 팔던 편의점 주인이 책정가격에 투입된 노력이 어느 정도인지 설명해줬더라면, 르네와 제임스의 눈에는 비로소 그 가격이 보다 공정하게 비춰졌을 것이다. 넷플릭스도 사용자들이 스트리밍 서비스를 이용하면서 높은 수준의 요금을 지출하고 있다고, 자신들은 스트리밍과 DVD 대출 두 개 서비스 중 하나만 사용하는 회원들을 위해서 가격을 낮추려고 한다고, 두 개의 서비스를 따로 분리하여 제공함으로써 각각의 서비스 질을 높이려 한다고, 또 더욱 참신한 콘텐츠를 제공할 것이라고 설명할 수도 있었고 또

했어야 하지만 그렇게 하지 않았다. 식당들도 연료비와 식재료비 그리고 인건비 등 모든 가격이 올랐기 때문에 음식 값을 올릴 수밖에 없다는 설명을 게시할 수도 있지만 그렇게 하지 않는다. 정부 관계자는 세금 혹은 자기가 좋아하지 않는 백악관의 어떤 사람을 지목함으로써 자신에게 쏟아지는 비난의 화살을 그쪽으로 돌려놓을 수 있지만 그렇게 하지 않는다. 이런 설명은 고객이 가격인상을 수긍하는 데 도움이 된다. 그러나 기업은 보통 그렇게 하지 않는다. 그렇다. 투명성은 가치를 제대로 이해하는 데 도움이 된다. 그러나 슬프게도, 기업을 운영하는 사람들은 대개 자기 제품이나 서비스 뒤에 녹아 있는 노력을 설명한다고 해서 고객이 그 상품의 가치를 평가하는 방식이 바뀌지는 않을 것이라고 예단한다. 사실은 그렇지 않다. 얼마든지 바뀐다.

투명성을 추구하는 인간의 욕망은 주변 세상의 여러 가치를 온전하게 바라보는 데 도움이 되기도 하지만, 다른 한편으로는 조작에 쉽게 넘어가게 만들기도 한다. 지나의 컨설팅 팀은 자신들이 많은 노력을 쏟았음을 파워포인트 프레젠테이션으로 강조했지만, 과연 그 팀이 정말 그렇게 많은 성취를 이뤄냈을까? 서투른 열쇠 수리공이 많은 시간과 노력을 들여 잠긴 문을 열긴 했지만, 혹시 이 사람이 내 시간 가운데서 한 시간을 낭비하게 한 건 아닐까? 보스턴 시청 소속 공무원들이 정말로 일을 열심히 하고 있을까, 아니면 그저 시늉만 하면서 시간을 보내고 있을까?

우리는 투명성이나 투명성 부족의 제물이 될 수 있다, 그것도 인정하고 싶은 것보다 더 많이……. 어떤 제품이나 서비스에 투입된 노력을 직접 눈으로 확인할 때 우리는 그 가치를 실제보다 높게 평가하는 경향이 있다. 투명성은 노력을 드러내며 따라서 공정함의 외양을 취하기 때문에, 실제 가치와 거의 관계가 없는 여러 가지 방식으로 가치에 대한 우리 인식을 바꿔놓을 수 있다.

집안일과 노력의 관계

————

공정함과 노력에 대한 인식은 돈 문제 차원을 넘어선다. 우리 저자들은 그 누구에게도 그가 맺고 있는 개인적 인간관계에 대해 주제넘은 조언을 해줄 수는 없다. 그러나 우리는, 어떤 부부든 두 사람을 따로 만나서 전체 집안일 가운데 본인이 하는 일이 몇 퍼센트나 되느냐고 물을 때 두 사람이 대답하는 백분율의 합이 언제나 100을 넘는다는 사실을 확인했다. 즉, 부부 두 사람 모두 자신이 상당히 많은 노력을 집안일에 들인다고, 배우자보다 자신이 일을 더 많이 하고 가사 분담이 공정하지 않다고 믿는다는 말이다.

그런데 어째서 부부 두 사람이 각각 집안일에 들이는 노력의 백분율 합이 100을 넘을까? 사람들이 늘 투명 모드에 있기 때문이다. 사람들은 자기가 들인 노력의 세부적인 사항은 살피지만 배우자가 들인 노력에는 그렇게 하지 않는다. 우리는 투명성 불균형을 유지하고 있다. 자기가 거실을 청소했을 때는 깨끗하게 청소된 상태를 잘 알아본다. 그러나 다른 사람이 거실을 청소했을 때는 거실을 반짝반짝하게 만드는 데 투입된 노력을 알아보지 못한다. 자기가 쓰레기통을 바깥으로 들고 나가서 쓰레기 버리기의 모든 과정을 수행했을 때는 그 결과를 금방 알아보지만, 배우자가 그렇게 했을 때는 결과를 쉽게 알아보지 못한다. 설거지를 하며 완벽한 기하학적 논리를 사용해서 다양한 형태와 크기의 그릇들을 완벽할 정도로 가지런하게 건조대에 정렬해놨음에도 불구하고 이런 훌륭한 성취에 배우자가 조금의 존경심도 보이지 않을 때가 있다는 걸 독자도 잘 알 것이다.

그렇다면 지나의 컨설팅 팀처럼 매달 파워포인트를 만들어서 배우자와 아이들에게 우리가 얼마나 많이 청소를 했는지, 접시를 얼마나 많이 닦았는지, 얼마나 많은 청구서를 결제했는지, 두루마리 화장지를 얼마나 많이 갈아 끼웠는지 또 쓰레기통을 얼마나 많이 비웠는지 보여줘야 할까? 아니면 변호사의 접근법에 따라 단순히 집안일에 들인 시간을 자세히 설명하는 청구서를 내밀어야 할까? 저녁 준비를 할 때, 장보기에서부터 식재료를 씻고 칼로 자르고 요리하는 모든 단계를 말로 상세하게 묘사해야 할까? 그것도 아니면 그냥 땅이 꺼져라 한숨을 쉬어서 배우자가 나의 가치를 더 높게 평가하도록 해야 할까? 그러나 중요하지 않은 걸로 배우자를 성가시게 했다가는 자칫 반발의 거센 역풍을 맞을 수도 있다. 그러므로 노력을 드러내는 것과 배우자를 성가시게 만드는 것 사이에 올바른 균형을 찾을 것을 우리 저자들은 권장한다. 그러나 적어도 이것만은 생각할 거리로 반드시 남겨두자, 물론 기억도 하고. 이혼 전문 변호사 비용은 매우 비싸고, 변호사는 시간당으로 계산해서 상담료를 청구하며 또한 자기가 들인 노력을 절대로 보여주지 않는다는 사실을.

공정함-노력-투명성

사람들은 늘 '공정함'을 요구한다. 협상을 할 때나 물건을 팔 때나 결혼을 할 때나 인생을 살면서 늘 그렇다. 공정한 건 나쁜 게 아니다. 좋은 것이다. 2015년에 제약회사 튜링Turing Pharmaceuticals의 CEO였던 마틴 슈크렐리Martin Shkreli가 에이즈와 전염병 치료 등에 쓰이는 항생제인 다라프림의 제조권을 사들인 직후에 이 약의 가격을 갑자기 13.5달러에서 750달러로 인상했다. 무려 5,555퍼센트나 인상한 것이다. 사람들이 분노했음은 말할 것도 없다. 이 인상 조치는 터무니없이 불공정한 것으로 비춰졌으며, 다라프림이 여전히 높은 가격을 유지하고 또 슈크렐리가 욕을 먹고 있을 때, 의약품 가격의 공정성에 대한 때늦은 관심이 뜨겁게 타올랐다. 이처럼 공정함에 대한 우리의 감각은 유용할 수 있다. 심지어 기업계에서도 말이다.

그러나 때로 우리는 공정함의 가치를 지나치게 높게 평가한다. 슈크렐리보다 덜 지독하긴 해도 어떤 가격이 공정하지 않아 보일 때 우리는 그 가격을 매긴 사람이나 기업을 응징하려고 나서는데, 때로는 얼마든지 누릴 수 있는 유익한 가치를 스스로 포기함으로써 자기 자신에게 상처만 입히고 끝나버리는 경우도 있다.

공정함은 노력의 함수이며 노력은 투명성을 통해서 드러난다. 투명성 수준은 제작사의 전략과 관련된 사항이기 때문에 공정함을 가치의 대리물로 활용해서 펼치는 마케팅 활동이(특히 공정함을 앞에 내세워 사기를 쳐서 매출을 올리려고 하는 것이) 언제나 최선의 의도에서 비롯된다고 말할 수는 없다.

투명성은 노력을 드러내 보임으로써(사람들은 이 노력을 공정함과 연결시킨다) 신뢰를 쌓으며 가치를 생성한다. 그렇다면 부도덕한 어떤 사람이 자기 물건에 추가로 어떤 가치를 부여할 목적으로, 투명성을 갈망하는 우리 마음을 이용해서 실제로 자기가 들인 노력보다 더 많은 노력이 든 것처럼 보이도록 할 수도 있을까? 우리 두 저자가 이 책을 쓰기까지 모두 합해서 150년 넘게 걸린 길고 힘든 노력의 총합을 걸고 말하자면, 그럴 일은 분명히 없다. 그런 일은 결코 일어나지 않을 것이다.

10

언어와 제의가 만드는 마법

셰릴 킹은 늦게까지 일한다. 그녀는 자사가 정확하게 어떤 위젯을 제작해야 하고 과연 이 제품을 구매할 사람이 있을지를 결정할 전문가 팀을 채용하는 데 대한 타당성 조사를 진두지휘하고 있다. 아직까지 실질적인 의사결정은 없었다. 그러나 최종시한이 엄연히 존재하고, 우려스럽게 지켜보는 CEO의 눈도 부담스럽다. 그녀는 이 일을 어떻게든 끝내야 한다. 어쩌다가 늦게까지 야근하는 것은 참을 수 있지만, 그녀가 정말 참을 수 없는 것은 야근 때 가끔씩 맞닥뜨리는 끔찍한 생선초밥이다.

가끔씩 그녀의 팀은 맛집으로 소문이 났다는 '우 라라 가든'이라는 시내의 작은 프렌치아시안식당에서 가끔씩 생선초밥을 주문하곤 한다. 최신 유행의 이 식당이 최근에 배달 서비스를 시작했기 때문이다.

그녀의 팀이 이 식당에서 맨 처음 생선초밥을 주문했을 때 셰릴은 메뉴판을 끝까지 다 읽지도 않았다. 그녀는 급하게 동료들에게 자기가 먹을 음식을 대신 주문해달라고 했다. 동료 브라이언은 그녀가 먹을 음식으로 '스르륵 드라곤 롤'을 선택했다. 셰릴은 이것을 페이퍼타월에 홱 쏟은 다음 모니터 화면에 시선을 고정한 채로 목구멍에 우겨넣기 시작했다.

"으윽!"

마지막 한 입을 넣는 순간 그런 생각이 들었다.

"역겨워, 바삭바삭하면서 물렁물렁하다니…… 에라, 모르겠다."

한편 옆방에서는 다른 동료들이 각자의 음식을 놓고 떠들썩하게 이야기를 나누고 있었다. "우와아! 이야아! 죽이네!" 다들 그 음식을 좋아했다. 그러나 셰릴은 헤드폰을 쓰고 일에 집중하려고 애썼다.

얼마 뒤 브라이언이 와인 병을 들고 그녀에게 와서 한잔 마셔보라고 권했다. 언젠가 그것과 똑같은 와인을 무슨 기념일엔가 선물로 받았었는데 맛이 환상적이더라고 했다. '2010년 샤또 뱅드 웁 피노누아'였다. 썩 괜찮은 와인 같았다. 브라이언은 셰릴의 '세계 최고의 엄마 500인 가운데 1인' 머그잔에 그 와인을 조금 따랐다(셰릴의 아이들은 스스로가 재미있는 말을 참 잘 지어낸다고 생각한다). 셰릴은 한 모금 홀짝 마시고는 중얼거린다.

"음, 고마워요……. 조금만 마실게요. 조금 있다가 집에 가야 하거든요."

그 뒤 셰릴은 일거리를 주섬주섬 마무리하며 30분에 걸쳐서 와인을 조금씩 마신다. 와인은 그저 그렇다. 전혀 특별하지 않다. 집에서 그녀를 기다리는 와인보다 못하다.

셰릴은 자기 방을 나서서 브라이언 곁을 지나가다가 음식과 와인 값으로 40달러를 준다.

"됐죠?"

"네, 충분합니다. 근데 그거 대단하죠? 그게 재료가 뭐냐 하면……."

셰릴이 그의 말을 끊는다.

"네, 좋았어요. 월요일에 봐요!"

그 주말에 셰릴과 그녀의 남편 릭은 로렐 가를 어슬렁거리며 걸어서 '르 카페 그랜드 드래곤 퓨퓨퓨'에 간다. 새로운 명소로 떠오른 퓨전 카페인데, 상호가 마치 프랑스제 기관총이 내는 소리처럼 들린다. 퓨퓨! 이들 부부의 친구들은 이미 와 있다. 두 사람은 자기들을 위해 비워둔 자리에 가서 앉는다.

"어머, 이 메뉴 좀 봐! 정말 환상적이야!"

"그렇지? 여기 있는 메뉴 다 좋대."

두 사람의 친구인 제니퍼 왓슨이 맞장구를 친다.

셰릴은 메뉴판을 읽으면서 혼잣말로 감탄한다.

"오오, 이거 봐. 전통 소스를 사용했으며 장인의 솜씨로 빚어낸 늙은 염소 치즈와 풀만 먹고 자란 소를 재료로 한 수제 패티에 텃밭에서 갓 딴 신선한 채소에 명가의 비전 요리법인 와인 숙성 '토마테'와 수천 개 중에서 일일이 손으로 골라낸 양파 그리고 전 세계 곳곳에서 수입한 특제 양념을 최고의 전문가들이 응용해서 제작했으며, 신비스러운 옛날 여관 스타일로 식탁에 올린다……라네?"

"그거 재밌는데?"

릭이 말한다.

"내 귀에는 비싼 치즈버거라는 말로 들리는데?"

빌 왓슨이 퉁명스럽게 한마디 툭 던진다.

몇 쌍의 부부가 이렇게 잠시 이야기를 나누는 사이 웨이터가 와서 마치 셰익스피어 연극의 주인공처럼 그날의 특선요리를 소개한다. 그러자 빌 왓슨이 메뉴판을 가리키며 웨이터에게 'spécialité du maison'이 뭐냐고 묻는다.

"'하우스 스페셜'이라는 뜻입니다."

"예, 그건 나도 알겠는데, 그래서 그게 뭐냐고요."

"그건…… 흠!"

웨이터가 헛기침을 한 번 한 다음에 말을 계속 잇는다.

"저희 집 주방장님은 여기뿐 아니라 자기 고향인 프랑스에서도 계절마다 독특한 요리 경험을 창조하는 것으로 유명한 분입니다."

"글쎄, 그건 알겠고…… 그래서 그게 뭐냐니까요?"

"예, 요즘 철에는 그게…… 안심 스테이크죠. 대초원의 공기와 물과 햇빛 속에서 자라며 태어나서부터 식탁에 오르기까지 완벽한 보살핌을 받은 소의 향기를 손님 분들이 느끼실 수 있도록 정성스럽게 준비한 안심입니다."

"흠…… 나는 그 치즈 어쩌고 그걸로 하지요."

조금 뒤에 소믈리에가 와서 릭에게 와인 목록을 건넨다. 그 목록이라는 게 그야말로 한 권의 무거운 책이다. 릭은 와인 전문가가 아니기에 뭐가 좋은지 추천해달라고 한다.

"네, 여기 이 '2010년 샤또 뱅드 윱 피노누아'가 특별히 생산한 귀한 포도로 제작된 와인입니다. 그해 남프랑스에 내린 비로 지하수가 얼마나 넘쳐났던지 대부분 포도밭의 저지대가 잠겼지요. 그래서 그해 수확된 포도는 특히 알갱이가 굵고 단단합니다. 그리고 이 포도는 통상적인 경우보다 정확하게 144시간 뒤에 수확했으며 산에서 불어오는 미풍과 신선한 물을 사용해서 숙성시켰습니다. 그 덕분에 이 제품은 상도 여러 개를 받았고 전 세계 와인 애호가들로부터 찬사를 받고 있습니다. 그야말로 완벽한 미각을 가진 사람들을 위해서 특별히 제작된 와인이지요."

사람들 사이에 그걸로 하면 좋겠다는 짧은 긍정의 웅성거림이 잠시 이어진다.

"네, 좋아 보이네요, 일단 그걸로 시작합시다."

소믈리에가 돌아갔다가 그 와인을 들고 다시 와서 릭의 잔에 따른다. 릭은 잔을 들어 불빛에 비춰보기도 하고 잔을 빙빙 돌리기도 하면서 와인을 살펴보고는 소량을 마시고 맛을 음미하면서 눈을 감고 입술을 오므렸다가 다시 두 뺨을 씰룩거리면서 입속에서 와인을 빙빙 돌린다. 그러고는 꿀꺽 삼킨다. 잠시 모든 동작을 멈췄다가 고개를 끄덕인 뒤, 다른 사람들의 잔에도 와인을 따르라고 한다. 잠시 뒤에 모든 사람들이 잔을 들고, 릭이 건배사를 하고, 다 함께 잔을 부딪고, 이어서 식사가 시작된다.

그날 모인 사람들은 모두 그날의 특별 애피타이저를 먹는다.

"이건 저희 식당에서 자랑하는 '스르륵 드라곤 롤'입니다. 이 롤은 주방장이 특별히 엄선한 연어, 열빙어, 방어, 참치 뱃살 등 여러 종류의 생선으로, 덧붙이자면 이 생선들은 모두 이 지역에서 잡힌 것입니다, 날치 알, 파, 해초 간장 절임, 오이, 아보카도, 견과 등을 감싸 은수저로 정성스럽게 돌돌 만 것입니다.

"음……."

"정말 먹고 싶네."

나중에 계산서가 나온다. 와인과 롤과 치즈버거 그리고 웃음 속에서 이야기꽃을 피운 저녁 시간을 모두 합한 가격은 부부 한 쌍당 150달러다. 사람들은 비싼 음식을 매우 싸게 잘 먹었다고 생각한다.

도대체 무슨 일이 일어나고 있는 걸까?

———

이 두 장면은 언어가 상품 가치의 수준을 바꿔놓는 마술을 생생하게 보여준다. 언어는 경험을 어떤 틀로 묶을지 결정할 수 있다. 언어는 사람들로 하여금 자신의 소비에 추가로 관심을 더 갖게 만들 수 있으며 그 경험 중에서도 특정 부분에 초점을 맞추게 할 수도 있다. 언어는 사람들이 자신의 경험을 보다 중요하게 인식하도록 할 수도 있다. 그리고 우리가 어떤 것에서 보다 큰 즐거움을 느낄 때(그 즐거움은 어떤 것을 소비하는 물리적인 경험에서 비롯될 수도 있고 혹은 그것을 묘사하는 언어에서 비롯될 수도 있다) 우리는 이것의 가치를 더 높게 평가하고 또 그에 대한 대가로 기꺼이 더 많은 돈을 지불한다. 대상의 물리적인 본질은 전혀 바뀌지 않았음에도 경험 때문에 그 비싼 대가를 기꺼이 지불하는 것이다. 언어는 우리 주변의 세상을 단지 묘사하는 데 그치지 않고 우리가 거기에 기울이는 관심에 그리고 우리가 즐기거나 즐기지 않는 것에 영향을 준다.

셰릴이 똑같은 생선초밥과 와인을 자기 사무실에서 먹고 마실 때는 그 음식이 특별하다는 사실을 거의 알아차리지 못했다는 사실을 기억하는가? 똑같은 음식이었음에도 그녀는 음식을 묘사하는 언어에 푹 빠져들었을 때 훨씬 더 맛있게 먹었다. 마찬가지 맥락에서, 만일 셰릴이 그 식당에서 '장인의 솜씨로 빚어낸 늙은 염소 치즈와 풀만 먹고 자란 소를 재료로 한' 치즈버거가 아니라 그냥 '치즈버거'를 먹었다면 그녀가 느끼는 즐거움은 훨씬 줄어들었을 것이며 부부 한 쌍당 150달러라는 가격에 분노했을 것이다.

물론 친구들과 한자리에서 모여 즐겁게 식사를 하는 것이 컨설턴트의 메모를 앞에 두고 모니터 화면을 들여다보면서 혼자 식사하는 것보다 그 자체로 더 큰 가치를 지니는 건 맞다. 이런 조건이 마련된다는 점에 사람들은 기꺼이 돈을 지불한다. 사람들은 이런 유형의 경험이 결합될 때 음식을 더 많이 즐기며, 또 그에 대해 기꺼이 더 많은 돈을 지불하려 한다. 그러나 동일한 환경이고 심지어 동일한 음식이라도 그 음식이 색다르게 묘사될 때는 즐거움을 더 많이 누릴 수 있다. 언어에는 음식을 바라보는 방식을 바꿔놓는 힘, 즉 그 음식이 묘사되는 방식에 딱 들어맞도록 그 음식의 가격을 올려놓는 마법의 힘이 있다.

가치를 추가로 창조한다는 점과 연관 지어서 보면, 그 식당의 환경(사치스러운 실내장식), 지인들과 친목을 다지는 상황(함께 있어서 즐거운 친구들) 그리고 음식에 대한 묘사(포스트모던적인 온갖 미사여구) 등이 전부 식사하는 그 경험의 가치를 높인다.

그런데 이 여러 요소 중 언어가 가장 강력하게 가치를 높이는 역할을 한다는 건 분명한 사실이다. 말 자체가 그 자리를 더욱 안락하게 해주거나 음식의 향미를 더해주거나 고기를 더 부드럽게 만들어주거나, 혹은 그 자리를 더 즐겁게 만들어준다고는 볼 수 없다. 객관적으로 볼 때 음식의 설명은 중요하지 않다. 어떤 찬사의 말도 객관적으로 존재하는 어떤 것의 본질을 바꾸지는 못한다. 사람들은 햄버거를 먹고 멋진 벽돌집을 소유하고 도요타 자동차를 타거나, 혹은 프라이드치킨을 먹고 콘도를 소유하고 포드Ford 자동차를 탈 수도 있다. 여러 가지 중 어떤 것이든 선택할 수 있다는 말이다. 그렇지 않은가?

그런데, 그렇지가 않다. 의사결정을 주제로 한 연구조사가 시작된 초기부터 이미 분명하게 확인된 사실이 있다. 사람들은 다양하게 존재하는 것들 중에서 선택하는 것이 아니라, 다양하게 존재하는 것들을 묘사한 것 중에서 선택한다. 바로 이 지점에 가치의 수준을 바꿔놓는 언어의 마법이 존재한다.

언어는 제품이나 서비스의 특정한 속성에 초점을 맞춘다. 식당 두 곳이 나란히 있다고 치자. 한 곳에서는 '80퍼센트 무지방 소고기' 패티를 넣은 햄버거를 팔고, 다른 한 곳에서는 비슷한 제품이긴 하지만

'20퍼센트 지방 소고기' 패티를 넣은 햄버거를 판다. 어느 식당을 손님들이 많이 찾을까? 확인된 자료에 따르면, 동일한 햄버거를 다르게 묘사한 그 두 문구 때문에 사람들은 두 식당에서 파는 햄버거의 가치를 매우 다르게 평가한다. '80퍼센트 무지방 소고기'는 '무지방'에 초점을 맞춤으로써 건강하고 맛있고 바람직한 측면에 주목하게 만든다. 이에 비해 '20퍼센트 지방 소고기'는 오로지 지방 함량에만 초점을 맞춤으로써 건강에 해로운 측면에 주목하게 만든다. 후자의 경우 사람들에게 햄버거는 역겨운 음식이라는 생각을 불러일으키고 채식주의 원칙을 진지하게 고려하게 만든다. 그래서 사람들은 '무지방' 햄버거의 가치를 훨씬 더 높게 평가하며 이 햄버거에는 기꺼이 더 많은 돈을 지불한다.

혀를 놀리는 것은 스위치를 켜거나 끄는 것과 같아서 새로운 관점과 내용을 제시한다. 이런 사례는 이미 앞에서도 살펴봤다. 사람들은 은퇴 뒤에는 현재 소득의 80퍼센트 수입만으로도 얼마든지 잘 살아갈 수 있다고 응답했지만, 현재 소득 가운데 20퍼센트가 줄어들면 제대로 살아가지 못할 것이라고 응답했다. 사람들은 일정 금액을 하루에 얼마씩 자선단체에 기부하라고 할 때는 이 제안에 선뜻 응하지만, 이 금액의 1년 치 총액을 한꺼번에 기부하라고 하면 고개를 젓는다.[1] 또한 200달러의 돈을 '세금 환급금'으로 받으면 저축을 하지만 똑같은 금액을 '보너스'로 받으면 휴가여행에 쓴다.[2] 소득의 80퍼센트나 자선단체에 기부하는 돈이나 200달러는 각기 어떻게 묘사되든 동일한 금액이지만, 이를 묘사하는 내용이 제품이나 서비스를 소비할 때의 감정을 바꿔놓을 뿐 아니라 (뒤에서 좀 더 자세히 살펴보겠지만) 그것을 소비하는 실질적인 경험 자체도 바꿔놓는다.

특히 언어 조작을 탁월하게 잘하는 사람들이 있다. 바로 와인 제조업자들이다. 이들은 자기들만의 언어를 계속 창조해왔다. 이들은 와인의 맛을 묘사하기 위해서 '타닌', '복잡성'(와인 용어로 향, 맛 등 여러 요소가 완벽하게 조화를 잘 이루는 아주 좋은 와인의 속성을 말한다 - 옮긴이), '산도酸度' 등과 같은 단어를 사용한다. 와인 제조 공정 및 와인 수송 방법을 묘사하는 특이한 단어도 많다. 예컨대 와인 잔을 흔들 때 잔 벽면에 형성되는 얇은 막인 '렉leg'이 많을수록 좋은 와인이라고 말한다. 대부분의 사람이 각각의 용어가 뜻하는 내용의 미묘한 차이를 구분하는지, 혹은 그것이 정말 그렇게 중요한지 잘 알고 있는지는 분명치 않지만 많은 이가 마치 그런 것처럼 행동한다. 와인을 조심스럽게 잔에 따르고, 잔을 빙빙 돌리고, 밝은 빛에 비춰보고 또 조금만 입에 머금고 맛을 음미한다. 또한 우아하고 멋진 설명이 붙은 와인에는 훨씬 더 많은 돈을 기꺼이 지불한다.

다른 한편으로 보자면 와인 및 와인 제조 공정을 묘사한 말 때문에 더욱 많은 돈을 지불하는 행위는 합리적이지 않다. 그 말(언어) 자체가 와인을 바꿔놓지는 않기 때문이다. 하지만 이론이 아니라 실제 현실에서 보자면, 사람들은 더 자세히 묘사된 와인에서 더 많은 것을 얻는다. 즉, 언어는 와인 병에 든 와인이라는 액체의 물리적인 특성을 전혀 바꾸지 않고서도 사람들이 와인을 경험하고 소비하는 방식을 바꿔놓으며 사람들에게 강력한 영향을 준다. 언어는 우리에게 어떤 이야기를 해준다. 마개를 따는 데서부터 와인을 잔에 부을 때까지, 기울인 잔에서부터 향기를 맡는 코까지, 와인을 삼키는 것에서부터 뒷맛까지의 과정에 대한 묘사를ʼ들으며 우리는 와인 이야기에 젖어든다. 이 묘사가 우리가 평가하는 와인의 가치와 와인을 마시는 경험의 가치를 한껏 높은 수준으로 올려준다.

이렇게 언어는 비록 와인 자체를 바꾸지는 않지만 우리가 와인과 상호작용하면서 그것을 경험하는 방식을 바꿔놓는다. 언어는 또한 우리를 설득할 수도 있다. 예컨대 느긋하게 긴장을 풀고 자기 행동에 세심한 주의를 기울이도록 설득할 수도 있다. 당신이 지금 세계 최고의 와인을 한잔 마신다고 치자. 그렇지만 당신은 셰릴이 그랬던 것처럼 컴퓨터로 작업을 하면서 이 와인을 마실 때는 거기에 전혀 관심을 기울이지 않는다. 이럴 때 그 와인을 얼마나 즐길 수 있을까? 이번에는 반대로 싸구려 와인을 마신다고 치자. 그런데 싸구려 와인이지만 당신은 이 와인에 대해서 생각을 한다. 그 와인의 역사를 생각하고 지그시 눈을 감고 맛을 음미한다. 객관적으로 이 와인의 품질은 상대적으로 낮지만 당신은 그 와인에서 상당히 많은 가치를 누린다. 아마도 별 생각 없이 마셨던 고급 와인에서보다도 더 많은 가치를 누릴 것이다.

커피 산업도 예전의 와인 산업이 그랬던 것처럼 제품과 관련된 언어를 보다 높은 차원으로 끌어올림으로써 제품의 가치를 높이기 위해 창의적인 작가들을 고용하기 시작했다. '단일 원두(싱글빈) 커피'(한 종류 원산지의 원두로 만든 커피 – 옮긴이), '공정무역 커피'(다국적기업이나 중간상인을 거치지 않고 제3세계 커피 농가에 합리적인 가격을 주고 유통한 커피 – 옮긴이), '고양이 배설물에서 커피 원두를 채취해 만든 커피'(루왁 커피 – 옮긴이), '시빗 커피'(이 커피에 관한 얘기를 들으면 비위가 상할 수도 있다)(사향고양이가 잘 익은 커피체리를 먹은 후 이것을 소화하지 않은 채 배출한 배설물로 만든 커피 – 옮긴이) 그리고 '1,000세대 동안 커피 잎을 만져 온 원주민들이 눈물로써 햇볕에 말린 커피' 같은 말은 누구나 들어봤을 것이다. 맨 마지막 이야기는 사실이 아니지만, 베니 컵과 비디 컵과 벤티 컵에('베니'와 '비디'와 '벤티'는 컵에 그려진 캐릭터의 이름이다 – 옮긴이) 떨어지는 커피 방울 하나하나에 아주 오래된 멜로드라마 스토리가 붙어 있어서 그런지, 진짜처럼 그럴듯하다. 그리고 우리가 사실이라고 믿고 받아들이는 이야기에 구체적이고 세밀한 묘사가 하나씩 보태질 때마다 우리가 기꺼이 지불하고자 하는 가격은 조금씩 더 높아진다.

지금은 초콜릿이 이 과정을 밟아가고 있다. 이른바 '단일 원두 초콜릿'과(솔직히 우리 저자들은 단일 원두로 만든 초콜릿이 어째서 더 좋은지 이해할 수 없지만, 소비자들은 더 좋다고 수용한다) 그 외에도 점점 가격이 올라가는 초콜릿들이 있다. 영국에는 '초콜릿 마니아들'에게 전문적으로 초콜릿을 공급하는 회사도 있다. 이 회사는 회원제 방식으로 초콜릿의 모든 것을 집중적으로 경험할 수 있는 서비스를 제공한다. 물론 가격은 비싸다. (자기가 초콜릿 마니아가 아니라고 생각하는 사람이 과연 있기나 할까?)

언어를 내세우는 이 추세가 어디까지 이어질까? 나중에는 '단일 젖소 우유' 상품도 나오지 않을까? 식당에서 라테를 주문할 때 미네소타에 있는 벳시라는 이름의 젖소 이야기를 듣게 되지는 않을까? 우리가 주문하는 라테에 들어가는 우유가 어느 여름 둘째 주의 다섯째 날에 벳시에게서 세 번째로 짠 젖이라고……. 제42대 미국 대통령이 먹었던 아이스크림콘에 들어간 우유가 벳시의 어미에게서 짠 우유였다는 이야기를 듣게 되면, 혹은 벳시를 미네소타로 태우고 갔던 트레일러가 미국 최초의 하이브리드 엔진을 장착했었다는 이야기를 듣게 되면 벳시의 우유를 넣어서 만든 그 라테의 가격이 한층 더 비싸지지 않을까? 혹은 벳시의 취미가 풀을 뜯고 해바라기를 하고 똑바로 서는 것이라는 설명을 듣게 되지는 않을까? 고객은 웨이터가 옆에서 '매끄러움'과 '젖당과 관련 있는 점도' 그리고 '소의 질감'을 설명해줄 때 벳시의 사진을 보는 것을 좋아할까? 벳시는 원형 농장에서 살기 때문에 높이가 꽤 있고 차갑게 얼린 수제 유리잔에 담긴 벳시의 그 귀한 우유에 쿠키를 찍어먹기 전에 그 유리잔을 (마치 포도주를 마실 때처럼) 빙빙 돌리는 게 좋다는 권유를 받을지도 모른다. 그리고 이때 벳시의 우유는 한 잔에 13달러일 것이다.

지금까지 살펴봤듯이 언어는 제품과 서비스 그리고 모든 종류의 경험이 지닌 가치를 평가하는 방식을 바꿔놓는다. 수백 년 동안 길고 긴 토론이 있었지만 이로써 마침내 줄리엣 캐퓰릿 이론이 틀렸음이 증명된 것 같다. 장미가 다른 이름으로 불릴 때는 그 이름으로 불릴 때처럼 달콤한 향기는 절대 나지 않는다(셰익스피어의 희곡 〈로미오와 줄리엣〉에는 "우리가 장미라 부르는 그 꽃을 다른 이름으로 부르더라도 향기엔 변함이 없을 것……. 로미오도 마찬가지겠죠, 그가 로미오라 불리지 않았더라도 그가 지닌 완벽함은 그대로일 거예요"라는 줄리엣의 독백이 나온다—옮긴이).

소비경험의 질을 높이다

우리가 뭔가를 즐길 때 그 즐거움은 그 대상의 느낌(음식의 맛, 자동차의 속도 혹은 노래의 소리)과 (대상에 대한 총체적인 경험을 공동으로 창조하기 위해서) 우리 뇌에서 일어나는 것, 두 감각 모두에서 비롯된다. 우리는 이 경험을 총체적인 '소비경험full consumption experience'이라고 부른다.

언어는 이 소비경험의 질을 높일 수도 있고 떨어뜨릴 수도 있다. 언어가 사람들이 초콜릿이든 와인이든 혹은 순종의 햄버거든, 어떤 것의 가치를 평가하는 방식에 그토록 강력한 영향을 주는 근본적인 이유도 바로 여기에 있다. 이러한 역할을 하는 언어의 중요한 한 유형이 이른바 '**소비단어**consumption vocabulary'이다. 소비단어는 사람들이 어떤 경험을 묘사하기 위해, 이를테면 와인의 '부케'(와인이 익었을 때 나는 향-옮긴이)나 퀼트의 새싱(조각과 조각 사이에 연결되는 부분-옮긴이) 같은 특정한 용어를 사용할 때 나타난다. 소비단어는 사람들로 하여금 생각하고 집중하고 주의를 기울이고 마음을 느긋하게 하고 어떤 경험을 다른 방식으로 느끼게 하며, 궁극적으로는 세상을 다른 방식으로 경험하게 해준다.

주방장 특선 요리에 대한 1분 동안의 설명은 요리 자체만이 아니라 그 요리와 관련된 배경과 역사까지 다룬다. 향과 식감과 맛에 초점이 맞춰진 이야기는 미묘하고 복잡한 요리 방법에 대해 생각하도록 유도한다. 사람들은 그 묘사만 듣고서도 그 요리를 바라보고 씹어 먹고 넘새 맡고 뜯는 상상을 하게 된다. 이처럼 사람의 정신과 육체는 곧바로 그 경험을 할 준비를 마친다. 언어가 어떤 경험이나 경험의 기대를 지원할 때, 그 언어는 그 경험 및 경험의 가치평가 수준을 바꿔놓고 차원을 격상시킨다.

식당에서 셰릴과 릭은 웨이터가 특선 요리와 와인을 묘사하는 이야기를 들으면서 점점 더 그 요리와 와인에 빠져들었다. 두 사람은 그것이 제공하는 특별함, 자기들이 이제 막 경험하려고 하는 기쁨과 가치를 점점 더 많이 의식하게 됐다.

비록 건강식과는 거리가 멀지만 맥도날드McDonald's의 광고 노래는 자사의 대표적인 제품에 들어가는 모든 재료를 노래 가사에 담곤 한다. 예를 들면 이런 식이다.

"순수한 소고기로만 만든 패티 두 장, 특별 소스, 상추, 치즈, 피클, 양파…… 이 모든 게 참깨가 박힌 둥근 빵 위에!"

30초 동안 사람들은 간절히 먹고 싶은 모든 것을 생각한다. 맥도날드의 이 광고는 (이 광고의 사촌으로 이보다 훨씬 더 긴 홈쇼핑 방송의 해설식 광고와 마찬가지로) 그 경험을 세부적인 요소로 나눈다. 햄버거를 한 입 베어 물면 일곱 개의 제각기 다른 맛을 볼 수 있다는 생각이 사람들의 머릿속에 떠오르게 하기 위해서다. 이렇게 하는 것과 그냥 '햄버거'라고 말하는 것 중 어느 쪽이 소비자에게 더 근사하게 들리겠는가?

카피라이터들은 소비단어를 이용해서, 소비자가 오래 기억했으면 하는 것과 무시해버렸으면 하는 경험의 일부분을 집중적으로 강조한다. 이 신발의 비싼 가격 따위는 걱정하지 말고 엘리트 스포츠 선수가 되는 게 얼마나 어려운지도 걱정하지 마라, 나이키Nike의 "그냥 해 봐Just Do It". 깔끔하고 정돈돼 보여야 한다는 사회적인 압박 때문에 당신 얼굴이 면도날에 상처를 입을 일은 없으니 우리 면도기를 쓴다면 당신은 "인간이 얻을 수 있는 최고의 제품The Best a Man Can Get"을 가진 셈이다, 질레트Gillette. 당신은 빈털터리다. 그러나 "인생에는 돈으로 살 수 없는 것이 있다. 모든 것을 손에 넣을 수 있는", 마스터카드Master-Card. 그리고 보다 노골적으로 소비를 자극하는 문구로는 다음과 같을 것들을 꼽을 수 있다. "콜라 한 잔에 미소 한 번Have a Coke and a Smile"(코카콜라), "손가락까지 빨아먹을 만큼 맛있다Finger Lickin' Good"(KFC), "맛은 좋게, 열량은 낮게Tastes Great, Less Filling"(밀러라이트), "나는 그걸 사랑해요I'm Loving It"(맥도날드) 그리고 직접적이고 명령조인 "손이 아니라 입으로 녹이세요Melts in your mouth, not in your hands"(M&Ms).

제프는 뉴욕의 타임스퀘어에 있는 한 카페에서 소비단어가 특이한 방식으로 배치된 것을 봤다. 이 카페에 있는 스텐실 표지판들이 카페를 찾은 손님들의 마음에 '느긋하게', '미소', '편하게', '웃음', '즐겨라', '아로마' 그리고 '운치'라는 단어들을 심어주고 있었던 것이다. 이 단어는 카페를 찾는 사람들이 했으면 하는 경험을 묘사했다. 물론 그런 경험을 하면 사람들은 이 카페를 방문한 가치를 더 높게 평가할 것이다. 그리고 그것이 바로 이 카페 주인의 의도다. 이런 의도는 확실히 성공한 것 같았다. 왜냐하면 사람들이 작은 커피 한 잔에 3달러 50센트를 기꺼이 냈으니까 말이다. 그러나 그 지역에서 그보다 더 유용한 표지판 문구는 어쩌면 '경적을 울리는 택시를 무시하세요'나 '코로 숨

재미있고 맛있는 것들

식당들이 음식을 상세하게 묘사하는 말로 과장하는 경향을 패러디 전문가들이 놓칠 리 없다. 이런 패러디 중 우리가 특히 좋아하는 것은 가짜메뉴닷컴(www.fudsmenu.com/menu.html)의 가짜 메뉴와 브루클린 식당 메뉴 발전소(www.brooklynbarmenus.com)의 가짜 메뉴이다. 특히 메뉴 발전소는 임의로 선택한 단어를 조합해서 최신 유행 명소가 된 식당의 메뉴 이름을 완성한다.

뉴요커인 제프는 이렇게 완성된 메뉴가 여러 최신 유행 식당의 실제 메뉴와 매우 비슷하게 들려서 정말 그럴듯하다고 주장한다.

소금과 버터 꼬치를 곁들인 수제 레몬 플래터	14달러
사과즙 햄을 곁들인 미니어처 블루피쉬	16달러
양고기 및 프렌치 크라우트 프리타타	14달러
조개를 곁들인 겨울 무화과	14달러
펼쳐놓은 쌀밥	11달러
넓게 편 아티초크	18달러
깜짝 놀랄 술	12달러
바다소금 호밀 빵	10달러
문지른 호박과 정어리 및 조개 콩 타르타르	14달러
램프 토스를 곁들인 물 파이	14달러

불행하게도 이런 메뉴를 실제로 주문할 수는 없지만, '깜짝 놀랄 술' 같은 건 직접 주문해보고 싶은 마음이 들지 않는가? '펼쳐놓은 쌀밥'을 사이드 메뉴로 하고 '물 파이'를 본 메뉴로 주문하면 어떨까?

을 들이마시려고 애쓰지 마세요', '바지를 입지 않은 남자에게서 극장 입장권을 사지 마세요'라는 내용이겠지만 말이다.

소비단어가 소비뿐 아니라 생산 과정까지 함께 묘사할 때 사람들은 그 제품이나 서비스에 한층 더 많이 고마워하며(앞에서 설명했던 노력과 공정함이 발휘하는 영향력을 상기하기 바란다), 더 나아가 그 가치를 한층 더 높게 평가한다. 사람들은 또 언어로 엮이면서 거기에 보다 많이 몰입한다. 어떤 것을 단지 가상으로 소유하기만 해도 그것에 대한 가치평가가 높아지는 소유효과를 기억하는가? 그러므로 시간이 조금 더 들더라도 이케아 책상이든 멋진 음식이든 어떤 것의 구조를 잘 이해하고 평가할 때 이를 통해 우리가 누릴 수 있는 가치는 더 커진다.

단어들은 공정하게 보인다

가치평가에 강력한 영향을 주는 것을 만들어내는 또 하나의 경로는 노력과 공정함을 사람들이 온전하게 바라볼 수 있도록 전달하는 것이다. 방금 살펴봤듯 그런 노력의 단어들은 극단적이라고 할 수 있을 정도로 정말로 중요하다. '장인이 만든', '수제', '공정무역', '유기농' 등의 단어는 창의성, 독창성, 정치적인 견해 그리고 몸에 좋은 특성을 드러내는 데만이 아니라 자기들이 추가로 들이는 노력을 알리려는 목적으로도 사용된다. 노력과 관련된 단어는 많은 인력과 자원이 그 상품에 투입됐음을 밝히는 동시에, 그 제품이나 서비스의 가치가 다른 것보다 더 높다고 주장한다. 이런 식으로 단어는 가치를 추가

한다.

작은 가게에서 오랜 역사를 자랑하는 도구나 방법으로 생산된 치즈 제품과 공장에서 기계로 대규모로 생산해낸 치즈 가운데 당신이라면 어느 쪽에 더 많은 돈을 지불하겠는가? 작은 가게에서 치즈를 만들면 분명히 더 많은 노력이 들어간다. 그러나 언어가 개입해서 그 두 종류의 치즈에 어떤 차이가 있는지 설명해주지 않는다면 사람들은 그 차이가 존재하는지조차 모를 것이다.

노력의 언어는 도처에 널려 있다. 너무도 많은 곳에 있다. 치즈, 와인, 스카프, 콘도……. 그것은 모두 장인이 만들었고, 장인의 예술품이다. '장인정신이 살아 숨 쉬는 고미다락'이 있고 또 '장인이 만든 치실'이 실제로 있다. 제프가 한번은 비행기를 타고 가다가 난기류를 만나 기체가 덜컹거릴 때 마음을 진정시키려고 기내에 비치된 잡지를 뒤적였는데, 그때 우연히 '장인이 직접 빚은 위스키moonshine' 이야기를 읽고서 기분이 더 불편해졌다. '장인이 직접 빚은'이라는 표현은 거대한 공장에서 대량생산된 게 아니라 숙련된 장인이 직접 만들었다는 뜻이다. 그런데 'moonshine'의 정의는 수작업으로 증류된 위스키다. 그러니까 단어 자체에 이미 '장인이 직접 만든'이라는 의미가 내포돼 있다. 그러므로 '장인이 직접 빚은 위스키'라는 표현은 장황한 동어반복인 셈이다.

'장인의'나 '장인이 만든'처럼 어디에나 사용될 수 있는 단어는 짜증스러울 수 있는데, 이 단어는 도대체 어떤 역할을 할까? 이 단어는 숙련된 기술자가 손으로 직접 제품을 만들었음을 뜻하며, 손으로 만들었다면 무엇이든 거기에 추가로 노력이 투입될 수밖에 없음을 주장한다. 그러므로 당연히 돈도 그만큼 더 많이 지불해야 마땅하다고 힘주어 말한다. 셰릴이 모니터 화면을 바라보며 일하면서 값싸게(그녀가 먹는 음식을 묘사해주는 웨이터가 그녀 곁에는 없었다) 소비했던 것과 똑같은 음식을 묘사하기 위해 식당의 웨이터가 들였던 노력, 요리 과정의 복잡함을 암시하는 그 모든 단어들을 한번 생각해보라.

공유는 공정함이다

———

'공유경제sharing economy'라는 말을 어떻게 생각하는가? 우버, 에어비앤비Airbnb 그리고 태스크래빗TaskRabbit(일자리 공유업체 - 옮긴이) 등은 '공유경제'에 속하고, 이 표현은 각각의 업체가 제공하는 서비스를 긍정적인 틀로 규정한다. 함께 나누는 것을 좋아하지 않을 사람이 어디 있을까? 유치원생 이상만 돼도 나눔이야말로 인간이 할 수 있는 정말 멋진 행동임을 다 안다.

'공유경제'라는 표현은 인간성의 선한 측면을 상기시키며, 대부분의 사람이 봉사의 가치를 보다 소중하게 여기도록 유도한다. 확실히 이 표현은 공유경제가 안고 있는 부정적인 측면에는 이목이 쏠리지 않도록 해준다. '공유', 즉 나눔이라는 말은 모든 것을 이타적으로 보이도록 만든다. 어린 여동생에게 자기 레고를 가지고 놀게 해준다거나 고아에게 신장 하나를 떼어준다든가 하는 것이 그런 행동이다. 그러나 사실 공유가 늘 그렇게 이타적이지만은 않다. 실제로 공유경제를 비판하는 사람들은, 공유경제가 부상하는 현상은 노동시장이 완전고용 상태를 보장하지 못하고 노동자의 소득이 줄어들며 일자리 안정성도 거의 찾아볼 수 없게 됨에 따라 나타난 결과일 뿐이라고 말한다. 아울러 공유경제는 노동자를 보호하는 정책을 걷어내고 불완전고용 상태에 대한 불편한 마음을 덜어주려고 고안된 또 다른 단어인 이른바 '프리에이전트 국가free-agent nation'라는 개념을 악용할 뿐이라고 목소리를 높인다(앨 고어Al Gore 전 미국 부통령의 수석 대변인을 지낸 다니엘 핑크Daniel Pink는 저서 《프리에이전트의 시대》에서 자영업자, 독립계약자, 임시직 종사자 등이 세상을 이끌 것이라고 주장했다 – 옮긴이). 그러나 우리 모두는 무임승차를 점점 더 쉽게 즐기고 있다, 그렇지 않은가?

몇몇 기업은 스스로를 환경 친화적인 기업으로 홍보하고 싶은 마음에 아주 사소한 변화를 도입하면서 침소봉대했다가 녹색세탁green washing(그린워싱)을 한다고 비난받고 있다. 또 어떤 기업은 유방암 퇴치 단체인 수전 코멘 재단Susan G. Komen 같은 기관으로부터 여성 건강 증진에 힘쓴다는 인정을 받기 위해 금전적인 후원을 하지만 실제로는 암을 유발하는 자사 제품을 홍보함으로써 분홍 세탁pinkwashing(핑크워싱)을 한다는 비난을 받는다. 이들이 이런 행동을 하는 이유는 세상에 도움이 되는 추가적인 노력을 기울인다는 이미지가 있는 제품에는 소비자가 보다 많은 돈을 지불할 것임을 알고 있기 때문이다. 유능한 마케팅 전문가들은 믿을 수 없을 정도로 기민하게 이런 멋진 이미지를 전달하는 언어를 구사한다. 그러나 현재로서는, 스스로를 '환경보호

론자'나 '공정무역 실천자' 혹은 '아기와 나무와 돌고래 보호자'로 불러도 된다고 판정할 수 있는 엄격한 기준이 아직 마련돼 있지 않다. 누구든 단체를 조직할 수 있고, 그럴듯한 로고를 만들 그래픽 디자이너를 채용할 수 있으며 또 어떤 제품에든 그 조직이 만든 로고를 번듯하게 붙일 수 있다. '건강하고 똑똑한 선택'이니 '환경친화적인 제품'이니 '당신을 행복하게 만들어주는 좋은 것들을 위한 위원회Council for Good Things That Make You Happy 인증' 등이 그렇다.$

요컨대 언어는 사람들이 그토록 보고 싶어 하는 노력을 엿볼 수 있는 창문을 제공한다. 노력이야말로 공정함과 높은 품질을 갖췄다는 신호이기 때문이다. 그리고 공정함과 품질에 대한 인식은 가치의 대리자가 된다. 바로 이것이 언어에서부터 가치에 이르기까지 우리가 지금껏 걸어왔던 길고 구불구불한 경로인데, 이 경로의 어느 지점에서든 우리는 발이 걸려 넘어지는 실수를 저지를 수 있다.

도무지 알아들을 수 없는 말

———

언어는 노력에 대한 인식과 가치에 대한 감각을 창출할 수 있을 뿐만 아니라 그런 용어를 사용하는 사람들의 전문성을 인정하도

———

$ 그런데 당신이 읽고 있는 이 책은 '당신의 인생을 보다 낫게 만드는 좋은 것들 위원회'로부터 'A플러스 넘버 원' 인증을 받았다. '건강하고 똑똑한' 당신의 선택을 축하한다.

록 우리를 유도할 수 있다. 보건 분야와 금융 분야 그리고 법률 분야의 전문가들을 놓고 생각해보자. 우리 같은 일반인들은 그들이 구사하는 표현(예로 내측측부인대, 부채담보부증권, 빚쟁이 감옥 등)이 무엇을 의미하는지 전혀 모르며, 심지어 그들이 쓴 손 글씨조차 제대로 읽지 못하는 경우도 허다하다. 도무지 이해할 수 없는 어려운 언어는 그런 말을 하는 사람이 전문가임을 암시한다. 이 언어는 그들이 우리보다 훨씬 많은 지식을 갖고 있고 그들이 그 모든 지식과 기술을 습득하기까지 오랜 시간 공을 들이며 노력했고, 또 이제 우리를 압도하기에 충분할 정도로 복잡한 언어를 사용해서 그 지식과 기술을 우리에게 보여주려 함을 상기시킨다.

이런 언어 사용은 저술가인 존 란체스터John Lanchester가 '사제의 말씀priesthoods'이라고 불렀던 것을 생성한다. 그 전문가들은 정교한 제의祭儀 그리고 사람들을 헛갈리게 만들고 위협하고 자신을 신비하게 포장하기 위해 고안된 언어를 사용함으로써, 사람들로 하여금 지금 전문가가 하는 말이 도무지 무슨 말인지 알아들을 수는 없지만 그래도 어쨌거나 자격을 갖췄다고 검증된 사람들이 제공하는 서비스를 사용하는 한 자신은 전문가의 통제 안에서 안전하다는 느낌에 사로잡히도록 만든다.[3]

앞에서 예로 들었던 것처럼 고급 음식점에서 소믈리에가 와인을 묘사하는 말은 복잡하고 시적이라 매혹적이었지만, 강수량이나 수확 시기가 와인의 품질에 미치는 영향이나 와인의 타닌 성분에 대해서 전혀 모르는 사람에게는 혼란스럽기도 하다. 그 말은 어쩐지 전문적으로 들렸다. 오로지 전문가들끼리만 알아듣는 말처럼 들렸다. 그런데 우리는 운 좋게도, 그들이 힘들게 획득한 모호한 전문성에서 유익함을 누리는 게 아닌가!

이 경우에는 투명성의 부족 혹은 결핍이 가치를 추가로 보태준다. 평범한 일반인이 감히 범접할 수 없는 과정에 존재하는 모호함은, 아무리 봐도 타당하다고 인정할 수 없는 복잡성의 감각을, 그것도 내재적인 복잡성의 감각을 만들어낸다. 그럼에도 이러한 감각은 사람들이 어떤 경험의 가치를 평가하는 데 영향을 미친다.

'일'을 '놀이'로 바꾸는 언어의 마법

———

뭔가를 연상시키는 묘사는 경험을 오로지 양적으로만 바꿀 수 있을 뿐이라고 생각하기 쉽다. 셰릴이 40달러가 아니라 150달러를 저녁식사비로 지출하도록 영향을 주는 것처럼 말이다. 그러나 사실은 풍부하고 전문적이며 감각적인 묘사는 경험의 가치를 질적으로 바꿔놓을 수도 있다. 그랬기에 셰릴은 자기 사무실에서는 40달러를 저녁식사비로 쓰지만 식당에서는 150달러를 기꺼이 썼다. 더 나아가 묘사는 심지어 어떤 제품이나 서비스를 사용하면서 돈을 내게 하는 게 아니라 반대로 돈을 받게 할 수도 있다.

마크 트웨인의 소설 《톰 소여의 모험The Adventures of Tom Sawyer》에서 톰은 자기 집 울타리에 흰색 페인트칠을 해야 했다. 폴리 이모가 그 지겹고 따분한 일을 하라고 시킨 것이다. 이때 친구들은 일을 해야만 하는 톰을 보고 놀렸고, 그러자 톰은 이렇게 대답한다.

"너희, 이 일을 뭐라고 부르는지 아니? (…) 어린애가 울타리를 흰색 페인트로 칠하는 기회가 날마다 있는 줄 아니? (…) 폴리 이모가 울타리에 대해 얼마나 까다로우신데!"

울타리에 페인트칠을 하는 일이 즐거운 경험으로 묘사되는 말을 들은 친구들은 그 즐거움을 경험하고 싶어서 너도나도 달려들고, 톰은 그럴수록 배짱을 튕긴다. 이렇게 오랜 협상의 줄다리기를 한 끝에 톰은 친구들에게 페인트칠을 한 번씩 해보게 해주는 대신 평소 갖고 싶었던 '보물들'을 친구들에게서 받아낸다.

이 이야기를 담은 장의 끝에 트웨인은 이렇게 썼다.

"만일 톰이 이 책의 저자처럼 위대하고 현명한 철학자였다면, 일이란 누군가가 의무적으로 해야 하는 것이고 놀이란 누군가가 굳이 하지 않아도 되는 것이라는 진리를 아마도 지금은 깨쳤을 것이다. (…) 영국에는 부자들이 많다. 그들은 여름에도 말 네 마리가 끄는 장거리 여행 마차를 하루에 20마일이나 30마일씩 모는데, 이렇게 하는 이유는 그것이 엄청난 돈이 들어가는 특권이기 때문이다. 그런데 만일 그들에게 돈을 주고 그렇게 하라고 한다면, 그 순간 그것은 놀이가 아니라 일이 되므로 그걸 하려 들지 않을 것이다."

언어는 대상을 바꿔놓는 힘을 발휘한다. 고통을 기쁨으로, 혹은 취미를 일로 바꿔놓을 수 있으며 그런 변화가 일어나는 방향까지도 바꾸어놓을 수 있다. 제프는 〈허핑턴포스트HuffPost〉에 (원고료를 받지 않고) 기사를 올릴 때마다 톰 소여의 페인트칠 모험을 떠올린다고 한다. 모두들 말하듯 〈허핑턴포스트〉의 창립자 아리아나 허핑턴Arianna Huffington은 톰 소여의 위대한 후계자 중 한 명이다(〈허핑턴포스트〉는 자기 매체에 기사를 쓴 사람에게 원고료를 주지 않는 정책을 유지한다 – 옮긴이). 그녀는 사람들에게 '언론 매체를 통해서 알려질 수 있는 기회'를 제공했고, 이 과정에서 언어가 구사하는 마법의 힘을 입증했다.

마법이 일어나는 순간

제의는 어떻게 해서 이 모든 것에 딱 들어맞을까? 릭이 와인 잔을 빙빙 돌리고 입술을 오물거리며 와인을 음미하고 또 잔을 들어 건배 제의를 할 때 그렇게 하지 않을 때보다 그 와인이 더 맛있게 느껴지는 이유는 무엇일까? 과연 정말로 그게 더 맛있게 느껴졌을까? 그랬다, 실제로. 그것도 우리가 예상하는 것보다 훨씬 더 큰 폭으로.

제품이나 서비스를 묘사하는 언어와 소비단어는 놀라울 정도로 일관적인 경향이 있다. 자주 바뀌지 않으며, 다른 것이 아닌 스스로를 기반으로 해서 차곡차곡 쌓여간다. 사람들은 어떤 제품에 대해 새로운 경험을 할 때마다 늘 동일한 단어를 생각한다. 와인의 향기, 치즈의 식감, 스테이크의 크기⋯⋯. 앞서 살펴봤던 가치의 수준을 높이는 효과 이외에도 용어가 띠는 이런 일관성은 (사람들이 그 용어를 어떻게 사용하고 또 반복하는지 그리고 그 용어가 사람들의 행동방식에 어떻게 영향을 주는지 등과 관련해서) 특정한 제의를 만들어낸다.

제의는 단일한 경험을 이것과 똑같은 과거와 미래의 다른 많은 경험과 이어준다. 이 연결 덕분에 그 경험은 과거로 또 미래로 확장되는 전통의 일부분이 되고, 그럼으로써 추가적인 의미를 획득한다.

대부분의 제의는 종교에서 비롯됐다. 유대교에서는 남자들이 야물커(유대인 남자들이 정수리 부분에 쓰는 작고 동글납작한 모자 – 옮긴이)를 쓰고, 이슬람에서는 사람들이 구슬을 세고, 또 기독교에서는 십자가에 키스를 한다. 그렇다, 이 모든 제의는 특정한 절차(과정)와 묘사가 덧붙여진 행동이다. 모두가 다 사람들을 과거에 있었던 행동 및 본인의 역사와 연결해준다. 그러나 가장 중요한 것은 그 제의들이 의미의 추가적인 내용(보다 높은 질서)을 실어 나르는 상징이라는 점이다. 바로 이런 점 때문에 제의와 연결되면 무엇이든 독자적으로 존재할 때보다 훨씬 더 높은 가치를 지니게 된다. 그게 기도든 혹은 와인 한 잔이든 간에 말이다.

즐거움은 자기 외부에 존재하는 제품이나 서비스의 경험에서 그리고 동시에 자기 머릿속에 기억된 경험에서 비롯됨을 명심해야 한다. 언어와 마찬가지로 제의도 소비경험의 질을 높여주는데, 제의는 과거 경험과의 연결성을 확장하고 특정한 의미의 감각을 생성함으로써 우리가 느끼는 즐거움을 늘려준다. 이 과정에서 제의에 사용되는 것에 대한 가치평가가 높아진다. 예컨대 생선초밥 한 개나 와인 한 잔은 이를 소비하기 위해 우리가 취하는 행동이나 절차에 힘입어 '보다 비싼 것'으로 보일 수 있다.

캐슬린 보즈Kathleen Vohs, 야진 왕Yajin Wang, 프란체스카 지노Francesca Gino 그리고 마이클 노튼이 제의를 주제로 연구했는데, 이들은 제의가 즐거움, 기쁨, 가치 그리고 당연한 얘기지만 사람들이 대가로 기꺼이 지불하려는 금액을 더욱 높은 수준으로 끌어올린다는 사실을 확인했다.[4] 연구자들은 피실험자들에게 초콜릿 바를 하나씩 주고 먹게 했는데, 피실험자들을 두 집단으로 나눠서 한 집단에게는 그것을 곧바로 먹게 하고 다른 한 집단에게는 매우 특이한 어떤 절차로 포장을 뜯은 뒤에 먹게 했다. 즉, 이 후자 집단은 소비를 하기 전에 제의를 거친 셈이다. 거창한 의미가 있는 제의는 아니었지만 어쨌거나 제의는 제의였다. 연구자들은 이와 비슷한 실험을 하나 더 했는데 이번에는 재료가 초콜릿 바가 아니라 당근이었다. 피실험자들을 두 집단으로 나눠서 한 집단에게는 그냥 평소 하던 대로 당근을 먹으라고 했고, 다른 집단에게는 자기 손을 톡톡 두드린 뒤에 심호흡을 몇 차례 한 다음 눈을 감고 잠깐 동안 있다가 당근을 먹으라고 했다. 그런데 학문의 발전을 위해서라도 이 제의 과정에 "어이, 안녕하세요?"라는 인사말을 추가했어야 했는데 아쉽다(1940년대의 미국 애니메이션 시리즈 〈루니 툰looney tunes〉에 등장한 캐릭터인 벅스 버니는 당근을 먹을 때마다 이 말을 한다 – 옮긴이). 그렇게 했더라면 정말 좋았을 텐데. 물론 재미를 위해서가 아니라 순전히 학문적인 차원에서 말이다.

이 연구자들은 일종의 제의 절차를 거친 피실험자들이 초콜릿 바든 당근이든 어떤 음식을 먹을 때 더 맛있게 느낀다는 사실을 발견했다. 제의는 경험과 즐거움을 증가시켰다. 경험을 기대하면서 상상하는 경우에서나 실제 경험에서나 모두 마찬가지였다. 즐거움이 증가된다는 것은 확실히 가치 있다고 할 수 있다. 그렇지 않은가? 분명히 그렇다. 이 연구자들이 '어떤 대가를 기꺼이 지불하겠다는 마음 상태'를 시험했을 때 제의 절차를 거친 피실험자들이 보다 많은 돈을 기꺼이 지불하겠다고 나서며, 또 그렇게 먹은 것이 '보다 멋지다'고 생각한다는 사실도 확인했다.

이상한 동작으로 대상을 톡톡 두드리거나 특이한 호흡을 하는 것 외에도 제의는 많다. 거의 모든 유형의 경험과 행동이 다 제의에 포함될 수 있다. 건배 제의하기, 악수하기, 기도하기, 혹은 오레오 쿠키 한쪽을 분리해서 안쪽 면에 붙은 크림 핥기처럼 수많은 제의가 우리가 대상에 더욱더 집중하게 만들어준다. 즉, 그 덕분에 우리는 그 경험이나 그 음식 혹은 그 소비에 보다 더 집중하게 된다.

소비 과정에서 수행하는 제의는 그 소비경험을 특별하게 만들어준다. 우리는 그 대상을 보다 많이 소유하고, 그것은 보다 큰 투자가 되어 우리의 삶과 경험 속에 더 긴밀하게 얽혀든다. 어떤 행동에 익숙해져서 그 행동을 제의 절차로 삼을 때 그것은 우리 자신의 것이 된다. 우리는 그 모든 것을 통제한다. 그리고 바로 이런 과정에서 가치가 추가된다.

제의는 음식을 보다 맛있게 만들며, 일을 보다 특별하게 만들어주며 또 인생을 보다 더 멋지게 만들어준다. 경험을 보다 가치 있게 만들어준다. 제의는 소비단어와 마찬가지로 우리가 어떤 것을 할 때 거기에 집중하게 만들어준다. 또한 소비에 보다 깊이 몰입할 수 있게 해서 소비의 즐거움을 한껏 높여준다. 그러나 제의에는 우리가 직접 수행하는 행동과 의미가 포함되기 때문에 소비단어를 능가한다. 이 과정 속에서 제의는 거의 모든 경험에 담긴 즐거움의 수준을 높여준다.

우리는 와인 한 잔을 그냥 마셔버릴 수도 있지만, 제의를 거치면서 마시면 그러지 않을 때보다 와인 마시는 순간의 즐거움을 강화할 수 있다. 동일한 와인 두 잔을 마신다고 치자. 그런데 한 잔은 커피 머그잔에 담아서 마시고, 다른 한 잔은 멋진 크리스털 와인 잔에 담아서 멋진 조명 아래에서 몇 차례 빙빙 돌려서 한 모금 입에 넣고 입속에서 천천히 굴리면서 음미한다면, 셰릴의 남편 릭은 둘 중 어느 쪽이 더 맛있다고 평가할까? 어느 쪽에 더 많은 돈을 기꺼이 지불할까? 다시 말하지만 와인 병이나 그 안에 든 와인은 동일하다. 객관적으로만 보자면 머그잔의 와인이나 와인 잔의 와인이나 동일하며, 이 둘의 가치 역시 동일해야 마땅하다. 그러나 실제로는 그렇지 않다. 우리는 제의를 거치는 와인의 가치를 보다 높게 평가한다. 이런 점에서 보자면 사람들의 소비행동은 경제적으로 완전히 합리적이지는 않다. 그러나 충분히 이해할 수 있을 뿐만 아니라, 몇몇 경우에는 한층 더 바람직하기까지 하다.

지금 비행기가 입속으로 착륙하고 있습니다!

────

제의와 언어가 소비의 질을 높인다는 사실을 의심하는 사람이 있다면 이제 막 걸음마를 시작한 아기에게 으깬 완두콩을 숟가락으로 먹여보기 바란다. 이번에는 똑같은 동작을 하되 아기에게 숟가락이 비행기고 이 비행기가 이제 착륙을 시도한다고 말해보라.$ 숟가락이 비행기처럼 허공을 가로질러 아이의 입으로 향하게 하라. 입으로는 프로펠러 소리를 내라, 부다다다! 이런 모습이 우스꽝스럽겠지만, 아무리 까다로운 아이라도 숟가락으로 완두콩을 먹는 것보다 작은 비행기를 먹는 것에 더 많은 관심을 보일 것이다. 어른이라고 다를까? 어른이라도 음식을 두고 어떤 쇼를 벌이면 그것을 먹을지 혹은 얼마나 많이 먹을지가 달라진다. 숯불구이 식당이나 애거사 크리스티Agatha Christie의 미스터리 소설에서처럼 범인을 찾아내는 콘셉트의 테마 식당 같은 데 가서 음식을 먹을 때와 드라마를 정신없이 보며 자기 얼굴에 난 구멍으로 자기가 뭘 우겨넣고 있는지 모를 때를 비교해보면 잘 알 것이다.

우리 인간은 자기 음식이 맛있을 거라고, 자기가 투자한 것이 충분히 가치 있을 거라고, 멋진 것을 찾을 수 있을 거라고, 곧바로 백만장자가 될 수 있을 거라고, 이제 곧 비행기를 먹어치울 거라고 믿고 싶어 한다. 만일 이런 것들이 언어와 제의가 우리에게 말하는 바라면 우리는 의심을 거둘 것이다, 적어도 어느 정도까지는 말이다. 사람들은 경험하고 싶은 것을 경험한다.

제의와 소비언어는 사람들에게 영향을 줘서 어떤 대상이든 실제 그

$ 부모가 아기에게 뭔가를 떠먹일 때 숟가락에 든 음식이 아기에게 더 맛있어 보이게 하려고 "자! 이제 비행기가 입속으로 착륙하고 있습니다!"라는 말을 무려 수백 년 동안이나 하고 있다고 마이클 노튼은 주장한다.

대상이 지닌 가치보다 더 높은 가치를 매기게 만든다. 제의와 소비언어가 부리는 마법은 일상생활에서 제품을 사는 경험을 결혼, 직업 그리고 주변 세상과 상호작용을 하는 방식처럼 커다란 의사결정을 하는 경험으로 바꿔놓는다.

11

기대치를 뛰어넘어야 하는 까닭

비니 델 레이 레이는 멋지게 사는 걸 좋아한다. 빠르게 달리는 자동차, 수지맞는 거래, 재미있는 여흥……. 그는 자기가 이 모든 멋진 것을 잘 알고 있다고 생각한다. 그는 늘 유행의 최첨단에 서 있다. 만일 어떤 것이 '최고'라는 평판을 얻으면 그는 그걸 반드시 가져야 한다. 그러고 난 뒤에는 여기저기 자랑한다. 썩 좋은 명성이 없는 것에는 아예 손도 대려 하지 않는다. 그렇다고 해서 그가 엄청난 부자는 아니다. 하지만 열등한 제품이나 경험으로 자기 인생을 낭비하지 않겠다는 다짐을 철저하게 지킬 정도로는 여유가 있다.

그는 아르마니Armani 정장을 입는다. 최고의 옷이고, 착용감이 좋다. 보기에도 좋다. 아르마니는 그가 부동산 중개인으로 성공한 인생을 살아간다는 사실을 자랑스럽게 드러내준다.

오늘 그는 새로 구입한 테슬라Tesla 모델 S를 타고 부동산 계약서를 작성하러 간다. 이 자동차는 세계 최고다. 배기가스도 배출하지 않는다. 속도감도 최고다. 다들 부러워하는 눈으로 이 자동차를 바라본다. 비니는 1년이나 2년에 한 번씩은 꼭 새 자동차, 그것도 사치스러운 자동차를 빌린다. 그는 테슬라 모델 S를 소개하는 모든 기사를 다 읽은 다음 이 자동차의 운전석에 앉았다. 그러나 그가 이 자동차를 사기로 결심한 건 시승 때문이었다. 힘이며 핸들링이며 통제감 등 시승 전에 그토록 많이 읽었던 그 모든 것을 다 느낄 수 있었다. 그가 꿈꿨던 모든 시각적인 것과 청각적인 것을 느낄 수 있었다. 이 차야말로 자신을 위해서 제작된 차라고 생각했다.

비니는 자기가 밸리 최고의 부동산 중개인이라고 믿는다. 그런데 밸리의 어느 지역? 전체 밸리를 통틀어서 그렇다고 믿는다. 하지만 오늘 그는 리처드 본 스트롱을 상대로 거래 협상을 해야 한다. 이 사람이 성공으로 거둔 명성은 (그리고 또 사악함의 명성도) 비니의 명성보다 한 단계 높다. 비니는 평소에 시원시원하고 차분하며 침착하지만 오늘은 하루 종일 끔찍한 두통에 시달렸다. 그래서 그는 맨 처음 보이는 편의점 주차장에 들어가서 차를 세운다.

편의점에서 그는 '엑스트라 스트렝스 타이레놀'(타이레놀 가운데서도 약효가 센 제품 – 옮긴이)을 찾지만 편의점 직원은 그 약이 없다고 한다.

"그 대신에 이걸 드셔보시죠? '해피 팜스 아세타미노펜'입니다. 타이레놀과 똑같은 거지만 가격은 훨씬 쌉니다."

"뭐라고요? 장난하십니까? 그런 싸구려 약은 권하지 마세요. 그건 약효가 전혀 없을 겁니다. 타이레놀이 최곱니다. 어쨌든 고맙습니다."

다시 자동차에 올라탄 비니는 3, 4킬로미터 더 가서 다른 편의점을 발견하고, '엑스트라 스트렝스 타이레놀'을 산 뒤에 3달러짜리 비타민 음료수와 함께 그 약을 삼켰다.

비니는 본 스트롱을 만나기로 한 고급 호텔로 자동차를 몰고 들어간다. 본 스트롱은 협상 상대방에게 겁을 주기 위해 펜트하우스 스위트룸을 빌리는 것으로 악명 높다. 비니의 두통이 다시 시작된다. 마구 욱신거린다. 그는 머리를 문지르면서 개방된 주차장을 지나 호텔 정문에 차를 세우고 열쇠를 발레파킹맨에게 넘긴다. 그러면서 그는 자신의 테슬라 모델 S는 동급 차종 가운데서도 최고이고 마치 꿈의 로켓선처럼 작동하며 게다가 지구 환경까지도 지켜준다고 일러준다.

엘리베이터에서 비니는 조수로부터 문자메시지를 받는다. 본 스트롱이 집에 긴급한 일이 생겨서 그의 동업자인 글로리아 마쉬가 대신 나올 것이라는 내용이다. 비니는 심호흡을 한 차례 하고 어깨에 들어가 있던 힘을 편안하게 빼고 실크 정장을 손으로 문지른다. 어쩐지 두통이 가라앉는 것 같다.

글로리아와 마주한 비니는 그녀가 본 스트롱만큼 막무가내가 아님을 알고는 편한 마음으로 협상에 임한다. 그는 그녀의 첫 번째 제안을 진지하게 듣는다. 그녀가 거칠게 나오는 스타일이 아님이 분명했기 때문이다. 그는 본 스트롱을 상대하기 위해서 준비했던 가격보다 조금 높은 가격을 제시한다. 협상에 관한 한 그는 전혀 걱정하지 않는다. 글로리아가 자기보다는 한 수 아래라고 생각하기 때문이다. 하지만 결국은 그렇지 않은 것으로 드러난다. 계약서에 서명을 하긴 했지만, 최종적으로 타결을 본 계약 조건은 본 스트롱을 상대로 이끌어내겠다고 생각했던 것보다 못하기 때문이다. 그래도 비니는 그 결과에 만족하고 기분이 좋다.

그는 협상장을 떠나면서 조수에게 최고의 와인을 준비해놓으라는 내용의 문자메시지를 보내고, 테슬라 S 모델을 타고 계약 성사를 축하하러 간다.

도대체 무슨 일이 일어나고 있는 걸까?

———

비니의 이야기는 기대치가 가치판단을 어떤 식으로 왜곡하는지 보여준다. 비니는 자기 자동차가 다른 어떤 자동차보다도 더 빨리 달리고 더 멋있게 보이고 또 더 낫다고 사람들이 알아주기를 기대했기에, 이 자동차를 사면서 기대치가 적은 자동차보다 더 많은 돈을 지불했다. 그는 또 동일한 성분이라도 무명 브랜드인 두통약보다 타이레놀이 그의 두통을 훨씬 빠르게 잠재워줄 것이라고 기대했기에, 굳이 더 많은 돈을 지불하면서 타이레놀을 샀다. 그는 남자가 여자보다 더 어려운 협상 상대라고 기대했기에, 그 점에 대해서도 역시 더 많은 돈을 지불했다.

주식시장에 대해 이런저런 내용을 읽은 적이 있다면 '기대치expecta-tions'라는 말을 들어봤을 것이다. 애플 같은 기업이 한 분기에 70카질리언(매우 많은 돈을 가리키는 임의의 단위 – 옮긴이) 달러를 벌었는데, 만일 애널리스트들이 애플이 80카질리언 달러를 벌 것이라고 기대했었다면 애플의 수익은 '기대치에 미치지 못한 것'이 되며, 이에 따라 주가는 내려간다. 그러므로 애플은 기대치에 비해 상대적으로 나쁜 성과를 낸 것이 되고 만다.

그러나 여기에는 사람들이 쉽게 간과하는 함정이 하나 있다. 바로 애널리스트들이 애초에 주가 기대치를 너무 높게 설정했다는 것이다. 애널리스트들은 애플이 80카질리언 달러라는 엄청난 수익을 올릴 것이라고 기대했으며, 그래서 그들은 애플의 가치를 한층 높게 설정했다. 이런 일은 인간의 뇌가 경험을 평가할 때도 똑같이 일어난다.

주가와 매우 비슷하게, 사람들의 평가는 자신이 가장 신뢰하는 애널리스트인 스스로가 설정한 기대치에 영향을 받는다. 만일 누군가가 어떤 것을 정말 정말 정말 멋지리라고 기대한다면 그는 그것의 가치를, 그것이 별로이리라고 기대할 때보다 더 높게 평가할 것이다. 똑같은 와인이라도 깨진 머그잔에 담긴 와인보다는 멋진 크리스털 잔에 담긴 와인이 더 맛있을 것이라고 기대하며, 또 그런 기대에 맞게 가격도 더 비싸게 지불할 것이다, 기꺼이. 와인뿐만 아니라 다른 제품이나 서비스에 대해서도 마찬가지다.

사람들이 뭔가를 경험하는 과정에서 뇌는 엄청나게 큰 역할을 수행한다. 세상에!

미래는 불확실하다. 장차 무슨 일이 벌어질지 우리는 알지 못한다. 설령 전반적인 계획을 알고 있다 해도(예를 들어 내일 아침 6시에 일어나서 씻고 커피를 마신 뒤에 출근했다가 저녁에 집에 돌아와서 사랑하는 사람들에게 키스를 하고 잠자리에 들 것을 잘 안다고 하더라도) 그 과정에서 일어날 수 있는 세부적인 사항은 알지 못한다. 예측하지 못한 온갖 자잘한 일은 얼마든지 있을 수 있다. 출근길 전철에서 우연히 고등학교 때 친구를 만난다거나 창립기념일 케이크 한 조각을 실수로 바지에 떨어뜨린다거나 혹은 문서 출력·제본실에서 이곳 근무자인 마비스와의 사이에 예상치 않게 성적 긴장이 발생한다거나 하는 것들 말이다.

다행스럽게도, 이런 상황에서 필연적으로 나타날 수밖에 없는 간극을 메우려고 인간의 뇌는 열심히 일한다. 인간은 지식과 상상력을 동원해서 미래에 있을 경험의 상세한 사항을 예상한다. 이것이 바로 기대치가 하는 일이다. 기대치는 사람들이 자기 미래에 대해 갖고 있는 흑백 이미지에 채색을 한다.

인간의 상상력은 믿을 수 없을 정도로 강력하다. 엘리자베스 던과 마이클 노튼은 《당신이 지갑을 열기 전에 알아야 할 것들Happy Money》에서 독자들에게 토성의 고리에서 유니콘을 타는 모습을 상상하라고 요구하며 다음과 같이 지적한다.

"이 경이롭고 불가능한 활동의 이미지를 떠올리는 능력은 인간이 발휘하는 마법에 기여하며 상상을 통해 거의 모든 곳에 갈 수 있는 인간의 능력을 증명한다."[1]

미래에 대한 이미지를 군데군데 크고 작은 금이 가 있고 틈이 벌어져 있는 표면으로 인식해라. 그런데 그 균열의 간극은 기대치라는 끈적끈적한 액체로 메워질 수 있다. 인간 정신이 기대치를 이용해서 미래의 전망을 완성한다는 말이다. 인간의 정신은 경이롭다. 그러므로 너무도 많은 사람이 텔레비전 리얼리티 시리즈인 〈뉴욕시티의 실제 주부들The Real Housewives of New York City〉 따위로 정신을 찔러댄다는 것은 수치가 아닐 수 없다.

위대한 기대치

기대치는 서로 다른 두 개의 시간대에 걸친 경험의 가치를 바꿔놓는다. 두 개의 시간대란 구매 대상을 경험하기 전인 '기대 시간대'와 경험이 진행되는 '경험 시간대'이다. 이 두 가지 유형의 기대치는 본질적으로 서로 다르지만 각기 중요한 방식으로 작용한다. 기대치는 어떤 경험을 기대할 때 즐거움(혹은 고통)을 제공하며, 그런 다음에는 그 경험 자체를 바꿔놓는다.

첫째, 휴가여행을 기대하는 동안 사람들은 계획을 짜면서 즐거운 시간과 맛있는 열대음료와 모래해변을 상상한다. 이처럼 자신의 기대 속에서 즐거움을 추가로 즐긴다.

그러나 기대치의 두 번째 효과는 훨씬 더 강력한 힘을 발휘한다. 기대치는 어떤 사람이 실제로 그 경험을 하는 동안에 그가 자기 주변 세상을 경험하는 방식 자체를 바꿔버린다. 한 주 동안의 휴가여행은 고양된 기대치 덕분에 한층 더 즐겁고 가치가 높아질 수 있다. 우리는 사전에 기대를 갖고 있었기 때문에 대상에 보다 많은 관심을 들이고 또

멋진 순간을 보다 충실하게 즐긴다. 기대치 때문에 바뀌는 것은 정신
뿐만이 아니다. 육체 역시 바뀐다. 그렇다, 우리가 뭔가를 기대하면서
시간을 보낼 때는 생리상태도 바뀐다. 이와 관련된 고전적인 사례가
파블로프의 개다. 정신적으로 먹을 것을 기대할 때 이 개는 자기도 의
식하지 못한 상태에서 침을 흘린다.

마찬가지로 어떤 것을 기대하기 시작하는 순간 우리 정신과 육체는
그 '어떤 것'의 실체를 준비하기 시작한다. 이 준비는 경험의 실체에
영향을 줄 수 있으며 또한 전형적으로 영향을 준다. 놀라워라.

잠깐만! 뭐라고? 기대치가 중요하다고?

우리가 지금까지 살펴본 돈과 관련된 여러 심리적 효과와 다르게 기대치는
(언어 및 제의와 마찬가지로) 본인이 인지하는 가치만이 아니라 그 경험의 실
제 가치까지 바꿔놓을 수 있다. 이 중요한 구분에 대해서는, 우리 인간이 갖고
있는 특이한 심리적 특성을 유리하게 활용할 수 있는 방법을 여기에서 소개
하며, 3부에서 보다 더 자세히 이 주제를 살펴볼 것이다.

기대는 대상을 한결 위대하게 만든다
—

기대 시간대에서는 기대치가 사람이 행하는 모든 구매에 가치
를 보태거나 혹은 뺀다. 만일 긍정적인 경험을 기대하고 있다면 우리

는 그 경험을 준비한다. 이때 우리는 기대에 찬 미소를 띠거나 엔도르핀을 분비하거나 혹은 주변 세상을 보다 긍정적으로 바라본다. 부정적인 기대를 할 때도 마찬가지다. 만일 부정적인 경험을 기대하고 있다면 우리 신체가 그에 대한 준비를 한다. 긴장을 하거나 으르렁거리거나 스트레스를 받거나 자기 신발만 뚫어져라 바라보거나 혹은 주변에서 전개될 그 참혹한 일에 대비한다.

만일 누군가 즐거운 휴가여행을 기대하는 데서 즐거움을 얻는다면, 그 즐거움은 그가 휴가여행을 갔을 때의 경험을 한층 높은 가치 수준으로 끌어올려준다. 만일 누군가 해변에 누워서 맛있는 칵테일을 마시는 달콤한 기대를 한 달 동안 한다면, 거기에는 분명 가치가 있다. 그런데 그 기대치의 즐거움을 한 달 뒤에 실제 경험에 보태면(즉, 한 달 동안 상상하고 실제로 한 주 동안 휴가여행을 한다면), 그 기대치가 휴가여행의 전체적인 가치를 실제 가치보다 더 높은 수준으로 올려준다. 다른 식으로 표현하자면, 단 한 주의 휴가여행을 구매했음에도 다섯 주의 즐거움을 누린다는 말이다(어떤 사람들은 당첨되지 않을 줄 뻔히 알면서도 복권을 사는 이유가 그 복권이 당첨됐을 때 생기는 돈으로 할 수 있는 것을 며칠 동안 즐겁게 상상할 수 있기 때문이라고 말한다).

이와 비슷하게, 낮은 기대치는 어떤 경험의 즐거움을 보다 낮은 수준으로 떨어뜨릴 수 있다. 누군가 한 주 뒤에 치과 치료를 받아야 한다고 치자. 그러면 그는 치료를 받기 전까지 날마다 끔찍한 상상과 악몽에 시달릴 것이다. 그리고 실제로 치과 치료를 받을 때도 역시 고통스러울 것이다. 이 경우, 이 사람은 전혀 즐겁지 않은 실제 치료의 고통에 더해서 끔찍한 상상의 고통까지 함께 경험하게 된다. 당신도 (치과용) 드릴이 어떤 것인지 알고 있을 것이다!

풍부한 묘사와 제의가 '소비경험'을 고양시킨다는 설명은 앞에서도 했다. 기대치도 이와 마찬가지 방식으로 작동한다. 높아진 기대치는 경험 자체에 대한 가치평가 내용을 바꿔놓는다. 기대치는 우리가 구매하는 것과 직접 연결되어 있지 않은 가치단서로 기능한다. 기대치는 구매 상품이나 서비스를 바꿔놓는 게 아니다. 기대치는 우리가 구매한 것에 대해 뇌가 인식하는 내용이고, 바로 이것이 경험의 내용이나 가치를 바꿔놓는다.

기대와 경험의 연결

―――

기대치는 단지 우리 인식만을 바꾸지 않는다. 실제 경험도 함께 바꾼다. 기대치는 경험을 준비하는 방식뿐 아니라 그 경험의 주관적 및 객관적 느낌에 실질적인 영향력을 끼친다.

기대치는 성과를 개선하고 소비경험의 질을 높이며 대상에 대한 인식을 바꾸기 위해, 또 그럼으로써 가치를 평가하는 능력과 금액을 지불할 의사에 영향을 미치기 위해서 제시돼왔다. 언어 및 제의와 마찬가지로 기대치는 사람들이 어떤 경험의 긍정적인 측면에 (혹은 부정적인 측면에) 초점을 맞추며 그 요소에 가중치를 부여하는 데 도움을 준다. 어디에 작용하든 간에 기대치는 우리의 실체를 바꿔놓을 힘을 가지고 있다.

비니는 타이레놀과 테슬라가 제대로 잘 기능하기를 기대했고, 그의 경험 속에서 그 둘은 실제로 그랬다. 어떤 카툰이 재미있을 것이라고 기대한 사람은 그렇지 않은 사람보다 그걸 보고 더 많이 웃는다. 어떤 정치인이 토론장에서 토론을 잘하리라고 기대하는 사람은 그가 실제로 잘한다고 믿는다.[2] 또 어떤 맥주가 맛없을 것이라고 기대한 사람들은 결국, 그런 기대를 하지 않았을 때만큼 그 맥주를 좋아하지 않았다.[3] 독일 작가 루돌프 에리히 라스페Rudolf Erich Raspe의 고전적인 소설 《허풍선이 남작의 모험Munchhauser》에서 주인공은 늪에 빠진다. 그런데 그는 단지 자기 머리카락을 끌어당기는 것만으로 자기 자신과 말을 늪에서 끄집어낸다. 물론 이는 물리학적으로는 불가능하다. 하지만 그는 가능하리라고 믿었고(그는 그렇게 하면 잘될 것이라고 기대했다), 아닌 게 아니라 실제로 그랬다. 안타깝게도 현실 속에 살아가는 우리는 자신의 신체를 바꾸겠다는 기대를 그 정도로까지 확장하여 활용하지는 못한다. 하지만 그래도 기대치가 어느 정도 효과가 있음은 분명하다.

기대치가 정신활동의 성과를 어떻게 바꿔놓는가 하는 주제에 관한 연구저작은 많이 나와 있다. 그중 가장 놀라운 몇몇은 다음과 같은 사실을 확인했다.

1. 연구자들이 피실험자 집단인 여자들에게 그들이 여자임을 상기시키자 피실험자들은 자기가 수학 문제를 잘 풀지 못할 것이라고 기대했

고, 실제로도 수학 문제를 잘 풀지 못했다.

2. 연구자들이 피실험자 집단인 아시아인 여자들에게 그들이 여자임을 상기시키자 피실험자들은 자기가 수학 문제를 잘 풀지 못할 것이라고 기대했고, 실제로도 수학 문제를 잘 풀지 못했다. 그런데 연구자들이 이들에게 그들이 아시아인임을 상기시키자 피실험자들은 자기가 수학 문제를 잘 풀 것이라고 기대했고, 실제로도 수학 문제를 잘 풀었다.[4]

3. 교사가 몇몇 아이들에게는 점점 잘하게 될 것이라고 말하고 또 다른 몇몇 아이들에게는 점점 못하게 될 것이라고 말하자, 각각의 집단은 그 기대에 맞춰 전자 집단은 잘하게 됐고 후자 집단은 못하게 됐다. 오로지 교사가 취한 행동 때문에 결과가 달라졌다. 자기 성적에 대한 학생들의 기대치가 교사의 초기 기대치에 의해 형성된 것이다.[5]

이런 연구 결과들은 고정관념과 편견이 빚어내는 영향력에 대해 보다 넓은 함의를 지니지만, 우리 목적과 관련해서는 사람들의 정신적 전망 및 역량을 바꿔놓는 기대치의 능력이 어느 정도인지를 분명하게 확인할 수 있다.

인간의 정신적인 능력을 초월하면서까지 성과에 영향을 미치는 기대치의 힘이 문화권을 초월해서 점점 더 공통적인 현상으로 자리를 잡아가고 있다는 점은 굳이 따로 언급할 가치가 있다. '세상 속으로 들어가겠다'는 오프라 윈프리Oprah Winfrey의 소원에서부터 '비전보드'(이루고 싶은 목표를 적어서 잘 보이는 곳에 걸어두는 보드 – 옮긴이)의 확산 및 스포츠 선수의 이미지 트레이닝에 이르기까지, 사람들은 기대치를 설정하며 여기서 엄청난 변화의 힘이 비롯된다고 믿는다. 비록 우리 두 저자는 이런 특정한 것들의 과학적인 효능에 관해 따로 논평을 할 생각은 없지만, (세계적인 베스트셀러이자 영화로도 제작되며 지구상에 생명과 평화를 불어넣는 데 핵심적인 역할을 하게 될 책의 저자인) 우리 두 사람도 어느 정도까지는 기대치의 효능을 믿는다.

이처럼 기대치는 중요하다. 그런데 이 기대치는 어디서 비롯될까?

기대치가 만들어내는 기적

이름 붙이기branding는 기대치를 만들어낸다. 이름 붙이기가 가치에 대한 인식을 높여주기 때문이다. '이름 붙이기는 효과가 있다!!Branding Works!! ©®™' 이름 붙이기는 확실히 주관적인 성과에 영향을 준다. 이런 사실은 1960년대까지 거슬러 올라가는 시대의 연구저작들이 확인해준다. 동일한 고기[6]와 맥주는 브랜드가 있을 때 더 맛있게 느껴진다.[7] 그리고 신경과학계를 사로잡는 이야기인데, '사람들은 코카콜라라는 브랜드가 붙은 콜라를 마실 때 더 큰 즐거움을 느꼈다고 답변했고, 이는 감정과 문화적 기억과 관련 있는 뇌 부위인 배측면 전두엽피질의 활성도가 상대적으로 높게 나타난 사실과 호응이 된다.'[8] 즉, 이름 붙이기는 사람들로 하여금 단지 어떤 것을 보다 많이 즐긴다고 말하게 하는 데 그치는 게 아니라, 실제로 사람들의 뇌에서 그것을 보다 즐거운 것으로 만들어버린다는 말이다.

이름 붙이기를 주제로 최근 이뤄진 한 연구에서는 시간이 매우 남아도는 사람들(일반적으로 이런 사람들을 자발적인 피실험자라고 부른다)에게 어떤 제품을 시험해보라고 요구했다. 그런데 한 선글라스에는 최신 유행에 맞는 이름을 붙여놨고 다른 선글라스에는 그렇지 않은 아무 이름을 붙여놨다. 그러자 피실험자들은 멋진 이름이 붙은 선글라스가 그렇지 않은 선글라스보다 눈부심을 더 잘 막아준다고, 또 멋진 이름이 붙은 귀마개가 그렇지 않은 귀마개보다 소음을 더 잘 차단한다고 믿었다. 그런데 사실 이 실험에 사용된 모든 제품은 동일했으며, 차이가 있다면 브랜드 이름뿐이었다. 그런데 이름이 각 제품의 유용성 점수에 실질적인 영향을 준 것이다.[9]

사람들은 브랜드가 단지 기대치를 개선할 뿐이라고 생각하기도 한다. 즉, 멋진 브랜드의 선글라스는 더 많은 빛을 차단해주고 멋진 브랜드의 귀마개는 소음을 더 많이 차단할 것이라고 '생각'한다. 그러나 사실 브랜드에 의해 생성된 기대치는 객관적인 성능(성과)을 실질적으로 개선했다. 실제로 제품의 성능을 살펴볼 때 브랜드가 있는 제품이 더욱 많은 빛과 소음을 차단했다. 피실험자들은 스스로를 설득해서 진정한 신봉자가 됐으며, 성스러운 브랜드로 개종했다. 그들은 멋진 브랜드를 가진 제품이 보다 나은 성능을 발휘하길, 즉 더 큰 가치를 지니길 기대했고 그렇게 증가된 가치를 염두에 둔 피실험자들의 기대는 실제로 선글라스나 귀마개가 그렇게 되도록 했다. 말하자면 브랜드는 선글라스나 귀마개에 대한 자기충족적인 (즉, 바라던 결과를 스스로 이끌어내는) 예언이었던 셈이다.

우리는 자기가 신뢰하는 브랜드에 집착한다. 어쩌면 우리는 늘 특정한(예컨대 혼다 같은) 브랜드의 자동차를 사는지도 모른다. 각자 선호하는 브랜드의 자동차가 다른 자동차보다 훨씬 더 큰 가치를 가지고 있다고, 그 자동차가 더 나은 게 틀림없다고, 또 자기 판단이 분명히 맞는다고 믿는다. 딕 위팅크Dick Wittink와 라훌 구하Rahul Guha는 새로운 자동차를 구입할 때 예전에 갖고 있던 자동차와 동일한 브랜드를 사는 사람이 그 브랜드 자동차를 처음 사는 사람보다 더 많은 돈을 지불한다는 사실을 발견했다.[10] 이는 '자기 따라 하기'$이며, 여기에는 브랜드 프리미엄이 결합돼 있다.

평판 역시 기대치를 형성한다(평판은 흔히 브랜드와 혼동되기도 한다). 평판에 따른 효과는 도처에서 확인할 수 있다.

비니가 자기가 선택한 것이 보다 빠르고 보다 명망 높고 보다 세련된 제품이라고 믿은 것은 테슬라와 타이레놀과 아르마니라는 이름 때문만이 아니었다. 이 제품들의 평판도 한몫했다.

댄과 그의 동료인 바바 시브Baba Shiv 그리고 지브 칼몬이 공동으로 실험을 하나 진행했는데, 이 실험에서 그들은 피실험자들에게 에너지음료인 소비SoBe(펩시콜라 사의 에너지음료 브랜드 – 옮긴이)를 한 병씩 나눠주고 마시게 했다. 그런데 연구자들은 피실험자들을 두 집단으로 나눠서 한 집단에게는 에너지음료만 줬고, 다른 집단에게는 이 에너

$ 이에 대해서는 7장을 참조하라.

지음료가 정신기능과 문제해결 능력을 개선한다고 주장하는 글 및 이 주장을 뒷받침하는 여러 편의 (가짜) 과학 논문도 함께 제공했다. 그런 후 이들에게 일련의 문제를 풀게 했는데, 후자 집단이 더 나은 성적을 기록했다. 즉, 문제해결자라는 평판 덕분에 피실험자들은 이 음료를 마시면 정신 역량이 활발해지리라는 기대를 갖게 됐고, 그 기대가 실제 현실에서 보다 나은 성과로 이어진 것이다.[11]

1911년 7월까지만 해도 〈모나리자Mona Lisa〉는 그저 그런 한 장의 그림일 뿐이었다. 그런데 1911년 8월에 이 그림이 루브르박물관에서 도난을 당했다. 수사 당국이 범인을 추적하는 동안 그 그림이 걸려 있던 텅 빈 자리를 보겠다는 방문객들로 갑자기 박물관 앞에 긴 줄이 생겼다. 결국 절도 사건이 일어나기 전에 그 그림을 본 사람보다 그림이 사라지고 없는 빈 자리를 본 사람이 더 많아졌다.

이 절도 사건은 〈모나리자〉의 가치를 알리는 신호가 됐다. 아무런 가치 없는 그림을 애써 훔칠 이유는 당연히 없다. 그 범죄는 〈모나리자〉와 루브르박물관에 장기적인 가치를 가져다줬다. 지금 이 그림은 루브르박물관 전체를 통틀어서 가장 유명한 작품일 것이다. 절도 사건을 통해 생긴 명성은 지금 전 세계에 퍼져 있다(여러 우여곡절 끝에 〈모나리자〉는 1913년에 다시 루브르박물관으로 돌아왔다 – 옮긴이).

제프는 '명망 높고' 또 '높은 평가를 받는' 프린스턴대학교에 입학했다. 4년 동안 '맥주'와 '피자'를 주는 대학교였다. 그는 훌륭한 교육을 기대했으며, 아마도 그런 교육을 잘 받았을 것이며, 또 그에 따른 대가도 확실하게 지불했다. 그는 또한 취업 면접에서부터 인맥과 테일게이트 파티(트럭이나 왜건의 뒤판을 펼치고 음식을 차린 간단한 야외 파티 - 옮긴이)에 이르기까지, 이 대학교의 좋은 평판에 따른 이득도 톡톡히 봤다. 학교에 다니는 동안 얼마나 많은 책을 읽고 또 얼마나 많이 공부했는가와 아무 상관도 없이 말이다. 수많은 대학교의 명성은 제각각이다. 그런 와중에 어떤 대학교의 졸업생에 대해서는 부모부터 대학원 입학사정관, 신입사원 선발자 그리고 소개팅 상대자에 이르는 모든 이가 특정한 기대치를 갖게 된다. 우리 두 저자가 이런 지적을 하고 나서는 이유는, 좋은 대학교 졸업자들이 받는 좋은 평판이 무가치하다는 말을 하고 싶어서가 아니다. 학교 브랜드와 평판이 확실히 사람들의 의견과 기대치에 영향을 준다는 말을 하고 싶어서이다.

과거는 프롤로그다

────

과거의 경험도 미래의 경험에 기대치를 생성한다. 어떤 제품(예컨대 자동차, 컴퓨터, 커피, 휴가 여행지 등)에 대해 좋은 경험을 갖고 있으면, 이 경험 때문에 사람들은 과거의 경험을 잠재적인 미래 소비에 투사함으로써 해당 제품의 가치를 지나치게 높게 평가한다.

영화판에서는 속편이나 리메이크 영화가 줄기차게 제작된다(조사 결과에 따르면 새로 제작되는 영화의 145퍼센트가 옛날 영화에 이름을 새로 붙여 만들어내는 것이다). 왜 그럴까? 사람들이 해당 속편 영화의 원본 영화를 좋아했으며 또 영화사에 수익을 듬뿍 안겨줬기 때문이다. 원본 영화에 대한 과거의 경험이 좋으면 후속작에 대한 사람들의 기대치는 높아지기 마련이다. 나 역시 그랬고, 15달러씩이나 내고 그런 영화들을 보는 바람에 내 어린 시절을 망치고 말았다.

과거 경험에서 비롯되는 기대치에는 문제도 있는데 하나는, 만일 경험 자체가 너무 다르면 쉽게 실망할 수 있다는 점이다. 기대와 현실 사이의 간극이 너무 클 때 기대치의 힘은 이 간극을 극복할 수 없으며, 높은 기대치가 오히려 역풍을 초래한다. JC페니 고객은 세일 가격을 기대했고, 그래서 그것이 사라지자 분노했다. 심지어 실제 가격이 예전의 세일 가격과 동일했음에도 말이다.

이런 상상을 한번 해보자. 10대 청소년이 이모에게서 생일선물로 25달러짜리 기프트카드를 받았다. 그런데 이 이모는 과거 여러 해 동안 늘 100달러짜리를 줬었다. 그렇다면 25달러짜리를 받은 이 청소년의 반응은 어떨까?

"이모는 늘 100달러를 줬는데, 이번에는 25달러만⋯⋯. 망했다! 75달러나 손해 봤잖아!"

25달러가 거저 생겼다고 생각하지 않고 과거의 양상을 토대로 100달러라는 기대치를 기준으로 25달러를 바라보면서 이모가 준 선물을 오히려 손해로 인식하는 것이다.

다시 한 번 말하지만 과거의 성과나 성적은 미래의 성공을 보장하지 않는다. 이를 우리가 갖고 있는 기대치에 대입해보라. 과거에 어떤 것이 잘됐다는 단지 그 이유로 미래에도 잘되리라는 말은 성립하지 않는다. 스테이크가 너무 익다 못해 타버릴 수도 있고, 여름휴가 여행지에 숙박 예약까지 마쳤는데 마침 허리케인이 그 지역을 쑥대밭으로 만들어버릴 수도 있고, 혹은 공포영화의 끔찍한 순간이 깜짝 효과 없이는 시시하게 보일 수도 있다. 우리가 무엇 혹은 어떤 대상에서 첫인상을 받는 데는 단 한 차례의 기회밖에 주어지지 않는다. 그 대상이 사람이든 슈퍼마켓 진열대에 놓인 물건이든 마찬가지다. 그러나 우리의 기대치는 이런 식으로 작동하지 않는다. 기대치는 과거 경험을 통해서 이미 설정돼 있다. 그것도 동일한 경험이나 새로운 경험에 몇 번이고 반복해서 적용되기를 간절하게 바라면서 말이다.

제시presentation와 설정setting 역시 인지 내용을 현실화하는 데 도움이 되는 기대치를 만들어낸다.

스타일과 소재가 서로 다른 여러 개의 잔(즉 키가 작은 잔, 길쭉하게 생긴 샴페인 전용 잔, 머그잔 등)에 와인을 따를 때 각 잔에 담긴 와인의 가치에 대한 인식이 달라질 수 있으며, 각각의 가격도 달라질 수 있다. 셰릴이 사무실 책상에서 머그잔에 따라서 마셨던 바로 그 와인을 나중에 멋진 식당에서 친구들과 기분 좋게 어울리며 마신 에피소드를 기억하는가? 이 두 경우에 와인은 동일한 성분의 액체였지만, 멋진 크리스털 잔으로 마실 때의 가치가 머그잔으로 마실 때의 가치보다 훨씬 더 높았다.

마르코 베르티니와 엘리 오펙Elie Ofek과 댄이 실험을 하나 진행했는데, 이 실험에서 연구자들은 피실험자인 학생들에게 커피를 줬다. 그러고 피실험자 집단별로 설탕과 크림을 다른 방식으로 제공했다. 한 집단에게는 멋진 접시에 담아줬고, 다른 집단에게는 일회용 접시에 담아줬다. 결과적으로 전자 집단은 후자 집단에 비해 커피 맛이 좋다는 대답을 더 많이 했고 커피 값으로 더 많은 돈을 지불할 것이라고 말했다. 그런데 피실험자들은 전혀 몰랐지만, 두 접시에 담긴 설탕과 크림은 동일한 것이었다.[12]

이와 비슷한 사례는 얼마든지 찾아볼 수 있다. 유명한 연주자가 지하철역에서 바이올린을 연주할 때의 소리는 행인들에게 구걸하는 거지의 형편없는 연주로 들리는 반면, 화려한 국립극장에서 아마추어 연주자가 연주하는 소리는 비록 '매우 훌륭하다'고 말할 정도까지는 아니어도, 적어도 이 사람이 길거리에서 연주할 때보다는 훨씬 나은 평을 받는다.

타이밍에 따라 달라진다

───

기대치의 힘은 우리가 어떤 것을 소비하거나 경험하기 이전에 대가를 미리 지불할 때 한층 더 강력해진다.

이런 점을 입증할 사례로 지불의 고통을 다시 한 번 더 끄집어내자. 소비 이전에 그 대가를 지불하면, 그것을 소비할 때 느끼는 고통이 줄어든다. 어떤 사람이 앞으로 석 달 안에는 소비하지 않을 뭔가를 100달러에 산다면, 그는 그 100달러짜리 물건에다 석 달 동안의 기대와 설렘과 흥분까지 함께 얻는 셈이다. 즉, 자기가 지불한 금액보다 더 많은 것을 얻는다. 그리고 나중에 그것을 소비할 때는 싸고 좋은 물건을 샀다고까지 느낀다.

후불도 소비가 이뤄지는 시점의 고통을 줄여주긴 하지만, 이때는 소비경험 자체를 기대하는 데서 비롯되는 기쁨이 줄어들고 가치도 줄어든다. 과거를 돌아보려면 반드시 기억을 이용해야 한다. 부인할 수 없이 명백한 사실과 구체적인 정황이 동반될 때 기억이 구사할 수 있는 창의적인 자유는, 온갖 허황한 가정과 가능성이 상상의 날개를 펴면서 제멋대로 춤추는 가운데서 미래를 꿈꿀 때에 비해 훨씬 줄어든다.

서던캘리포니아대학교의 학생들은 비디오게임이 얼마나 재미있을지 상상하고 난 다음에 그 게임을 했을 때 훨씬 더 큰 재미를 얻었다. 소비를 뒤로 미루는 행동은 사회과학자들이 '군침 요소drool factor'라고 부르는 것을 증가시킨다. 연구자들은 초콜릿과 음료수를 이용해서, 피실험자들이 소비 시점을 잠시 뒤로 미뤘다가 경험했을 때 그에 따른 즐거움이 그만큼 더 커진다는 사실을 확인했다.[13] 비록 이 결과가 우리가 본능적으로 알고 있는 것, 즉 기대가 클수록 즐거움도 커진다는 사실을 강화해주긴 하지만 초콜릿이 동원되는 실험이 어째서 그렇게나 많은 사회과학 연구과정에 포함되는지 알아야 할 것만 같다.

제프와 그의 아내가 신혼여행 비용을 선불로 낸 다음에 여행을 떠나기까지 여러 주 동안을 그 여행이 얼마나 즐거울지 상상하면서 보냈다는 이야기를 기억하고 있을 것이다. 그 이야기는 즐거운 경험에 대한 기대치가 어떤 편익을 가져다주는지를 보여준다. 그런데 다른 한편으로 부정적인 기대치가 어떤 것의 가치를 실제보다 낮게 평가하게 할 수도 있다.

댄과 그의 동료들이 대학생들을 대상으로 실험했는데, 이들은 학생들에게 식초를 살짝 탄 맥주를 줬다. 아주 소량이긴 했지만 맥주의 맛을 바꿔놓기에는 충분한 양이었다. 이런 사실을 맥주를 마시기 전에 실험 진행자에게 들어서 알고 있던 학생들은 이를 나중에야 깨달은 학생들에 비해 맥주의 맛을 훨씬 덜 즐겼다. 만일 우리가 누군가에게 어떤 것의 맛이 고약할 수도 있다고 미리 말해준다면 나중에 그 사람이 그것을 맛보고는 우리 말에 동의할 수 있는데, 이는 단지 물리적 경험이 실제로 고약했기 때문만이 아니라 우리가 한 경고 때문에 고약할 것이라는 기대치가 설정됐기 때문이기도 하다.[14]

미래는 수도 없이 많은 가능성을 갖고 있는데, 확률적인 차원에서 말하자면 사람들은 미래를 낙관적으로 바라보는 경향이 있다. 예상, 상상, 기대 같은 모든 것이 우리가 나중에 취하게 될 제품이나 서비스(쇼든 여행이든 혹은 맛있는 초콜릿이든 간에)의 가치를 높이는 데 기여한다. 그러나 경험을 되돌아보면, 현실은 사정없이 우리의 평가를 끌어내린다. 우리는 비어 있는 부분을 실제 사실로 채울 수밖에 없다. 하지만 우리가 정치인이 아닌 한 이 내용은 다른 데서 다뤄야 할 주제이다.

제의에 대해 다시 한 번 더

———

　　제의와 언어는 성과와 즐거움에 영향을 주는 기대치를 만들어낸다. 앞서 이미 상세한 묘사(예컨대 고급 식당의 메뉴판에 적힌 내용)가 주의집중력을 높여주는 다양한 방식을 살펴봤다. 그러나 그런 것들이 기대치를 높이는 방식에 대해서는 아직 살펴보지 않았다. 음식을 먹기 전에 그에 대한 설명을 3분이나 듣는다면 그 음식은 틀림없이 맛있을 수밖에 없다. 그것이 우리가 기대하는 바이며, 또 우리가 경험하게 되리라고 스스로를 설득하는 바이기 때문이다.

　제의가 경험을 보다 높은 수준으로 끌어올릴 수 있음을 우리는 이미 알고 있다. 제의는 불안은 줄여주고 자신감과 주의집중력은 높여준다.

　댄은 《상식 밖의 경제학》에서 감기를 예방해주거나 치료해준다고 주장하는 보조식품인 에어본Airborne의 제의적 편익을 설명했다. 그 발포 비타민이 쉬이익 하는 소리를 내면서 거품을 만들어낼 때 우리는 그것이 제대로 효과를 발휘한다고 느낀다. 그 제의가 사람들로 하여금 집중하게 만들고 기분이 한결 좋아졌다고 느끼게 만든다. 제프는 무대에 올라서 뭔가를 할 때나 내기 당구를 칠 때면 그 전에 꼭 특정한 제의 절차를 밟는다. 껌을 씹거나 틱택 사탕을 먹거나 진저에일을 마신다. 이런 행동은 그저 우스꽝스러운 미신 아닐까? 그럴지도 모른다. 하지만 그렇게 하면 자신에게 도움이 된다고 본인이 믿는다는 사실만큼은 저자인 우리 두 사람 다 잘 안다. 제프가 그렇게 믿는 이유는 어쩌면 특이한 제의를 실행하고 또 위대한 성공을 거둔 보스턴 레드삭스Boston Red Sox의 괴짜 3루수 웨이드 보그스Wade Boggs를 보고 자라면서 영향을 받았기 때문일 수도 있다.$

기대치? 기대치!

─────

이제까지의 내용은 사람들이 갖고 있는 기대치의 여러 가지 기원을 그저 수박 겉핥기식으로 살펴본 것에 지나지 않는다. 그렇지만 핵심은 기대치가 얼마나 강력한 힘을 발휘하는가에 있다. 이것만 알면 된다. 기대치의 강력한 영향력은 부인할 수 없다. 기대치는 사람들로 하여금 실제 가치와 아무런 관련이 없는 이런저런 방식으로 사물이나 상황의 가치를 평가하게 만든다. 이런 기대치는 도처에서 찾아볼 수 있다.

인생에 있어 일상적인 것(타이레놀, 커피 등)에서부터 숭고한 것(미술, 문학, 음악, 음식, 와인, 동료애 등)에 이르는 모든 것의 가치를 평가할 때 기대치는 분명히 평가 내용을 바꿔놓는다. 만일 누군가 어떤 경험에 기대치를 갖고 있고, 이 기대치가 어디서 비롯됐는지와 상관없이

─────────

$ 다섯 번이나 타격왕이 됐으며 나중에 명예의 전당에도 이름을 올린 그는 경기 전에 꼭 치킨을 먹었고, 타석에 들어서기 전에는 꼭 'living'이라는 뜻의 히브리어 글자를 땅에 썼으며, 그 외에도 배팅 연습 시각이나 스트레칭 시각 그리고 운동장 연습 시각 등과 관련된 특이한 제의를 꼭 실천했다. 그는 대단한 선수였다. 그럼에도 그가 선수생활을 계속하기 위해서 뉴욕 양키스(New York Yankees)로 구단을 옮긴 것이나 자동차 사고를 당한 건 정말 안타까운 일이다.

그 기대치가 높다면, 그는 그 경험의 가치를 보다 높게 평가할 것이고 그에 대한 대가로 보다 많은 금액을 기꺼이 지불하려 들 것이다. 그런데 반대로 낮은 기대치를 갖고 있다면, 그 경험의 가치를 보다 낮게 평가할 것이며 또한 될 수 있으면 적은 돈을 지불하려고 할 것이다. 때로 기대치는 유익하다. 만일 누군가 생선초밥을 더 많이 사랑하게 된다면 기대치를 만족시키기 위해 그리고 생선초밥을 더 잘 즐기기 위해 더 많은 돈을 지불해야 할 것이다. 그러나 모든 것이 이렇게 분명하지는 않다. 만일 어떤 사람이 값비싼 브랜드 제품이 그렇지 않은 제품에 비해 성능이 좋다고 믿는다면(그가 가지고 있는 기대치가 이 믿음을 강제한다), 그 제품을 사기 위해 더 많은 돈을 지불해야 할까?

어떤 사람들은 다른 사람의 기대치가 아니라 자기 자신의 기대치에 의존한다. 비니가 어쩐지 괴짜처럼 보인다는 사실을 인정한다. (비니와 같은 유형의 사람들에게 고정관념의 틀을 씌운 점에 대해서는 죄송!) 나머지 사람들은 자기가 괴짜로 비치지 않기를 마음속으로 바라겠지만, 우리는 너나할 것 없이 모두 때때로 비니와 매한가지다. 자기 행동을 제대로 인식하지 못하고 기대치에 의존해서 자신의 선택을 평가하며, 지출을 결정할 때도 그렇다.

물론 가치평가 내용을 바꿔놓는 기대치의 강력한 원천은 우리가 알아내고자 하는 바로 그것, 즉 돈이다. 어떤 것의 가격이 높을 때는 거기에 보다 많은 것을 기대하며, 반대로 가격이 낮으면 보다 적은 것을 기대한다. 이렇게 우리는 기대치와 가치의 자기생성 주기를 통해, 자기가 (기꺼이) 돈을 지불해서 얻고자 하는 바로 그것을 손에 넣는다.

12

유혹을 이기지 못하는 사람들

롭 맨스필드는 절대로 일어나지 않을 일이 일어난 직후에야 은퇴할
수 있을 것이다(절대로 일어나지 않을 일은 일어나지 않을 것이고, 따라서 그
는 죽을 때까지 은퇴할 수 없다).

수준 높은 교육을 받았으며 성공한 자영업자인 롭은 은퇴 이후의
삶에 대비한 저축을 해두지 않았다. 20대와 30대 초반에는 은퇴 계획
을 제공하는 회사에서 일했으면서도 퇴직연금에 가입하지 않았다. 자
신이 버는 수입이 얼마 안 돼 보였기 때문에, 들어오는 돈은 1달러까
지 닥닥 긁어서 젊을 때 인생을 즐기는 데 쓰는 게 좋겠다고 생각했다.
그런 그에게 봉급에서 수백 달러씩 따로 빼두는 일은 멍청한 짓으로
보였다. 그래서 그는 먼 미래가 아니라 5년이나 10년 뒤만 내다보면
서 살아가는 쪽을 선택했다. 나중에 상당한 금액의 봉급을 받게 되면

전혀 어렵지 않게 매달 많은 금액을 저축할 수 있으리라고 생각했다. 은퇴한 롭은 미래의 롭이 알아서 잘 챙겨줄 것이라고 생각한 것이다.

자기 회사를 운영하는 프리랜서 컨설턴트인 롭이 지금 벌어들이는 수입 규모는 상당하다. 비록 일정하진 않지만, 자기 자신과 새로 결혼한 아내가 쓰기에 충분하며 이따금씩 인생에 활력을 가져다주는 것들도 즐길 수 있다. 매달 그는 세금과 건강보험에 들어갈 돈을 따로 챙겨두긴 하지만 은퇴 이후에 대비해서는 따로 저축하지 않는다.

5년 전에 결혼식을 올릴 때 그의 장인과 장모는 롭과 롭의 손님들에게 자신들의 이른 은퇴생활에 관해 이야기했다. 두 사람은 지독할 정도로 구두쇠로 살긴 해도 60대 초반인 나이에 벌써 소박하나마 일을 하지 않는 생활을 여유롭게 즐긴다고 했다. 이 부부는 친척들을 만나러 여기저기 여행을 다니고 테니스를 즐기며 둘이서 소중한 시간을 함께 보낸다고 했다. 아, 그리고 또 하나, 여러 곳의 뷔페식당에서 맛있는 음식을 먹는다고도 했다.

그런데 롭이 보기에는 이 둘의 생활이 너무 따분해 보였다. 롭은 자기 회사를 운영하는 짜릿한 흥분감과 왁자한 외식의 즐거움을 누렸으며 여행을 하기도 하고 계약을 새로 맺을 때마다 새로운 장난감을 사들이며 살았다. 그는 지금 고전적인 오토바이에 매력을 느껴 푹 빠져 있다. 그래서 몇 년에 한 번씩은 새로운 오토바이를 사고 소유한 오토바이들을 끊임없이 업그레이드하고 닦고 기름칠한다. 때로는 그걸 타고 밖으로 나가기도 한다.

결혼하고 2년쯤 지났을 무렵에 장인과 장모의 성화를 못 이긴 롭의 아내가 롭에게 처음으로 은퇴 계획에 대해 물었다. 그러자 롭은 복권에 꾸준하게 투자하고 있으며 최근에는 도토리나무 두 그루를 심었고 해먹 하나를 샀지 않느냐고 말했다. 물론 농담이었다. 그러자 아내는 미간을 찌푸리면서 물었다.

"정말로?"

"아니, 농담이야. 하지만 그런 걱정은 하지 마."

"롭!"

"괜찮아, 아무 문제 없어."

그녀는 그의 놀이방이자 남성 동굴인 지하 작업장에서 뛰쳐나가면서 한바탕 욕을 퍼부었다. 차마 글로 쓸 수 없는 원색적인 욕이었다. 그 욕을 들으면서 그는 돈을 모을 수 있는 좋은 생각을 떠올렸다. 통을 하나 마련해두고 욕을 할 때마다 벌금으로 돈을 넣는 게 어떨까 하는 생각이었다. 그때 그 아이디어를 곧바로 실행에 옮겼더라면, 아마 지금쯤 두 사람은 부자가 돼 있을 것이다.

그때 이후로 매달 초에 롭은 연금적금을 들까 하는 생각을 했다. 그러나 월말이 되면 아무리 많은 돈을 벌었어도 그럴 여유는 없다는 느낌이 들었다. 결제해야 할 청구서가 쌓여 있고, 게다가 스스로나 아내를 위해 하고 싶은 일도 많았다. 근사한 식당에서 낭만적인 저녁식사를 한다거나 주말마다 여행을 간다거나 새로 나온 오토바이 장비를 산다거나 오디오 시스템을 업그레이드한다거나 하는 것들이다. 저축하는 것보다 즐길 수 있을 때 인생을 여유롭게 즐기는 편이 훨씬 더 중요하기 때문이다. 아닌 게 아니라 실제로 이렇게 살면서 벌써 몇 년이

후딱 지나가버렸고, 모아놓은 돈은 여전히 없다. 게다가 요즘 들어서 일감도 점점 말라가고 있다. 스물다섯 살 시절의 롭에 비하면 먼 미래의 롭인 그는 지금 그 시절의 롭에 비해 조금도 더 많은 돈을 저축하고 있지 않다.

은퇴를 대비한 저축을 하지 못하고 있다는 (혹은, 충분하게 많은 돈을 저축하지 못하고 있다는) 점에서 롭은 불행하게도 대부분의 다른 사람들과 특별히 다르지 않다. 2014년에 미국 성인 인구의 거의 3분의 1은 은퇴를 대비하는 저축을 아직 시작도 하지 않았었다. 또한 은퇴시기를 가까운 미래에 두고 있는 인구(50~54세 인구)의 거의 4분의 1도 마찬가지였다.[1] 즉, 미국에서 생산가능인구 중 4,000만 명이 은퇴 이후에 쓸 자산을 갖고 있지 않다는 말이다. 나아가, 설령 그런 자산이 있는 사람들이라 해도 은퇴생활에 필요한 자금을 지나칠 정도로 낮게 상정하고 있다.[2] 또 다른 연구조사 결과에 따르면, 미국인의 30퍼센트는 은퇴를 대비한 저축을 너무 소홀히 한 바람에 그 돈을 마련하려면 80세까지 일해서 돈을 벌어야 한다.[3] 현재의 평균 기대수명은 78세이다. 은퇴자금을 마련하려면 아직 2년이나 더 일해야 하는 바로 그 시점에 사망한다는 뜻이다. 사람들은 저축에만 서툰 게 아니라 산수에도 서툴다.

또 어떤 흥미로운 연구조사에 따르면 전체 재무설계사 가운데 46퍼센트가 본인의 은퇴설계는 하지 않는다고 한다.[4] 이건 정말 실제 사실이다. 저축하도록 남들을 독려하는 게 직업인 사람들이 사실은 저축을 하지 않는다는 뜻이다. 행운을 빌어야 할 세상이다.

도대체 무슨 일이 일어나고 있는 걸까?

———

롭의 이야기 및 은퇴자금 마련을 위한 저축에 대한 이야기는 만족지연delay gratification(나중의 누릴 더 큰 기쁨을 위해 당장의 욕구충족을 잠시 유예하는 것 – 옮긴이) 및 자제력과 관련해서 사람들이 안고 있는 여러 문제를 강조한다. 우리는 무엇이 자신에게 좋은 선택인지 뻔히 잘 알면서도 유혹을 뿌리치기 어려운 세상을 살고 있다. 힘든 세상이다.

어젯밤에 잠들기 전에 오늘 아침에 일찍 일어나서 운동해야겠다고 다짐한 사람은 조용히 손을 들어보기 바란다. 지금 손을 올린 그 동작이 오늘 한 유일한 운동인 사람은 손을 계속 들고 있기 바란다.

물론, 만족지연과 자제력은 엄격하게 말하자면 돈의 심리학이 아니라 만족을 지연시키고 스스로를 통제해서 돈을 관리하는(실제로는 잘못 관리하는) 방식에 좋건 나쁘건 간에 영향을 줄 수 있는 능력의 심리학에 관련된 것이다. 우리는 일상적인 것(우리는 꾸물거리고, 소셜미디어에 시간을 낭비하고, 디저트를 세 그릇씩이나 먹는다)에서부터 위험하고 파괴적인 것(우리는 처방된 약을 꼬박꼬박 먹지 않고, 무분별하게 섹스를 하고, 운전하는 도중에 문자메시지를 주고받는다)에 이르기까지 늘 자제력 문제에 맞닥뜨린다.

지금의 선택과 미래의 선택

———

어째서 사람들은 자제력 때문에 그토록 많은 어려움을 겪을까? 미래의 어떤 것보다 지금 당장 눈앞에 있는 것의 가치를 훨씬 더 높게 평가하는 경향 때문이다. 자기에게 좋은 (그러나 며칠 안에, 몇 주 안에, 몇 달 안에 혹은 몇 년 안에 이뤄지지 않는) 것은, 지금 당장 손에 넣을 수 있는 것만큼 소중하지 않다. 미래는 현재보다 매혹적이지 않다.

월터 미셸Walter Mischel은 그 유명한 마시멜로 실험에서, 네다섯 살 어린이들을 혼자 있게 하고 마시멜로 하나를 아이 앞에 놓아뒀다. 그러면서 아이에게 만일 짧은 시간 동안에 그 마시멜로를 먹지 않고 참기만 하면 누군가 나타나서 마시멜로를 하나 더 줄 거라고 했다. 그러나 대부분의 아이가 마시멜로를 먹고 싶은 충동을 제어하지 못했고, 결국 두 개의 마시멜로를 가질 기회를 날려버렸다.

그러나 우리는 너덧 살 어린이가 아니지 않는가. 우리는 분명히 충동적이지 않고 자제력이 있다. 자, 그렇다면 다음 질문에 대답해보기 바란다.

"당신은 맛도 좋고 디자인도 예쁘며 귀한 초콜릿이 가득 담긴 상자를 한 주 뒤에 갖겠는가, 아니면 그 초콜릿의 절반을 지금 당장 갖겠는가?"

내가 당신에게 그 초콜릿을 건네주고 당신이 그걸 바라보며 냄새를 맡는다고 상상하라. 그 달콤한 초콜릿이 코앞에 있고, 당신 입에서는 벌써부터 침이 고인다. 자, 이제 어떻게 하겠는가?

대부분의 사람은(대부분의 어른은) 나머지 절반의 초콜릿을 더 차지하기 위해서 한 주씩이나 더 기다릴 가치가 없다고 대답한다. 그래서 초콜릿이 절반만 든 상자를 지금 당장 갖는 쪽을 선택한다. 우리 어른들이라고 해서 마시멜로의 유혹에 넘어간 너덧 살 어린이와 다를 게 없다. 바보가 따로 없다.

그러나 잠깐! 만약 그 선택 시점을 미래로 확 미룬다면 결과는 어떻게 달라질까? 과연 우리는 초콜릿이 절반만 든 상자를 1년 뒤에 갖겠는가, 아니면 초콜릿이 가득 든 상자를 1년 하고 한 주 뒤에 갖겠는가? 사실 이는 초콜릿이 가득 든 상자를 갖기 위해 한 주 더 기다릴 가치가 있겠는가 하는 질문과 동일하다. 그런데 이 질문을 먼 미래로 미루는 식으로 제시하면 대다수 사람은 한 주 더 기다려서 초콜릿이 가득 든 상자를 받는 쪽을 선택한다. 1년이 지난 뒤에는 절반의 초콜릿을 추가로 받기 위해 다시 한 주를 기다리는 것이 충분히 그럴 가치가 있다고 믿는 것 같다. 아, 그렇다면 우리는 역시 어른답다고 할 수 있군!

지금의 선택과 미래의 선택 사이에는 차이점이 있다. 바로 현재 이뤄지는 의사결정에는, 즉 '지금 상자 절반의 초콜릿을 가질 것인가, 아니면 한 주 뒤에 상자 전체의 초콜릿을 가질 것인가?'에 대한 판단에는 감정이 개입되는 데 반해 미래의 판단에는 감정이 개입되지 않는다는 점이다.

미래의 자기 실체(자기의 생활, 자기의 선택, 자기가 놓인 환경)를 상상할 때 사람들은 현재와 다르게 생각한다. 오늘 우리의 실체는 온갖 세부적인 사항과 상황과 감정 등으로 명확하게 규정돼 있다. 그러나 미래는 그렇지 않다. 미래에 우리는 멋진 사람이 돼 있을 수도 있다. 운동을 열심히 하고, 다이어트를 하고 또 처방 약도 꼬박꼬박 잘 먹을 것이다. 아침 일찍 일어날 것이며, 은퇴생활을 위해서 자금을 저축하고 있으며, 운전하는 도중에는 절대로 문자메시지를 주고받지 않을 것이다. 만일 모든 사람이 다 '지금으로부터 얼마의 세월이 지난 뒤'에 하고자 하는 일을 지금 당장 한다면, 세상이 얼마나 아름답고 풍성해질지 상상해보라.

그런데 문제는 우리가 결코 미래를 현재적으로 살 수 없다는 데 있다. 사람은 미래가 아니라 현재를 살아갈 뿐이다. 오늘의 감정은 우리가 마땅히 가야 할 길을 가로막는다. 현재 우리가 느끼는 감정은 실질적이고 구체적이다. 미래의 우리 감정은 기껏해야 추정일 뿐이다. 어디까지나 가상의 미래에 존재하며, 그 감정도 우리가 손쉽게 제어할 수 있다. 그러므로 미래에 대한 의사결정을 내릴 때는 감정을 배제할 수 있다.

그러나 현재 상태의 감정은 실질적으로 존재하며 강력하기까지 하다. 이 감정은 우리를 굴복시켜서 번번이 유혹에 넘어가게 만들며, 번번이 실수하게 만든다. 롭은 월초면 어김없이 다음 달부터, 즉 '미래에는' 퇴직연금을 시작하겠다고 마음먹지만, 월말에는(즉, 미래였던 시점이 현재가 되고 나면) 번번이 실패하고 만다. 어느새 새로운 스피커나 타이어 왁스를 사버렸기 때문이다.

이것이 바로 의사결정 과정에 감정을 개입시킬 때 일어나는 일이다. 미래에는 유혹이 먹히지 않지만 현재에는 먹힌다. 음식을 예로 들

미래의 자아와 정서적으로 멀찌감치 분리되도록 만들어주는 가장 중요한 요인은 무엇일까? 미래 자아가 너무도 엉성하게 규정돼 있다는 사실이다. 우리는 흔히 자기의 미래 자아가 현재 자아와는 완전히 다르다고 상상한다.[5] 우리는 미래 자아보다는 현재의 필요성과 욕망을 훨씬 더 많이 이해하고 느끼며 또 강한 연결성을 느낀다.

하나의 마시멜로나 초콜릿이 절반만 든 상자라는 즉각적인 보상은 생생하고 두드러진 실체다. 그래서 이런 것은 의사결정에 훨씬 더 강하고 높은 수준의 영향을 준다. 알 수 없는 미래의 어떤 것이라는 보상은 훨씬 덜 두드러지며 훨씬 덜 구체적이며 훨씬 덜 실제적이다. 그렇기 때문에 우리가 내리는 의사결정에 아주 작은 흠집밖에 내지 못한다. 실제적인 현재와 비교할 때 추상적인 미래와 감정적으로 연결되기란 한층 더 어렵다.

어 조금 더 살펴보자. 누가 당신에게 이렇게 묻는다고 치자.

"다음 달에 당신은 바나나와 초콜릿 케이크 중 어느 것을 선택하겠는가?"

바나나는 건강에 좋고 초콜릿은 맛있다. 이때 아마도 당신은 이런 대답을 할 것이다.

"미래라면 바나나를 선택하겠다."

미래에는 아무런 감정도 개입되지 않는다. 그러므로 음식은 순전히 영양성분의 가치비교로 선택된다. 둘 중 어느 것이 몸에 좋을까? 그러나 이 선택을 현재 시점에서 해야 한다면, 당신은 이런 생각을 할 것이다.

'지금 당장은 케이크가 먹고 싶군.'

현재 시점에서 사람들은 영양성분의 가치와 감정, 욕망 그리고 필요성까지 함께 고려한다. 대부분의 사람은 바나나보다 초콜릿 케이크에 감정적으로 훨씬 더 강력하게 이끌린다. 그렇지 않은 사람들에게는, 이런 발언을 함부로 해서 미안하다고 사과한다.

미래를 대비해서 저축하는 것은 (혹은 그렇게 하려고 하지만 실패하는 것은) 현재에 대한 생각과 나중(아주 오랜 시간이 지난 뒤의 미래인 은퇴 무렵)에 대한 생각 사이에 존재하는 감정의 차이를 보여주는 강력한 사례다. 은퇴생활을 위해 저축을 하려면 미래 자아의 즐거움을 위해서 지금 당장의 현실적인 것을 포기해야 한다. 그리고 지금의 자기로서는 도무지 연결성을 느낄 수 없고 또 때로는 생각하고 싶지도 않은 미래 자아를 위해서 희생을 감수해야 한다. 젊은 지금 당장도 해야 할 게 많은데 늙어서 할 게 많은 미래의 자아에 대해 생각하고 싶은 사람이 어디 있겠는가?

우리는 기회비용(지금 막 지출하려는 돈으로 살 수 있는 다른 것들)이라는 개념에 입각해서 가치를 판단해야 마땅하므로, 미래 지출까지 함께 고려하면 기회비용 계산이 한층 더 복잡해진다. 오늘 밤에 공연하는 뮤지컬 〈해밀턴Hamilton〉 입장권을 사고 싶다는 실질적인 유혹과 이 입장권을 사는 데 쓸 200달러가 지금으로부터 30년 뒤에 어떤 늙은 사람의 치료비로 사용될 수 있는 가능성을 과연 어떻게 비교할 수 있을까? 정말 어려운 일이다.

은퇴생활을 위한 저축이라는 문제는 특히 복잡하고 또 불확실하다.

우선 자기가 언제 일을 그만둘지, 그때까지 얼마나 많은 돈을 벌지, 얼마나 오래 살지, 은퇴생활을 하는 동안에 들어가는 비용은 얼마나 될지 그리고 또 우리의 투자가 과연 얼마나 효율적일지 등을 알 필요가 있다. 기본적으로, 우리가 어떤 사람이 되어 있을지, 우리에게 무엇이 필요할지, 세상이 우리에게 무엇을 제공해줄지 그리고 20년, 30년, 40년 뒤에 우리에게 들어가는 비용이 얼마나 될지 알아야 한다. 정말 정말 정말 쉬운 일이다! (이것이 역설적인 표현임을 모르는 사람이 없으면 좋겠다.)

은퇴 이후의 계획을 세우는 데 동원되는 도구들도 간단하거나 단순하지 않다. 우선 이런저런 계획이 있고, 대안적인 이런저런 계획이 있으며 또 대안적인 계획을 관리할, 즉 대안적인 계획을 수정할 이런저런 계획이 있다. 게다가 온갖 종류의 납세 및 면세와 관련해서 고려해야 할 사항이 있다. 이 모든 것을 파악하다가 기가 질리거나 혼란에 빠져버릴 수도 있다. 이 일은 마치 '동의어'를 대신할 또 다른 단어를 생각해내려고 애쓰는 것 혹은 빵을 자르기 전에 잘려질 빵 조각 가운데 어느 것이 가장 좋을지 알아내려고 애쓰는 것이나 마찬가지다. 정말 힘들고 어려운 일이다.

저축을 하려면 우선 멀고도 불확실한 미래의 가치를 평가해야 하며, 이 평가 내용에 따라 계획을 세워야 한다. 이게 바로 롭이 할 수 없었던 일이다. 우리 가운데 많은 사람이 하지 못하는 일이기도 하다. 설령 현재 수입 중 가장 많은 몫을 저축할 수 있는 최고의 방법을 알아낸다고 해도 우리 앞에는 여전히 유혹이 도사리고 있고 자제력을 위협하는 요소가 호시탐탐 기회를 엿본다. 지금 기분 좋게 느끼는 것을 선택하기란 쉽다. 나중에 지금처럼 좋은 기분이 아닐지도 모른다고 느끼기는 어렵다. 앞에서도 설명했고 다른 많은 사람이 이미 말했지만 반복할 가치가 충분히 있다고 믿기에 다시 한 번 더 적는다. 현재 시점에서의 소비가 주는 편익은 늘, 미래의 소비를 위해 현재의 소비를 포기하는 것의 비용보다 크다. 이와 관련해서는 오스카 와일드Oscar Wilde도 다음과 같이 간결하게 말했다.

"나는 다른 것들에는 다 저항할 수 있어도 유혹에만큼은 저항할 수 없다."[6]

끊이지 않는 유혹의 늪

사람들은 대부분 의지력으로 유혹을 이기려 한다. 그러나 유혹은 끝없이 계속 이어지고 인간의 의지력에는 한계가 있다. 그러니 끝없는 유혹을 끝내 이겨내는 사람들은 극히 소수다. 유혹은 도처에 널려 있으며, 게다가 새로운 기술이 등장함에 따라 계속해서 늘어나기만 한다. 법률만 봐도 알 수 있다. 도둑질, 음주운전, 약물 남용, 사촌 간 결혼 등을 포함한 온갖 유혹을 제어하기 위해서 마련한 법률이 너무도 많아서 마구 넘쳐흐를 정도다. 사람들이 이런 행동에 유혹을 받지 않는다면 이를 금지하는 법률도 존재하지 않을 것이다.

여기서 잠깐, 운전 도중에 문자메시지를 주고받는 행동을 놓고 생각해보자. 우선 문자메시지가 왔을 때 이 문자를 당장 확인할 때의 비용이나 편익과 사고를 내서 죽거나 혹은 누군가를 죽일 수도 있는 가능성을 놓고 따져볼 수 있다. 물론 다음과 같이 말하는 사람은 아무도 없을 것이다.

"나는 말입니다, 운전을 하면서 문자메시지를 확인하는 행동의 비용과 편익을 충분히 생각했습니다. 목숨을 걸어야 하는 비용도 생각했습니다. 얼마나 오랫동안 살고 싶을지도 생각했습니다. 그래서 나는 비록 운전하는 도중이었지만 문자를 확인하기로 결정했습니다. 솔직히 말하면, 앞으로 나는 운전하는 도중에 더 열심히 그리고 더 자주 문자메시지를 확인하고 또 보낼 생각입니다."

운전 도중에 휴대전화를 열었다가는 어찌어찌해서 목숨을 잃을 가능성이 갑자기 매우 높아진다는 사실은 모든 사람이 다 안다. 이런 행동은 자기 목숨뿐 아니라 다른 사람의 목숨까지 위험하게 만드는 매우 어리석은 짓이라는 것도 다 안다. 그 누구도 그게 현명한 선택이라고는 생각하지 않는다. 그럼에도 사람들은 계속 그 짓을 한다.

우리는 왜 이렇게 어리석을까? 만족을 유예시키지 못하는 인간의 한계, 운전 도중에 문자메시지를 확인한다고 해서 반드시 사망 사고가 일어나지는 않는다는 불확실성 그리고 다른 사람은 몰라도 자기는 죽음을 피할 수 있다는 과도한 자신감 같은 감정적인 요인 때문이다. 이런 요인이 하나로 합쳐져서 가치 등식을 왜곡한다. 미래 시점에서 우리는 언제나 '완벽한 사람'이지만, 문자메시지는 현재 시점에 존재한다. 바로 이 현재가 우리를 유혹한다.

우리는 자신이 옳다고 생각하는 기준을 초과해서 돈을 쓰고 음식을 먹으며, 또 신의 존재를 믿는 자기만의 기준을 초과해서 죄를 짓는다. 유혹은, 본인이 어떻게 행동하는 것이 이성적으로 마땅하다고 생각하는 것과 본인이 실제로 (지갑의 문제든 미각의 문제든 혹은 바지의 문제든 간에) 감정적으로 행동하는 것 사이의 간극을 설명해준다.

지출(즉 저축하지 않음)을 놓고 본다면 유혹은 거의 끊이지 않고 계속 이어진다. 사람들은 자신의 소비문화에 굳이 기본적인 지침서 따위는 필요하지 않다고 생각하지만, 사실은 전혀 그렇지 않다. 텔레비전을 켜거나 인터넷에 접속하거나 잡지를 읽거나 쇼핑몰을 걸으면서 유혹이 도처에 스며들어 있음을 느껴보면 안다.

롭은 유혹의 늪에 자기 몸을 푹 담갔다. 그는 오락을 위한 비싼 장비로 온 집을 채우고 멋진 오토바이들로 도로를 누빈다. 이런 소유물은 그에게 그가 가진 것이 무엇인지, 그가 누구인지 그리고 그가 무엇을 원하는지를 끊임없이 상기시킨다. 매달 월초만 되면 저축을 해야 한다고 절감하면서도 지출의 유혹에 넘어간다. 우리 모두의 마음속에 있는 어린아이처럼 (그리고 우리 모두의 마음속에 있는 어른처럼) 롭의 자제력은 형편없이 낮은 수준이었다.

자제력을 발휘하려면 현재의 유혹을 인지하고 이해해야 할 뿐 아니라 이 유혹을 회피하고자 하는 의지도 필요하다. 그리고 의지력은 기본적으로 노력을 전제조건으로 한다. 이 노력은 유혹에 저항하려는 노력, 본능을 거부하려는 노력, 공짜 마시멜로나 멋진 오토바이 장비나 혹은 정서적인 반향을 불러일으키는 그 모든 것을 외면하려는 노력을 뜻한다.

우리는 의지력을 온전하게 이해하지는 못하지만 그 힘을 얻기가 매우 어렵다는 사실은 잘 알고 있다.

저축을 제대로 하지 않는 것은 의지력이 약하다는 증거 중 하나다. 그러나 저축하는 데는 단지 의지력뿐만 아니라 그 이상이 필요하다. 저축을 하려면 먼저 저축 전략을 잘 세워야 한다. 그런 다음에는 이 전략에서 벗어나도록 자신을 유혹하는 감정이 실제로 존재함을 인정해야 하고, 그다음에는 모퉁이마다 붙어 서서 우리를 기다리는 그 숱한 유혹을 이겨내겠다는 의지력을 겉으로 드러내야 한다.

은퇴에 대비하는 저축을 시작하지 않는 쪽이 저축을 시작하는 쪽보다 확실히 편하다. 지금까지 했던 행동을 바꾸거나 현재 누리는 즐거움의 총량을 줄이지 않아도 되기 때문이다. 깨끗하고 신선한 채소를 사다가 식탁에 올리는 것보다 기름기 많은 인스턴트식품을 전자레인지에 돌리는 게 더 편하다. 또 그냥 포동포동한(혹은 뚱뚱한) 몸집을 유지하는 게 더 편하다. 또한 자기 행동을 고치기보다는 합리화하는 게 더 편하다. 가끔 초콜릿 케이크를 먹는 자신의 행위가 잘못이 아니라 달달한 맛을 가진 초콜릿 케이크가 잘못했다고 사람들은 합리화를 한다.

우리의 의지력을 꺾는 것들

———

미래의 가치를 실제보다 낮게 평가하는 경향 외에도 의지력을 꺾는 요인에는 무엇이 있을까? 유혹을 이기고자 하는 우리의 역량에 충격을 줘서 허물어뜨리고, 감정을 이용해서 현재의 가치를 실제보다 높게 평가하게 만들며, 또 궁극적으로 자제력을 발휘하지 못하게 만드는 요인 말이다.

흥분arousal(각성)이라는 인간적인 현상은 모든 사람이 다 안다. 어떤 사람들은 심지어 '과학을 빙자해서' 이것을 연구하기까지 했다. 댄이 실제로 그랬다. 그는 2006년에 조지 로웬스타인과 함께, 남자들은 성적으로 흥분하면 평소에는 혐오스럽다거나 부도덕하다고 여기던 행동을 하게 된다는 내용의 논문을 발표했다.[7] 이 주제와 관련된 또 다른 논문은 남자들은 흥분 상태에서는 잘못된 의사결정을 더 많이 내린다는 사실을 확인했다. 이 논문의 제목은 〈비키니는 시점 간 선택intertemporal choice(보상을 받는 시점에 따라서 선택이 달라질 수 있다는 개념 – 옮긴이) 과정에서 일반화된 성급함을 부추긴다〉인데, 왜냐하면 '이것은 연구 기금을 매우 훌륭하게 사용하는 방법이자 내게 주어진 시간을 가장 잘 보내는 방법처럼 보인다'라는 제목은 너무 길었기 때문이다.[8]

흥분 외에도 자제력 상실 경향을 증가시키는 공통적인 요인으로는 술, 피로, 주의산만 등이 있다. 이런 요인들이 한데 어우러져서 카지노나 밤늦은 시각의 홈쇼핑 산업의 토대를 형성한다. 별 볼 일 없는 음악, 끊임없이 들리는 딸그랑거리는 동전 소리와 슬롯머신 돌아가는 소리, 보이지 않는 출입문과 시계, 공짜 칵테일 그리고 인공적으로 주입되는 산소 등은 카지노가 방문객의 정신을 산만하게 만들기 위한 장치다. 빠르게 바뀌는 자막, 장황하고 시시콜콜한 설명 그리고 새벽

3시 시간대에 텔레비전 화면을 바라보고 있는 시청자의 정신적 상태 등은 홈쇼핑 방송사가 의도적으로 휘두르고 조장하는 무기다. 이런 것들을 기획하고 실천하는 사람들은, 유혹에 저항하지 못하는 우리의 무능함 위에 자신들의 왕국을 세웠다.

비이성적 행동을 야기하는 자제력 부족

물론 자제력 문제는 가치평가와 관련해서 앞서 살펴봤던 다른 문제들과 외따로 떨어져서 작동하지는 않는다. 더 정확하게 말하자면, 자제력은 그런 문제들을 증폭시킨다. 지금까지 우리는 돈에 대해 생각하기가 정말 어렵다는 사실을 입증했다. 기회비용 산정하기, 상대적인 가치를 피하기, 지불의 고통 무시하기, 기대치를 옆으로 제쳐두기, 언어 너머를 바라보기 등은 사실 매우 어려운 일이다.

그런데 지금 우리 두 저자는 돈 문제에 관한 의사결정의 많은 부분이 미래에 관한 것이라는 설명을 함으로써, 그렇지 않아도 과제가 넘쳐나는 상황을 더욱 심각하게 만들고 있다. '미래에 관한 것'이란 사람들이 나중에 갖게 되거나 혹은 갖지 않게 될 돈과 욕망과 필요성에 관한 것이며, 자제력이 초래할 시련과 과제에 관한 것이다. 그러므로 사람들은 현재 자신이 지닌 재정적인 선택권의 가치를 정확하게 평가해야 할 뿐만 아니라 미래에 대해서도 생각해야 한다. 그러니 그만큼 더 어려울 수밖에 없다.

앞에서 상대성을 설명하면서《나는 왜 과식하는가》의 저자 브라이언 완싱크와 그가 실험에 동원했던 그릇, 즉 수프가 끊임없이 보충되는 '바닥이 없는 그릇' 이야기를 했는데 기억하는가? 사람들은 상대성(그릇의 크기로 판단하는 수프의 양)에 의해 촉발된 배고픔의 단서로 수프를 계속 먹거나 혹은 그만 먹는다. 즉, 배가 고파서 음식을 먹는 게 아니라 음식이 있으니까 먹는다는 말이다. 뭔가를 먹는 것은 본능이다. 왜냐하면 뭔가를 먹으면 기분이 좋기 때문이다. 뭔가를 먹는 것은 유혹적이며 즉각적이고 현재적이다. 자제력이 없다면 우리는 배가 터질 때까지 계속 먹을 것이다.

그러나 인간은 적어도 어류가 아니다. 어항에 금붕어가 한 마리 있다. 이 금붕어 이름을 '완다'라고 하자(《완다라는 이름의 물고기》라는 좌충우돌 코미디 영화가 있다 – 옮긴이). 완다에게 먹이를 너무 많이 주면 완다는 주는 대로 먹이를 계속 받아먹고는 결국 배가 터져버릴 것이다. 왜 그럴까? 물고기는 자제력이 없기 때문이다. 게다가 완다는 이 책을 읽지 않았다. 그러니 누구든 자제력이 없다는 생각에 울적해질 때마다 이 물고기 완다를 기억해라. 울적한 사람은 자기 자신을 완다와 비교해라. 그리고 기분 좋은 상태를 즐겨라. 물론 상대적으로 좋은 기분이지만.

지불의 고통도 자제력에 어떤 시사점을 제시한다. 지불의 고통은 사람들로 하여금 자기가 갖고 있는 선택권을 의식하게 만든다. 지불의 고통 때문에 선택권은 두드러져 보이고, 이것은 사람들이 자제력의 달인이 되도록 돕는다. 신용카드 대신 현금을 쓴다고 해보자. 갑작스럽게 친구와 150달러짜리 저녁을 먹은 뒤에 계산서를 받고 지갑을 열어 현금을 꺼낼 때 사람들은 재정적인 충격을 한층 더 크게 느낀다. 그 감정은 비싼 식사의 유혹에 맞서 싸우도록 우리를 돕는다. 이와 똑같지만 정반대의 방향으로 작동하는 것이 바로 지불의 고통을 줄여주는 여러 도구나 장치다. 이것들은 사람들의 자제력에 합선을 초래해서 유혹에 보다 쉽고 빠르게 굴복하게 만든다.

심리적 회계, 특히 융통성 있는 심리적 회계는 사람들이 자신의 자제력을 약화시키기 위해 사용하는 또 다른 전술이다.

"오늘 밤에는 진짜 야식을 먹으면 안 되는데⋯⋯. 하지만 이번 한번은 특별한 이벤트라고 생각하지, 뭐. 먹자아아아!"

앞서 자신을 지나치게 신뢰하는 문제를 설명하면서 과거의 자아에 대한 신뢰에 초점을 맞췄다. '과거의 자아'란 과거에 돈에 관한 어떤 의사결정을 내린 자아이거나, 어떤 부동산에 소유자가 매긴 호가처럼 얼토당토않은 가격을 봤던 자아다. 그러나 사람들에게는 그것만이 아니라 현재의 자아와 미래의 자아 사이의 신뢰 문제가 있다. 예컨대 롭의 미래 자아는 현재 자아가 은퇴생활에 대비해서 현재의 만족을 포기할 것이라고 신뢰하지만, 그의 현재 자아는 미래 자아가 은퇴생활에 대비한 저축과 관련해서 보다 똑똑하고 사심 없는 결정을 내릴 것이라고 신뢰한다. 그런데 이 둘 가운데 어느 쪽도 믿을 만하다고 입증되지 않았다. 롭뿐 아니라 우리 모두에게, 미래 자아나 과거 자아에 의존해서 유혹에 저항하는 것 혹은 저항해온 것은 똑같이 현명하지 못하다.

지금까지 다뤘던 여러 가지 힘이나 문제 때문에 사람들은 가치를 정확하게 평가하지 못한다. 그러나 자제력 부족은, 가치를 정확하게 평가하든 그렇지 않든 간에 비이성적인 행동을 부추긴다. 돈과 관련해서 이성적인 판단을 하기 위해 가능한 모든 심리적 위험을 점검했다고 생각할 수도 있지만, 많은 경우 사람들은 자제력 부족 때문에 비이성적인 행동을 한다. 자제력을 유지하기 위한 투쟁은, 채소로만 구성된 식사를 힘겹게 마친 뒤에 사치스러운 온갖 디저트가 담긴 디저트 카트를 맞이하는 것과도 같다. 그 비싼 디저트들은 이렇게 말한다.

"자, 어서! 한 번 살고 가는 인생인데 쓰고 보는 거지. 뭐, 어때?"

우리 문화를 이루는 거의 모든 요소가 자제력 상실을 권장하고 그에 대해 보상을 해준다. 텔레비전의 리얼리티 프로그램들은 최악의 행동을 한 사람들, 즉 돈을 잃은 사람과 엄청나게 고약한 일을 저지른 사람과 뭔가에 미친 듯이 몰두하는 사람들의 이야기를 다룬다. 이 프로그램들은 '당신은 5학년 학생보다 채소를 더 잘 먹고 있습니까?' 같

쉽지 않게 번 돈

댄은 언젠가 스포츠계의 살아 있는 전설들이 자리한 어떤 총회에 참석했다. 그 자리에는 무하마드 알리Muhammad Ali도 있었는데, 권투 선수 알리의 경력은 댄의 인생에 커다란 충격을, 그것도 장기간에 걸쳐서 줬다. 알리는 권투 선수로 성공하기 위해 온갖 고생을 기꺼이 견뎠다. 그 바람에 결국 나중에는 파킨슨병에 걸리고 말았다. 우리는 그가 내린 의사결정을 이렇다 저렇다 판단하지는 않을 것이다(우리는 그가 어떤 것을 소중하게 여겼는지, 당시 그가

어떤 과학을 이용할 수 있었는지, 혹은 그 밖에 어떤 정보가 그의 선택을 이끌었는지 알지 못한다). 그러나 그의 삶에서 우리는 현재의 바람과 미래의 복지 사이에 존재하는 불연속성을 쉽게 바라볼 수 있다.

알리가 참석했던 바로 그 총회 자리에는 유명한 농구 선수도 함께 있었는데, 그는 자기가 프로 선수로서 맨 처음 구단과 계약했던 일을 댄에게 말해줬다. 그가 첫 봉급을 받을 때였는데, 놀랍게도 봉급 봉투 안에는 2,000달러밖에 들어 있지 않았다. 분명 수백만 달러 규모의 계약을 했는데, 2,000달러밖에 없다니……. 자기가 그것밖에 받지 못하는 이유를 도무지 알 수 없었다.

그래서 이 농구 선수는 에이전트를 불러서 물었고, 에이전트는 그에게 이렇게 말했다.

"걱정하지 마. 네 돈은 내가 가지고 있어. 그 돈은 안전해. 나는 그 돈을 너를 위해서 투자할 생각이야. 네가 은퇴하고 난 뒤에도 아무런 걱정 없이 살 수 있도록 해주려고 말이야. 게다가 쓸 돈은 충분히 주고 있잖아. 생활비가 더 필요하다고 생각하면 언제든 알려줘, 그때 가서 다시 얘기하면 되니까."

이 선수의 동료들도 그와 비슷하게 많은 연봉을 받았는데, 그들의 에이전트들은 그의 에이전트와 달랐다. 그래서 그들은 훨씬 더 많은 돈을 썼고, 훨씬 더 좋은 차를 몰았으며 훨씬 더 비싼 물건을 소비하며 살았다. 그러나 그들은 그가 저축한 만큼 많은 돈을 저축하지 못했다. 많은 세월이 지난 지금 그 동료 대부분은 파산했지만, 그 선수와 그의 아내는 풍족하게 잘살고 있다. 평생 저축을 해온 덕분이다.

이 농구 선수는 일련의 놀라운 사실을 분명하게 일깨운다. 프로 운동선수들은 엄청나게 많은 돈을 단기간에 번다. 이들은 또한 엄청나게 많은 돈을 단기간에 써버리며, 또 대개는 얼마 지나지 않아서 파산하고 만다. NFL 미식축구 선수 가운데 약 16퍼센트는 은퇴 후 12년 안에 파산하고 만다. 선수 생활을 하면서 평균 약 320만 달러나 벌었음에도 말이다.[9] 한 논문에 따르면 은퇴하고 몇 년 지나지 않아서 '돈 문제로 쪼들리는' NFL 선수들은 그보다 훨씬 많은데, 그 비율이 무려 78퍼센트나 된다고 한다. 그리고 NBA 농구 선수들의 약 60퍼센트는 경기장을 떠난 뒤 5년 안에 재정적인 문제로 어려움을 겪는다.[10] 비슷한 사례인데, 복권 당첨자가 얼마 지나지 않아서 당첨금을 모두 까먹어버렸다는 이야기도 심심찮게 들린다. 복권 당첨자는 엄청난 금액의 당첨금을 받지만 이 중 약 70퍼센트가 3년 안에 파산한다.[11]

누군가 엄청나게 큰 금액을 벌 때, 혹은 그런 돈이 손에 들어올 때 그 돈은 자기통제의 어려움을 심화시킨다. 갑자기 늘어난 재산은 흔히 특히 더 위험하다. 직관적인 상식과는 정반대지만, 어떤 사람에게 갑자기 많은 돈이 생긴다고 해서 그가 돈과 관련된 문제를 보다 잘 관리할 수 있으리라는 보장은 전혀 없다.

제프는 자기가 연구활동을 매우 좋아한다는 가설을 세우고 있다. 그래서 자신은 대부분의 사람과는 다르게 갑자기 큰돈이 생긴다고 해도 얼마든지 그 돈을 잘 관리할 수 있을 것이라고 믿는다. 그러나 슬프게도 그는 이 책을 제작하는 데 필요한 돈조차도 제대로 마련하지 못하는 모습을 보이고 있다. 적어도 현재까지는. 하지만 조만간에 누군가가 나타나서 이 중요한 사업을 지원해주리라는 희망을 가지고 있다.

은 질문은 하지 않는다. 〈템테이션 아일랜드Temptation Island〉는 남성 그룹 템테이션스(1960년에 결성된 R&B 계열의 미국 그룹 – 옮긴이)에 대한 정보를 주고자 하는 프로그램이 아니었으며, 〈히어 컴스 허니 부 부Here Comes Honey Boo Boo〉도 책임감만 있을 뿐 한없이 서툰 양봉가 이야기가 아니었다(〈템테이션 아일랜드〉는 장기간 교제 중인 네 쌍의 연인이 외딴 휴양지에서 이성의 유혹에 어떻게 반응하는지를 관찰하는 리얼리티 프로그램이고, 〈히어 컴스 허니 부 부〉는 자녀를 미인대회에 참여시키는 몇 가족의 일상 생활을 보여주는 리얼리티 프로그램이다 – 옮긴이).

자제력과 관련된 문제는 도처에 널려 있다. 이 문제는 아담과 이브 시절부터 있었다. 이들의 자제력을 시험하는 잘 익은 사과(혹은, 그 어떤 원천적인 선택의 죄) 이야기는 너무도 잘 알려져 있지 않은가.

유혹은 도처에 있을 뿐만 아니라 점점 더 고약해지고 있다. 주변에 넘쳐나는 온갖 상업광고들이 대체 우리가 뭘 하기를 바라는지 생각해보라. 그것이 20년이나 30년 뒤에 무엇이 우리에게 좋을지 조금이라도 신경을 쓰는가? 우리의 건강, 가족, 이웃, 생산성, 행복 혹은 허리 곡선을 조금이라도 걱정하는가? 그렇지는 않은 것 같다.

그 광고들은 광고주에게 유리하기만 하다면 우리가 무슨 행동이든 다 하기를 바란다. 그것도 지금 당장 하길 바란다. 앱스토어, 앱, 웹사이트 그리고 소셜미디어는 온갖 난리를 치며 우리의 주의력과 시간과 돈을 붙잡으려고 한다. 그것도 자신에게 단기적으로 유리한 방식을 원하지, 우리에게 장기적으로 유리한 방식에 대해서는 그다지 (혹은 조금도) 생각하지 않는다. 그들은 어떻게 하면 우리를 움직일 수 있는지 우리 자신보다 더 잘 알고 있다. 그리고 이 방면에서 그들 솜씨는 계속 더 나아지고 있다.

유혹이 이렇게 증가한 결과 정말 고약한 일이 일어나고 말았는데, 사람들이 자제력과 관련된 많은 문제를 갖게 됐고, 앞으로도 더 많은 문제가 나타날 것이라는 사실이다.

전화기, 앱, 텔레비전, 웹사이트, 소매점 그리고 또 그다음에 등장하는 상업주의의 무기가 무엇이든 간에 이런 것들은 점점 더 강력한 유혹의 기술을 장착해나가고 있고, 이 기술의 성능과 효율은 점점 더 좋아지고 있다.

이것이 유혹이 증가함에 따라 생겨난 나쁜 소식이라면, 반대로 좋은 소식도 있다. 우리가 손을 놓은 채 아무것도 할 수 없는 처지는 아니라는 사실이다. 이런 문제 중 몇몇은 얼마든지 극복할 수 있다. 자기 행동에 대해, 자기가 직면하는 시련이나 과제에 대해 그리고 형편 없는 선택을 이끄는 자신의 재정적 환경에 대해 보다 많은 것을 배우면 된다. 또한 이런 문제를 극복하는 데 도움이 되어줄, 즉 다른 사람이 아니라 자신의 장기적 이익에 유리하도록 돈을 쓰는 것을 생각하는 데 유용한 기술을 사용할 수도 있다.

마지막으로 한 마디만 더. 당신은 기다릴 수 있는가? 어떤 문제에 대한 해결책을 찾기 위해서, 그 문제를 회피하고자 하는 유혹을 떨쳐내겠다는 의지력이 있는가? 우리 저자들은 당신이 충분히 그렇다고 생각한다.

13

돈, 너무 많이 생각해서 탈이다

세기가 바뀔 무렵, 즉 2000년쯤에 지금보다 젊은 댄 애리얼리는 MIT
의 교수 연구실에 둘 소파를 사러 나갔다. 마음에 드는 물건을 찾다가
200달러짜리 멋진 소파를 만났다. 그런데 그다음 순간 프랑스 디자이
너가 만든 2,000달러짜리 소파도 만났다. 이 소파가 훨씬 마음에 들
었다. 높이가 매우 낮았으며, 앉는 느낌이 다른 소파와 완전히 달랐다.
그러나 이 소파가 더 안락한지 혹은 소파로서의 역할을 더 잘해낼 수
있을지는 분명하지 않았다. 어쨌거나 열 배나 더 비싼 돈을 주고 살 만
한 가치가 있는 것 같지는 않았다. 그러나 댄은 그 화려한 소파를 샀
다. 그리고 그때 이후로 그의 연구실을 찾은 온갖 방문객은 이 소파에
앉아서 불편하게 쭈그려앉는 자세를 취해야만 했다. 게다가 일어날
때는 앉아 있을 때보다 훨씬 더 많은 힘을 들여야 했다. 순전히 방문객

들을 괴롭힐 목적으로 댄이 이 소파를 연구실에 계속 두고 있다는 소문이 있긴 하지만, 우리 저자들은 굳이 이 소문을 동네방네 떠들 생각은 없다.

도대체 무슨 일이 일어나고 있는 걸까?
———

댄은 최첨단 유행의 그 값비싼 소파가 장기적으로 어떤 경험을 제공할지 평가하는 데 어려움을 겪었다. 그는 단지 몇 분 앉아보는 것으로 그 소파를 시험해봤지만, 진짜 가졌어야 할 의문은 따로 있다. 그 소파에 한 시간 이상 앉아 있을 때 얼마나 안락할까(나중에 확인한 사실이지만 매우 안락했다) 그리고 방문객이 이 소파에 앉았을 때 어떤 느낌이 들까(나중에 확인한 사실이지만 방문객들로서는 썩 만족스럽지 않았다) 하는 것이었다. 오랜 세월이 지난 지금에서야 댄은 어떤 방문객은 그렇게 낮은 자세로 앉아 있는 것을 안락하게 여기지 않는다는 사실과 소파에서 일어나는 동작을 무척 힘들어한다는 사실을 알게 됐다. 소파를 살 당시에 댄은 이런 의문에 대한 대답을 찾으려 하지 않았고, 또이 소파가 자신의 필요성에 얼마나 부합하는지 알아보지도 않았다. 그저 비싼 게 좋다는 단순한 어림짐작만으로 판단했다. 그래서 그 비싼 소파를 샀던 것이다.

이런 의사결정 전략을 구사하는 사람은 댄뿐이 아니다. 똑같아 보이지만 하나는 비싸고 하나는 싼 로브스터가 나란히 있을 때, 당신은 값싼 로브스터를 먹는가? 할인가격에 판매되는 캐비아나 푸아그라는? 식당들은 사치스러운 별미 요리를 할인가격에 판매하지 않는다. 소비자가 가격을 바라보는 시선이나 할인가격이 발산하는 이런저런 강력한 신호 때문이다. 설령, 몇 년 전에 그랬던 것처럼 로브스터나 푸아그라나 캐비아의 도매가격이 폭락한다 해도, 식당 측에서는 절약된 식재료비를 음식 값을 내리는 데는 쓰려고 하지 않는다. 단지 식당 주인들이 탐욕스럽기 때문만은 아니다. 사치품이 낮은 가격에 판매되면, 이 낮은 가격이 사치품의 품질과 관련해 소비자에게 불편한 메시지를 주기 때문이다. 소비자는 품질이 낮기 때문에 가격을 할인한다고 추론한다. 뭔가 잘못된 게 있어서 가격을 내렸다고 생각한다는 말이다. 소비자는 그 물건이 경쟁자들이 내놓은 동일한 별미 요리보다 확실히 열등하다고 판단할 게 분명하다.

그런데 만일 로브스터나 푸아그라가 아니라 심장수술 가격이 매우 낮다면 어떨까? 이때도 마찬가지다. 사람들은 그 수술에 뭔가 문제가 있다고 생각하면서 자기가 알 수 있는 최고의 의사를 찾아 나설 것이다. 심장수술에 관해서 문외한이긴 하지만, 아무래도 최고의 의사에게 수술을 받을 때는 수술비가 최고로 비싸지 않을까?

이런 선택이 이루어지는 것은 사람들이 가치를 평가하는 또 하나의 중요한 방법이 (그것의 실제 가치와 아무런 상관이 없이) 거기에 '매겨진 가격에 의미 부여하기'이기 때문이다. 흔히 있는 일이지만 어떤 것의 가치를 직접적으로 평가할 수 없을 때 사람들은 가격을 가치와 연동시킨다. 달리 뚜렷한 가치단서가 없을 경우에는 특히 더 그렇다. MIT

의 초짜 교수일 때 댄은 연구실에 둘 소파의 가치를 측정하는 방법을 알지 못했고, 그래서 자기가 측정할 수 있는 지표인 가격에 기대서 가치를 평가하려 들었다. 그리고 그 뒤 15년 동안 수많은 불행한 방문객을 맞이하고 또 돌려보내고 난 지금은 그때 자신이 서툰 선택을 했음을 안다.

《상식 밖의 경제학》에서 댄은 사람들이 높은 가격을 유효성의 또 다른 얼굴로 자동적으로 바라본다는 사실을 보여줬다. 댄은 동료인 레베카 와버Rebecca Waber, 바바 시브 그리고 지브 칼몬과 공동으로 가짜 진통제를 이용해 한 가지 실험을 했다.[1] 사실 그 약은 진통제가 아니라 비타민C 캡슐이었다. 연구자들은 피실험자들에게 진통제의 약효를 시험한다고 말하고는 그 가짜 약을 나눠줬다. 그 약에는 한 정에 2달러 50센트라는 비싼 가격표를 붙여뒀다. 그리고 가짜 약을 홍보하는 번쩍거리는 브로슈어와 깔끔한 정장에 흰색 코트를 입은 전문가까지 동원했다. 그런 다음 피실험자들에게 일련의 전기충격을 가해서 각자 어느 정도의 고통을 참을 수 있는지 확인했다. 가짜 진통제를 먹은 뒤에는 거의 모든 피실험자들이 고통을 적게 느꼈다. 그런데 댄과 그의 공범자들이 한 정에 10센트라는 싼 가격표를 붙인 가짜 진통제를 사용해서 똑같은 실험을 했더니, 피실험자들이 경감됐다고 느끼는 고통의 정도가 2달러 50센트 가격표를 붙인 가짜 진통제를 썼을 때에 비해 약 절반밖에 되지 않았다.

바바와 지브와 댄은 이런 사실을 에너지음료를 동원해서 한층 더 확장했다. 앞에서도 언급했듯, 이 일련의 실험에서 에너지음료가 성적을 향상시킨다고 주장하는 기사 및 논문을 읽고 그 음료를 받아 마신 사람은 실제로 모든 유형의 정신적인 과제에서 높은 성적을 기록했다. 또 다른 실험에서 할인된 가격의 에너지음료를 마신 사람들은 정가의 에너지음료를 마신 사람들보다 낮은 성적을 기록했다. 그리고 또 다른 실험에서는, 할인된 가격의 음료를 마신 사람들은 음료의 품질이 더 나쁠 것이라고 부정적으로 기대했고, 실제로 그 음료를 마셨을 때 그렇게 느꼈다. 이는 모두 사람들이 가격에서 비롯된 신호를 가치와 연동시켰기 때문이다.[2]

이치에 맞든 아니든 높은 가격은 그것의 품질이 좋다는 신호를 발산한다. 건강, 음식, 의류 등 중요한 것에 있어 높은 가격은 싸구려가 아니라는 신호를 발산한다. 때로 나쁜 품질이 아니라는 것은 높은 품질이라는 것만큼이나 중요하다. 수전 이모는 티셔츠 하나에 100달러를 주고 사지는 않겠지만, 만일 이 가격이 JC페니 백화점에서 파는 티셔츠의 정가이고 여기에 그럴듯한 근거가 따라붙기만 한다면, 누군가는 반드시 그 돈을 기꺼이 지불하고 살 것이다. '이 정도 가격이라면 이 티셔츠는 반드시 품질이 좋을 것이다'라는 식이다. 고급 스마트폰 브랜드인 브랜트 버투Vertu는 대부분의 다른 휴대전화와 서비스와 기능이 동일한 제품을 시장에 내놓지만, 이것을 살 여유가 있는 사람들은 특권적인 지위의 상징물로 앵그리버드Angry Birds 게임을 한다는 명예를 누리기 위해 1만 달러에서 2만 달러 사이의 가격을 지불한다. 누군가는 '그 휴대전화에 그럴 만한 가치가 없다면 아무도 그 가격을 지불하지 않겠지만, 실제로 그 가격을 지불하고 사는 사람이 있으니 그 휴대전화는 그만한 가치를 가지고 있을 것이다'라고 추론하고는 그 비싼 휴대전화를 샀을 게 분명하다. 또 아이폰 앱스토어에 등록됐던 '나는 부자다I Am Rich'라는 앱도 있다. 딱 하루 동안만 등록됐다가 삭제된 이 앱의 가격은 999.99달러였다. 화면에 뜨는 빨간색 보석 그림을 누르면 '나는 부자다'라는 메시지가 큰 글씨로 뜨는데, 이게 이 앱의 기능 전부였다. 그럼에도 불구하고 등록됐던 그 하루 동안 여덟 명이나 이 앱을 샀다. 이 여덟 명은 꼭 우리 두 저자에게 연락해주길 바란다. '나는 부자다'와 비슷하게 매력적인 여러 기회에 대해 얘기를 나눠보고 싶다.

가격이 가치나 성능이나 즐거움에 영향을 줘서는 안 되고 또 줄 수도 없지만, 실제로는 그렇지 않다. 사람들은 모든 단일 거래에 대해 돈을 토대로 빠르게 의사결정을 내리도록 훈련돼 있으며, 특별히 별다른 가치 지표가 따로 존재하지 않으면 늘 그런 식으로 의사결정을 내린다. 단지 가격을 제시하는 것만으로도 앵커링과 임의적 일관성이 가치에 대한 사람들의 인식에 강력한 영향을 줄 수 있음을 기억하라 (어떤 제품과 관련해서 맨 처음 바라보는 가격이 그 제품 가치에 대한 평가를 결정하는 기준점이 되는데, 심지어 그 숫자가 굳이 가격일 필요가 없을 때도 있다. 신분증 번호나 아프리카 소재 국가의 수처럼 아무런 의미 없는 그저 임의적인 숫자가 영향을 미친다는 말이다).

와인을 놓고 생각해보자. 남자의 위장에 가장 좋은 음식을 먹이는 게 그의 마음을 얻는 길이라는 속담도 있으니 말이다. 그런데 사람들은 비싼 와인일수록 더 좋아한다. 증거는 명백하다. 자기가 마시는 와인에 얼마의 돈을 지출하는지 알 때, 가격과 즐거움 사이의 상관성은 믿을 수 없을 정도로 높아진다. 이때 그 와인의 실제 맛이나 품질은 중요하지 않다.[3] 그러나 가격으로 품질을 추정하는 것은 상당히 무딘 평가방식이다. 추정된 품질에 가격이 주는 영향은, 만일 우리가 와인을 다른 방식으로 평가할 수만 있다면 얼마든지 줄어들 수 있다. 예컨대 그 와인의 생산지가 어디인지, 언제 수확한 포도로 만들었는지, 왜 그 와인이 중요한지 안다면, 혹은 와인 제조업자를 개인적으로 안다거나 그 사람이 포도 알갱이를 으깨기 전에 손발을 잘 씻는지 어떤지 안다면 말이다. 하지만 그럴 가능성은 별로 없다.

불확실한 상황들

———

이 모든 것을 다 안다면 좋기야 하겠지만 우리가 와인 제조업자를 개인적으로 알고 있을 가능성이 얼마나 될까? 다시 말해, 사파리나 위젯이나, 혹은 갖가지 위젯으로 가득 찬 사파리의 가치를 객관적으로 평가할 수 있을 정도로 온갖 구체적인 사항들을 우리가 죄다 알고 있을 가능성은 얼마나 될까? 거의 없다. 앞에서도 살펴봤듯 일반적으로 사람들은 무엇이든 간에 그것의 원가가 얼마인지는 조금도 알지 못한다. 관련된 맥락이 주어지지 않을 때 어떤 것을 따로 뚝 떼놓고 이것의 가치를 정확하게 평가할 능력이 보통 사람들에게는 없다. 카지노 칩이든 주택이든 혹은 타이레놀이든 말이다. 우리 모두는 가격-가치 불확실성의 바다 위에 둥둥 떠 있다.

요즘 같은 시대에는 돈이 가장 두드러진 차원으로 우뚝 자리를 잡고 있다. 돈은 숫자이다. 돈은 명확하다. 우리는 돈을 여러 개의 다른 선택지와 비교할 수 있다. 그리고 돈은 이처럼 겉으로는 정확해 보이는 방식으로 생각하기 쉽기 때문에, 사람들은 다른 고려사항은 내버려두고 숫자에만 지나치게 많은 주의를 집중한다.

이유가 뭘까? 어쩌면 사람들이 정확성을 너무나도 좋아하기 때문인지도 모른다. 일반적인 문제의 의사결정, 특히 돈과 관련된 문제의 의사결정에 대해 심리학은 모호하게 올바른 대답을 해주고 경제학은 정확하게 잘못된 대답을 해준다는 말이 있다.

사람들은 정확한 것을 (그리고 정확하다는 착각을) 좋아한다. 자신이 지금 무슨 일을 하고 있는지 잘 안다는 느낌을 주기 때문이다. 자기가 지금 무슨 일을 하는지 모를 때는 특히 더 그렇다.

돈의 이상한 점은 그게 뭔지 이해할 수는 없지만 측정할 수는 있다는 것이다. 여러 가지 다른 속성을 가진 제품이나 경험을 앞에 두고 평가할 때 사람들은 돈(즉, 가격)이라는 특정한 속성에 지나치게 큰 가중치를 두는 경향이 있다. 왜냐하면 그게 상대적으로 더 쉽기 때문이다. 향미나 스타일이나 호감 같은 속성은 측정하기 어렵고 비교하기도 어렵다. 그래서 사람들은 의사결정 방편으로 가격에 초점을 맞춘다. 가격은 상대적으로 측정하거나 비교하기 쉽다.

사람들은 흔히 어떤 회사에서든 간에 봉급을 가장 많이 받는 직원이 되기를 바란다. 설령 그 바람에 상대적으로 적은 연봉을 받는다 하더라도 말이다. 지나가는 사람 아무나 붙잡고, 연봉 8만 5,000달러로 회사에서 연봉을 가장 많이 받는 사람이 되고 싶은지, 아니면 회사에서 연봉 최고액은 아니지만 9만 달러를 받는 사람이 되고 싶은지 물어보라. 아마도 사람들은 모두 후자를 택할 것이다. 납득이 되는가? 아마 그럴 것이다.

그러나 만일 이 동일한 질문을 초점을 달리해서 물으면 전혀 다른 대답이 돌아온다. 어떤 회사에서 8만 5,000달러로 연봉을 가장 많이 받는 사람이 되는 게 더 행복할지 아니면 회사에서 연봉 최고액은 아니지만 9만 달러를 받는 게 더 행복할지 물어보면(앞의 경우와 동일한 조건에 동일한 계수를 제시했지만, 숫자가 아니라 행복으로 질문의 틀이 달라졌다), 사람들은 전자라고 대답한다. 일반적인 차원의 질문과 행복에 초점을 맞춘 질문에 사람들이 달리 응답하는 이유는 돈만 두고 생각하는 것은 매우 쉽기 때문이다. 다른 특정한 초점이 없는 상태에서 돈은 기본 설정사항이다. 직업 등에 대해 생각할 때도 여러 가지 요소가 존재하고 또 고려해야 하겠지만 돈이라는 요소는 너무도 특별하고 정확하며 측정 가능해서, 사람의 마음에 가장 빠르게 작동하고 그로써 가장 크고 중요한 역할을 수행한다.

원리는 같지만 보다 더 세속적인 사례로 '휴대전화 고르기'라는 그 어려운 일을 생각해보자. 수많은 휴대전화 모델 중 하나를 선택하려면 화면 크기, 속도, 무게, 카메라 화소, 보안성, 데이터, 전파 수신 범위 등 정말 많은 변수를 고려해야 한다. 이처럼 많은 변수가 있을 때 가격이라는 변수에는 어느 정도의 가중치를 두고 판단해야 옳을까? 어떤 제품의 복잡성이 늘어날 때 가격에 의존하는 전략은 상대적으로 보다 단순해지고 매력적으로 느껴지기 때문에, 사람들은 주로 가격에만 초점을 맞추며 다른 복잡한 요소는 무시한다.

마찬가지로, 앞서 임의적인 일관성을 설명하면서 확인했듯 대부분의 사람은 어떤 유형의 제품이나 경험을 그와 매우 다른 것과 비교하기를 어려워한다. 즉, 도요타 자동차를 휴가여행이나 스무 번의 근사한 저녁식사와 비교하기 위해 기회비용이라는 개념을 활용하지 않는다. 그 대신 동일한 범주에 속한 것들끼리 비교한다. 자동차는 자동차끼리, 휴대전화는 휴대전화끼리, 컴퓨터는 컴퓨터끼리……. 아이폰이 처음 출시됐을 때를 생각해보자. 당시 아이폰은 유일한 스마트폰이었다. 그랬기에 비교할 수 있는 비슷한 제품이 존재하지 않았다. 이때 사람들은 이것을 무엇과 비교했을까? (물론 팜 파일럿palm pilot이나 블랙베리 BlackBerry가 있긴 했지만, 아이폰은 이것들보다 훨씬 멀리 나아가 있었기 때문에 동일한 제품군으로 분류될 수 없을 정도로 완전히 달랐다.) 아이폰이 과연 거기에 매겨진 가격만큼 가치가 있을지 사람들은 어떻게 판단했을까? 아이폰이 처음 출시될 때의 가격은 600달러였다. 그러다가 몇 주 뒤에 애플은 이 가격을 400달러로 내렸다. 이렇게 되자 소비자들이 최초의 아이폰(사실 이 아이폰은 몇 주 뒤에 나온 아이폰과 가격만 다를 뿐 동일한 아이폰이었다)을 비교할 새로운 범주가 만들어졌다. 어떤 한 범주 안에 복수의 제품이 존재하면, 가격(즉 돈)은 이를 비교할 수 있는 매혹적인 수단이 되는데, 이런 상황에서 소비자는 가격에 지나치게 초점을 맞추도록 유도된다. 사람들은 두 제품의 성능 차이가 아니라 가격

차이에 초점을 맞추고("우와아! 200달러나 싸네!"), 따라서 기회비용은 계속 무시해버린다.

비교점으로 쉽게 이용될 수 있는 속성은 가격(돈) 말고도 또 있다. 숫자로 계량화하기만 하면 얼마든지 이런 식으로 기능할 수 있는 속성들이 있다. 그러나 이런 속성들은 (이 속성들을 우리가 계량화하지 않는다면) 사용하기가 너무 어렵다. 예로 초콜릿의 맛있음이나 스포츠카의 운전 원활성을 측정하기란 어렵다. 이 어려움은 가격의 중력을 보여준다. 가격을 계량화하고 측정하고 비교하기란 언제나 쉽다. 예를 들어보자. 메가픽셀, 마력 혹은 메가헤르츠는 일단 특정되고 난 뒤 다른 것들과 나란히 두면 한층 더 쉽게 비교할 수 있고 또 정확해진다. 이것이 이른바 **평가성**evaluability이다. 복수의 어떤 제품을 비교할 때, 계량화가 가능한 속성은 쉽게 평가할 수 있고 설령 이런 속성이 정말 중요한 것이 아니라고 해도 보다 더 예리한 초점을 받게 된다. 그 바람에 사람들은 그 속성을 다른 속성에 비해 보다 중요하게 여기고(즉, 그 속성에 가중치를 두고) 평가하게 된다. 흔히 이런 속성은 제조업자들이 소비자가 다른 속성은 무시하고 여기에만 초점을 맞춰 눈여겨 바라보길 원하는 바로 그 속성들이다. 카메라를 놓고 이야기하자면 화소라는 속성이 쉽게 비교되는 숫자로 표시되기 때문에, 화소만 놓고 따질 것이지 이 카메라가 얼마나 자주 혹은 쉽게 고장 나는지는 따지지 말라는 제조업체의 바람이 그대로 관철된다는 말이다. 어떤 속성이 측정되고 나면 사람들은 거기에 더 많은 관심을 기울이고, 그것이 의사결정을 좌우하는 비중은 그만큼 더 커진다.

크리스토퍼 시Christopher Hsee, 조지 로웬스타인, 샐리 블런트Sally Blount 그리고 맥스 베이저만Max H. Bazerman이 중고서점에서 교과서를 뒤적이는 대학생들을 대상으로 어떤 실험을 했다. 이 실험에서 연구자들은 한 집단에게는 1만 개의 항목이 담겼고 완벽한 상태인 음악사전을 얼마를 지불하고 사겠느냐고 물었고, 다른 집단에게는 2만 개의 항목을 설명하지만 표지가 찢긴 음악사전에 얼마를 지불하겠느냐고 물었다. 두 집단 모두에게 다른 사전의 존재에 대해서는 알려주지 않았다. 이 실험에서 응답자들은 평균적으로, 온전한 상태인 1만 단어 사전에는 24달러를 지불하겠다고 대답했고 표지가 찢긴 2만 단어 사전에는 20달러를 지불하겠다고 대답했다. 내용과 전혀 상관없는 표지가 이렇게 큰 차이를 만들어낸 것이다.

그런데 이 연구자들이 이번에는 또 다른 집단에게 그 두 개의 선택지를 동시에 보여줬다. 이런 상황에서는 학생들이 두 선택지를 나란히 놓고 비교할 수 있다. 복수의 대상을 쉽게 비교할 수 있는 이런 상황이 그 둘에 대한 학생들의 인식을 바꿔놓았다. 이 경우 응답자들은 온전한 상태인 1만 단어 사전에는 19달러를 지불하겠다고 대답했고 표지가 찢긴 2만 단어 사전에는 27달러를 지불하겠다고 대답했다. 수록항목이라는 분명한 비교점이 제시됨에 따라 내용이 두 배로 풍부한 사전이 표지가 찢어졌음에도 더 가치가 있다고 평가받았다. 단 하나의 사전을 평가할 때 이 실험에 참가한 응답자들은 그 사전이 1만 개의 항목을 수록하고 있는지, 아니면 2만 개의 항목을 수록하고 있는지를 눈여겨보지 않았다. 그런데 이 속성을 다른 사전과 쉽게 비교할 수 있게 되고 나서야 비로소 그 속성이 가치를 평가하는 데 중요한 요소로 자리를 잡았다. 다시 반복하자면, 어떤 물건의 가치를 제대로 평가할 방법을 알지 못할 때 사람들은, 설령 그 물건의 실제 가치와 거의 상관이 없는 특성(사전 사례에서는 '찢긴 표지')이라고 해도 쉽게 비교할 수만 있다면 그 특성에 지나치게 큰 가중치를 부여해서 판단한다. 사전 사례에서 수록항목의 숫자가 갖는 중요성은 늘어났고 표지 상태의 중요성은 줄어들었다. 그러나 흔히 사람들이 의사결정을 내릴 때 도가 지나칠 정도로 중요하게 여기는 특성은 눈으로 확인하기 쉽고 또 가치를 평가하기 쉬운 특성, 즉 가격이다.[4]

그렇다면 가장 측정하기 쉽고 또 비교하기 쉬운 것에 초점을 맞추는 경향은 문제가 있을까? 그렇다, 있다. 측정할 수 있는 속성이 의사결정에서 가장 중요한 속성이 아닐 때, 다시 말해 원하는 목적이 아니라 그저 수단에 지나지 않을 때는 커다란 문제가 생길 수 있다. 항공 마일리지가 좋은 예다. 항공 마일리지를 많이 쌓는다고 해서 인생의 소원이 달라지거나 하지는 않는다. 마일리지는 휴가여행의 바람직한 결말이나 항공료 할인·무료 혜택을 가져다줄 수 있는 그저 수단일 뿐이다. 심지어 영화 〈인 디 에어Up In The Air〉에서 조지 클루니George Clooney가 연기한 배역도 항공 마일리지를 쌓으려고 죽어라 애를 쓰지만, 이 경우에도 항공 마일리지 자체는 목적이 아니라 권력과 번영의 상징이라는 다른 목적을 위한 수단이다.

항공 마일리지를 최대한 많이 쌓는 것이 인생을 살 만한 것으로 만들어주는 중요한 요소라고 생각하는 사람은 거의 없겠지만, 쉽게 측정할 수 있는 항공 마일리지를 점점 더 늘려나가는 것은 무척이나 유혹적이다. 1만 마일의 항공 마일리지를 해변에서 네 시간 동안 여유롭게 즐기는 것과 어떻게 비교할 수 있을까? 어느 정도의 항공 마일리지가 한 시간 동안의 편안한 휴식과 동일한 가치를 지닐까?

돈도 항공 마일리지와 마찬가지다. 돈은 인생의 최종 목적이 아니다. 최종 목적을 위한 수단일 뿐이다. 그러나 돈은 행복이나 복지나 인생의 목표보다 훨씬 더 구체적이기 때문에 사람들은 궁극적이며 보다 의미 있는 이런저런 목표가 아니라 돈을 기준으로 이런저런 의사결정을 내리는 경향이 있다.

사람들은 행복하고 건강하게 살기를 바란다. 항공 마일리지나 돈이나 에미상 후보 지명 등처럼 측정 가능한 것은 자신이 어느 정도나 성공했는지 확인할 수 있는 가장 손쉬운 방법이다. 사람들은 흔히 보다 많은 항공 마일리지를 얻겠다는 그 이유 하나만으로 불편한 노선을 일부러 선택하는데, 이 선택은 늘어난 비행시간과 대기시간, 불편한 좌석 그리고 도무지 입을 다물 줄 모르는 수다스러운 판매원 때문에 오히려 인생의 전체 행복 수준을 갉아먹기만 할 뿐이다. 마음에 두고 있는 사람이 있다면 지금이라도 당장 데이트 신청을 해라, 그게 항공 마일리지보다는 인생의 행복에 더 중요하니까 말이다.

인생이라는 게임의 승자 되기

———

　그렇다, 인생 그리고 돈……. 중요한 것은 무엇일까?

　돈은 가치의 표시자이며, 가치란 대부분의 경우 좋은 것이다. 우리 삶은 돈 덕분에 개인적으로나 사회적으로 보다 활기차고 풍성하고 자유롭다. 그러나 가치 척도라는 돈의 역할이 좋은 것과 서비스 차원을 넘어 우리 삶 구석구석까지 확장될 때는 얘기가 달라진다.

　돈이 사랑이나 행복이나 어린 아이의 웃음 같은 인간적인 필요성에 비해서 훨씬 더 구체적이므로, 우리는 흔히 돈에 초점을 맞춰 삶의 가치를 평가한다. 돈에 대한 생각을 멈출 때 우리는 돈이 인생에서 가장 중요한 요소가 아님을 비로소 깨닫는다. 마지막 숨을 쉬면서 죽어가는 사람치고 자기가 가진 돈을 더 많이 쓰지 못한 걸 후회하는 경우는 없을 것이다. 그러나 인생의 의미를 따지기보다 돈을 측정하기가 훨씬 더 쉽기 때문에 (그리고 인생의 의미를 따지는 것보다 돈을 따지는 것이 덜 위협적이기 때문에) 우리는 돈에 초점을 맞춘다.

　현대 경제에서 예술품에 어떻게 가치가 매겨지는지 살펴보자. 현대 경제에서는 어떤 내용을 창조하는 대가로 비용을 지불하지 않는다. 돈은 우리 문화가 가치를 규정하는 방식이기 때문에 자기가 창조한 작품에 대가를 지불받지 못한다는 것은, 비록 돈이 예술작품의 궁극적인 목적은 아니라 해도, 모욕을 받는 것인 동시에 사기가 꺾이는 일이다. 역사 속의 많은 위대한 미술가는 관대한 후원자들에게 의존하거나(이런 후원자들이 지금은 존재하지 않는다) 아니면 가난 속에서 죽어갔다. 이건 그들이 캔디 크러쉬(모바일 게임의 이름 - 옮긴이)나 인스타그램으로 관심 경쟁을 벌이지 않아도 될 때의 일이다.

제프는 코미디언, 약 3분 동안의 변호사, 칼럼니스트, 저자, 강연자, 남성 속옷 모델(사실은 아니지만, 누구나 꿈꿀 수 있는 직업이다) 같은 온갖 직업을 전전했다. 보통의 일반적인 가장에게서는 좀처럼 찾아볼 수 없는 행보였다. 제프가 이렇게 여러 가지 일을 할 때마다 그의 가족은 책 집필에서부터 텔레비전 출연, 인맥 쌓기와 댄을 만나는 것까지 [제프가 댄을 만난 것은 소문에서처럼 틴더Tinder(친구 사귀기 앱 - 옮긴이)가 아니라 제프가 낸 첫 번째 책을 통해서였다] 그가 이룩한 모든 성취를 반겼는데, 그때마다 그에게 이렇게 물었다.

"그래서 돈은 얼마나 준대?"

오랜 기간 동안 이 질문이 그를 괴롭혔다. 왜냐하면 어쩐지 인간미를 느낄 수 없고 또 자기를 무시하는 것처럼 들렸기 때문이다. 제프가 보기에 이런 질문은 자기가 하고 있는 일의 진정한 가치를 가족이 이해하지 못한다고 추론할 수 있는 단서였다. 그랬다, 제프의 가족은 제프가 하는 일을 이해하지 못했다. 하지만 그렇다고 해서 그들이 제프를 무시한 건 아니었다. 그들은 이해하려고 노력했다. 그들은 제프의 행보를 이해하고자 하는 차원에서 돈과 관련된 질문을 했다. 돈과 관련된 용어에의 의존이야말로 그들로서는 제프가 취하고 있는 도무지 이해할 수 없고 모호한 행보를 자기들이 온전하게 이해할 수 있는 언어인 돈으로 번역할 수 있는 매개물이었던 것이다. 모든 것을 돈으로 환산하는 그런 질문은 처음에 제프가 세상을 바라보는 방식과 제프

주변에 있는 사람들이 세상을 바라보는 방식을 뚜렷하게 구분하는 고통스러운 차이점을 드러냈다. 그러나 그런 질문이 자기를 비판하려는 의도가 아니라 자기를 이해하고자 하는 노력임을 제프가 깨달으면서 그런 질문은 가족을 공통 언어로 묶어주는 가교가 됐다. 가족으로서는 그 가교가, 제프가 하고 있는 일을 분석하는 데 그리고 어떤 판단과 가치와 조언과 지지를 제프에게 주는 데 도움이 됐다. 이런 식으로 가족은 제프의 선택을 두고 제프도 이미 알고 있는 깔보며 무시하는 말과 현실에 기반을 둔 농담 그리고 교양 있는 '눈 희번덕거리기'로 제프를 놀렸다. 이렇게 해서 제프와 가족의 관계는 보다 나은 단계로 발전했다.

물론, 돈에 초점을 맞추는 행동은 충분히 이해할 수 있긴 하다. 하지만 그럼에도 어떤 이들은 우리 모두가 그 초점의 유용한 부분을 이미 오래전에 내팽개쳤으며 지금은 그저 돈에만 사로잡힌 나머지 아무런 목적의식도 없이 돈과 관련된 불확실성의 바다를 힘차게 헤쳐나가고 있을 뿐이라고 말할 수도 있다.

사과는 사과에게, 먼지는 먼지에게
——

돈은 그저 교환의 수단일 뿐임을 알아야 한다. 돈이 있기에 우리는 사과, 와인, 노동력, 휴가여행, 교육, 주택 등을 교환할 수 있다. 돈에 상징적인 의미를 덧붙여서는 안 된다. 돈을 있는 그대로, 즉 자기가 지금이나 조금 뒤에 그리고 아주 나중에라도 필요로 하고 바라는 것을 손에 넣을 수 있도록 해주는 도구로 바라보고 또 다뤄야 한다.

사과와 오렌지를 비교하기가 얼마나 어려운지 일러주는 오래된 표현이 하나 있다. 그러나 이 둘을 비교하기 어렵다는 것은 사실이 아니다. 사과와 오렌지 비교하기는 실은 매우 간단하고 쉽다. 과일 접시에 놓인 사과와 오렌지 가운데 어떤 것을 선택할지 고민하는 사람은 없다. 어떤 것이 내게 얼마나 많은 즐거움을 가져다줄지를 기준으로 삼아서 각 대상의 가치를 매길 때(이것은 이른바 '직접적인 쾌락 가치평가 direct hedonic evaluation'이다), 우리는 어떤 선택이 나에게 더 많은 즐거움을 가져다줄지 매우 정확한 수준으로 알 수 있다.

정말 어려운 것은 사과를 돈과 비교하는 것이다. 돈을 어떤 등식 안으로 끌어들이면 의사결정이 훨씬 어려워지며, 까딱 잘못하다가는 실수를 저지르고 만다. 우리가 사과에 기대하는 즐거움과 동일한 가치를 지닌 돈이 얼마인지를 결정하는 데는 온갖 위험이 다 들어 있다.

이런 관점에서 볼 때, 돈과 관련된 문제를 놓고 의사결정을 할 때는 돈이 존재하지 않는 것처럼 설정하고 바라보는 전략이 유용하다.

자기가 생각하는 가치 관련의 등식에서 가끔씩은 돈을 빼버리면 어떨까? 예를 들어 휴가여행을 놓고 바라볼 때, 이 휴가여행의 비용을 볼 수 있는 영화 편 수나 마실 수 있는 와인 병 수로 변환해서, 즉 숫자로 계량화해서 바라보면 어떨까? 계절이 바뀔 때 우리가 교체하고자 하는 옷장 안의 옷을 가스통으로 환산하면 몇 통일까, 자전거 수리 횟수로 환산하면 몇 번일까, 혹은 쉴 수 있는 날로 환산하면 며칠일까?

대형 스크린 텔레비전들의 가격 차이를 단지 돈으로 생각하는 대신 친구들과 함께하는 외식이나 열네 번의 잔업으로 생각한 다음, 과연 더 비싼 텔레비전을 선택할 것인지 아니면 싼 텔레비전을 선택할 것인지 결정한다면 어떨까?

두 개의 물건이나 서비스를 돈을 매개로 해서 비교하지 않고, 물건들끼리 직접 비교하면 선택의 관점이 새로워진다.

이런 과정은 커다란 의사결정을 내릴 때 가장 쉽게 적용할 수 있으며 또한 가장 유용할 수 있다. 이런 설정을 한번 해보자. 당신이 지금 집을 사려고 하는데, 두 가지 선택권이 있다. 하나는 대출을 많이 받아서 큰 집을 사는 것이고, 또 하나는 대출을 조금만 받아서 작은 집을 사는 것이다. 돈이라는 매개물에 의존하거나 대출이자나 월상환액 등을 따져서는 이 두 선택권을 비교하기 어렵다. 집을 파는 사람과 대출은행 그리고 중개인 등 주택매매 과정에 참가하는 모든 사람이 당신이 보다 큰 집을 사겠다고 결정하고 보다 많은 돈을 쓰길 원한다면 결정을 내리기가 한층 더 어려워진다. 이때 돈이라는 관점을 버리면 어떻게 될까? 예를 들어서 당신이 이렇게 말한다면 어떨까?

"큰 집 대신 작은 집을 살 때 절약되는 비용으로 해마다 휴가여행을 한 번 갈 수 있으며, 우리 집 아이들의 한 학기 학비를 낼 수 있으며, 또 은퇴를 3년 일찍 할 수 있다. 큰 집을 살 정도의 경제적 부담을 얼마든지 질 수는 있지만, 이 모든 것을 포기하면서까지 화장실 하나가 추가되고 마당이 조금 더 넓은 집을 살 가치가 있을 것 같지는 않다."

혹은 어쩌면 그런 계산을 다 하고서도 여전히 더 큰 집이 그럴 만한 충분한 가치가 있다고 판단할 수도 있다. 대단한 결정이다! 그러나 적어도 당신은 지금, 집 사는 데 들일 돈을 다른 용도로 사용할 경우를 고려해봄으로써 명민하고도 현실적인 결정을 내리고 있다.

물론 이런 직접적인 비교 방식이 반드시 가장 효율적인 것은 아니며 또한 가장 합리적인 접근법도 아니다. 무한정 시간을 들여서 거래를 할 때마다 돈이 배제된 기회비용 분석을 한다는 것도 감당할 수 없는 벅찬 일이다. 그러나 자신의 의사결정 능력을 평가하는 데는 좋은 훈련이 된다. 특히 중대한 의사결정을 앞두고는 더욱 그렇다.

돈은 저주인 동시에 축복이다. 돈을 교환 수단으로 갖는 것은 멋진 일이지만, 앞에서도 살펴봤듯 돈은 흔히 사람을 잘못된 길로 이끌며 잘못된 일에 초점을 맞추도록 유도한다. 그러므로 가끔씩 행하는 돈을 배제한 기회비용 분석은 예방과 해독 차원에서 유용하다. 어떤 것과 돈 사이의 관계가 아니라, 다른 것과 다른 어떤 것 사이에서 무엇을 얻고 무엇을 잃는지 따져봐라. 만일 이 주고받음이 만족스럽다면 그렇게 해라. 하지만 그렇지 않다면 다시 한 번 생각해봐라. 생각하고 또 생각해라.

신분이나 지위가 어떻든지, 인생의 중요한 결정을 앞두고 있을 때 돈이라는 차원에서가 아니라 인생 그 자체를 놓고 생각하는 것이 중요하다고 우리 저자들은 믿는다.

돈이 주인 vs. 사람이 주인

    이 책에서 우리는 여러 사람을 만났다. 조지 존스, 수전 이모, 제인 마틴, 신혼여행을 갔던 제프, 투손의 부동산 중개인 및 브래들리 부부, 제임스 놀란, 셰릴 킹, 비니 델 레이 레이 그리고 롭 맨스필드까지……. 이들은 자기 돈을 어떻게 쓰면 좋을지 알아내려고 많은 시간을 들여 노력했지만 여전히 헤맸다. 그러니까 이들 모두가 바보였던 셈인데, 복잡하게 뒤얽혀 있는 돈의 세상에서 본질을 파악하지 못했기 때문만은 아니었고, 전혀 타당하지 않은 가치단서에 사로잡혀 있었기 때문만도 아니었으며, 실수를 했기 때문만도 아니었다. 바로 너무 많은 시간을 돈 걱정을 하며 보냈기 때문이다. 그들은 불확실성의 바다에 둥둥 떠 있으면서, 돈의 화산이라는 제단에 자신을 제물로 바치는 가치단서에 자청해서 휘둘렸다.

    이 장의 첫머리에서는 사람들이 돈과 관련된 의사결정을 하면서 가치를 평가할 때 어째서 돈, 특히나 가격의 비중을 지나치게 강조하는지 분석했다. 뒤이어 돈 문제가 아닌 다른 중요한 의사결정이나 생활 속의 일반적인 것들의 가치를 평가할 때도 어째서 돈의 비중을 지나치게 강조하게 되는지 분석했다.

    다른 사람에게 인생을 어떻게 살라고 말해줄 수 있을 정도로 유능하거나 그럴 자격을 갖췄거나, 혹은 위대한 축복을 받아서 110퍼센트 행복한 사람은 이 세상에 없다. 그러나 지나치게 짓눌려온 돈의 멍에에서 보다 자유로워지는 것을, 혹은 적어도 돈이 우리를 옭아매는 강도를 조금 느슨하게 풀어두는 것을 목표로 삼는 게 옳음을 증명하는 자료만큼은 우리 두 저자가 충분히 많이 갖고 있다.

우리는 당신에게 가족, 사랑, 좋은 와인, 스포츠 팀, 낮잠 등을 놓고 우선순위를 정하는 방법을 가르쳐주고 싶지는 않다. 그저 당신이 돈에 대해 어떤 생각을 갖고 있는지 한 번 더 생각해보기를 바랄 뿐이다.

3부

부의
감각을
키우는 법

_인생에서 가장 중요한 돈 쓰기의 기술

14

마음이 가는 곳에 돈을 써라

자, 이젠 어쩐다?

지금까지 우리는 사람들이 돈에 대해서 어떻게 정확하지 않게 생각하는지, 실제 가치와 아무런 상관도 없는 방식으로 어떻게 가치를 평가하는지 그리고 이런 것들 때문에 어떻게 해서 돈을 잘못 생각하고 또 잘못 쓰는지 살펴봤다. 이렇게 우리는 장막 뒤에 가려져 있던 비밀을, 사람들의 뇌 안에서 돈과 관련된 생각이 어떻게 작동하는지 수박 겉핥기식으로나마 살펴봤다. 이 과정에서 사람들이 전혀 타당하지 않은 변수를 지나치게 강조하면서 정작 중요한 것은 잊어버리고, 의미 없는 가치단서가 자신을 엉뚱한 길로 유도하도록 스스로를 방치해버린다는 사실을 배웠다.

그렇다면 돈에 대해서 어떻게 생각해야 옳을까? 우리가 안고 있는 모든 문제 하나하나의 해결책은 무엇일까?

그 해결책을 성급하게 확인하려고 당신이 이미 이 책 뒷부분을 펼쳐봤으리라고 우리 두 저자는 확신한다. 어쩌면 많은 사람이 지금 이 순간 서점에서 이 책을 살까 말까 망설이며 이 부분을 읽고 있을지도 모른다. 만일 그랬다면, 우리 두 저자는 ①이 책을 사는 비용을 아꼈다는 사실에 당신에게 박수를 보내지만 ②당신이 아직 우리가 들인 노력을 정확하게 평가하지 못하고 있음을 지적하면서 ③짧게 요약한 다음 내용을 제시한다. 돈과 관련된 의사결정을 내려야 할 때 정말 중요하게 여겨야 하는 것은 기회비용, 구매상품이 제공하는 진정한 편익 그리고 다른 곳이 아니라 바로 거기서 얻을 수 있는 진정한 즐거움이다.

완벽하게 이성적인 세상에서는 무엇을 중요하게 여기면 안 될까?

— 세일 가격 혹은 '깎아주는 금액' 혹은 우리가 동시에 다른 것에 소비하는 금액 (상대성)

— 돈의 분류, 돈이 속해 있고 지출되는 계정 그리고 그에 대해 우리가 느끼는 감정 (심리적 회계)

— 지불의 손쉬움 (지불의 고통)

— 어떤 구매물에 대해 맨 처음 보는 가격, 혹은 지난번에 자기가 지불했던 가격 (앵커링)

— 자신이 어떤 것을 소유하고 있다는 생각 (소유효과와 손실회피)

— 어떤 사람이 열심히 노력해서 일한 것처럼 보이는지 여부 (공정함

과 노력)

—— 현재의 유혹에 넘어가는지 여부 (자제력)

—— 어떤 제품이나 서비스의 손쉬운 가격 비교 (돈에 대한 지나친 강조)

다음을 기억하자. 위에서 열거한 요인은 구매물의 가치에 영향을 주지 않는다(설령 본인이 그렇게 믿는다 하더라도, 전혀 그렇지 않다). 우리가 완벽하게 합리적이라면 다른 요인들이 가치를 바꿔놓지 않겠지만, 실제로 우리 인간은 완벽함과는 거리가 먼 존재이기 때문에 소비경험의 가치를 바꿔버린다. 그 요인에는 다음과 같은 것들이 포함된다.

—— 뭔가를 묘사하는 말, 우리가 소비 시점에 하는 행동 (언어와 제의)

—— 소비의 진정한 속성이 아니라 그 소비경험에 대해 우리가 기대하는 것 (기대치)

언어와 제의 그리고 기대치는 앞선 요인들과는 다른 범주에 속하는데, 왜냐하면 이것들은 경험을 바꿔놓을 수 있기 때문이다. 25퍼센트 할인이나 원클릭 결제는 구매물의 가치 자체는 바꾸지 못한다. 그러나 와인 제조 공정을 학습한다거나 소풍 간 장소에 흰색 장갑을 낀 소믈리에가 출장 서비스를 해줄 때는 와인 마시는 경험 전체가 보다 의미 깊어지고 흥미로워지며 소중해진다.

만일 우리가 완벽하게 합리적이라면 언어와 제의 그리고 기대치가 지출과 관련된 의사결정에 조금도 영향을 주지 않아야 옳다. 그러나 우리는 로봇이 아니라 인간이므로 언어, 제의, 기대치가 절대로 우리에게 영향을 주지 않는다고 말하기 어렵다. 이런 것들을 고려하면 실수로 이어진다고 단정하기는 어렵다. 특히나 이것이 보다 고양된 경험을 제공할 때는 더욱 그렇다. 우리가 어떤 와인에 (그 와인을 묘사하는 말, 그 와인을 마시는 장소의 환경 설정, 병의 생김새, 시음하는 제의 과정 등 때문에) 보다 많은 것을 기대한다면 우리는 그 와인에서 실제로 더 많은 것을 얻어내게 된다. 그렇다면 이런 일이 일어나도록 하는 게 잘못일까? 아니면, 이는 우리가 마땅히 대가를 지불해야 하는 추가된 가치일까?

언어와 제의 그리고 기대치가 어떤 특정한 가치에 반갑게 덧붙여지는 추가물이든 아니든 간에, 명백한 사실은 바로 우리가 그 추가된 가치를 덧붙일지 말지 결정하는 주체가 되어야 한다는 점이다. 바로 우리가, 보다 많은 가치를 얻기 위해서 비이성·비합리성의 물속으로 보다 깊이 잠수할지 말지 선택하는 사람이 돼야 한다. 언어나 제의 혹은 기대치가 우리를 강제로 떠밀게 내버려둬서는 안 된다는 말이다. 우리는 와인이 잔에 따라지는 방식에 따라 와인을 더 많이 즐길지, 혹은 언제 그렇게 할지 의식적으로 결정할 수 있다.

솔직히 말해 우리는 언어와 제의 그리고 기대치가 없는 세상, 즉 순전히 중립적인 감정 상태에서 뭔가를 경험하는 세상에서 살아가기를 바라는지 어떤지 확신하지 못한다. 아닌 게 아니라 그런 세상은 어쩐지 재미없어 보인다. 우리는 언어와 제의와 기대치라는 중요한 요소가 사용되는 방식을 우리 스스로 통제할 수 있기를 바랄 뿐이다.

사실 그건 간단하다. 상대성에서 기대치에 이르기까지 이제 당신은 돈에 대한 사고방식과 비합리적인 온갖 편견이 우리 생각에 영향을 미치는 방식을 잘 알고 있으므로, 이제는 지금까지 배운 교훈을 마음에 새기고 뭐든 돈과 관련된 의사결정을 하면 된다.

그런데 행동이 말처럼 그렇게 쉽지는 않다는 게 문제다. 사실 매우 어려워 보인다. 당신에게 어떤 상황에서 무엇을 해야 하는지 말해주는 대신 어째서 사람들이 돈과 관련해서 어리석은 의사결정을 내리는지를 보여주기로 우리 두 저자가 마음먹었던 이유도 바로 여기에 있다. 우선, 우리 저자들은 모든 상황에서 무엇이 올바른 선택인지 모른다. 그걸 아는 사람은 아무도 없다. 또한 우리는 당신에게 물고기를 잡아주고 싶지는 않다. 물고기 잡는 방법을 가르쳐줘서 나중에 혼자 힘으로 더 나은 방식으로 접근할 수 있기를 바랄 뿐이다. 지식과 정보만 한 보따리 던져주고는 잘해보라며 손 흔들며 돌아서는 이런 우리 모습이 어쩌면 무책임해 보일 수도 있다. 노도 없고 배도 없는 상황에서 헤엄을 쳐서 강을 건너야 한다고 말하는 것 같기도 하고, '우리에게는 희망이 없어!'라고 말하고는 껄껄 웃는 것 같기도 하다.

그러나 사실 우리 저자들은 '희망이 없다'고 생각하지는 않는다. 오히려 우리는 낙관적이다. 돈과 관련된 많은 실수를 극복하는 방법을 사람들이 이미 알고 있다고 우리는 믿는다.

전심전력을 다하기만 한다면 우리는 개인적으로나 집단적으로나 돈과 관련된 의사결정을 개선할 수 있다. 보통 어떤 것을 깨닫는 것이 첫 번째 단계인데, 우리는 이미 이 단계를 지났다. 그다음 단계는 이 인식을 효과적인 계획으로, 구체적인 세부 단계로 그리고 변화로 전환하는 것이다.

지금까지 바람직하지 않은 여러 행동을 살펴봤기 때문에, 이제 보다 나은 미래를 구축하는 데 도움이 될 여러 도구를 찾기 위해 우리 행동의 미묘한 차이를 면밀하게 살펴볼 차례다. 행동경제학이 제시하는 중요한 교훈 중 하나는, 자신이 살아가는 환경 속에서 만들어가는 아주 작은 변화가 중요하다는 것이다. 이 접근법의 맥락 속에서 인간의 나약함을 세부적이고 구체적으로 이해하는 것이야말로 일반적인 의사결정, 특히 돈과 관련된 의사결정을 하는 자신의 방식을 개선하는 최고의 첫걸음이라고 우리 저자들은 믿는다.

그럼 우선, 자신이 저지르는 가치평가의 실수 각각을 피하거나 바로잡거나 누그러뜨리기 위해 개인적으로 무엇을 할 수 있는지부터 고려해보자.

우리는 기회비용을 무시한다

모든 거래를 기회비용이라는 차원에서 생각해라. 지금 뭔가를 얻는 대가로 희생해야만 하는 것이 무엇인지 보다 명백하게 살펴라. 예를 들어 돈을 시간으로 변환해서 '내가 지금 이것을 사면서 지불하는 돈을 벌려면 몇 시간, 혹은 몇 달을 일해야 하는가?' 하는 식으로 생각할 수도 있다.

우리는 모든 것이 상대적임을 잊어버린다

어떤 세일 상품을 볼 때는 그 상품의 과거 가격이 얼마인지, 혹은 정가에 구입하는 경우에 비해 얼마나 절약을 할 수 있는지는 고려 대상으로 삼지 말아야 한다. 자신이 실제로 지출하는 돈이 얼마인지만 고려해야 한다. 정가 100달러짜리 셔츠를 할인받아서 60달러에 산다고 해서 '40달러를 절약'하는 것은 아니다. 그저 '60달러를 지출'할 뿐이다. 예를 들어 수전 이모는 이런 식으로 지출했지만 40달러의 돈을 실제로 자기 주머니에 넣은 적은 한 번도 없다. 오히려 하자품 셔츠를 입었을 뿐이다. 실제로 그 옷을 입은 건 수전 이모의 조카이긴 하지만…….

규모가 크고 복잡한 구매일 때는 그 지출을 세부적으로 쪼갠 다음 나눠서 바라보려고 노력할 수 있다. 여러 가지 선택사항이 딸려 있는 것을 살 때는(이를테면 집이나 자동차) 각각의 선택사항을 독립적인 것으로 분리해서 판단해야 한다는 말이다.

또한 백분율이라는 틀로 생각하지 않으려고 노력해야 한다. 어떤 자료가 백분율(예로 '관리 자산의 1퍼센트')로 제시될 때 그 백분율의 실제 금액이 얼마인지 따로 노력을 들여서 알아내야 한다. 주머니 속에 들어 있는 돈은 구체적이고 절대적인 형식으로 존재한다. 100달러면 100달러이다. 1,000달러 구매물의 10퍼센트이든 1만 달러 구매물의 1퍼센트이든 간에 모두 틱택 사탕 100갑으로 동일하다.

우리는 서로 연결된 것을 구분하고 격리한다

예산을 짜서 지출을 하는 게 유용할 수 있다. 그러나 돈은 얼마든지 대체 가능하다는 아주 단순한 원리를 기억해야 한다. 모든 1달러는 동일하다. 그 돈이 어디에서 나왔는지는 중요하지 않다. 일을 해서 번 돈이든 유산으로 받은 돈이든 복권에 당첨돼서 받은 돈이든 은행을 턴 돈이든 혹은 재즈 바에서 베이스기타 연주를 하는 부업으로 번 돈이든(우리 저자들은 감히 이런 부업을 해보고 싶다는 꿈을 갖고 있다) 간에 모든 돈은 자기에게 속하고, 장부상으로 따지자면 '나의 돈'이라는 전체 계정에 속한다. 만일 특정한 '유형'에 속하는 돈이 '보너스'나 '상금'이라는 계정에 속해 있다는 생각으로 그 돈을 물 쓰듯 쓴다면, 이제 잠시 동작을 멈추고 그 돈도 그냥 돈일 뿐이며 게다가 '나의 돈'이기도 하다는 사실을 상기할 필요가 있다.

이와 동시에, 자신의 지출을 범주화하기 위해 심리적 회계를 이용하는 것도 유용하다. 즉각적인 기회비용 계산을 끊임없이 거듭할 수 없다면 이것이 유용한 예산 도구가 될 수 있음을 기억해야 한다. 사실 이 방법은 모두에게 유용하다. 지출 방식의 비일관성을 조장할 수 있기 때문에 잠재적으로는 위험한 도구이지만, 유용하게 사용하기만 하면 우리가 바람직한 지출 행동의 범위 안에 머물 수 있도록 도와주기 때문이다.

우리는 고통을 회피한다

지불의 고통은 돈과 관련해서 우리가 맞닥뜨릴 수 있는 가장 까다롭고 또 가장 불길하기까지 한 속성이다. 그러나 지불의 고통을 어느 정도 유지하는 것은 어떤 것의 가치나 기회비용을 고려하는 데 도움이 된다. 지불의 고통은 어떤 상품을 구매하기 전에 과연 그 돈을 그 자리에서 그 상품에 지출하는 것이 정말 온당한 선택인지 생각하게 만드는 데, 즉 기회비용을 고려하게 만드는 데 도움이 된다.

그러나 문제는 지불 과정을 설계하는 사람들이, 의사결정을 늦추면서 대안을 생각하고자 하는 우리의 바람을 달갑게 여기지 않는다는 데 있다. 그렇기 때문에 지불의 고통과 관련된 의사결정의 가장 좋은 해결책은 '신용카드를 사용하지 않는 것'처럼 쉽고 단순한 것일 수 있다. 이보다 더 단순한 방법도 있는데, '돈을 지출할 때마다 자기 얼굴을 주먹으로 때려서 실제로 그 고통을 느끼는 것'이다. 그러나 이런 해결책은 지속가능한 계획은 아니다. 의료비가 더 많이 나올지도 모르니까 말이다.

현실적으로 볼 때 갑작스럽게 신용카드를 모두 잘라버리기도 어렵다. 그러나 우리는 기본적으로 최첨단 금융 기술들을 의심스러운 눈으로 바라봐야 한다. 특히 지불 과정에 시간과 주의력이 덜 들도록 해서 사람들이 보다 쉽게 자기 돈을 내어줄 수 있도록 설계된 기술들은 특히 더 경계해야 한다. 머지않아서 눈을 한 번 깜박하는 것만으로도 당신의 계정에서 돈이 빠져나가는 기술이 등장할 것이다. 부디 이 기술은 받아들이지 말기 바란다.

우리는 자기 자신을 믿는다

자기 자신을 믿는 것은(즉, 과거에 맞닥뜨렸던 가격에 대해 자신이 했던 판단과 선택과 대응을 믿는 것은) 통상적으로 바람직하게 여겨진다. 자기계발 분야의 전문가들은 당신에게 비싼 수강료를 받고서는 "스스로의 직감을 믿어라!" 하고 소리친다. 그러나 이는 좋은 생각이 아닌 경우가 많다. 지출과 관련된 문제에서는 특히 더 그렇다. 돈을 쓸 때 자기가 했던 과거의 의사결정을 믿으면 앵커링과 군중심리와 임의적 일관성이라는 문제가 나타날 수 있다. 그러므로 겉으로 보기에 '임의적인' 숫자들, 제조업체가 표시하는 권장소비자가격 그리고 제정신이 아닐 정도로 비싼 가격을 볼 때는 당연히 의심을 품어야 한다. 2,000달러짜리 신발이나 150달러짜리 샌드위치가 진열돼 있을 때는 두 번째로 비싼 신발이나 샌드위치, 혹은 샌드위치 대용으로 쓸 수도 있는 신발을 덥석 사지 않도록 주의해야 한다. 가장 비싼 그 가격과 비교하면 매우 싸다는 느낌이 들 텐데, 바로 그것이 함정이기 때문이다.

다른 사람이 책정한 가격에는 당연히 의심을 품어야 하지만, 자기 스스로 설정한 가격에도 의심을 품어야 한다. 어떤 것에 늘 똑같은 가격을 지불하는 것을 피해야 한다. 이를테면 라테 한 잔을 과거에 늘 4달러를 주고 샀다고 해서 어떤 상황에서든 무조건 4달러를 줘야 한다고 스스로 가격을 매기고는 그걸 지키려 하지 않아야 한다는 말이다. 가끔씩은 멈춰 서서 자기의 오랜 습관이 과연 옳은지 의문을 품어야 한다. 자기의 과거 지출 내역에서 교훈을 얻지 못한다면 잘못된 지출을 반복할 수밖에 없다. 라테 한 잔이 과연 4달러의 가치가 있는지, 케이블 방송의 수신료가 월 140달러의 가치가 있는지 혹은 헬스클럽 회원권이 러닝머신 위를 한 시간 동안 달리면서 휴대전화를 들여다보려고 주차 전쟁을 벌여야 할 만큼 가치 있는지 의문을 제기해야 한다.

우리는 자기가 가진 것의 가치를 과대평가한다

집을 자기 취향에 맞게 리모델링한다고 해서 이 집의 실질적인 판매 가격이 높아지리라고 믿어서는 안 된다. 자기 취향은 어디까지나 자기만의 취향일 뿐이라서 다른 사람들은 이를 다르게 바라볼 수도 있음을 알아야 한다. 집 리모델링은 멋진 일이긴 하지만 오로지 자기만 느끼는 집의 가치를 올려줄 뿐임을 명심해야 한다.

시험적인 서비스나 프로모션을 조심해야 한다. 마케팅 담당자들은 우리가 어떤 것을 일단 소유하고 나면 그 가치를 실제보다 높게 평가하며 좀처럼 포기하려 하지 않는다는 것을 잘 알고서 이런 심리를 이용하려 든다.

매몰비용은 어차피 회복할 수 없는 비용이다. 얼마의 돈이든 간에 일단 지출됐다면 그 돈은 이미 없는 돈이다. 과거는 과거일 뿐이다. 의사결정을 할 때는 현재 자기가 어디에 있는지 그리고 미래에는 어디에 있을지만 고려해야 한다. 매몰비용이 미래의 의사결정에 당연히 영향을 줘야 한다고 생각할 수 있지만, 그럴 일은 전혀 없다. 애니메이션 〈겨울왕국〉이 거느린 수백만 명의 네 살짜리 꼬마 팬들이 지난 여러 해 동안 자기 엄마 아빠의 얼굴에다 대고 외쳐댔던 "렛 잇 고!Let it go!"(이 영화 주제곡의 제목이자 가사, '그냥 그대로 내버려두라'는 뜻 - 옮긴이)라는 말을 되뇔 필요가 있다.

우리는 공정함과 노력에 대해서 염려한다

인생의 어떤 시점에 우리 모두가 배우는 아주 단순한 교훈이 하나 있다. 다섯 살짜리 어린이가 다른 아이 때문에 그네에서 떠밀려 쫓겨나면서 배울 수도 있고 서른다섯 살 청년이 승진에서 누락되면서 배울 수도 있는 이 교훈은 바로, 미안하게도 세상은 공정하지 않다는 사실이다.

어떤 것의 가격이 공정하게 책정됐는지 어떤지 따지는 일에 휘말리지 마라. 그 대신 자신에게 가치 있는 것이 무엇인지 생각하라. 자기 생각에 공정하지 않은 가격을 제시하는 사람을 응징하겠다는 이유 하나로 훨씬 더 소중한 가치(예를 들어, 잠겨 있는 집 안으로 들어가는 일이나 고장 난 컴퓨터를 고치는 일이나 혹은 추운 겨울날에 자동차를 얻어 타는 일)를 포기하지 마라. 그런다고 해서 그가 교훈을 얻지는 않을 것이고, 당신은 눈보라가 몰아치는 거리를 걷거나 고장 난 컴퓨터 때문에 꼭 해야 할 일을 못하게 된다.

우리는 또한 어떤 가격이 공정한지 어떤지에 대해 그리고 어떤 일에 많은 노력이 투입됐는지 어떤지에 대해 잘못 생각할 수 있다. 그러니 지식과 경험에도 가치가 있음을 깨달아야 한다. 열쇠 수리공, 화가, 돈에 관한 책을 쓰는 저술가 등이 하는 일의 가치는 그 순간 그 일에 들어간 시간이나 노력이 아니라 그들이 평생에 걸쳐 그 기술과 경험을 연마하는 데 들인 시간과 노력에서 나온다. 정말 솜씨 좋은 장인은 전혀 힘들이지 않고 자기 일을 해내는 기술을 오랜 세월에 걸쳐 완성했다. 전혀 힘들어 보이지 않는 일도 겉으로만 그럴 뿐, 실제로는 그렇지 않다. 피카소의 그림에서부터 육아에 이르기까지 가장 어려운 일도 때로는 실제보다 훨씬 더 쉽게 보이기도 한다.

그러나 성과물을 내지 못하는 헛된 노력의 함정에 빠지지 않도록 조심해야 한다. 도가 지나칠 정도의 투명성을 경계해야 한다. 만일 어떤 컨설턴트가 실제로 의미 있는 결과물은 내놓지 못했으면서 지금까지 자기가 힘들게 노력한 사실만 매우 꼼꼼하고 장황하게 늘어놓는다면, 이 사람에게 주기로 한 10만 달러의 수수료를 다시 생각해보는 게 좋다. 만일 어떤 웹페이지에 진행 표시줄만 달랑 하나 있고 '지금 결제하기' 버튼만 있다면, 다른 곳을 찾아보는 게 좋다. 만일 배우자가 설거지를 하거나 빨래를 하면서 뭐라고 툴툴거리고 울부짖다가 고함을 지르고 땅이 꺼져라 한숨을 쉰다면, 아무 말 하지 말고 발 마사지를 해주는 게 좋을 것이다. 안전하고 싶다면 말이다.

우리는 언어와 제의의 마법을 믿는다

20세기의 위대한 철학자이자 힙합 그룹인 퍼블릭 에너미Public Enemy는 〈과대광고를 믿지 마Don't Believe the Hype〉라는 노래로 이를 가장 잘 표현해냈다. 만일 어떤 것에 대한 묘사나 그것을 소비하는 과정이 잔뜩 부풀려졌다면 우리는 그 묘사나 과정이 실제 가치를 조금도 보태주지 않음에도 그에 대한 대가로 돈을 지불한다.

노력과 관련된 타당성 없는 어림짐작을 경계해야 한다. '장인의 손길' 어쩌고저쩌고 하는 것에 돈을 지불해야 하는 이유는 거의 없다.

또한 동시에, 언어와 제의가 우리 경험의 질을 바꿔놓을 수 있으므로 필요하다면 이것들을 포용해서 경험의 질을 높여야 한다는 것도 기억해라.

우리는 기대치를 과대평가한다

기대치는 사람들에게 어떤 것이 좋을(혹은 나쁠 / 맛있을 / 역겨울) 것이라고 믿게 만드는 근거를 제공하며, 대상 자체의 진정한 특성을 바꾸지 않고서도 인지와 경험을 바꿔놓는다. 그러므로 우리는 기대치의 원천을 의식하고 있어야 한다. 그것이 꿈과 열망의 즐거움인지 아니면 브랜드 이름과 편견과 그럴듯한 포장의 타당하지 않은 유혹인지 가려서 생각해야 한다. 이를 많은 위대한 철학자와 삼류 그래픽 디자이너들이 했던 말로 달리 표현하면 다음과 같다.

"표지만 보고서 책을 판단하지 마라."

언어나 제의와 마찬가지로 기대치 역시 경험을 실질적으로 바꿔놓을 수 있음을 우리 저자들은 다시 한 번 더 인정하고자 한다. 우리는 이런 기대치를 자신에게 유리하게 활용할 수도 있고, 혹은 누군가가 우리를 속이는 데 이것을 동원할 수도 있다.

어떤 사람이 와인을 한 병 샀다고 치자. 그러면 그는 그 와인의 가치가 자신이 지불한 20달러보다 많다고 믿도록 스스로를 세뇌하고 싶을 것이다. 이 와인을 멋진 유리잔에 따라서 냄새를 맡기도 하고 빙빙 돌리는 행동이 보다 나은 경험을 만들어준다는 것을 알기 때문에 우리는 일부러 그렇게 할 수 있다. 이것이 바로 기대치를 활용하는 방법이다.

그런데 원하지 않는 상황이 일어날 수도 있다. 예를 들어서, 와인을 사는데 누군가 달콤한 말로 우리를 속이는 바람에 정당한 가격보다 20달러를 더 지불하게 되는 상황이다. 소믈리에가 그 와인이 생산된 지역이 어디고 생산된 연도가 언제이며 또 탄닌이 어떻고 그 와인이 무슨 상을 받았으며 평론가들의 평가 내용이 어떻고 하는 이야기를 해주면, 우리는 그 와인의 가치가 우리가 지불하는 가격보다 훨씬 더 크다고 믿는다. 이는 기대치를 이용해 다른 사람이 우리를 속이는 것이다.

그렇다면 실체는 무엇일까? 로봇이 시음할 때처럼 객관적인 와인의 맛이 실체일까, 아니면 와인의 맛은 사람이 갖는 기대치를 포함해서 모든 심리적 요소까지 포함할까? 사실은 둘 다 맞는 말이고 둘 다 실체이다. 동일한 와인이 담긴 병이 있다고 치자. 그런데 병 모양과 색깔과 라벨과 추천 내용이 다르다. 이럴 때 우리의 기대치는 이 두 병의 와인 맛을 전혀 다르게 경험하도록 만든다. 물론 눈을 감고 시음해보면 (혹은 로봇에게 시음을 시키면) 두 와인의 맛은 동일하다.

그러나 사람은 눈을 감고 있는 로봇처럼 인생을 살지 않는다(사실 우리는 인공지능과 신경과학 분야에서 일어나는 모든 일을 다 알지는 못한다. 설령 안다고 해도 사람들은 대부분 인간적인 면모를 떨쳐내지 못한다). 그러므로 기대치 덕분에 우리가 와인에서 느끼는 기쁨이 실제 객관적으로 더 커질 수 있다는 사실을 평가절하해서는 안 된다. 이 역시 현실에서 일어나는 엄연한 실체니까 말이다.

남이 나를 조작하는 것과 나 스스로 조작하는 것 사이의 선택이다. 우리는 자기 의사와 다르게 무의식적으로 남에게 조작되고 세뇌되기를 원치 않는다. 그렇지만 자신이 원해서 그렇게 되는 것은 괜찮고 상관하지 않는다. 싱크대 앞에 혼자 우두커니 서서 한 끼 식사를 해본 사람이라면 누구든, 똑같은 음식이라도 그렇게 먹을 때보다 식탁에 앉아서 좋은 분위기에 흠뻑 젖은 상태에서 먹는 게 훨씬 더 기분이 좋다는 걸 잘 안다.

우리는 돈을 지나치게 강조한다

어떤 것에 붙은 가격은 그것의 가치를 표시하는 여러 속성 가운데 단지 하나일 뿐이다. 가격이 쉽게 이해할 수 있는 유일한 속성일 수는 있지만, 그렇다고 해서 유일하게 중요한 속성은 아니다. 비록 측정하기 어렵다 해도 다른 기준을 사용해보라. 우리 모두는 불확실성의 거친 바다 위에 둥둥 떠다니고 있다. 이 바다에서 구조되려면 당신이 지금 붙잡고 있는 것, 즉 자기 아닌 다른 누군가가 갖고 있는 가치에 대한 생각(즉 가격)을 놓아버려야 한다. 가격은 단지 숫자일 뿐이며, 비록 그것이 의사결정 과정에서 강력한 변수가 될 수는 있겠지만 모든 것을 결정하지는 않으며 또 그렇게 하게 내버려둬서도 안 된다.

종합하자면

어떤 것의 가치에 대해 특별한 정보나 의견이 없다면 여기저기 알아보고 연구를 해야 한다. 인터넷을 뒤질 수도 있고 조사를 할 수도 있고 주변 사람들에게 물어볼 수도 있다. 인터넷 덕분에 요즘에는 방대한 정보를 얼마든지 접할 수 있으므로 스스로를 지식으로 무장시키지 않을 이유가 전혀 없다. 자기가 사먹을 껌의 가격을 조사하려고 한 주를 몽땅 소비할 필요까지야 없지만, 자동차를 사려 할 때는 적어도 몇 자동차 판매 대리점에서는 판매자와 구매자 사이에 특이할 정도로 정보 불균형이 나타난다. 판매자는 매우 많은 것을 알고 있는데 구매자는 아는 게 별로 없다는 말이다. 자동차 영업사원은 흔히 이 정보량 차이를 자신에게 유리하게 이용하는데, 특히 특정한 고객층을 봉으로 삼는 경향이 있다. 그 고객층은 바로 여성과 소수집단이다.

그렇기 때문에 자동차 판매 대리점에 가기 전에 인터넷으로 필요한 정보를 확인하면 다른 사람들에 비해 조금이라도 더 이득을 볼 수 있다. 그런데 어떤 고객층이 이렇게 정보로 무장함으로써 보다 많은 이득을 얻을 수 있을까? 바로 봉 노릇을 톡톡히 하는 그 고객층인 여성과 소수집단이다.

자동차 판매 대리점에는 특히나 교묘하고 음흉한 상술의 장치가 많이 작동하고 있다. 돈과 관련된 함정도 많고 문화적 편견도 많다. 하지만 여기에 적용할 수 있는 교훈은 매우 일반적이다. 즉, 상대방보다 아는 게 적고 따라서 상대방보다 불리할 수밖에 없는 상황에 맞닥뜨릴 때마다(어떤 신념을 가진 사람이든 인생을 살면서 흔히 이런 상황을 마주친다), 공부를 해서 아는 것의 양을 한층 더 늘려야 한다.[1]

시간 혹은 단 몇 분만이라도 정보를 뒤져봐야 하지 않을까?

사람들은 자기가 정보를 갖추고 있기를 원한다. 자신이 살 수도 있는 제품이나 서비스에 대한 정보뿐만 아니라 자기 자신과 자기가 가진 편견 그리고 돈 문제와 관련해서 자신이 저지르는 실수에 관한 정보를 말이다.

15

공짜도 가격이다

공짜도 가격임을 명심해라. 공짜는 사람들의 주의력을 불균형적으로
사로잡는 가격이다.

속담도 있지 않은가.

"세상에 공짜 도움말 같은 건 없다."

그렇다, 이 15장은 출판사에 한 페이지라는 비용을 발생시킨다.

16

미래를 위해 자제력을 발휘하라

자제력은 돈에 대한 관념을 바로잡고자 할 때 특별히 주의해야 하는 문제다. 돈 문제와 관련된 의사결정과 자신 사이에 놓인 수많은 내부적·외부적 장애물을 말끔하게 관리한다 해도, 자제력이 부족하면 마지막 결승선을 통과하기 전에 넘어질 수 있다. 가치를 올바르게 판단할 수 있다고 해도, 자제력이 없다면 결국 잘못된 선택을 하고 만다는 뜻이다.

자제력 부족은 미래의 가치를 실제보다 낮게 평가하기 때문에(미래에 감정적으로 밀착해 있지 않기 때문에 그렇다) 또 의지력이 약해서 현재의 유혹을 이기지 못하기 때문에 나타남을 명심해라. 그렇다면, 어떻게 자제력을 키울 수 있을까? 미래와의 연결성을 강화하고 유혹에 저항하면 된다. 말은 쉽지만 실천하기는 어려운 과제다.

미래로 돌아가라

사람들은 미래의 자아를 자기와 동떨어진 존재로 생각하기 때문에 미래를 위한 저축을 자신이 아닌 낯선 이에게 돈을 주는 행위쯤으로 여긴다.[1] 이 문제에 대한 처방은 미래 자아와의 연결성을 강화하는 것이다.

할 허시필드Hal Hershfield는 인간이 갖고 있는 이 결점을 극복할 온갖 방법을 연구하고 있다. 이 연구를 통해서 그가 얻은 결론은 강력한 발상 하나로 요약할 수 있다. 간단한 도구를 이용해서 미래의 자아를 보다 생생하고 구체적으로 또 친근하게 상상하라는 것이다.[2] 예를 들어 현재의 자기보다 나이를 더 많이 먹은 자아와 대화를 할 수도 있다. 혹은 미래의 자아에게 편지를 쓸 수도 있다. 또한 65세, 70세, 95세, 100세가 됐을 때 자신이 구체적으로 필요로 하는 것, 바라는 것, 커다란 기쁨을 느끼는 것, 가장 후회하는 것이 무엇일지 생각해볼 수도 있다.

미래의 자아와 대화하기는 자신의 생각을 바꾸고 현재의 유혹에 저항하려는 보다 강력한 의지를 구축하는 방향으로 한 걸음 내딛는 것이다. "이런 빌어먹을! 젊은 나는 저축을 하지 않았어. 그래서 내가 지금 이 추운 날씨에 길거리에서 신문지를 덮고 자야 하잖아!" 하는 식으로 부정적인 말싸움을 할 필요는 없다. 긍정적이고 도움이 되는 대화여야 하고, 또 얼마든지 그럴 수 있다. 미래의 내가 사용할 수 있도록 멋진 호텔에 숙박비를 미리 지불하는 방법도 생각해보라. 이 호텔에 체크인을 할 때 숙박비가 이미 계산됐다는 말을 들을 것이다. 그러면 늙은 나는 젊은 나에게 이렇게 말할 것이다.

"이보게, 젊은 나, 자네 정말 멋지군, 내가 이 멋진 호텔에 숙박할 수 있도록 배려를 해주다니 말이야, 아주 좋아!"

그럼 여기서 한 걸음 더 나아가, 미래의 자아를 위해 호텔 숙박비를 미리 내주는 대신 50만 달러를 퇴직연금에 넣어둔다면 어떨지도 상상할 수 있지 않을까?

자기와의 대화를 시작할 수도 있지만, 또한 우리는 미래의 자아와 감정적으로 친숙해지는 데 도움이 되는 시스템도 마련해야 한다. 미래의 자아를 보다 구체적이고 생생하게 만들수록 그 자아에 그만큼 더 친숙해지며, 따라서 우리는 미래의 자아가 갖게 될 관심사에 더 많이 관심을 기울이고 또 그를 위해 조치를 취하게 될 것이다.

사람들이 미래의 자아와 더욱 친숙해지는 한 가지 방법이 있다. 바로 미래의 자아와 관련된 가장 중요한 의사결정을 하는 공간, 즉 회사의 인사부 사무실을 바꾸는 것이다. 흔히 퇴직연금과 관련된 의사결정을 가장 많이 하는 이 사무실을 병원 진료실이나 양로원처럼 꾸미면 어떨까? 혹은 이보다 더 좋은 방법으로 양로원 내 진료실처럼 꾸밀 수도 있다. 사탕을 담아놓은 그릇, 충격 흡수 지팡이, '우리 할아버지가 최고!'라는 문구가 새겨진 머그컵 그리고 사람들에게 노년 및 장기적인 차원의 사고방식을 상기시키는 온갖 소품이 놓여 있는……. 물론 전 세계에 점점 더 늘어나고 있는 수백만 명의 자영업자들로서는 이렇게 하기가 분명 어려울 것이다. 그러나 은퇴 및 노후자금 계획과 관련된 의사결정을 내려야 할 시점에 자기 집 식탁을 인사부 사무실의 책상처럼 꾸미는 일쯤은 얼마든지 할 수 있을 것이다.

한 연구 결과에 따르면, 일정한 시간의 흐름이 아니라 달력의 특정한 날짜를 지정할 때 사람들은 미래의 자신을 보다 구체적으로 받아들인다. '20년 뒤'가 아니라 '2037년 10월 18일'이라고 할 때 은퇴 이후를 대비하는 저축을 더 많이 하게 된다는 말이다. 이 같은 아주 간단한 변화만으로도 미래를 한층 더 생생하고 구체적이며 실제적이고 친숙하게 만들 수 있다.[3] 이는 연금적금을 담당하는 인사부 직원이나 재무 상담사들이 사람들에게 저축을 많이 하라고 권장할 때 더 높은 효과를 거둘 수 있는 손쉬운 방법이기도 하다.

우리는 또한 현재의 자아를 미래의 자아와 실질적으로 (그리고 소름이 오싹 돋도록) 연결해주는 기술을 사용할 수도 있다. 컴퓨터로 생성된 늙은 자아와 대면할 때 사람들은 더 많은 돈을 저축한다.[4] 이때 우리는 미래의 늙은 자아와 연결된다. 그리고 연민의 감정을 느끼며 그 사람의 생활을 조금이라도 더 편안하게 만들어주고자 하는 마음이 생긴다. 타인을 향한 이타주의에서 비롯된 감정이든 이기적인 발상에서 비롯된 감정이든 상관없다. 어차피 결과는 동일하기 때문이다. '미래의 나'인 이 사람에게 보살핌이 필요하다는 각성이라는 결과 말이다.

이러한 발상이 공상과학 영화 속의 일처럼 보일 수도 있지만, 그 효과가 매우 강력하다는 것은 분명하다. 미래의 늙은 자아와 가상의 대화를 나누는 게 아니라 실제로 가까이에서 얼굴을 보며 대화를 나눌 수 있기 때문이다. 미래의 자아를 만나면 복권번호나 슈퍼볼 스코어를 물어볼 수도 있겠지만, 설령 그 질문에 미래의 자아가 대답해주지 못한다 해도, 적어도 자기 두 눈으로 생생하게 바라보는 이 늙은 사람을 위해 보다 많은 돈을 저축해야겠다는 마음은 분명 들 것이다. 그런 다음 당신 자신을 바라보라. 어쩌면 당신 역시 보다 건강에 좋은 음식을 먹고 싶어질 것이고 그동안 소홀히 했던 운동도 하게 될 것이다. 보습제도 듬뿍 바르게 될 테고…….

그런데 바쁘기도 하고 돈도 아껴야 하는 대부분의 사람으로서는 가상현실 여행을 쉽게 할 수가 없다. 그렇다면 미래의 자아를 만난다는 이 발상을 어떻게 보편적인 방식으로 실현할 수 있을까? 방법은 얼마든지 있다. 급여명세서나 신용카드에 늙은 모습으로 바뀐 자기 사진을 붙여둘 수도 있다. 혹은 바라는 일과 미래에 대한 감정에 보다 가깝게 다가서기 위해, 완벽한 어느 미래에 우리가 하고 있을 수도 있는 멋진 일을 실행하는 늙은 자아의 사진(하이킹, 휴가여행, 손자들과의 즐거운 놀이, 올림픽 금메달 획득, 대통령 연설 그리고 우주왕복선 탑승 등의 사진)을 사용할 수도 있다.

스스로를 묶는 법

돈과 관련된 의사결정을 할 때, 우리는 현재와 미래의 자아가 우리의 장기적인 이익에 더 부합하는 행동을 하도록 온갖 방법을 시도할 수 있다. 구속력 있는 자제력 협약을 이용하는 것이 하나의 해결책이 될 수 있다. 이른바 '**율리시즈 약정**Ulysses contracts'이다.

율리시즈와 사이렌Siren 이야기는 다들 알고 있을 것이다. 율리시즈는 사이렌이 자기 이름을 부르면 자기가 그 목소리에 홀리고 결국 자신과 부하들이 바닷물에 수장되고 말 것임을 잘 알았다. 사이렌의 유혹 앞에서 자제력을 유지할 수 없을 것임을 잘 알았던 것이다. 사이렌의 목소리를 듣고 싶긴 했지만, 아무리 해도 그 유혹의 목소리에 저항할 수 없다는 걸 알았기에 율리시즈는 부하들에게 자신을 돛대에 묶으라고 명령했다. 이렇게 하면 사이렌의 목소리는 들을 수 있지만 그 목소리에 홀려서 바다에 몸을 던지는 행동은 못할 테니 말이다. 그리고 부하들에게는 귀를 밀랍으로 막으라고 명령했다. 부하들이 사이렌의 유혹에 빠지지 않게 하고 또 돛대에서 풀어달라고 할 수도 있는 자기의 명령을 듣지 못하게 하기 위해서였다. 이 계획이 통했다. 율리시즈와 부하들과 배는 무사히 죽음의 바다를 건넜다(그리스 신화에서 사이렌이 노래를 부르면 근처를 지나는 뱃사람들이 정신을 잃고 배가 좌초되면서 목숨을 잃었다 - 옮긴이).

율리시즈 약정은 미래의 유혹에 장벽으로 작용할 일종의 협약이다. 자신의 자유로운 의지를 박탈해서 스스로에게 어떤 선택권도 주지 않는 것이다. 불행하게도 율리시즈 약정에 멋진 음악은 거의 동반되지 않지만, 다른 한편으로 보자면 우리가 탄 배가 암초를 들이받는 일도 거의 없다.

율리시즈 약정을 따른다는 것은 신용카드의 한도를 미리 조정한다거나 선불카드만 사용한다거나 혹은 모든 종류의 카드를 폐기하고 오로지 현금만 사용한다는 뜻이다. 또 율리시즈와는 전혀 어울리지 않는 이름의 401(k) 퇴직연금에 가입하는 것도 여기 포함된다.

401(k) 퇴직연금이라는 율리시즈 약정은 비이성적이지만 매우 효과적인 전략이다. 장기저축에서 가장 이성적인 접근법은 월말까지 기다렸다가 그때까지 청구된 금액과 그 밖의 여러 가지 비용을 살핀 다음 얼마를 저축하면 별다른 어려움을 겪지 않고 봉급을 받는 다음 달까지 살 수 있을지 판단하는 것이다. 하지만 이 월말 전략을 따를 때 어떤 일이 일어날지 우리는 이미 잘 알고 있다. 오토바이를 타는 취미가 있고 작업실에 틀어박혀서 시간을 보내는 롭 맨스필드가 그랬던 것처럼 저축을 절대로 하지 않게 된다. 그렇기 때문에 비이성적인 전략을 선택해야 한다. 즉, 다음 달에 얼마를 지출하게 될지 혹은 얼마나 많은 돈을 갖고 있어야 할지 전혀 모르지만 일정 금액을 무조건 떼서 미리 저축부터 해야 한다. 이럴 때는 적어도 자신의 자제력이 무너지고 말 것을 인정하고, 매달 우리가 원하는 결정을 하는 데 도움이 되는 행동을 취할 테니 말이다. 401(k) 퇴직연금은 (이와 비슷한 다른 도구들도 마찬가지지만) 확실히 이상적인 전략이 아니긴 하지만, 그래도 아무것도 하지 않는 것보다는 낫다. 중요한 사실은 이 접근법이 단 한 번의 의사결정에 의존하며 효과가 장기적으로 이어진다는 것이다. 1년에 열두 번이 아니라 딱 한 번만 유혹을 이기면 된다. 하나의 시련만도 극복하기 벅차다. 그러니 열두 번씩이나 극복하기란 두말할 것도 없이 매우 힘들다. 유혹을 줄이는 것이 보다 나은 의사결정을 내리는 좋은 방법이다. 설령 그것이 텔레비전의 리얼리티 프로그램을 만드는

데는 썩 좋은 방법이 아니긴 해도 말이다(제프가 '오버랜드파크의 검소한 주부들과 이성적인 남편들'이라는 아이디어를 내놨지만, 방송국들은 이 아이디어에 퇴짜를 놨다).

퇴직연금에 자동으로 가입하게 만드는 방법도 고려해볼 수 있다. 가입 상태에서 해지하려면 따로 작정을 하고 추가적인 행동을 취해야 하므로 이 역시 현명한 접근법이다. 이렇게 하면 현재의 유혹 및 여러 가지 필요성이 손을 벌리고 있는 상황에서 매달 미래를 위해서 저축을 하겠다는 의사결정을 하지 않아도 될 뿐만 아니라 단 한 차례 서명을 하고 가입하는 절차, 즉 또 하나의 장애물이 될 수 있는 과정을 거치지 않아도 된다.

퇴직연금 계획에 자동으로 가입된다면 타성과 게으름이 오히려 당사자에게 유리하게 작용한다. 기왕 가입된 퇴직연금을 해지하려면 따로 노력을 들여 이런저런 장애물을 넘어야 하기 때문이다. 논리적으로만 보자면 저축에 대한 의사결정은 단지 저축에 대한 의사결정일 뿐이며, 또 가입이나 해지라는 두 가지 절차는 서명을 포함해서 거의 동일하지만 자동가입이 아니라 가입을 하기 위해 따로 추가적인 노력을 들여야 한다면 이런 과정 자체가 저축을 실질적으로 가로막는 하나의 장벽이 되고 만다. 자동가입이라는 이 발상은 통상적인 경제적 발상과는 배치되지만(즉, 늘 수정·보완된 정보를 갖고 합리적인 의사결정을 하는 것이 마땅하고 또 얼마든지 그렇게 할 수 있지만), 늘 이랬다 저랬다 할 수밖에 없는 지나치게 인간적인 행동을 전제로 한다면 오히려 올바른 방식이다.

롭이 20대 시절 회사에서 직원으로 일할 때 회사는 그에게 연금저축에 가입하라고 적극적으로 권유했지만 롭은 그에 따르지 않았다. 그러나 만일 자동으로 연금저축에 가입하게 되어 있었다면 어땠을까? 아마도 그는 굳이 따로 수고를 들여서 해지를 하지는 않았을 것이다. 자동가입이라는 조건이었다면 그의 인간적인 게으름과 타성에 힘입어서 그의 장기 저축액은 현재 엄청난 규모로 불어나 있을 것이다.

은퇴자금이나 학자금 혹은 보건 관련 자금 등을 마련하기 위한 이런 유형의 자동저축 계획은, (지불의 고통이나 융통성 있는 심리적 회계처럼) 자동적인 지출(자동이체)을 보편적인 것으로 만들어버리는 심리적인 함정을 당사자에게 유리한 방향으로 이용한다. 자동적인 저축 대 자동적인 지출, 이 중 어느 것이 더 나은 선택인지는 우리 모두가 안다. 그렇지만 개인의 선택에만 맡겨두면 사람들이 언제나 더 나은 선택을 하지는 않는다.

율리시즈 약정을 저축에 적용하면 정말 효과가 크다. 나바 아슈라프Nava Ashraf와 딘 카란Dean Karlan 그리고 웨슬리 인Wesley Yin은 자기 계좌에서 저축액이 자동으로 빠져나가도록 설정한 피실험자 집단의 저축액이 1년 만에 81퍼센트나 늘어나더라는 사실을 확인했다.[5]

또 다른 연구에서는 미래에 발생하는 봉급 인상분의 일부를 자동으로 따로 떼놓는 실험을 했다. 즉, 피실험자들에게 미래의 봉급 인상분 가운데 일부를 자동으로 떼서 저축하겠다는 동의를 받아낸 것이다. 그들의 현재 수입은 전혀 영향을 받지 않았고, 나중에는 봉급 인상분까지 계속 받았다. 비록 그 조치에 동의함에 따라서 봉급 인상분이 아주 조금 줄어들긴 했지만 말이다. 이런 조치 역시 저축액을 늘리는 데 효과가 있었다. 이는 우리 인간이 갖고 있는 심리적인 결점(이 경우에는 현상 유지 편향status quo bias 그리고 아무것도 바꾸지 않겠다는 바람)을 이용해서 자제력 부족이라는 또 다른 결점을 극복하는 하나의 위대한 사례이다.[6]

귀표 찍기earmarking(약정하기, 어떤 금액을 어떤 용도로 쓰겠다고 미리 표시해두는 것 – 옮긴이)는 저축을 하기로 미리 다짐하고 저축 계획을 꾸준하게 지켜나갈 수 있도록 해주는 방법이다. 귀표 찍기가 주도적이고 목적의식적인 의사결정(이는 앞에서 살펴봤던 것처럼 여러 가지 문제를 일으키는 조건반사적인 선택과 반대되는 것이다)일 때 이는 당사자에게 유리하게 작용할 수 있다. 귀표 찍기는 저축을 하겠다고 귀표를 찍은 돈을 저축 이외의 다른 용도로, 특히 애초에 계획하지 않았던 곳에 쓰지 않도록 막아준다. 귀표를 찍는 방법은 다양하다. 급여명세서에 아예 시각적으로 표시할 수도 있고, 혹은 5장에서 언급했던 것처럼 별도의 계정에다 돈을 따로 넣을 수도 있고, 혹은 한 주에 한 번씩 그 주에 쓸 수 있는 돈을 별도의 선불카드에 넣을 수도 있다.$ 이렇게 하면 자신이 세운 규칙을 상기하게 되고, 또 스스로를 '책임지는accountable' 상태로 유지할 수 있다. 말장난 한번 해본 거니까 재미없더라도 화는 내지

$ 한 주 치 재량 지출금을 일주일에 한 번씩, 월요일 혹은 금요일에 선불카드에 넣고 쓴다면 어느 요일에 넣는 것이 더 유리할까? 정답은 월요일이다. 이유는? 금요일에 입금하면 주말에 주머니가 두둑하다고 느낀다. 그래서 돌아오는 수요일이나 목요일에 돈을 써야 할 일에 별로 신경을 쓰지 않고 주말에 돈을 많이 써버릴 가능성이 높다. 그러나 월요일에 입금하면 출퇴근과 규칙적인 식사 등 정해진 일정과 규칙에 맞게 지출하면서, 주말에 보다 많은 돈을 쓰기 위해 계획을 철저하게 세우고 절약할 것이다. 봉급을 받는 날짜에도 마찬가지 논리를 적용할 수 있다.

말 것!('account'라는 단어에는 '계좌'라는 뜻이 있는데 여기에 '~able'이 붙어서 '책임을 지는'이라는 뜻이 된다 - 옮긴이)

우리는 또한 자연의 가장 위대한 도구인 죄의식 같은 것을 이용해 자기 자신을 심리적으로 조작할 수 있다. 딜립 소먼Dilip Soman과 아마르 치마Amar Cheema는 연구를 통해 자기 아이들의 이름을 귀표로 붙인 돈은 사람들이 허투루 쓰지 않는다는 사실을 확인했다.[7] 그랬다, 현금이 가득 든 봉투에 자기 아들이나 딸의 이름을 적어놓았을 때는 그렇지 않은 경우에 비해 지출은 보다 적게 하고 저축은 보다 많이 했다. 정말 고약하고도 잔인하긴 하지만 솔직히 말해서 정말 효과적이다. 아이들이 정말 '끝내주게 좋은' 일을 하는 셈이다.

돈과 관련해서 궁극적인 형태의 율리시즈 약정을 생각해볼 수도 있다. 율리시즈는 자기를 돛대에 묶었다. 우리도 이렇게 스스로를 묶어둘 수 있지 않을까? 채찍을 휘두르는 무서운 지배자 여성을 로고로 사용하는 엄격한 규율의 은행을 만들어서 이 은행에 우리를 묶어두면 어떨까? 이 은행은 돈 문제에 관한 모든 의사결정 권한을 고객에게서 박탈한다. 고객에게 날아드는 모든 청구서는 은행이 다 알아서 지불하고, 고객은 한 주에 한 번씩 생활비만 은행으로부터 받는다. 그 생활비도 엄격하게 제한된 것이라서, 자기가 하고 싶은 것을 뭐든 다 할 수 있는 것도 아니다. 특정된 용도로만 사용해야 한다. 그러다가 고객이 이러저러하게 규칙을 바꾸면 좋겠다고 하면 은행이 규칙을 바꿔줄 수는 있다. 그런데 만일 미리 합의한 규칙을 고객이 어기면 처벌을 받는다. 착하게 규칙을 지키지 않았고 고분고분하게 말을 듣지 않았기 때문에 처벌은 당연하다. 이런 멋진 발상을 앞서 제시했던 아이디어와 합치면 안 될 이유가 있을까? 컴퓨터로 만들어낸 미래의 늙은 자아에게 채찍을 휘두르는 여성의 그림을 은행 로고로 쓰면 안 될 이유가 있을까?

물론 우리 저자들이 실제로 이런 은행을 바란다는 뜻은 아니다. 은행의 로고야 어떻든 상관없다. 하지만 돈 걱정을 하면서 모든 시간을 보낼 필요 없이 인생을 보다 즐길 수 있다면 얼마나 좋을까? 자기가 해야 하는 의사결정과 책임의 대부분을 시스템에 넘기고 이 시스템이 우리 대신 돈 관리를 해준다면 어떨까? 인생을 조금이라도 더 많이 즐기게 되지 않을까? 비록 자유는 덜 누리겠지만 걱정은 많이 줄어들 것이다. 우리 두 저자의 생각은 이렇다. 그러나 확신하는 것은 아니다. 그러니 이 가설을 검증하는 차원에서 당신이 가진 모든 돈을 우리에게 송금하기 바란다. 이럴 때 어떤 변화가 일어나는지 살펴보고 싶다 (물론 농담이다. 그러니 당신이 가진 모든 돈을 우리에게 보내지 마라).

율리시즈 약정이 인생의 거의 모든 분야에서 일어나는 유혹을 회피하는 데 매우 유용한 도구임이 분명하다는 사실을 강조하고 싶다. 댄이 가르치는 학부생들이 댄에게 말하기를, 자기들은 시험기간인 한 주동안 자신의 컴퓨터를 친구에게 맡기고는 시험이 끝나기 전에는 자신이 페이스북에 접속하지 못하도록 페이스북 비밀번호를 바꿔달라고 부탁한다고 한다. 댄의 MBA 과정에서 공부하는 여학생 중 몇몇은 너무 먼 곳까지 데이트를 하러 가고 싶지 않을 때는 그다지 아름답지 않은 속옷을 입는다고 한다. 아니면 문자 그대로의 율리시즈 약정을 고안할 수도 있지 않을까. 유혹에 굴복할 때마다 호메로스Homeros의 《오디세이Odyssey》를, 그것도 그리스어 원문으로 읽어야 한다는 약정 말이다.

대체보상, 자기를 대접하는 방식

———

자제력과 관련된 문제를 극복하기 위한 또 다른 방법이 있다. 바로 '대체보상reward substitution'을 동원하는 것이다. 우리는 미래에 주어질 보상(마시멜로 두 개, 혹은 초콜릿이 가득 든 상자)의 가치를 이보다 규모가 훨씬 아주 훨씬 작은 보상(마시멜로 한 개, 혹은 초콜릿이 절반만 든 상자)의 가치보다 작게 평가하는 경향을 극복해야 한다. 미래의 보상에 동기부여가 되지 않는 우리의 무능함을 우회해버리면 어떨까? 즉 미래의 보상을 다른 종류의 현재의 보상으로 대체하면 어떨까? 이렇게 하면 자제력이 한층 더 커지지 않을까?

댄은 이런 문제의식과 관련된 특별한 경험을 한 적이 있다. 병원과 관련된 경험이다. 10대 소년 시절에 댄은 심각한 화상을 입고 병원 신세를 졌다. 그 긴 입원 기간 동안 그는 C형 간염에 걸렸다. 그리고 인터페론이 C형 간염 치료에 효과가 있는지 검증하려는 미국 식품의약청FDA의 시험적인 치료를 받아보는 게 어떠냐는 제안을 받았다. 댄은 그 제안을 수락했다. 그런데 불행하게도 이 치료에는 한 주에 세 번씩이나 고약한 주사를 맞는 처방이 포함돼 있었다. 그것도 1년 6개월 동안이나. 한 번씩 주사를 맞을 때마다 댄은 밤새 몸이 덜덜 떨리고 열이 나고 토하는 등의 엄청난 부작용에 시달려야 했다. 그 치료를 끝까지 다 받으면 30년 뒤에 간경변에 걸릴 가능성이 줄어든다고 했다. 하지만 그러려면 숱한 밤을 고통에 몸부림쳐야 했다. 이는 미래의 수익을 위해 현재의 희생을 감수해야 함을 보여주는 명쾌하고도 극단적인 사례다.

댄은 끈기 있게 그 치료를 다 받았다. 나중에 알고 보니 그 시험적인 치료를 받겠다고 수락한 환자 집단 중 그 끔찍한 과정을 완수해낸 사람은 댄이 유일했다. 댄이 그 치료를 끝까지 받을 수 있었던 것은 그가 슈퍼맨의 자질을 가지고 있다거나 보통 사람보다 특별히 우월한 인간이기 때문이 아니었다. 그저 대체보상을 알고 있었을 따름이다.

댄은 이 치료를 받을 때마다 영화를 빌려다 봤다. 집에서 주사를 놓은 다음 곧바로, 주사제의 부작용이 밀려오기 전에 오랫동안 벼르면서 기대했던 영화를 보기 시작한 것이다. 즉, 주사제라는 불쾌함을 영화라는 즐거움과 연결했다(가끔씩 그는 로맨틱 코미디 장르의 영화를 선택하기도 했는데, 이런 영화는 오히려 기분을 더 나쁘게 만들었다. 가까운 미래에 '메스꺼움을 극복하기 위한 댄 애리얼리의 영화 산책'이라는 책이 나올 테니 기대하기 바란다).

댄은 굳이 미래의 자아와 연결하려는 노력은 하지 않았다. 건강한 간의 좋은 점, 즉 편익에 초점을 맞추지 않았던 것이다. 경험적으로 보자면 그 미래의 편익이 중요하긴 했지만 현재의 끔찍한 부작용이라는 비용과 견주면 상대도 되지 않았기 때문이다. 그는 자신의 미래를 염려하는 것이 중요하다고 스스로를 가르치는 대신 현재 자기의 환경을 바꿨다. 그는 지금 당장 희생을 감수해야만 하는 이유로, 자기 자신에게 다소 덜 중요하긴 하지만 훨씬 즉각적이고 구체적인 '영화 보기'를 제시했다. 보다 중요하지만 덜 구체적인 'C형 간염'이라는 이유에 초점을 맞추기보다는 훨씬 덜 중요하지만 지금 당장 필요한 영화에 초점을 맞춘 것이다. 이것이 바로 대체보상이다.

만일 사람들에게서 이성적인 행동을 이끌어내기 위해 그들에게 대체보상을 제공한다면, 지출을 보다 현명하게 하고 더 자주 저축하도록 유도할 수 있다. 미국의 어떤 주 정부는 저축을 하는 사람들에게 '복권'을 제공하는 방식으로 이런 유도정책을 펼치고 있다.[8] 저축할 때마다 추가로 얼마간의 돈을 받을 수 있는 작은 기회를 주는 것이다. 복권을 기반으로 한 저축정책은 효과가 있다. 대체보상의 또 다른 사례임이 분명하다.

더 말할 것도 없이 여러 가지 다른 상황에서 자제력 문제를 극복할 수 있는 방법은 많다. 그러나 적어도, 인간의 기본적인 결점인 자제력 부족 때문에 올바른 의사결정을 쉽게 할 수 없다는 것은 분명히 알고 있어야 한다. 이 책의 다음 부분에서 다룰 탁월한 돈 관련 의사결정 시스템을 동원한다 해도 마찬가지다.

17

돈을 모으기 위한 다양한 방법

조금 앞에서 돈과 관련된 여러 가지 잘못된 단서에 대응하는 몇 가지 기법을 살펴봤다. 그러나 자신의 잘못된 행동을 어떻게 바꿔야 하는지 아는 것과 실제로 행동을 바꾸는 것은 전혀 별개임을 반드시 알아야 한다. 돈과 관련된 행동은 특히 더 그렇다. 자신의 습관적 경향과 맞서 싸워야 할 뿐만 아니라 나쁜 의사결정을 내리도록 유혹하려고 활발하게 노력하는 환경과도 맞서 싸워야 하기 때문이다. 우리는 외부의 힘이 돈과 시간과 주의력 등 우리에게 뭔가를 끊임없이 요구하는 세상에 살고 있으며, 그 바람에 이성적으로 생각하고 현명하게 행동하기 어렵다.

예를 들어보자. 담보대출이 오로지 이율로만 설명된다면 사람들은 어떤 대출상품이 자신에게 유리한지 쉽게 알아볼 수 있다. 즉, 4.5퍼센트의 이율보다는 4퍼센트의 이율이 대출자에게는 유리하다(설령 그렇다 해도 사람들은 보다 이율이 싼 대출상품을 알아보는 데 그다지 많은 시간을 들이지 않는다. 이율이 예컨대 3.5퍼센트에서 3.25퍼센트로 아주 조금 내려간다고 해도 장기적으로 보면 엄청나게 많은 돈을 아낄 수 있음을 많은 사람이 모르고 있다).

그런데 담보대출 상품을 파는 쪽에서는 옵션에 포인트 제도를 추가한다. 이를테면 이율을 0.25퍼센트 낮추기 위해서 1만 달러를 선불로 갚을 수 있도록 한다. 이 경우 대출자는 과연 이 옵션이 자신에게 유리한지 불리한지 따져봐야 하는데, 그러려면 머리에 쥐가 날 정도가 된다. 계산이 갑자기 백분율이라는 1차원에서 백분율과 선불상환이라는 2차원으로 넘어가고, 아주 조금 복잡해졌을 뿐인 이 환경에서 사람들은 더 많은 실수를 저지른다.

이 상황에서 당신은 이렇게 말할 것이다.

"아, 뭐…… 됐습니다. 복잡한 문제를 풀어서 정답을 알아내기란 어렵잖아요."

맞는 말이다. 그러나 담보대출 상품 판매자들은 사람들이 다차원 상황에서 선택해야 할 때 계산에 어려움을 겪는다는 사실을 알고 있다. 그러니, 이들은 '빠르게!'를 외쳐댄다. 그래서 대출상품에 점점 더 많은 옵션을 붙인다. 여러 가지 다양한 정보를 제시해서 '소비자가 다양한 선택을 할 수 있도록 한다'는 명분은 그럴듯하다. 그러나 보다 많은 정보와 보다 많은 옵션이 존재한다는 것은 결국 사람들이 보다 많은 실수를 저지르게 된다는 것과 같은 뜻이다. 이런 제도는 우리를 돕기 위해서라기보다 돈 관련 실수를 조장하기 위한 것이다.

그러므로 돈 문제와 관련된 의사결정을 개선하기 위한 투쟁은 단지 개인적인 심리적 결점을 바로잡기 위한 투쟁이 아니라, 우리 결점을 이용하고 자극하려고 설계된 제도에 맞서는 투쟁이기도 하다. 우리는 한층 더 열심히 싸워야 한다. 개인적으로는 돈을 지출하는 방식에 대해 보다 현명하게 생각하는 데 자신의 사고과정을 적응시켜야 한다. 또한 사회적으로는 (주변 사람들이 돈과 관련된 의사결정을 보다 잘하기를 바란다는 전제 아래), 우리의 선택이 다른 사람이 우리를 착취해서 이득을 보도록 돕는 게 아니라, 자기 자신과 사회에 유익하도록 우리가 돈에 대해 생각하는 방식과 양립할 수 있는 시스템을 설계해야 한다.

자신의 결점과 한계를 보다 많이 이해할수록 미래에 이를 보다 더잘 처리하게 되는 이유도 바로 여기 있다. 그 누구도 미래를 정확하게 예측할 수는 없다. 투자금액이나 건강이나 직장에 대해서만이 아니라 세계적인 차원에서 일어나는 사건이나 전 세계의 지도자들이나 와인을 마시는 로봇에 대해서도 그렇다.$

우리가 아는 것은 미래에는 지출과 관련된 의사결정이 한층 더 어려운 시련에 맞닥뜨릴 것이라는 사실이다. 비트코인에서부터 애플페이, 홍채 인식, 아마존이 수행하고 있는 소비자 개개인의 취향 및 선호에 관한 정보 축적 그리고 드론 배송에 이르기까지 점점 더 많은 현대

$ 카툰 〈캘빈과 홉스Calvin and Hobbes〉 때문에 제프는 지금쯤이면 자신이 뉴올리언스의 모든 카바레에 있는 여자들을 위해 색소폰을 연주하고 있을 거라고 생각했다.

적인 제도가 사람들이 보다 더 많은 돈을 보다 쉽게 그리고 보다 자주 쓰게 할 목적으로 설계되고 있다. 우리는 지금 사려 깊고 조리 있으며 이성적인 의사결정을 하기 한층 더 어려워진 환경에 살고 있다. 그리고 방금 말한 이 현대적인 도구들 때문에 장기적으로 자신에게 가장 유리한 선택을 하기가 점점 더 어려워지고 있다.

정보의 유혹

이제 상업적 욕심이 우리의 시간과 돈과 주의력을 좇고 있음을 알기 때문에, 이에 대해 뭔가 대처할 수 있을지 모른다고 생각할 수도 있다. 어쨌거나 우리는 스스로가 이성적이고 합리적이라고 믿기 때문이다. 그래서 좋은 선택을 돕는 올바른 정보만 획득하면 되는 것 아닐까, 그러면 곧바로 올바른 결정을 내릴 수 있지 않을까 낙관하게 된다.

이를테면 이런 식이다. 과식이 문제다? 그러면 칼로리 관련 정보만 제공받으면 모든 문제가 해결된다. 돈을 충분히 저축하지 않는 게 문제다? 은퇴계산기(은퇴 설계를 진단하고 준비할 수 있도록 도와주는 프로그램 – 옮긴이)를 사용하고 자기 저축액이 늘어나는 것을 지켜보기만 하면 모든 문제가 해결된다. 운전 도중에 문자메시지를 주고받는 문제? 모든 사람들에게 그런 행동이 얼마나 위험한지 알려주기만 하면 된다. 아이가 학교를 도중에 그만두는 문제, 혹은 의사가 환자를 진료하기 전에 손을 씻지 않는 문제? 아이들에게 왜 학교생활이 중요한지 설명만 잘해주면 되고, 의사들에게는 손을 씻어야만 하는 이유를 말해주면 된다.

슬프게도 인생이란 그렇게 간단하지 않다. 현대인의 문제 대부분은 정보 부족 때문에 생긴 게 아니다. 이런 사실을 놓고 보면, 각각의 문제와 관련된 정보를 추가로 제공함으로써 잘못된 행동을 개선하고자 하는 노력이 번번이 실패로 끝나고 마는 이유를 알 수 있다.

우리는 지금 인류 역사상 매우 흥미로운 변곡점에 서 있다. 기술이 우리에게 유리하게 작용할 수도 있고 불리하게 작용할 수도 있는 지점 말이다. 현재 대부분의 금융 관련 기술은 우리에게 불리하게 작용한다. 그 기술 대부분은 사람들이 돈을 되도록 많이 그리고 빨리 쓰게 할 목적으로 설계됐기 때문이다. 기술은 또한 사람들이 지출에 대해 덜 생각하고 유혹에 보다 쉽게 그리고 자주 넘어가게 할 목적으로 설계돼 있기도 하다. 만일 사람들이 순전히 본능과 언제든 이용할 수 있는 기술에만 의존한다면, 유혹을 이기지 못하는 단기적인 의사결정을 부추기는 압도적으로 많은 온갖 메커니즘에 하릴없이 휘둘리고 말 것이다.

예를 들어보자. 전자지갑은 현대 소비혁명의 정점으로 갈채를 받으며 권장되고 있다. 현금이 없어도 되므로 사람들은 융통성 있게 시간을 절약할 수 있으며, 과거의 지출을 분석하는 데 도움이 되는 자료를 제공받는 한편 돈 관리에 신경을 덜 써도 된다. 마치 기술 축복의 유토피아 시대가 온 것 같다. 번잡하게 가계부를 쓰지 않아도 되고 서명 절차는 한층 빠르게 진행되며 접속과 즐거움은 보다 쉽고 빠르고 매끄럽게 이어질 것이다. 지불 과정의 번거로움은 사라지고 우리는 금융 축복의 포스트머니('포스트모던'의 패러디적인 표현 - 옮긴이) 시대로 진입할 것이다.

하지만 잠깐……. 낙관하기에는 이르다. 이 현대적인 금융 도구가 사람들의 지출 행동을 한층 더 악화시킬 것이며, 사람들은 너무 많은 돈을 너무도 쉽게 너무도 아무 생각 없이 너무도 빠르게 그리고 너무도 자주 쓰게 될 것이다. 이런 미래는 파산 전문 변호사나 수금원에게는 밝은 장밋빛으로 보이겠지만, 보통 사람들에게 그 밝은 빛은 지갑을 태우는 불꽃에서 나는 빛일 것이다.

그런데 꼭 이렇게만 되라는 법은 없다.

점점 더 많은 사람이 지출을 '보다 쉽게' 할 목적으로 설계된 기술이 반드시 지출을 '보다 건전하게' 만들어주지는 않음을 깨닫고 있다. 자기 행동을 교정하는 문제뿐만 아니라 우리 모두가 놓인 금융 환경, 우리가 사용하는 금융 도구 그리고 기본적으로 설정돼 있는 조건들을 바꿔나가는 문제에 대해서도 생각하기 시작했다.

우리는 우리를 유혹하지 않고 반대로 우리에게 도움을 주는 시스템이나 환경이나 기술을 설계함으로써 지식을 한층 더 강화할 수 있다. 우리에게 해를 끼치는 바로 그 행동이나 기술을 채택해서 이것들이 거꾸로 우리에게 유리하게 기능하도록 만들 수 있다. 모든 것을 뒤집어놓을 수 있다. 우리의 기발하고 특이한 결점을 오히려 유리한 방향으로 활용할 수 있다.

그렇다면 과연 금융 환경을 어떻게 바꿀 수 있을까? 애플페이나 안드로이드페이Android Pay와 정반대인 시스템, 즉 무분별한 지출을 부추기는 게 아니라 지출에 대한 보다 분명한 생각에 도움이 되는 시스템을 어떻게 만들 수 있을까? 지출이 발생한 이후에 그 내용을 기록하는 회계 시스템이 아니라 돈과 관련된 의사결정을 하기 전에 먼저 우리에게 도움을 주는 회계 시스템을 만들면 되지 않을까? 하지만 이런 것을 어떻게 만들 수 있을까? 제한된 시간과 주의력과 인지능력만을 가진 우리에게 어떤 지불도구가 좋을지를 다시 생각해봄으로써 만들어낼 수 있다. 우리가 할 수 있는 것과 잘할 수 없는 것을 올바로 이해하는 데서부터 시작함으로써 진정으로 우리에게 도움이 되는 지출—저축 도구를 설계할 수 있다.

우리 두 저자는 이 책과 이 책이 드러내는 인간의 결점 그리고 이 결점을 오히려 유익한 쪽으로 전환할 수 있는 몇 가지 방법이, 모든 사람이 보다 건설적인 다음 단계로 발을 내디뎌서 그런 도구들을 개발하도록 자극하고 고무할 수 있으면 좋겠다고 기대한다.

'앱 기반' 심리학

'앱'의 시대를 생각해보자. 10년 전에는 들어보지도 못했던 말인 앱이 지금은 망치이자 스크루드라이버다. 앱은 오락과 교육과 매혹을 목적으로 설계된 도구다. 지금 앱은 사람들의 신체 건강과 정신 건강을 돕고 있는데, 이런 앱이 '돈 문제와 관련된 건강'을 돕지 말라는 혹은 도울 수 없다는 법은 없다. 그렇지 않은가?

기회비용을 시시때때로 따져볼 수 있도록 온갖 비교와 계산을 도와주는 앱을 개발할 수 있지 않을까? 이 앱은 모든 비교를 자동으로 수행한다. 예를 들어 당신이 100달러짜리 신발을 살까 말까 고민할 때, 이 앱이 '띵동! 띵동!' 벨을 울린다. 그러고는 그 돈이면 당신이 사랑

좋은 것이 너무 많을 때

정보가 너무 많으면 오히려 행동을 바꾸는 데 방해가 된다는 사실을 확인해주는 연구저작이 점점 더 많이 쌓이고 있다.[1] 지출과 인터넷 사용량 그리고 그 밖의 행동을 모니터링하는 앱은 말할 것도 없고 수면, 심박동수, 칼로리, 운동, 보행, 계단, 호흡 등을 모니터링하는 앱 덕분에 우리는 지금 개인 계량화의 시대에 살고 있다고 해도 과언이 아니다. 지금 하고 있거나 했거나 혹은 해야 하는 모든 것의 양을 우리는 즉각적으로 알 수 있다. 훌륭한 정보이긴 하지만, 너무 많은 정보는 운동, 수면, 다이어트, 저축 등과 같은 건강한 활동에서 얻는 즐거움을 오히려 축소할 수 있다. 자료가 축적되고 이 데이터를 측정하고 추적하고, 또 이 데이터를 놓고 생각하기 위한 노력을 사람들이 기울임에 따라서, 이런 활동이 '라이프스타일'이라는 차원에서 '일'이라는 차원으로 넘어갈 수 있다. 그 결과, 이런 건강한 활동에 참여하겠다는 동기가 떨어지고 만다. 그러므로 설령 온갖 풍성한 데이터가 자신이 반드시 해야 할 일을 온전하게 이해하는 데 도움이 된다 해도, 너무 많은 데이터는 뭔가를 하고자 하는 사람들의 바람 자체를 오히려 무력하게 만들어버린다.

모든 것이 다 그렇듯이 (즉, 와인과 아이스크림에서부터 기술과 낮잠에 이르기까지) 중용이 관건이다. 그렇다, 심지어 와인과 아이스크림조차도 적당히 마시고 또 적당히 먹어야 한다(애초에 우리 저자들은 이 문장을 넣을 생각이 없었지만, 변호사들과 의사들이 꼭 넣어야 한다고 우기기에 넣었다).

하는 사람과 함께 팝콘을 사서 영화를 한 편 본 다음 약간의 와인을 마실 수 있다고 가르쳐준다. 이어서, 다른 사람에게 멋있게 보이길 원하는지 아니면 자기 기분이 좋아지길 원하는지 선택하라고 묻는다.

심리적 회계의 좋은 점과 나쁜 점을 모두 관리하기 위해서, 각각의 범주를 생성하고 각 범주별 지출 한계를 설정한 다음 어떤 범주에서 지출 수준이 한계점에 도달하면 경고 신호를 보내는 앱을 사용할 수 있다면 어떨까?

손실회피 심리와 맞서 싸우는 데 도움을 주는 앱도 가능하다. 어떤 선택을 할 때 그 선택의 기대 가치를, 그 선택이 현재 이득 차원의 프레임인지 아니면 손실 차원의 프레임인지 상관하지 않고 독립적으로 계산해주는 앱을 만들면 된다. 혹시 현재 살고 있고 무척 애착을 갖고 있는 집을 팔고 싶은가? 그렇다면 이 앱이 잠재적인 매수자에게 제시할 적정가격을 설정하도록 도울 수 있다. 이럴 때 당신은 그 집에 대한 주관적인 집착을 극복할 수 있다.

이는 그저 시작에 지나지 않는다. 우리가 날마다 들고 다니는 휴대전화가 단지 정신을 산만하게 하고 우리를 유혹에 빠지게 하는 게 아니라 보다 나은 의사결정을 위한 도구를 실시간으로 제공해줄 수 있다는 발상은 전망이 밝다. 방금 언급한 몇 가지 가상의 앱보다 훨씬 더 멋진 앱을 당신이 만들 수 있다. 그리고 이런 일을 도와줄 전문가들이 실리콘밸리에 있는 모든 커피숍에서 실업 상태로 시간을 죽이고 있다.

눈에 보이는 것과 눈에 보이지 않는 것

———

오늘날의 전자지갑은 지불의 고통을 덜 의식하게 함으로써 지출을 늘리겠다는 목적으로 만들어졌기 때문에, 지출에 대한 각성 수준을 높이는 전략을 택할 필요가 있다. 높아진 각성이 지불의 고통을 강화하고, 이 고통이 지출을 줄이고 저축을 늘려줄 테니 말이다.

사람들은 저축 생각을 매우 자주 하지는 않는다. 저축 생각을 한다 해도 그 생각에 따라 결국 저축을 하는 경우는 드물다. 댄과 그의 동료들은 전자지갑의 설계 양상이 사람의 행동에 얼마나 많은 영향을 미치는지를 측정하기 위해 케냐의 한 모바일머니 시스템의 고객 2,400명을 대상으로 대규모 실험을 진행했다. 이 실험에서 어떤 피실험자 집단은 한 주에 두 차례씩 문자메시지를 받았다. 한 번은 한 주가 시작될 때 저축을 많이 하라고 상기시키는 내용이었고, 또 한 번은 그 주가 끝날 때 피실험자가 저축한 사항을 요약한 내용이었다. 그런데 다른 피실험자 집단은 성격이 약간 다른 문자메시지를 받았다. 저축을 하라는 내용은 같았지만, 문자를 보내는 주체가 피실험자의 자녀로 설정돼 있었다. 즉, 아이들이 '우리의 미래'를 위해 저축을 해달라고 부탁하는 내용의 문자메시지였다.

또한 네 개의 또 다른 피실험자 집단은 저축을 장려하는 '뇌물'을 받았다. 이 뇌물의 공식적 이름은 '금전적인 인센티브'이다. 이들 가운데 첫 번째 집단은 자기가 저축한 처음 100실링에 대해서 10퍼센트의 보너스를 받았고, 두 번째 집단은 마찬가지 경우에 20퍼센트의 보너스를 받았다. 세 번째와 네 번째 집단은 각각 동일하게 10퍼센트와 20퍼센트의 보너스를 받았지만, 여기에 더해서 손실회피 효과까지 함께 느끼도록 했다(연구자들은 이 피실험자의 계좌에 주초에 무조건 10실링이나 20실링의 보너스 금액을 입금했다. 그러나 한 주 동안 피실험자가 100실링의 저축을 하지 않으면 계좌에서 각각 10실링과 20실링이 빠져나가도록 규칙을 정했다. 보너스 금액만 놓고 보자면 주말에 정산해서 선별적으로 보너스를 주는 앞의 두 집단과 다르지 않다. 그러나 손실회피 효과를 적용해서 피실험자가 저축을 하지 않으면 받게 되는 심리적 고통을 강화하여 그들이 저축을 많이 하도록 동기부여를 하겠다는 것이 세 번째와 네 번째 집단을 설정한 연구자들의 의도였다).

마지막으로 설정한 집단이 있었는데, 이 집단에 속한 피실험자들 역시 동일한 내용의 문자메시지를 받았다. 그런데 이들은 문자메시지 외에도 황금색 동전을 한 주에 하나씩 받았다. 각각 1부터 24까지의 숫자가 쓰인 동전이었는데, 이 숫자는 실험이 진행되는 기간인 24주를 각각 가리킨다. 연구자들은 이 집단의 피실험자들에게 그 동전을 눈에 잘 띄는 곳에 두고 자기들이 저축한 횟수를 그 동전에 칼로 새기라고 했다.[2]

마침내 여섯 달이 지났다. 피실험자들로 하여금 저축을 가장 많이 하게 한 것으로 드러난 매개물은 바로 (두두두두두두!) 동전이었다. 다른 것도 저축액이 조금씩 늘어나게 만들었지만, 동전을 받은 사람은 문자메시지만 받은 사람들에 비해서 거의 두 배 가까운 돈을 저축했다. 아마도 당신은 손실회피 효과를 경험한 집단, 그중에서도 20실링의 손실회피 효과를 경험한 집단이 가장 저축을 많이 했으리라고 추측했을 것이다(아닌 게 아니라, 저축 장려에 손실회피 효과를 적용하는 것이 가장 효과적이리라고 가장 많은 집단이 예측한다). 하지만 틀렸다.

그런데 어떻게 동전 하나가 그렇게 엄청난 차이를 만들어내는 행동을 유도했을까? 피실험자들이 저축을 상기시키고 독려하는 문자메시지를 받았다는 사실을 명심해라. 사람들이 저축을 한 요일을 놓고 보면, 문자메시지를 받은 날에는 동전이 효력을 발휘하지 않은 것으로 나타났다. 즉, 동전은 문자 발송일이 아닌 다른 요일에 가장 큰 효과를 발휘했다. 동전은 사람들이 하루를 시작하려 할 때 이들의 생각을 바꿈으로써 저축 행위를 꾸준히 이어갈 수 있도록 만들었다. 그들은 시시때때로 그 동전을 봤고, 때로는 동전을 만졌고 또 동전을 화제로 이야기했다. 즉, 늘 이 동전의 존재를 의식했던 것이다. 동전은 현실 속에 물리적으로 존재함으로써 저축해야 한다는 생각을 저축이라는 행위와 함께 사람들의 일상 속으로 끌어들였다. 늘 그런 것은 아니고 가끔이긴 했지만, 어떤 행동을 유도해서 차이를 빚어내기에는 충분한 정도였다.

이는 돈에 대한 생각이나 우리의 결점을 오히려 유익한 방향으로 활용할 수 있음을 보여주는 멋진 사례다. 사람들은 자기 돈을 최대로 불리는 것에(저축을 하면 보너스를 받는데, 이 보너스는 공짜가 아닌가!) 가장 강하게 반응해야 마땅하지만 실제로는 그렇지 않다. 오히려 기억과 주의력과 생각의 프레임을 잡아주는 어떤 것, 즉 앞서 소개한 실험에 등장하는 동전 같은 것에 더 많이 영향을 받는다. 이런 현상을 두고 돈 문제와 관련된 인격 장애라고 탄식할 게 아니라, 동전에 해당되는 것을 삶의 여러 영역에 제공해서 저축을 보다 많이 하도록 촉진하는 시스템을 설계하면 된다.

저축액을 남에게 보여주기

———

저축과 관련된 물리적인 것이 존재할 때 꾸준히 저축한다는 이 기본적인 발상을 개인적 차원이 아니라 사회 전체 차원으로 확대할 수도 있다. 사회의 가치관을 조정하고 사람들로 하여금 소비보다는 저축을 하도록 부드럽게 압력을 가하는 방식을 동원하면 얼마든지 가능하다.

사람들은 흔히 동료나 이웃의 행동을 보고, 즉 그들의 집과 자동차, 휴가여행을 보고서 자신의 적정 지출 수준을 정한다. 집이나 자동차나 휴가 등은 눈으로 직접 볼 수 있다. 그렇지만 저축은 눈으로 볼 수 없다. 철없는 10대 해커를 고용하지 않는 한 다른 사람이 연금저축을 한 달에 얼마씩 하는지 알 수가 없다. 기껏해야 얼마나 비싼 옷을 새로 사는지, 주방 리모델링을 얼마나 비싼 돈을 들여서 하는지 그리고 어떤 차를 새로 장만하는지 정도만 알 수 있을 뿐이다. 인식이라는 요소 때문에 우리는 소비에 관한 한 '다른 사람과 보조를 맞춰야 한다'는 사회적 압력을 경험하지만, 눈에 보이지 않는 저축에 대해서는 그런 압력을 느끼지 않는다.

미국 바깥의 다른 문화권을 살펴보자. 아프리카의 몇몇 곳에서는 보다 많은 염소를 사는 것으로써 저축을 한다. 여유 있는 사람은 염소를 사서 자기 재산을 불리고, 다른 사람들은 그가 염소를 몇 마리 가지고 있는지 다 안다. 벽돌을 사는 것으로 저축하는 곳도 있다. 여기서는 사람들이 벽돌을 모아뒀다가 충분히 많이 모이면 그걸로 또 다른 집을 짓는다. 이럴 때도 역시 다른 사람들은 이웃 사람이 벽돌을 얼마나 많이 모았는지 다 안다.

현대 디지털 문화에서는 저축과 관련해 이와 유사한 것이 없다. 돈을 학자금 저축계좌나 퇴직연금 계좌에 넣을 때 사람들은 이것을 동네방네 떠들며 소문내지 않는다. 어떤 사람이 자기 아이에게 선물 하나를 사주면 사람들은 그걸 알고 흐뭇한 표정을 지을 수 있다. 그러나 학자금 저축계좌에 돈을 넣을 때는 그렇지 않다.

그렇다면 이런 '보이지 않는 것'을 어떻게 하면 보이게 만들 수 있을까? 자기가 한 행동을 칭찬받기 위해서가 아니라 가족이나 친구들 사이에서 저축을 화제로 이끌어내기 위해서 말이다. 또한 미래의 돈을 위해서 현재의 돈을 희생하는 행위는 남들 모르게 은밀하게 이뤄지는데, 이런 행위가 공개적으로 지지받을 수 있도록 하기 위해 말이다.

투표장에서 시민의 의무를 다하면 '나는 투표했다'라는 문구가 적힌 스티커를 받는다. 최근 이라크나 아프가니스탄 같은 나라에서 민주주의가 시행될 때 시민들은 인주가 묻은 손가락을 투표 참여의 표시로 자랑스럽게 높이 치켜들었다. 저축의 의무를 다할 때도 이와 비슷하게 취할 수 있는 행동은 없을까? 어떤 유형의 계좌를 자신이나 자기 아이들을 위해 만들었음을 보여주는 행동 말이다.

소득의 15퍼센트 이상을 저축한 사람에게 그 내용을 입증하는 스티커를 주면 어떨까? 작은 트로피는 어떨까? 커다란 인물상은? 재킷의 옷깃이나 현관문에 보라색 달러 표시를 하는 것은? 집집마다 저축

내가 얼마나 멋진 사람인지 보고 있나?

자신이 행한 현명한 의사결정과 이타적인 선택을 과시할 때 생겨나는 이득은 단지 돈과 관련된 세계에만 한정되지 않는다. 좋은 행동에 찬사를 보내는 것은 우리 삶의 다른 부분에서도 얼마든지 유용할 수 있다.

지구온난화 현상을 놓고 보자. 사람들은 이따금씩 이 문제를 다루는 뉴스를 보고는 한숨을 쉬고 고함을 지르긴 해도, 지구의 미래라는 이득을 위해 정기적으로 개인적 희생을 감수하는 사람은 거의 없다. 그런데 만일 이런 의사결정의 가치를 드러내 보이기 위해서 대체보상을 동원한다면 어떻게 될까? 과연 잘못된 이유를 들어 올바른 일을 하도록 사람들을 유도할 수 있을까? 글쎄, 그럴 수 있다. 얼마든지 할 수 있고 또 실제로 그렇게 하고 있다.

전기자동차인 도요타 프리우스Prius와 테슬라를 생각해보라. 이 자동차들은 운전자가 얼마나 관대하고 멋지고 이해심 많고 평균 이상으로 훌륭한 사람인지를 다른 사람들에게 알려줄 수 있게 한다. 이 자동차의 운전자들은 스스로를 바라보고 미소를 지으면서 '나는 정말 멋진 인간이야'라고 생각한다. 이들은 또한 자기들이 그 자동차를 사겠다는 결정을 내렸다는 사실을 세상에 보여줄 수 있으며, 다른 사람들도 자기와 자기 자동차를 바라보고는 '환경을 생각하는 자동차를 몰고 다니다니 저 사람은 정말 좋은 사람일 게 분명해!'라고 말할 것이라고 믿는다. 지구온난화 대책의 직접적 보상은 모든 사람에게 충분치 않을 수 있다. 하지만 만일 그것이 자아와 결합한다면 아마 보다 많은 사람이 지구온난화의 상승 추세를 하루나 이틀 정도 늦추는 데 관심을 갖게 될 것이다.

액을 표시하는 커다란 (온도계를 닮은) '저축액 표시계'를 달면 무척이나 조잡해 보이긴 하겠지만, 실제로 그렇게 한다면 모든 사람이 더 많이 저축하게 될 것임은 분명하다. 이런 문화가 일반적으로 수용되기 전에는, 자동차 할부금을 다 내거나 담보대출금을 모두 상환했을 때 조촐하게나마 이를 축하하는 행사를 여는 것부터 시작할 수 있지 않을까? 그것은 스위트 식스틴Sweet 16 파티(만 16세가 된 아이에게 해주는 생일파티로 성인이 되어가는 중요한 생일로 여기고 아이에게 성인에 걸맞은 선물을 하기도 한다-옮긴이)가 아니라 '열여섯 살 내 아이를 대학교에 보낼 여유가 생겼어요' 파티가 될 것이다.

이런 발상이 실용적이지 않을 수는 있지만, 보이지 않는 저축을 보이게 만든다는 원칙은 반드시 세워야 할 중요한 원칙이다. 그러기 위해 저축을 하려면 어떤 방법이 바람직할까 하는 주제의 대화를 권장하는 것에서부터 출발할 수 있다. 보다 크고 좋은 자동차뿐만 아니라 보다 많은 저축액을 두고 사람들이 경쟁할 수 있도록 말이다.

나는 아이들에게 미래가 있음을 믿는다

부모가 자식을 위해서 학자금 정기적금에 가입할 때 이 아이들이 평생 동안 보다 나은 성과를 거두면서 살아간다는 것은 이미 연구조사 결과 확인됐다. 어떤 주에서는 이런 학술적 발견을 이와 똑같이 중요한 다른 발견, 즉 가난한 사람에게 약간의 자산을 주면 이들이 이 돈을 저축해서 경제적으로 보다 나은 미래를 일궈나간다는 사실과 하나로 묶는다. 소유효과, 손실회피, 심리적 회계 그리고 앵커링 등은 모두 이런 긍정적 결과에 기여하는 기제들이다.

어린이개발계좌Child Development Account, CDA는 장기적인 차원의 교육을 목적으로 하는 저축계좌 혹은 투자계좌이다. 이런 프로그램은 새로 부모가 된 사람들에게 학자금 저축계좌, 초기 예치금 500달러나 1,000달러, 저축액에 동반되는 지원금, 계정 보고서, 대학교에 관한 정기적인 정보 등을 제공함으로써 대학교 학자금 저축을 상기시킨다.

이런 프로그램이 왜 효과적일까? 앞서 소개한 실험에서 황금색 동전이 효과를 거두는 것과 같은 이유 때문이다. 어린이개발계좌는 사람들의 심리에 작용한다. 이 계좌는 부모와 아이에게 대학교에 얼마든지 진학할 수 있고 또한 그것이 매우 기대되는 인생의 한 부분이며, 이를 준비하기 위한 저축이 중요함을 상기시킨다. 계정 보고서는 자신이 저축한 자산의 성장 상태를 알려준다. 게다가 자신이 대학에 진학할 능력과 도구를 가지고 있음을 아는 아이들은 대학 진학에 대해 보다 희망적인 생각을 갖게 되고, 이 목표에 보다 집중하면서 미래지향적으로 성장한다. 마지막으로 이 아이들 및 부모는 대학 진학과 관련된 기대치와 목표를 훨씬 잘 개발한다.[3]

어린이개발계좌는 저축의 가치와 저축을 지향하는 마음상태의 가치를 높이 평가하게 유도하려는 의도로 설계된 금융환경의 한 가지 사례로, 자기 목표의 장기적인 가치를 강조함으로써 사람들에게 저축에 대한 생각을 상기시키며 소유의식을 제공하면서 현재의 돈을 포기하는 것에 동반되는 걱정을 이겨내도록 돕는다. 이 모든 것을 한마디로 말하면, 사람들에게 유리하게 작동하도록 돈의 심리학을 슬쩍 비트는 것이다.

돈을 숨겨야 할 때

———

대부분의 사람은 봉급이든 수익이든 고정된 금액의 수입으로 집세, 교통비, 보험료 등의 고정된 금액을 지출하며 살아간다. 나머지는 이른바 '재량소득'(가처분소득에서 기본적인 생활비를 뺀 잔액 – 옮긴이)이다. 우리는 이 재량소득 중 일부를 편안한 마음으로 지출해야 하지만, 그와 동시에 이 돈의 일부에 손대는 것을 피해야 하며 이 돈을 저축할 돈, 지출해야 하지만 현재로서는 유예한 돈 혹은 비상금 등으로 재분류해야 한다.

재량소득 중에서 일부를 어떤 범주에 넣을지(예로 '쉽게 써도 될 돈' 혹은 '절대로 쓰지 말아야 할 돈') 결정하기 위해서 우리가 사용하는 방법도 우리에게 유리하게 활용할 수 있다. 현재 자신의 재량소득을 측정하는 가장 간단한 방법은 당좌예금계좌에 넣어둔 돈이 얼마나 되는지 보는 것이다. 그 돈이 적으면(즉, 당좌예금계좌에 상대적으로 적은 돈이 들어 있다고 본인이 느낀다면) 지출 행동이 위축된다. 반대로 돈을 많이 넣어두고 있으면 상대적으로 더 많은 돈을 별 저항감 없이 쓰게 된다.

이 잔액 규칙을 유리하게 활용하는 방법, 즉 이를 이용해서 저축을 하도록 스스로를 유도하는 방법에는 여러 가지가 있다. 이를테면 당좌예금계좌에 들어 있는 돈 가운데 약간의 금액을 빼서 저축계좌로 넣을 수도 있다. 이렇게 하면 잔액이 인위적으로 낮아지므로 실제보다 더 가난하다고 느끼게 된다. 또 사장 혹은 자신에게 봉급을 주는 사람에게 봉급 가운데 일부분을 별도의 저축계정으로 직접 입금해달라고 부탁해서 이 돈에 대해서는 아예 처음부터 '잊어버리고' 생활할 수도 있다. 이런 방법을 쓰는 동시에 얼마의 돈을 써야 할지 혹은 써도 되는지 판단할 수 있는 기준으로 여전히 당좌예금계좌의 잔액을 이용할 수 있는데, 이렇게 하는 것만으로 한두 차례의 외식이나 특별한 지출을 줄여서 전체 지출을 줄일 수 있다.

기본적으로 자신이 가진 돈을 보이지 않는 곳에 숨김으로써 지출을 줄일 수 있다. 물론 가만히 생각하면 자신이 돈을 숨기고 있다는 사실과 그 돈을 어디에 숨겼는지 알겠지만, 우리는 인간의 게으른 인지습관과 얼마나 많은 돈을 다른 계정에다 두고 있는지 정기적으로 생각하지 않는다는 사실을 얼마든지 이용할 수 있다. 그럼으로써 저축액을 늘릴 수 있다. 아닌게 아니라, 자동이체를 설정해서 돈이 자동적으로 다른 계정으로 빠져나가도록 해두면 사람들은 그 돈에 대해서 덜 생각하게 된다. 이처럼 스스로를 속이는 전략은 쉽고도 유용하다. 물론 영원히 속일 수는 없겠지만, 어쨌거나 비이성적인 구매 중 상당 부분을 막을 수 있다.

당신에게 더 많은 권한을

　　돈을 절약하기 위해 사용할 수 있는 속임수는 이것 말고도 많다. 예를 들어보자. 영국에서 어떤 사람들은 집에 난방기를 설치할 때 난방기를 가동할 때마다 미터기에 동전을 투입해야 하는 옵션을 선택한다. 난방비를 줄이기 위해서 지불의 고통을 자청하는 것이다. 검침원이 한 달에 한 번 계량기를 검침하고 얼마 뒤에 청구서를 발송하면 그 후 가스 사용료를 내는 방식이 아니라 난방을 켤 때마다 즉각적이고 직접적으로 심리적인 지불의 고통을, 그것도 자주 느끼는 방식이다. 그러다 보면 이들은 그러느니 차라리 옷을 한 겹 더 껴입기로 마음을 정하고, 난방비는 그만큼 절약된다.

　지출을 최대한 줄이는 사람들 이야기도 중요하지만, 충분히 많은 돈이 있으면서도 그런 사실을 잊고 사는 사람들 이야기 역시 중요하다. 최근 자산운용사인 피델리티 인베스트먼트Fidelity Investments의 전문가들은 자기 투자 포트폴리오가 어떻게 구성돼 있는지 완전히 잊어버리고 있는 투자자들이 최고의 수익률을 내는 포트폴리오를 가지고 있음을 확인했다.[4] 자기 돈을 그냥 펀드매니저에게 맡겨둔 채 어느 종목에 어떻게 운용되고 있는지 전혀 모르는 투자자들이(즉 자기 투자금을 매매하거나 관리하려고 노력하지 않았으며, 군중심리에 휩싸여서 이리저리 우르르 달려가지도 않았고, 주가에 지나칠 정도로 초점을 맞추지도 않았으며, 손실회피 심리에 사로잡히지도 않았고, 자기 종목의 가치를 지나치게 높게 평가하지도 않았으며, 자기가 설정한 기대치의 제물이 되지도 않았던 사람들이) 가장 높은 수익률을 기록했다. '똑똑한 투자' 선택을 딱 한 번 한 다음에는 잊어버리고 그냥 내버려둠으로써 돈과 관련된 실수를 최소한으로 줄인 것이다. 우리 역시 그렇게 할 수 있다. (혹시 당신이 까맣게 잊어버리고 있는 대규모 투자계정이 어딘가에서 당신을 기다리며 잠자고 있지는 않은가?)

그런데 성공한 투자자들 가운데 일부는 자기 투자금을 내버려둔 다른 이유가 있는 게 아니라 본인이 죽어서 저승에 가버리는 바람에 이승의 일에 관여할 수 없었기 때문이라는 사실도 덧붙여둬야 할 것 같다. 이런 사실은, 곰이 공격할 때 '죽은 척하기'가 늘 좋은 전략만은 아님을 암시한다. 그렇지만 '죽은 척하기'는 건전한 투자전략이기도 하다[여기에서 '하락장세**bear market**(직역하면 '곰 시장' – 옮긴이)'의 교훈을 찾아볼 수도 있겠지만, 이제 이 책의 마지막이 가까워졌으니 서둘러서 진도를 나가자].

부의 환상

'이 커피는 하루에 4달러입니다'라는 말과 '이 커피는 1년에 1,460달러입니다'라는 말이 있을 때, 말의 내용은 완전히 같지만 사람들은 각각의 말에 다르게 반응한다. 어떤 금액의 돈이 지출될 때 시간의 프레임을 어떻게 설정하느냐(시간 단위, 주 단위, 월 단위 혹은 연 단위로)에 따라서 지출 관련 의사결정의 가치와 지혜에 대한 이 사람의 생각은 매우 달라진다.

일련의 실험에서 연구자들이 피실험자들에게 연봉 7만 달러를 주면서 이것을 시급 35달러로 설정해서 줄 때와 연봉으로 설정해서 줄 때를 비교했을 때, 전자의 시간 프레임을 적용받는 사람들은 후자보다 저축을 적게 했다. 사람들은 연봉으로 봉급을 제시받을 때 보다 장기적인 관점을 취하고, 따라서 은퇴 이후를 대비하는 저축을 더 많이 한다. 물론 미국에서 대부분의 저소득 일자리는 시급으로 임금을 받는데, 이런 상황이 장기적인 관점의 저축 부족 문제를 악화시킨다.

퇴직 때 일시불로 받는 10만 달러의 연금이 한 달에 대략 500달러씩 평생 받는 돈보다 커 보이는 현상이 이른바 '부의 환상illusion of wealth'이다.[5] 이 '부의 환상'을 인간 사고에 존재하는 결점으로 볼 수도 있지만, 이 결점을 이용해서 저축 관련 제도를 우리에게 유리하게 설계할 수도 있다. 연금저축의 경우, 수입을 매달 받는 것으로 표시하면 사람들은 자기가 저축을 조금 하는 것처럼 느껴서 저축액을 늘려야겠다는 압박을 받는다. 이와 유사하게, 기대 은퇴시점에 받을 추정 월 연금액을 연금저축에 대한 다른 정보가 나오기 전에 설정해서 저축의 필요성을 한층 더 강조할 수 있다. 실제로 어떤 퇴직연금 저축 프로그램들은 이미 이런 방향으로 실행을 해서 긍정적인 효과를 보고 있다.[6]

인간이 숫자에 대해 사고하는 특이한 방식을 보다 잘 이해하고 나면, 이런 특성을 장기적으로 유리하게 활용하는 방법 및 저축과 관련된 행동 및 선택을 바꿀 방법을 알아낼 수 있다. 우선은 올바른 시간 프레임을 설정하는 것이 중요한 변수가 될 것 같다. 사람들이 봉급에서 일정 부분을 떼어놓도록 설득하려면 수익을 연 단위라는 시간 프레임으로 표시해야 한다. 또한 미래를 대비해서 보다 많은 저축을 해야 한다고 설득하려면 사람들의 지출을 월 단위 시간 프레임으로 표시해야 한다. 여기에는 앞서 언급했던 채찍을 휘두르는 여성 지배자가 도움이 될 것 같다.

숫자와 관련된 시간 프레임의 장치 외에도, 행복도를 높여주고 잘못된 지출 결정을 막는 방식으로 연도별 소득을 다룰 유용한 도구가 있다. 당신에게 월 5,000달러의 고정적인 소득이 있다고 치자. 이때 당신은 5,000달러 범위 안에서 생활비 규모를 높이려는 경향을 보인다. 그런데 생활비 이외에 자기 자신에게 보너스를 준다고 생각하면 어떨까? 당신은 이 돈을 어떻게 쓰게 될까?

언젠가 댄은 학생들에게 이런 상상을 한번 해보라고 했다. 학생들이 댄이 운영하는 회사의 직원이고 한 달에 한 번 1,000달러씩 봉급 이외의 보너스를 받거나 연말에 한꺼번에 1만 2,000달러를 받을 수 있다면, 과연 어떤 선택을 할 것인지. 그러자 사실상 모든 학생이 매달 1,000달러씩 더 받는 것이 보다 합리적인 선택이라고 대답했다. 우선 돈을 미리 받을 수 있기 때문이다. 모든 학생은 또한 연말에 한꺼번에 받을 때와 매달 받을 때는 그 돈을 다르게 사용할 것이라고 말했다. 매달 받는다면 그 돈은 정기적인 수입의 한 부분이 되고 따라서 매달 지출해야 하는 이런저런 청구서나 비용 등에 사용할 터였다. 그러나 만일 그 돈을 연말에 한꺼번에 모아서 받는다면 그 돈은 봉급과는 별개의 심리적 계정에 속하는 셈이 된다. 그래서 단지 청구서를 결제하는 것보다 더 많은 행복을 가져다줄 수 있는 특별한 것에 이 돈을 자유롭게 써도 된다는 마음이 생긴다. 물론 전체 1만 2,000달러를 모두 이런 식으로 지출하지는 않겠지만 적어도 어느 정도의 금액은 분명 보다 헤프게 지출할 것이다.

그렇다면 만일 월급 6,000달러와 월급 5,000달러에 연말에 1만 2,000달러 보너스, 둘 중 하나를 선택해야 한다면 이 선택이 생활수준을 어떻게 바꿔놓을까? 월급 6,000달러를 받는 사람은 아마도 생활수준을 조금 높일 것이다. 약간 더 좋은 자동차, 약간 더 좋은 아파트, 약간 더 좋은 음식……. 그러나 자신을 위한 보다 큰 규모의 지출을 실행하지는 못할 것이다. 이에 비해 그보다 월급은 적지만 연말에 보너스를 받는 사람은 오토바이를 사거나 멋진 휴가여행을 가거나 혹은 적금을 드는 등 특별한 일을 할 수 있게 될 것이다.

그런데 이런 결론은 조금 전에 우리 두 저자가 일괄 지급과 저축에 대해서 했던 말과 모순되는 것처럼 보일 수도 있다. 하지만 전혀 모순이 아니다. 첫째, 그것은 저축이었고 이것은 지출이다. 둘째, 우리는 인간이다. 셋째, 그 누구도 일관성을 유지하기 위해 인간 행동을 비난하지는 않는다.

'자기 자신에게 먼저 지불하세요Pay yourself first'라는 저축 장려 표어가 있다. 마땅히 그래야 옳다. 그러나 만일 상대적으로 안정적인 수입이 있다면, 이 수입에서 보다 많은 기쁨을 얻어내는 한 가지 유용한 방법은 정기적 수입 중 일정 금액을 떼어내서 따로 저축하면서 상대적으로 줄어든 생활비에 생활수준을 맞춰 생활하고, 그런 다음 그렇게 떼어놓은 돈을 차곡차곡 모아서 스스로에게 보너스로 주는 것이다.

그러면 그 보너스 중 일부를 자신이 진정으로 좋아하는 것에 쓸 수 있다. 물론 자기의 미래 자아에게 먼저 지불해야 하는 게 맞는 말이긴 하다. 그렇지만 현재 자아에게도 그 돈, 그 행복을 조금은 떼어줄 수 있고, 그렇게 해야 하지 않겠는가 하는 말이다.

18

생각할 시간이 필요하다

앞의 몇 개 장에서 우리는 인간이 가지고 있는 정신적 차원의 결점을 활용해서, 돈과 관련된 의사결정을 할 때 이 단점이 오히려 유리한 방향으로 작용하도록 환경을 조성하는 몇 가지 사례를 제시했다.

계속해서 전 세계에서 이뤄진 여러 실험 및 노력을 살펴볼 수도 있지만, 지금까지 논의된 핵심을 정리하면 다음과 같다. 처음에 이 연구는 흠결 많은 인간 사고의 결과를 개선하기 위해 인간의 특이한 정신적 측면(이 정신적 특성들은 금융심리학 및 행동경제학이 이미 밝혀냈다)을 활용하려는 데서 시작됐다. 그러나 현실이라는 실제 세상에서 전개되는 양상을 전제로 하자면 앞으로도 훨씬 많은 연구가 수행되어야 함은 너무도 명백하다.

돈 문제와 관련된 주변 환경을 개선하고, 돈 문제와 관련된 심리적 실수의 영향력을 줄이며 또한 우리를 잘못된 길로 몰고 가는 외부의 힘을 약화시키는 시스템을 보다 더 많이 설계할 수만 있다면 얼마나 좋을까.

그러나 중요한 점은 이런 외부의 힘이 우리의 유일한 적이나 가장 큰 적은 아니라는 사실이다. 우리가 애초에 가치판단을 엉터리로 하지 않는다면 지금처럼 심각하게 착취를 당하지는 않을 테니 말이다. 그러므로 우리는 인간의 심리적 결점을 이해하고 인정할 필요가 있다. 당신이 생각하는 모든 것을 믿지 마라. 똥고집을 부리지 마라. 자신은 충분히 똑똑해서 이런 종류의 속임수가 다른 사람한테는 다 통해도 자기에게는 통하지 않을 것이라고 함부로 장담하지 마라.

현명한 사람은 자기가 어리석다는 것을 알지만, 어리석은 사람은 자기 지갑을 활짝 열고 모든 의심을 아무렇지도 않게 툭툭 털어버린다.

자신이 타당하지 않은 가치단서에 즉각적으로 반응한다는 사실을 깨달을 때 비로소, 돈과 관련된 의사결정의 주체로서 학습하고 성장하고 또 스스로를 개선할 기회 그리고 성장을 축하하기 위한(이런 축하는 될 수 있으면 조금 뒤로 미루는 게 좋다) 보다 많은 돈을 가질 기회를 붙잡을 수 있다.

카툰 작가인 샘 그로스Sam Gross가 그린 카툰을 보면 '잠시 멈춰 서서 생각하라'는 문구가 적힌 거대한 게시판 앞에 두 사람이 서 있다. 그런데 한 사람이 다른 사람에게 이렇게 말한다.

"자네에게 잠시 멈춰 서서 생각해보라고 하는 것 같은데, 맞나?"

우리에게는 이런 종류의 도로 표지판이 필요하다. 재정(금융)의 여정에서 우리를 잠시 멈춰 세우는 표지판이 필요하다. 그걸 보고서 몽유병에서 깨어나야 한다. 이런 표지판이 우리 앞에 자주 나타나서 걸음을 잠시 멈추게 하고 일종의 마찰을 경험하게 하고 자동주행 장치를 끄고 수동 조작으로 전환하게 만들고 정신을 똑바로 차리고 지금 자신이 무슨 짓을 하고 있는지 살펴보는 데 도움을 주게 만들어야 한다.

만일 당신이 거실 소파에 앉아서 텔레비전을 보고 있는데 당신 손에 커다란 팝콘 통이 들려 있다고 치자. 아마도 당신은 그 팝콘을 아무 생각 없이 계속 먹을 것이고, 그 큰 통은 끝내 비어버릴 것이다. 그러나 만일 당신이 그 팝콘을 네 봉지로 나눠 가지고 있다면, 한 봉지를 다 먹고 나서 다른 봉지를 집어 드는 순간에 잠시 동안이나마 팝콘 알갱이를 입으로 가져가는 동작을 멈출 것이다. 그런데 이 작은 행동이 자기 행동을 성찰할 기회이자, 팝콘을 계속 먹을지 그만 먹을지를 결정할 기회를 제공한다. 실험을 통해서 밝혀진 사실이지만, 팝콘이 여러 개의 봉지로 나뉘어 있을 때 한 봉지를 다 비웠을 때 등장하는 잠깐 동안의 동작 중단 덕분에 사람들은 같은 양이라고 해도 팝콘이 큰 통 하나에 들어 있을 때보다 덜 먹는다.

이를 돈의 언어로 번역하면, 만약 우리가 어떤 특정 기간 동안에 쓸 돈을 한 개의 봉투 안에 넣어두면 그 돈을 아무 생각 없이 그냥 다 써버리기 십상이라는 말이다. 마치 소파에 비스듬히 기대서 아무 생각 없이 팝콘을 먹을 때처럼. 그러나 동일한 금액을 여러 개의 봉투에 나

뒤 넣어두면 봉투 하나에 든 돈을 다 쓰고 나서 적어도 다음 봉투에 손을 대기 전까지는 지출을 중단한다. 더 나아가, 앞에서도 살펴봤듯 이 봉투에다 아이들의 이름을 적어두면 지출이 한층 더 줄어든다.[1]

새로운 과자 봉지나 돈 봉투를 열 때 사람들이 과자 먹기나 지출을 조정하게 되는 이유는, 과자 봉지든 돈 봉투든 새로운 것이 그동안 했던 행동을 잠시 멈추게 하고 지금 하고 있는 행동을 돌아보게 만들기 때문이다. 바로 이 순간에 의사결정 시점이 형성되는데, 이때 사람들은 자기 행동을 평가하고(아무리 수준 낮은 평가라고 해도 어쨌든 평가는 이뤄진다) 또한 이어서 다른 행보를 생각한다.

이 책을 통틀어서 지금까지 우리 저자들은 사람들이 생활 속에서 여러 가지 돈과 관련된 의사결정에 직면한다는 사실을 입증하려고 노력했다. 그런데 사람들은 흔히 잠시 멈춰 서서 의사결정에 대해 생각하려 들지 않으며, 심지어 당연히 똑바로 바라보고 내려야 하는 의사결정임을 깨닫지 못하기까지 한다. 그러면서도 사람들은 돈과 관련된 수많은 의사결정을 내리며, 많은 경우 타당하지 않은 수많은 가치단서를 접하면서 그에 반응한다. 우리는 이런 점들을 보다 분명하게 의식하면서 살아야 한다. 또한 이따금씩은 잠시 멈춰 서서 생각해야 한다. 그러면 더 나은 결정을 할 수 있으며, 또 실제로 그렇게 해야 한다.

인생은 온갖 의사결정으로 가득 차 있다. 큰 결정, 작은 결정 그리고 반복되는 결정……. 집을 산다거나 결혼을 한다거나 진학할 대학교를 선택한다든가 하는 큰 결정을 할 때는 당연히 잠시 멈춰 서서 가치와 지출에 대해 될 수 있으면 많이 생각해야 한다. 대부분은 그렇게 한다.

물론 충분할 정도로 많이 하지는 않지만, 그래도 어느 정도까지는 그렇게 한다.

농산물 행사에 참가해서 돈을 펑펑 쓸까 말까, 혹은 기념일 저녁 외식 자리에서 음식을 한 접시 더 먹을까 말까 등의 작은 의사결정은 일반적으로 가치단서를 걱정해야 할 정도로 시간과 노력을 들일 가치가 없다. 그저 잠깐만 생각하면 된다. 이런 사소한 의사결정을 두고 많은 시간을 들여서 깊이 생각한다면 그 사람은 머지않아 미쳐버릴 것이다.

반복되는 의사결정이란 기본적으로 우리가 늘 거듭하는 사소한 의사결정이다. 커피를 산다거나 슈퍼마켓에서 물건을 산다거나 외식을 한다거나 사랑하는 사람을 위해서 한 주에 한 번 꽃을 산다든가 하는 것과 같은 습관이다. 각각의 구매는 작은 규모의 독립적 행위지만 사람들은 이런 구매를 매우 많이 하며, 따라서 이것이 쌓이고 쌓여 커다란 영향력을 행사한다. 이렇게 반복되는 구매행위를 할 때마다 이를 두고 깊이 생각할 필요는 없지만, 그래도 가끔씩은(한 학기나 한 계절이 끝날 때는, 혹은 책을 한 권 끝냈을 때는) 잠시 멈춰 서서 생각할 필요가 있다. (굳이 분명하게 밝히자면, 꽃을 사는 행위를 언급한 것은 우리 두 저자의 농담이다. 자신이 소중하게 여기는 사람에게 사랑하는 마음을 표시하는 데 돈을 아끼지 않는 사람, 우리는 이런 사람을 만나야 한다.)

요컨대 우리 저자들은 돈과 관련된 모든 의사결정에 언제나 가능한 모든 방식으로 문제를 제기해야 한다고 주장하지 않는다. 그렇게 하는 게 경제적으로는 건전한 태도일지 모르지만 심리학적으로는 너무도 버겁고 또 현명하지 못한 태도다. 사람들은 깜짝 놀라고 인색하게 굴고 또 끊임없이 걱정에 휩싸여 있기를 바라지 않는다. 그러니 모든 것에 의문을 제기하지 마라. 인생은 즐기라고 있는 것이다. 그러나 장기적으로 해로움을 줄 것 같은 것에 대해서는 가차 없이 의문을 제기하라.

가끔씩은 자신이 구매행위를 통해 얼마나 많은 즐거움과 얼마나 많은 가치를 경험했는지 생각하라. 그 돈으로 다른 어떤 것을 살 수 있었을지 생각하고, 그럼에도 군이 그것을 선택한 이유가 무엇인지 생각해라. 만일 하고 있는 행위와 그 이유를 시간이 흘러 (비록 늦더라도 확실하게) 인식한다면, 자신의 의사결정을 개선할 능력을 갖게 될 것이다.

돈은 어렵고도 추상적인 개념이다. 다루기도 어렵고 생각하기도 어렵다. 하지만 그렇다고 해서 무작정 손을 놓고 있을 수밖에 없다는 뜻은 아니다. 여러 가지 유인책과 도구, 자기 심리를 제대로 이해하기만 한다면 얼마든지 붙어서 싸워볼 만한 대상이다. 인간 심리를 보다 깊이 파고들면 어쩌면 인간의 행동과 생활을 개선할 수 있을 테고, 더 나아가 돈 관련 문제가 빚어내는 혼란과 스트레스로부터도 자유로워질 수 있을 것이다.

돈은 중요하고도 어리석다, 우리도 마찬가지다

───

제프가 고등학생 때였다. 그는 5학년(고등학교 2학년) 학생위원

회의 강력한 정치적 지위에 입후보한 누군가의 선거연설 원고를 돈을 받고 써줬다. (이 원고 덕분에 그 후보는 선거에서 이겼다. 그러지 않았더라면 제프는 아마 이 이야기를 아예 꺼내지도 않았을 것이다.) 이 일과 관련해서 제프는 대부분의 시간을 부모를 안심시키는 데 할애했다. 그의 부모 두 분은 모두 성공한 헤지펀드 매니저였는데, 제프는 재산과 돈에 대한 부모의 집착 때문에 가치관이 왜곡됐고 그 바람에 자식과의 관계도 비뚤어졌다고 생각하면서도 부모가 좋은 사람이라면서 안심시키는 말로 거짓말을 했던 것이다. 그런데 왜 그는 그 일을 떠맡았을까? 물론 돈 때문이었다. (그는 '그냥 이야기 쓰는 게 좋아서'라고 말하지만, 실제로 가장 큰 이유는 돈이었다.)

돈은 모든 사람이 온갖 미친 짓을 다 하게 만든다. 설령 파산한 복권 당첨자나 파산한 전직 프로 스포츠 선수에 관한 이야기에서 교훈을 얻었다 해도, 돈에 대해 생각하기가 결코 더 쉬워지지는 않는다. 때로 정반대로 점점 더 어려워지기도 한다.

그렇다면 무엇을 해야 할까? 현대 경제학을 포기하고 돈에 관한 새로운 길을 모색할 수도 있다. 손으로 바구니를 만드는 공동체를 찾아갈 수도 있고, 모든 식사가 알바니아산 수입품 세 발 블로크 한 개 값밖에 하지 않는, 돈이 존재하지 않는 물물교환 사회를 시작할 수도 있다. 그러나 그러면 우리는 극장과 예술과 여행과 와인을 놓쳐버리게 될 것이다. 돈이 있었기에 우리는 모두가 함께 공유하는 광대하고 복잡하며 놀라운 현대사회를 건설할 수 있었다. 이는 인생을 살 만한 가치 있는 것으로, 또 돈을 벌 만한 가치가 있는 것으로 만들어줬다.

그렇다면 돈과 평화롭게 공존할 수 있는 방법을 찾아보자. 수십억 달러의 재산을 가진 부자들이 자선행위의 가치가 매우 크며 또 극단적으로 많은 재산은 오히려 부정적인 효과만 가져다준다는 사실을 깨닫고서 자기 재산을 사회에 환원하려는 운동이 점점 확산되고 있다. 또한 어떻게 하면 지출을 통해 보다 많은 즐거움과 인생의 의미 그리고 충족감을 얻을 수 있을지 기술하는 저작물도 점점 늘어나고 있다(이런 움직임의 선두에는 우리들의 친구인 마이클 노튼과 엘리자베스 던 및 두 사람의 저서《당신이 지갑을 열기 전에 알아야 할 것들》이 있다). 어쩌면 당신도 나름의 멋진 아이디어를 가지고 있을 것이다. 이런 아이디어를 공유하고 개발하고 그 가능성을 탐구하라. 돈에 대한 생각을 계속해서 해나가며, 또한 이 음험하지만 없어서는 안 되는 돈이라는 발명품과 조화롭게 공존할 수 있는 방법을 찾도록 노력하자.

친구들과 돈을 주제로 진지한 이야기를 나누는 것도 꼭 필요하다. 자기가 돈을 어디에다 쓰는지, 저축은 얼마나 많이 하는지, 지출은 얼마나 많이 하는지 그리고 평소에 돈과 관련해서 어떤 실수를 하는지 등을 화제에 올리기는 쉽지 않다. 그러나 돈 문제를 잘 처리하고 돈과 관련해서 맞닥뜨리는 복잡한 의사결정을 잘할 수 있도록 서로서로 돕는 것은 매우 중요하다.

물론 결국 문제는 돈뿐만이 아니다. 하지만 어쨌거나 돈은 문제가 된다. 누구에게나. 우리는 돈 생각을 하느라 엄청나게 많은 시간을 보낸다. 그런데 너무도 자주 올바르지 못하게 생각한다.

이런 상황에서 앞으로도 계속해서 상품 가격을 책정하는 사람이나 판매원이나 사업 관계자가 우리 심리와 행동과 경향과 어리석음을 자기들에게 유리한 방향으로 마음대로 이용할 수 있도록 내버려둘 수도 있고, 사회와 정부가 관심을 기울여서 우리를 어리석음으로부터 보호해주는 프로그램을 마련하기를 간절한 마음으로 기다릴 수도 있다. 혹은 자신의 한계를 보다 잘 인식하고서 스스로를 교정할 개인적인 시스템을 만들어내고, 돈 문제와 관련된 의사결정을 제어하는 등의 노력을 기울임으로써 측정할 수 없을 정도로 가치가 크고 귀중하고 유한한 삶을 날마다 조금씩 더 풍성하게 만들 수도 있다.

어떻게 할 것인지는 각자에게 달려 있다. 우리 저자들은 더러운 머그잔에 맛있는 포도주를 가득 따라서 높이 들고, 보다 나은 내일을 기원하며 건배를 한다.

위하여!

댄과 제프는 돈에 진심 어린 감사의 말을 전한다. 그렇게나 심각할 정
도로 복잡해서 정말이지 고마울 따름이다. 네 생각을 하는 것을 그렇
게 어렵게 만들었던 모든 방식에 대해 고맙다. 돈의 세상이 그토록 복
잡해지도록 해줘서 고맙다.

신용카드, 담보대출, 눈에 잘 띄지 않게 숨어 있는 수수료, 모바일뱅
킹, 카지노, 자동차 대리점, 투자 컨설턴트, 아마존닷컴, 부동산 매물의
호가, 온갖 계약서에 적힌 작은 활자 그리고 사과와 오렌지까지 모두
고맙다.

네가 없었다면 인생이 훨씬 더 단순했겠지만 만약 그랬다면 이 책
이 나올 수도 없었을 테니, 우리 두 사람은 당연히 너에게 고마워해야
하고 또 고맙게 생각한다.

만약 이 책에 인용된 연구자들, 교수들, 저자들의 탁월한 연구저작

물이 없었다면 이 책은 한낱 짐작에 그쳤을 이런저런 내용으로 채워졌을 것이기에 이 모든 분들에게 감사한다.

또한 일레인 그랜트, 맷 트라워 그리고 잉그리드 폴린이 보여준 어마어마한 재능이 없었더라면 이 책은 횡설수설 뒤죽박죽 난장판이었을 것이다.

만일 짐 레빈의 따뜻한 사랑과 지지 그리고 맷 하퍼의 통찰력과 열정이 없었더라면 이 책의 원고는 우리 컴퓨터의 하드 드라이버에 지금까지도 손상된 파일로 계속 남아 있었을 것이다.

모든 분들께 감사한다.

제프 크라이슬러는 특히 부모님에게 고마움을 전하고 싶다. 왜냐하면 불효자들은 대게 이렇게 말하기 때문이다. 또 불효의 세상에서 선구자적인 일을 해준 형제들에게도 고마움을 전한다. 인내와 영감과 사랑을 준 아내 앤에게 고맙고, 이 세상 최고의 웃음을 짓는 두 아이 스콧과 사라에게 고맙다. 그리고 댄이 노스캐롤라이나의 한 식당에서 적막을 깨고서 이스라엘 악센트로(미국에 산 지 수십 년이 됐음에도 아직 그 악센트가 남아 있다는 사실이 신기하다) "근데 말이오, 우리가 돈에 대한 얘기를 함께 책으로 써야 하지 않겠소?"라는 말을 해준 데 대해서 진심으로 고맙게 생각한다.

댄 애리얼리 역시 가족을 사랑하지만 나머지 세부적인 사항은 독자의 상상력에 맡기기를 좋아한다.

서문

1. Kathleen D. Vohs (University of Minnesota), Nicole L. Mead (Florida State University), and Miranda R. Goode (University of British Columbia), "The Psychological Consequences of Money", 〈Science〉 314, no. 5802 (2006): pp. 1154~1156.

2. Institute for Divorce Financial Analysts, "Survey: Certified Divorce Financial Analyst® (CDFA®) Professionals Reveal the Leading Causes of Divorce", 2013, https://www.institutedfa.com/Leading-Causes-Divorce/.

3. Dennis Thompson, "The Biggest Cause of Stress in America Today", CBS News, 2015, http://www.cbsnews.com/news/the-biggest-cause-of-stress-in-america-today/.

4. Anandi Mani (University of Warwick), Sendhil Mullainathan (Harvard), Eldar Shafir (Princeton), and Jiaying Zhao (University of British Columbia), "Poverty Impedes Cognitive Function", 〈Science〉 341, no. 6149 (2013): pp. 976~980.

5. Paul K. Piff (UC Berkeley), Daniel M. Stancato (Berkeley), Stephane Cote (Rotman School of Management), Rodolfo Mendoza-Denton (Berkeley), and Dacher Keltner (Berkeley), "Higher Social Class Predicts Increased Unethical Behavior", <Proceedings of the National Academy of Sciences> 109 (2012).

6. Maryam Kouchaki (Harvard), Kristin Smith-Crowe (University of Utah), Arthur P. Brief (University of Utah), and Carlos Sousa (University of Utah),

"Seeing Green: Mere Exposure to Money Triggers a Business Decision Frame and Unethical Outcomes", 〈*Organizational Behavior and Human Decision Processes*〉 121, no. 1 (2013): pp. 53~61.

02 돈이란 무엇인가

1. Shane Frederick (Yale), Nathan Novemsky (Yale), Jing Wang (Singapore Management University), Ravi Dhar (Yale), and Stephen Nowlis (Arizona State University), "Opportunity Cost Neglect", 〈*Journal of Consumer Research*〉 36, no. 4 (2009): pp. 553~561.

03 가치를 알아야 제대로 쓸 수 있다

1. Adam Gopnik, Talk of Town, "Art and Money", 〈*New Yorker*〉, 2015년 6월 1일.
2. Jose Paglieri, "How an Artist Can Steal and Sell Your Instagram Photos", CNN, 2015년 5월 25일, http://money.cnn.com/2015/05/28/technology/do-i-own-my-instagram-photos/.

04 모든 것은 상대적이다

1. Brad Tuttle, "JC Penney Reintroduces Fake Prices (and Lots of Coupons Too, Of Course)", 〈*Time*〉, 2013년 5월 2일, http://business.time.com/2013/05/02/jc-penney-reintroduces-fake-prices-and-lots-of-coupons-too-of-course/.
2. Brian Wansink, 《*Mindless Eating: Why We Eat More Than We Think*》 (New York: Bantam, 2010).
3. Aylin Aydinli (Vrije Universiteit, Amsterdam), Marco Bertini (Escola Superior d'Administracio i Direccio d'Empreses [ESADE]), and Anja Lambrecht (London Business School), "Price Promotion for Emotional Impact", 〈*Journal of Marketing*〉 78, no. 4 (2014).

05 돈은 대체 가능하다

1. Gary Belsky and Thomas Gilovich, 《*Why Smart People Make Big Money Mistakes and How to Correct Them: Lessons from the New Science of Behavioral Economics*》 (New York: Simon & Schuster, 2000).
2. Jonathan Levav (Columbia) and A. Peter McGraw (University of Colorado), "Emotional Accounting: How Feelings About Money Influence Consumer Choice", 〈*Journal of Marketing Research*〉 46, no. 1 (2009): pp. 66~70.
3. Ibid.
4. Amar Cheema (Washington University, St. Louis) and Dilip Soman (University of Toronto), "Malleable Mental Accounting: The Effect of Flexibility on the

Justification of Attractive Spending and Consumption Decisions", 〈*Journal of Consumer Psychology*〉 16, no. 1 (2006): pp. 33~34.

5.　Ibid.

6.　Eldar Shafir (Princeton) and Richard H. Thaler (University of Chicago), "Invest Now, Drink Later, Spend Never: On the Mental Accounting of Delayed Consumption", 〈*Journal of Economic Psychology*〉 27, no. 5 (2006): pp. 694~712.

06　고통을 회피하려는 습관

1.　Donald A. Redelmeier (University of Toronto), Joel Katz (University of Toronto), and Daniel Kahneman (Princeton), "Memories of Colonoscopy: A Randomized Trial", 〈*Pain*〉 104, nos. 1 - 2 (2003): pp. 187~194.

2.　Drazen Prelec (MIT) and George Loewenstein (Carnegie Mellon University), "The Red and the Black: Mental Accounting of Savings and Debt", 〈*Marketing Science*〉 17, no. 1 (1998): pp. 4~8.

3.　Nina Mazar (University of Toronto), Hilke Plassman (Institut Europeen d'Administration des Affaires [INSEAD]), Nicole Robitaille (Queen's University), and Axel Lindner (Hertie Institute for Clinical Brain Research), "Pain of Paying? A Metaphor Gone Literal: Evidence from Neural and Behavioral Science", INSEAD Working Paper No. 2017/06/ MKT, 2016.

4.　Dan Ariely (MIT) and Jose Silva (Haas School of Business, UC Berkeley), "Payment Method Design: Psychological and Economic Aspects of Payments" (Working Paper 196, 2002).

5.　Prelec and Loewenstein, "The Red and the Black".

6.　For a review: Dilip Soman (University of Toronto), George Ainslie (Temple University), Shane Frederick (MIT), Xiuping L. (University of Toronto), John Lynch (Duke University), Page Moreau (University of Colorado), George Zauberman (UNC Chapel Hill), et al., "The Psychology of Intertemporal Discounting: Why Are Distant Events Valued Differently from Proximal Ones?", 〈*Marketing Letters*〉 16, nos. 3 - 4 (2005): pp. 347~360.

7.　Elizabeth Dunn (University of British Columbia) and Michael Norton (Harvard Business School), 《*Happy Money: The Science of Happier Spending*》 (New York: Simon & Schuster, 2014): p. 95.

8.　Drazen Prelec (MIT) and Duncan Simester (MIT), "Always Leave Home Without It: A Further Investigation of the Credit-Card Effect on Willingness to Pay", <*Marketing Letters*> 12, no. 1 (2001): pp. 5~12.

9.　Richard A. Feinberg (Purdue), "Credit Cards as Spending Facilitating Stimuli:

A Conditioning Interpretation", 〈*Journal of Consumer Research*〉 12 (1986): pp. 356~384.

10. Promotesh Chatterjee (University of Kansas) and Randall L. Rose (University of South Carolina), "Do Payment Mechanisms Change the Way Consumers Perceive Products?", 〈*Journal of Consumer Research*〉 38, no. 6 (2012): pp. 1129~1139.

11. Uri Gneezy (UC San Diego), Ernan Haruvy (UT Dallas), and Hadas Yafe (Israel Institute of Technology), "The Inefficiency of Splitting the Bill", 〈*Economic Journal*〉 114, no. 495 (2004): pp. 265~280.

07 자신을 믿는 어리석음이 부르는 화

1. Gregory B. Northcraft (University of Arizona) and Margaret A. Neale (University of Arizona), "Experts, Amateurs, and Real Estate: An Anchoring-and-Adjustment Perspective on Property Pricing Decisions", 〈*Organizational Behavior and Human Decision Processes*〉 39, no. 1 (1987): pp. 84~87.

2. Amos Tversky (Hebrew University) and Daniel Kahneman (Hebrew University), "Judgment under Uncertainty: Heuristics and Biases", 〈*Science*〉 185 (1974): pp. 1124~1131.

3. Joseph P. Simmons (Yale), Robyn A. LeBoeuf (University of Florida), and Leif D. Nelson, (UC Berkeley), "The Effect of Accuracy Motivation on Anchoring and Adjustment: Do People Adjust from Provided Anchors?", 〈*Journal of Personality and Social Psychology*〉 99, no. 6 (2010): pp. 917~932.

4. William Poundstone, 《*Priceless: The Myth of Fair Value (and How to Take Advantage of It)*》 (New York: Hill & Wang, 2006).

5. Simmons, LeBoeuf, and Nelson, "The Effect of Accuracy Motivation on Anchoring and Adjustment".

6. Dan Ariely (Duke University), 《*Predictably Irrational*》 (New York: HarperCollins, 2008).

08 우리는 소유한 것의 가치를 과대평가한다

1. Daniel Kahneman (Princeton), Jack L. Knetsch (Simon Fraser University), and Richard H. Thaler (University of Chicago), "The Endowment Effect: Evidence of Losses Valued More than Gains", 〈*Handbook of Experimental Economics Results*〉 (2008).

2. Michael I. Norton (Harvard Business School), Daniel Mochon (University of California, San Diego), and Dan Ariely (Duke University), "The IKEA Effect: When Labor Leads to Love", 〈*Journal of Consumer Psychology*〉 22, no. 3 (2012): pp. 453~460.

3. Ziv Carmon (INSEAD) and Dan Ariely (MIT), "Focusing on the Forgone: How Value Can Appear So Different to Buyers and Sellers", 〈*Journal of Consumer Research*〉 27, no. 3 (2000): pp. 360~370.

4. Daniel Kahneman (UC Berkeley), Jack L. Knetsch (Simon Fraser University), and Richard Thaler (Cornell), "Experimental Tests of the Endowment Effect and the Coarse Theorem", 〈*Journal of Political Economy*〉 98 (1990): pp. 1325~1348.

5. James R. Wolf (Illinois State University), Hal R. Arkes (Ohio State University), and Waleed A. Muhanna (Ohio State University), "The Power of Touch: An Examination of the Effect of Duration of Physical Contact on the Valuation of Objects", 〈*Judgment and Decision Making*〉 3, no. 6 (2008): pp. 476~482.

6. Daniel Kahneman (University of British Columbia) and Amos Tversky (Stanford), "Prospect Theory: An Analysis of Decision under Risk", 〈*Econometrica: Journal of Econometric Society*〉 47, no. 2 (1979): pp. 263~291.

7. Belsky and Gilovich, 《*Why Smart People Make Big Money Mistakes*》.

8. Dawn K. Wilson (Vanderbilt), Robert M. Kaplan (UC San Diego), and Lawrence J. Schneiderman (UC San Diego), "Framing of Decisions and Selection of Alternatives in Health Care", 〈*Social Behaviour*〉 2 (1987): pp. 51~59.

9. Shlomo Benartzi (UCLA) and Richard H. Thaler (University of Chicago), "Risk Aversion or Myopia? Choices in Repeated Gambles and Retirement Investments", 〈*Management Science*〉 45, no. 3 (1999): pp. 364~381.

10. Belsky and Gilovich, 《*Why Smart People Make Big Money Mistakes*》.

11. Hal R. Arkes (Ohio University) and Catherine Blumer (Ohio University), "The Psychology of Sunk Cost", 〈*Organizational Behavior and Human Decision Processes*〉 35, no. 1 (1985): pp. 124~140.

09 공정함과 노력에 대한 과도한 염려

1. Alan G. Sanfey (Princeton), James K. Rilling (Princeton), Jessica A. Aronson (Princeton), Leigh E. Nystrom (Princeton), and Jonathan D. Cohen (Princeton), "The Neural Basis of Economic Decision Making in the Ultimatum Game", 〈*Science*〉 300 (2003): pp. 1755~1758.

2. Daniel Kahneman (UC Berkeley), Jack L. Knetsch (Simon Fraser University), and Richard H. Thaler (Cornell), "Fairness as a Constraint on Profit Seeking: Entitlements in the Market", 〈*American Economic Review*〉 76, no. 4 (1986): pp. 728~741.

3. Annie Lowrey, "Fare Game", 〈*New York Times Magazine*〉, 2014년 6월 10일.

4. On Amir (UC San Diego), Dan Ariely (Duke), Ziv Carmon (INSEAD), "The Dissociation Between Monetary Assessment and Predicted Utility", 〈*Marketing Science*〉 27, no. 6 (2008): pp. 1055~1064.

5. Jan Hoffman, "What Would You Pay for This Meal?", 〈*New York Times*〉, 2015년 8월 17일.

6. Ryan W. Buell (Harvard Business School) and Michael I. Norton (Harvard Business School), "The Labor Illusion: How Operational Transparency Increases Perceived Value", 〈*Management Science*〉 57, no. 9 (2011): pp. 1564~1579.

10 언어와 제의가 만드는 마법

1. John T. Gourville (Harvard) and Dilip Soman (University of Colorado, Boulder), "Payment Depreciation: The Behavioral Effects of Temporally Separating Payments From Consumption", 〈*Journal of Consumer Research*〉 25, no. 2 (1998): pp. 160~174.

2. Nicholas Epley (University of Chicago), Dennis Mak (Harvard), and Lorraine Chen Idson (Harvard Business School), "Bonus or Rebate? The Impact of Income Framing on Spending and Saving", 〈*Journal of Behavioral Decision Making*〉 19, no. 3 (2006): pp. 213~227.

3. John Lanchester, 《*How to Speak Money: What the Money People Say—and What It Really Means*》 (New York: Norton, 2014).

4. Kathleen D. Vohs (University of Minnesota), Yajin Wang (University of Minnesota), Francesca Gino (Harvard Business School), and Michael I. Norton (Harvard Business School), "Rituals Enhance Consumption", 〈*Psychological Science*〉 24, no. 9 (2013): pp. 1714~1721.

11 기대치를 뛰어넘어야 하는 까닭

1. Elizabeth Dunn (University of British Columbia) and Michael Norton (Harvard Business School), 《*Happy Money: The Science of Happier Spending*》 (New York: Simon & Schuster, 2014).

2. Michael I. Norton (MIT) and George R. Goethals, "Spin (and Pitch) Doctors: Campaign Strategies in Televised Political Debates", 〈*Political Behavior*〉 26 (2004): p. 227.

3. Margaret Shin (Harvard), Todd Pittinsky (Harvard), and Nalini Ambady (Harvard), "Stereotype Susceptibility Salience and Shifts in Quantitative Performance", 〈*Psychological Science*〉 10, no. 1 (1999): pp. 80~83.

4. Ibid.

5. Robert Rosenthal (UC Riverside) and Leonore Jacobson (South San Francisco

Unified School District), 《*Pygmalion in the Classroom: Teacher Expectation and Pupils' Intellectual Development*》 (New York: Holt, Rinehart & Winston, 1968).

6. James C. Makens (Michigan State University), "The Pluses and Minuses of Branding Agricultural Products", 〈*Journal of Marketing*〉 28, no. 4 (1964): pp. 10~16.

7. Ralph I. Allison (National Distillers Products Company) and Kenneth P. Uhl (State University of Iowa), "Influence of Beer Brand Identification on Taste Perception", 〈*Journal of Marketing Research*〉 1 (1964): pp. 36~39.

8. Samuel M. McClure (Princeton), Jian Li (Princeton), Damon Tomlin (Princeton), Kim S. Cypert (Princeton), Latane M. Montague (Princeton), and P. Read Montague (Princeton), "Neural Correlates of Behavioral Preference for Culturally Familiar Drinks", 〈*Neuron*〉 44 (2004): pp. 379~387.

9. Moti Amar (Onno College), Ziv Carmon (INSEAD), and Dan Ariely (Duke), "See Better If Your Sunglasses Are Labeled Ray-Ban: Branding Can Influence Objective Performance" (working paper).

10. Belsky and Gilovich, 《*Why Smart People Make Big Money Mistakes*》, p. 137.

11. Baba Shiv (Stanford), Ziv Carmon (INSEAD), and Dan Ariely (MIT), "Placebo Effects of Marketing Actions: Consumers May Get What They Pay For", 〈*Journal of Marketing Research*〉 42, no. 4 (2005): pp. 383~393.

12. Marco Bertini (London Business School), Elie Ofek (Harvard Business School), and Dan Ariely (Duke), "The Impact of Add-On Features on Consumer Product Evaluations", 〈*Journal of Consumer Research*〉 36 (2009): pp. 17~18.

13. Jordi Quoidbach (Harvard) and Elizabeth W. Dunn (University of British Columbia), "Give It Up: A Strategy for Combating Hedonic Adaptation", 〈*Social Psychological and Personality Science*〉 4, no. 5 (2013): pp. 563~568.

14. Leonard Lee (Columbia University), Shane Frederick (MIT), and Dan Ariely (MIT), "Try It, You'll Like It", 〈*Psychological Science*〉 17, no. 12 (2006): pp. 1054~1058.

12 유혹을 이기지 못하는 사람들

1. Polyana da Costa, "Survey: 36 Percent Not Saving for Retirement", 〈*Bankrate*〉, 2014, http://www.bankrate.com/finance/consumer-index/survey-36-percent-not-saving-for-retirement.aspx.

2. Nari Rhee (National Institute on Retirement Security) and Ilana Boivie (National Institute on Retirement Security), "The Continuing Retirement Savings Crisis", 2015, http://www.nirsonline.org/storage/

nirs/documents/RSC%202015/final_rsc_2015.pdf.

3. Wells Fargo, "Wells Fargo Study Finds Middle Class Americans Teeter on Edge of Retirement Cliff: More than a Third Could Live at or Near Poverty in Retirement", 2012, https://www.wellsfargo.com/about/press/2012/20121023_MiddleClassRetirementSurvey/.

4. Financial Planning Association Research and Practice Institute, "2013 Future of Practice Management Study", 2013, https://www.onefpa.org/business-success/ResearchandPracticeInstitute/Documents/RPI%20Future%20of%20Practice%20Management%20Report%20-%20Dec%202013.pdf.

5. Hal Ersner-Hershfield (Stanford), G. Elliot Wimmer (Stanford), and Brian Knutson (Stanford), "Saving for the Future Self: Neural Measures of Future Self-Continuity Predict Temporal Discounting", 〈Social Cognitive and Affective Neuroscience〉 4, no. 1 (2009): pp. 85~92.

6. Oscar Wilde, 《Lady Windermere's Fan》 (London, 1893).

7. Dan Ariely (MIT) and George Loewenstein (Carnegie Mellon), "The Heat of the Moment: The Effect of Sexual Arousal on Sexual Decision Making", 〈Journal of Behavioral Decision Making〉 19, no. 2 (2006): pp. 87~88.

8. Bram Van den Bergh (KU Leuven), Sigfried Dewitte (KU Leuven), and Luk Warlop (KU Leuven), "Bikinis Instigate Generalized Impatience in Intertemporal Choice", 〈Journal of Consumer Research〉 35, no. 1 (2008): pp. 85~87.

9. Kyle Carlson (Caltech), Joshua Kim (University of Washington), Annamaria Lusardi (George Washington University School of Business), and Colin F. Camerer, "Bankruptcy Rate, among NFL Players with Short-Lived Income Spikes", 〈American Economic Review〉, American Economic Association, 105, no. 5 (May 2015): pp. 381~384.

10. Pablo S. Torre, "How (and Why) Athletes Go Broke", 〈Sports Illustrated〉, March 23, 2009, http://www.si.com/vault/2009/03/23/105789480/how-and-why-athletesgo-broke.

11. Ilana Polyak, "Sudden Wealth Can Leave You Broke", CNBC, http://www.cnbc.com/2014/10/01/sudden-wealth-can-leave-you-broke.html.

13 돈, 너무 많이 생각해서 탈이다

1. Rebecca Waber (MIT), Baba Shiv (Stanford), Ziv Carmon (INSEAD), and Dan Ariely (MIT), "Commercial Features of Placebo and Therapeutic Efficacy", 〈JAMA〉 299, no. 9 (2008): pp. 1016~1017.

2. Baba Shiv (Stanford), Carmon Ziv (INSEAD), and Dan Ariely (MIT), "Placebo Effects of Marketing Actions: Consumers May Get What They Pay For", ⟨Journal of Marketing Research⟩ 42, no. 4 (2005): pp. 383~393.

3. Felix Salmon, "How Money Can Buy Happiness, Wine Edition", Reuters, 2013년 10월 27일, http://blogs.reuters.com/felix-salmon/2013/10/27/how-money-can-buy-happiness-wine-edition/.

4. Christopher K. Hsee (University of Chicago), George F. Loewenstein (Carnegie Mellon), Sally Blount (University of Chicago), and Max H. Bazerman (Northwestern/Harvard Business School), "Preference Reversals Between Joint and Separate Evaluations of Options: A Review and Theoretical Analysis", ⟨Psychological Bulletin⟩ 125, no. 5 (1999): pp. 576~590.

14 마음이 가는 곳에 돈을 써라

1. Florian Zettelmeyer (UC Berkeley), Fiona Scott Morton (Yale), and Jorge Silva-Risso (UC Riverside), "How the Internet Lowers Prices: Evidence from Matched Survey and Auto Transaction Data", ⟨Journal of Marketing Research⟩ 43, no. 2 (2006): pp. 168~181.

16 미래를 위해 자제력을 발휘하라

1. Christopher J. Bryan (Stanford) and Hal E. Hershfield (New York University), "You Owe It to Yourself: Boosting Retirement Saving with a Responsibility-Based Appeal", ⟨Journal of Experimental Psychology⟩ 141, no. 3 (2012): pp. 429~432.

2. Hal E. Hershfield (New York University), "Future Self-Continuity: How Conceptions of the Future Self Transform Intertemporal Choice", ⟨Annals of the New York Academy of Sciences⟩ 1235, no. 1 (2011): pp. 30~33.

3. Daniel Read (University of Durham), Shane Frederick (MIT), Burcu Orsel (Goldman Sachs), and Juwaria Rahman (Office for National Statistics), "Four Score and Seven Years from Now: The Date/Delay Effect in Temporal Discounting", ⟨Management Science⟩ 51, no. 9 (2005): pp. 1326~1335.

4. Hal E. Hershfield (New York University), Daniel G. Goldstein (London Business School), William F. Sharpe (Stanford), Jesse Fox (Ohio State University), Leo Yeykelis (Stanford), Laura L. Carstensen (Stanford), and Jeremy N. Bailenson (Stanford), "Increasing Saving Behavior Through Age-Progressed Renderings of the Future Self", ⟨Journal of Marketing Research⟩ 48 (2011): pp. S23~S37.

5. Nava Ashraf (Harvard Business School), Dean Karlan (Yale), and Wesley Yin (University of Chicago), "Female Empowerment: Impact of a Commitment

Savings Product in the Philippines", 〈*World Development*〉 38, no. 3 (2010): pp. 333~344.

6. Dilip Soman (Rotman School of Management) and Maggie W. Liu (Tsinghua University), "Debiasing or Rebiasing? Moderating the Illusion of Delayed Incentives", 〈*Journal of Economic Psychology*〉 32, no. 3 (2011): pp. 307~316.

7. Dilip Soman (Rotman School of Management) and Amar Cheema (University of Virginia), "Earmarking and Partitioning: Increasing Saving by Low-Income Households", 〈*Journal of Marketing Research*〉 48 (2011): pp. S14~S22.

8. Autumn Cafiero Giusti, "Strike It Rich (or Not) with a Prize-Linked Savings Account", 〈*Bankrate*〉, 2015, http://www.bankrate.com/finance/savings/prize-linked-savings-account.aspx.

17 돈을 모으기 위한 다양한 방법

1. Jordan Etkin (Duke University), "The Hidden Cost of Personal Quantification", 〈*Journal of Consumer Research*〉 42, no. 6 (2016): pp. 967~987.

2. Merve Akbaş(Duke), Dan Ariely (Duke), David A. Robalino (World Bank), and Michael Weber (World Bank), "How to Help the Poor to Save a Bit: Evidence from a Field Experiment in Kenya" (IZA Discussion Paper No. 10024, 2016).

3. Sondra G. Beverly (George Warren Brown School of Social Work), Margaret M. Clancy (George Warren Brown School of Social Work), and Michael Sherraden (George Warren Brown School of Social Work), "Universal Accounts at Birth: Results from SEED for Oklahoma Kids" (CSD Research Summary No. 16-7), Center for Social Development, Washington University, St. Louis, 2016.

4. Myles Udland, "Fidelity Reviewed Which Investors Did Best and What They Found Was Hilarious", 〈*Business Insider*〉, 2004년 11월 2일, http://www.businessinsider.com/forgetful-investors-performed-best-2014-.

5. Daniel G. Goldstein (Microsoft Research), Hal E. Hershfield (UCLA), and Shlomo Benartzi (UCLA), "The Illusion of Wealth and Its Reversal", 〈*Journal of Marketing Research*〉 53, no. 5 (2016): pp. 804~813.

6. Ibid.

18 생각할 시간이 필요하다

1. Soman and Cheema, "Earmarking and Partitioning", pp. S14~S22.

댄 애리얼리
부의 감각

1판   1쇄 발행   2018년 7월 25일
1판   31쇄 발행   2023년 6월 23일
개정판 1쇄 발행   2023년 8월 23일

지은이 댄 애리얼리, 제프 크라이슬러
옮긴이 이경식
펴낸이 고병욱

기획편집실장 윤현주 **책임편집** 장지연 **기획편집** 유나경 조은서
마케팅 이일권 함석영 김재욱 복다은 임지현 **디자인** 공희 진미나 백은주
제작 김기창 **관리** 주동은 **총무** 노재경 송민진

펴낸곳 청림출판(주)
등록 제1989-000026호

본사 06048 서울시 강남구 도산대로 38길 11 청림출판(주) (논현동 63)
제2사옥 10881 경기도 파주시 회동길 173 청림아트스페이스 (문발동 518-6)
전화 02-546-4341 **팩스** 02-546-8053
홈페이지 www.chungrim.com
이메일 cr1@chungrim.com
블로그 blog.naver.com/chungrimpub
페이스북 www.facebook.com/chungrimpub

ISBN 978-89-352-1427-3 (03320)